観光デザインと
コミュニティデザイン

地域融合型観光ビジネスモデルの創造者
〈観光デザイナー〉

小川 功

日本経済評論社

はじめに

　本書は観光企業などがある地域コミュニティに進出するにあたって色々と思い描く構想やコンセプト（著者の考える観光デザイン）と、成文化されているか否かを問わず長年にわたって当該地域住民の間で共有されている当該コミュニティのあるべき姿・方向性・禁則など（著者の考えるコミュニティデザイン）との間において生じかねないある種の緊張関係を、明治期以来の歴史的事例を通じて社会学に所属する観光学の立場から考察することを主題としている。
　平成25年7月世界文化遺産に登録された富士山には富士急行による富士山鋼索式鉄道敷設申請という負の歴史がある。これは「富士宮口五合目から山頂に至る2.4キロで建設費26億7,000万円であるが、地域の尊厳及び特殊景観保持のため施設の大部分は地下式である」[1]など、「自然保全について最大の配慮を払ってきた」[2]と自認する富士急行社長堀内光雄は申請の約10年後の昭和49年6月「環境保全の立場から、いささかも自然を損なう懸念のないよう期す」[3]との考えから自ら申請を取り下げた。古くは大正13年の同種の富士山軌道申請を不許可にした山梨、静岡両県当局の挙げた却下理由も「富士山の自然的脆弱さ、宗教的登山の神聖さ、風景・自然の保護の必要性、将来の国立公園設立のため」[4]であった。村串仁三郎氏はこのように何度も繰り返される富士登山鉄道という観光デザインに関して「明治末年から敗戦までに、管見するかぎり、ほぼ7件の計画が提出され、富士山は、日本の近代化とともに、もっとも有力な観光資源として観光開発の脅威に曝されてきたのである。こうした事例は、他の国立公園に類をみないのであるが、富士登山鉄道が、観光業界や地域経済開発にとっていかに魅力的だったが窺える。しかしその都度それらこの危険な開発計画は中止され、富士山は保護されてきた。このことは、国立公園の自然保護のための観光開発反対運動にとって興味深いことである」[5]とした上で、

「1960年に富士急行によって、富士登山鉄道計画が提起されたことは、大きな驚きであったが、その背景は、東京オリンピック向けの観光開発といういわば天の声だったのである。東京オリンピック向という天恵を奇貨として、これまでの規制を無視して富士登山鉄道建設が計画されたのである。東京オリンピックのためならば、何事も許されるという開発主義の中で、この計画は、富士観光で営業を成り立たせている富士急行の英断で中止された。これは、民間企業による自然保護のためのまれにみる快挙であり、永遠に評価される出来事であった」[6]と一定の評価を与えている。そもそも山梨県知事のデザインした「岳麓開発事業」[7]を実現する「県是的」事業として設立された富士山麓電気鉄道（現富士急行）という観光企業が着想、構想し、収支採算・資金調達をも勘案したビジネスモデルとして完成させ、正式に免許申請までした「観光デザイン」が、長年にわたって積み重ねられてきた地域コミュニティ全体の総意としての「富士は神聖な山であるべき」との「コミュニティデザイン」という重い存在との不調和を自覚した経営者自身によって自発的に取り下げられた数少ない事例である。もし昭和40年代にこの登山鉄道が実現[8]していたら、あの世界文化遺産登録も夢と消えていたかもしれない。奇しくも、本書を執筆しつつある平成25年に世界文化遺産登録と三度目の東京オリンピック開催[9]も決まり、平成25年11月には同一の富士急行による新たな富士登山鉄道構想（H25.11.21日経）も報じられるなど、村串氏の指摘は一層味わい深い。

　本書の構成と主要な論点は以下のとおりである。
序　章　観光デザインとコミュニティデザイン（書き下ろし）
　本書のテーマである観光デザインとコミュニティデザインとの相互関係について、著者の問題意識、背景、当時の論調、先行研究等を取り上げ、著者として本書考察上の重要な視点を述べた。
　序章を受けた第1章～第5章は戦前期の、第6章は戦後の個別具体的な事例研究である。第1章、第2章は古来の伝統的観光地である松島、初瀬の観光振興に奔走したコミュニティの有力者による新しい観光デザインの着想・実施過

程におけるコミュニティとの調整、第3章、第4章は古来の伝統的温泉地である松之山、城崎における新参の経済主体側の実行した観光デザインと従前のコミュニティデザインとの相克、第5章、第6章は大都市近郊の新旧別荘地であった嵯峨・嵐山、芦屋の首長主導型観光デザインのコミュニティデザインとの間での成否如何をそれぞれの具体的事例に即して以下のように検討した。

第1章　仙台・松島の広域観光デザイン

　第1章は日本三景の一つ・松島（宮城県）の観光資源を背景に、仙台・松島地域の老舗旅館主が連携して取り組んだ回遊列車旅行の主催等明治30年代の先駆的な観光デザインを取り上げた。

　コミュニティが生んだ先駆的な観光デザイナーとして仙台ホテルの大泉梅治郎、松島ホテルの大宮司雅之輔の二人は老舗旅館の後継者として本業の革新に努めつつ、狭い地域や自らの利害にとらわれず、広い視野に立脚して明治39年仙松興隆会という広域観光デザイン推進組織を結成した。大泉は明治30年代のはじめには団体旅行を主催する今日の旅行業者類似の役割を果たし、36年には松島回遊列車旅行を主催し好評を得た。大宮司は松島への観光客の便を図るため、ありとあらゆる種類の交通機関に関係し、最終的にはコミュニティを代表して宮城電気鉄道役員に就任、宿願たる松島への交通難を完全に解消した。

第2章　門前町初瀬の観光デザイン

　第2章は名刹長谷寺の門前町・初瀬（奈良県）というコミュニティの指導者が協調して参詣客増大策として着想した明治末期の観光デザイン事例を取り上げる。

　特定者の主導性を確定できなかったが、長谷寺信徒総代の的場順一郎（初瀬水力電気専務）を牡丹園の夜間点灯という「観光デザイナー」に想定した。開業早々の自社宣伝を兼ね夜間点灯を献策した的場は初瀬町の住人で地元の先端的な公益企業を創業した若手経営者であった。これに対し地域とは無縁の一橋（東京高等商業学校）卒業生ベンチャー企業という性格を有する外来者集団に

よる初瀬軌道の門前町乗入れ案は地域の反発を受け、村戸社長をして「事業難」と嘆かせたのであった。後から出願した的場主導の初瀬電気鉄道は用地の無償提供を受けるほど地域社会の圧倒的な支持を受けたが、先願者に特許された。初瀬軌道も観光鉄道として新規技術たる蒸気動車を採用するなど相応の「観光デザイン」を構想したものの短期間に経営破綻し、同社に融資した地元銀行が鉄道一式を自己競落し営業を継続させた。

第3章　松之山温泉を一手に掌握した投資家の観光デザイン

　第3章は温泉権を一手に買収した資産家側の温泉経営という形での観光デザインと温泉街のコミュニティデザインとの関係を古来の名湯・松之山温泉（新潟県）における大正期以降の在村地主（湯主）と不在地主（湯主）との事例で比較考察した。

　最初に松之山の温泉権を永年の訴訟を契機に一手に代物弁済で取得した地元銀行家・田辺家は酒造業を営む近隣の素封家であった。温泉旅館にも広く融資してきた松代銀行頭取職を父子で占め、温泉場を含む地域一帯に電灯を引き、温泉を広く紹介する『松之山温泉案内』刊行を協賛、入湯客に自慢の自邸庭園縦覧を許すなど、松之山温泉にとって好都合な在村湯主であった。しかし折からの当地の石油熱に入れあげ家産を傾け、東頸城郡での輝かしい名声を喪失した田辺正胤は父から継承した松代銀行頭取職も昭和3年辞任、東京に移住した。辞任に先立ち家産整理の一環として大正8年温泉権を松本市の中央土地信託株式会社という無縁の企業に一括譲渡した。信託の実権者である肥料商・赤羽家は長らく不在湯主として敷地を各旅館に賃貸、温泉使用の対価として湯銭を徴収したが、昭和恐慌期には各旅館の経営難から地代家賃や湯銭の回収に手を焼いた結果、入浴者から湯銭の直接徴収を計画して困惑する旅館業者と激しく対立の末に撤回、さらに巨額の追加投資を敢行して新泉源を掘削し昭和13年共同浴場を完成させた。戦中・戦後の混乱期に温泉という特殊な遠隔地資産の管理に伴う"不在地主"的な負担が続く赤羽家も昭和29年の大火を機に地元の要請に応え温泉権を村に譲渡、不在湯主に由来する観光デザインとコミュニティデ

ザインとの不調和もここに解決した。

第4章　城崎のコミュニティデザインを侵蝕した土地会社
　第4章は城崎温泉（兵庫県）の古来温泉権を伝統的に厳格に自律的管理してきたコミュニティデザインを無視し、コミュニティとの間に緊張関係を発生させた外来の営利主義的土地会社による大正中期以降の観光デザインの蹉跌事例を取り上げた。
　大正8年11月城崎温泉土地建物が「温泉旅館土地建物の経営及売買並に賃貸借其他」を広く営む目的で、大阪の株式仲買一派の発起により設立された。相場師・会社屋・興行主・金融業者等が野合し、短期利益を追及する営利集団たる当該土地会社は駅前の山麓を買い占め、別荘地を造成し貸別荘を建て、新たに泉源を掘削して一見モダンな共同浴場を建築して奇を衒い、地元では禁じ手の内湯ホテルを開業するなど、一連の観光開発を強行しコミュニティとの間に緊張関係を発生させた。そうした折に北但大震災が起き温泉街は全滅、当社も壊滅的な打撃を被った。同社の観光デザインは大正バブルを反映し短期差益追及型・資源収奪的な性格を帯びていた。コミュニティデザインと緊張関係を生じた結果、株主は長期無配当・値下がり・売却困難化、県内の融資銀行も貸付債権の固定化を招いた。

第5章　嵯峨・嵐山のコミュニティデザインとコミュニティリーダー
　第5章は郡内の首長等を兼ねる名望家集団が地域振興目的で銀行・電力・鉄道等を共同で設立し、同時に嵐山（京都府）を中核とした観光デザインを構想し実現していった戦前期の事例を中心に取り上げた。
　戦前期の嵯峨村（嵯峨町を経て現京都市右京区）の首長等を歴任した小林吉明は嵐山温泉、嵯峨遊園、清滝川水力電気、嵯峨銀行の経営者であり、嵐山電車軌道、愛宕山鉄道等の発起人等を兼ねた。同時に小林は嵯峨を紹介する案内書を著し探勝を呼び掛け、愛宕神社への団体参詣を促し、別荘設置を資産家に呼び掛け、嵐山焼（嵯峨焼）等の名産品を開発販売、角倉了以を顕彰、荒廃し

た名所旧跡の保存・修復に取り組むなど、多種多様な全方位型の"観光デザイナー"でもあった。在村地主・名望家の地元貢献の域を超え、およそ嵯峨嵐山地域の振興に役立つことには公私の区別なく、惜しみ無く私費を投じて奔走した。

これに対し同時期に京都市内の資本家により多数行取扱の公募型募集で設立された嵐山三軒家は京都の老舗旅館・沢文、柊家を執行部に加え、資本力、接客ノウハウ、革新性等で優位に立っていたはずだが、コミュニティとのパイプを欠き、閑散期や恐慌期を乗り切ることができず短期間で破綻した。

第6章　芦屋のコミュニティデザインと首長主導の観光デザイン

第6章はコミュニティデザインを踏まえたはずの首長主導の観光デザインが住民の考えるコミュニティデザインと調和せず、紛議となった戦後期の芦屋市（兵庫県）の観光デザインを戦前期の同一地域の事例と対比しつつ取り上げた。

明治・大正期の村長猿丸吉左衛門は名望家で事業家を兼ね、近村で明礬谷温泉を経営する観光企業家でもあった。"郡是会社"嵯峨遊園（第5章）と同趣旨の、村是を実践する別働隊・芦屋遊園を立ち上げた猿丸自身が立案した公有地払下げ・遊園地開発を基軸とする観光デザインは当然にコミュニティデザインを踏まえた地域振興策と理解された。しかし「遊園地に名を藉り、或は興業地に或は住宅地に充て以て折角の勝地も忽ち俗化して雑然たる巷と化し、天然の美も変じて醜汚なる魔窟となる」と主張する反対者は県当局に猛烈な反対運動を起こし、二度の紛擾事件に発展した。

昭和30年代の芦山荘・奥池問題で市長は「山地開発に在る事から、松尾計画をその一環として支持する」「市当局の計画と、松尾氏の人物を信頼せよ」と説いた。奥池遊園地も山地開発というコミュニティデザインに合致する点を強調するが、反対者は市長らを営利会社の代弁者と見做した。昭和39年市長選で対立候補は「市民の知らぬ所で知らぬ間に行われた山地開発」と批判し当選した。当初はそれなりの支持を得ていた観光デザインとしての山地開発も膨張を続けた結果コミュニティのあるべき姿としての「山紫水明の芦屋」と乖離し、

大きく逸脱していると住民等の多くが感じたためでもあろう。戦前期の事件の二の舞いとなった奥池遊園地も国会で「国立公園の中でハワイのフラダンス…国立公園法の趣旨からいって、どうですか」と追及され、大正期の「天然の美も変じて醜汚なる魔窟」との論調が繰り返された。

第7章　観光デザインと地域コミュニティ（書き下ろし）
　事例研究の第1～6章の末尾には小括を置かず、各章で取り上げた観光デザインの中身や地域コミュニティとの複雑多岐な関係をまとめて第7章で総括した。

終　章　観光デザイナー論
　本書の結論として、現時点で著者が考えている地域融合型観光ビジネスモデルの創造者としての「観光デザイナー」論を展開した。

　本書に掲載した論文の初出は別記[10]のとおりである。初出の論文執筆時に解明できなかった部分に関して、以下のとおり加筆・修正した。
　第1章
　仙松興隆会をともにたちあげた大泉梅治郎の盟友・大宮司雅之輔の松島振興論を別稿により加筆した。
　第2章
　穂波僧正による整園など長谷寺側の活動の一端を書き加えるとともに、未定稿「名刹参詣の観光鉄道の整理・再生――八木銀行による初瀬鉄道の自己競落を中心に――」を章末に追記した。
　第3章
　松之山温泉を一手に掌握した赤羽家側の伝記と現当主の談話に依拠して、大幅に加筆・修正した。
　第4章
　城崎温泉土地建物の後身・金光温泉と混同されてきた岡山県に実在した金光温泉旅館との奇妙な人的関係を書き加えた。

第5章

嵐山温泉の前身とされる「花の湯」との関係を加筆した。

終　章

観光デザイナーとして、初期の保勝会の設立者・田中善助を書き加えた。

　なお本書では地域、地域社会、コミュニティ（community）、地域コミュニティ等の類似語を数多く併用しているが、引用部分を除き一応区別した[11]。また本書全般で新聞・頻出資料等について略号[12] を用い、地域資料等の略号は各章ごとに注記した。

1 ）『交通年鑑』交通協力会、昭和39年、p310。
2) 3)『富士山麓史』富士急行、昭和52年、p642。
4) 5) 6)　村串仁三郎「富士箱根国立公園内の戦後の観光開発計画と反対運動――戦後後期の国立公園制度の整備・拡充（10）――」『法政大学学術』78巻 2 号、2010年、p276。
7)　大正 6 年の山梨県知事山脇春樹の立案した「岳麓開発」なる観光デザインは軽井沢の成功例に刺激され富士岳麓の交通を整備し、ホテル・ゴルフ場も新設するなど、地域を挙げて外国人・富裕層を誘致しようという内容であった。山脇知事は講演で「遊覧と云うようなことを唱へると遊覧よりも産業の開発が必要ではないかと何人も言ひますが、交通が盛んになり初めて諸種の産業も起るのであります」（富士、p55所収）とコミュニティでの異論に反論している。山脇知事に共鳴した甲州財閥の「堀内〈良平〉の理想はわが国の別荘地の老舗たる軽井沢を範にしていたとみられ」（富士、p92）、こうした県主導の観光グランドデザインに対して内藤嘉昭氏は「山梨県出身者による当時の財界首脳と行政側が打ち出した初めての総合的な観光政策の萌芽としては、極めて画期的」（富士、p56）と位置付ける。大正 8 年有力県会議員は「営利会社ニヤラセルト云フコトハ以テノ外デアル、県ノ力ヲ以テ一条ノ幹線ヲ設ケ、自然ノ開発ヲ助ケタナラバ、確ニ成功スル」（富士、p55所収）として民間活力の利用そのものへの反対論を展開した。「着想的に優れていながら…頓挫した」（富士、p57）観光グランドデザイン自体は実現をみなかったものの、後年の富士山麓電気鉄道設立、県営ホテル開設等として結実した。
8)　富士山では神聖な霊山の尊厳を毀損するとして当局からも拒絶され続けた鋼索鉄道が、同じく日本三霊山の立山では同種の反対があったものの地下式等の厳しい条件付きながら許容された例も存在する。

はじめに ix

9)　一度目の東京オリンピック開催（辞退）が決定した皇紀「二千六百年の東京オリンピックと万国博をあて込み東京からの観光に好適な富士国立公園に外人客誘致のため…御殿場駅を起点に籠阪峠、須走、山中湖畔を走り富士山麓電鉄富士吉田駅を経て中央線大月駅へ出る延長五十八キロ六の新線を敷設して富士国立公園を国鉄網の一ポイントとするとともに東海道中央両線を結びつける計画」（Ｓ11．9．6 大毎）が鉄道省でデザインされ、「富士吉田大月間二十三キロ六は現在の富士山麓電鉄の国営買収」（Ｓ11．9．6 大毎）が想定されていた。

10)　第1章「松島回遊列車旅行を主催した"観光デザイナー"——和風旅館・洋式ホテル・駅構内食堂・列車食堂等の総合経営者・大泉梅次郎を中心に——」『跡見学園女子大学マネジメント学部紀要』第16号、平成25年7月。

　第2章「牡丹の植栽・夜間点灯による"観光まちづくり"——門前町・初瀬の観光マネジメントと観光カリスマ・森永規六の尽力——」『跡見学園女子大学マネジメント学部紀要』第8号、平成21年9月。

　第3章「ハイリスクの温泉権等に投資した地元銀行・県外信託の観光デザインの結末——越後・松之山温泉の温泉権一括譲渡を素材として——」『彦根論叢』第394号、平成25年3月。

　第4章「企業の観光デザインと地域デザインとの緊張・相剋——城崎の温泉慣行を侵蝕し敗れた城崎温泉土地建物の事例——」『跡見学園女子大学マネジメント学部紀要』第15号、平成25年3月。

　第5章「嵯峨・嵐山の観光先駆者——風間八左衛門と小林吉明らによる嵐山温泉・嵯峨遊園両社を中心に——」『跡見学園女子大学マネジメント学部紀要』第10号、平成22年10月。

　第6章「観光デザインとコミュニティデザイン——地方自治特別法下での〈観光デザイナー〉芦屋市の山地開発構想の挫折——」『跡見学園女子大学マネジメント学部紀要』第17号、平成26年1月。

　終章「"観光デザイナー"論——観光資本家における構想と妄想の峻別——」『跡見学園女子大学マネジメント学部紀要』第14号、平成24年9月。

11)　「地区」は行政目的等により指定された特定の区分された土地の広がり（区域）をいう行政用語とし、「地帯」（ゾーン）も自然科学的な分類などにより、ある特徴によって他と区別されるような範囲を持つ土地の物理的な広がりをいう自然科学用語と見做して、社会科学に立脚する本書では原則使用しなかった。これに対して「地域」も一般に他と区別される、一定の限られた土地の範囲を指すことが多いが、本書では広く社会科学用語としても用いられる、この「地域」の方を使用した。

次に「地域社会」「地域コミュニティ」とは一定の土地の範囲に居住し、共通の感情をもち、利害を共通にする生活共同体をいうものとする。大都市の単身者のみの巨大ワンルームマンション群などは、外形上はともかく「地域社会」の構成要素を欠く場合が多いであろう。明治期など行政区画としての村・町・市、県（兵庫、青森等を除く）などと一致する場合もあるが、合併を繰り返した巨大な市などでは一致しなくなった場合も多い。地域社会の英語に該当する「コミュニティ(community)」もおなじ土地に住む人々の集団、目的・思想・生活を共にする人々の共同社会をいうが、カタカナの「コミュニティ」の語感として思想・信条・感情等の社会的共通性など、なんらかの規範性が感じられる。論者によっては住民等が地域資産を地域の維持発展のために利用する仕組みと解する。したがって、「地域社会」「地域コミュニティ」「コミュニティ」は上記のような語感を有する同義語と見做し、本書でも厳密な使い分けは行っていない。ただし戦前期の歴史的文脈においては多くの場合、同時代の引用文献においても多用されている「地域社会」ないし「地域」の方を使用した。著者が独自の意味合いで使用する「コミュニティデザイン」を議論する文脈においては、単なる行政区画ではなく、住民間の連帯感などあるべき理想型であり、ヨリ共同体としてのニュアンスが出る「コミュニティ」ないし「地域コミュニティ」（両語の区分は考慮外）の方を多用した。以上の使い分けに際しては森重昌之氏の地域コミュニティの考察（「観光を通じた地域コミュニティの活性化の可能性──地域主導型観光の視点から見た夕張市の観光政策の評価──」『観光創造研究』5号、北海道大学観光学高等研究センター、平成21年5月、p2）などを参照させて頂いた。

12) M…明治、T…大正、S…昭和、H…平成、○（丸数字）…新聞の紙面または株主順位の数字、営…営業報告書・事業報告書（期数を＃で表示）、清…清算報告書、不登…不動産閉鎖登記簿、商登…商業閉鎖登記簿、土台…土地台帳。

略号一覧（旅行案内・新聞雑誌等）

本書の各章では旅行案内、新聞雑誌、会社録等に以下の略号を共通して用いた。

地誌…野崎左文『日本名勝地誌　第一編』明治26年、漫遊…野崎左文『改正　漫遊案内』明治30年７月、名所…野崎左文『日本全国鉄道名所案内』明治31年４月、関鉄…『関西参宮鉄道案内記』明治36年２月、奈鉄…『奈良鉄道名勝案内』明治36年４月、案内…日下部明國『日本案内　下』開国社、大正４年、森永…森永規六著『趣味の名所案内』大鐙閣、６年、旅路…『日がへりの旅路』９年版、長谷鉄…『長谷鉄道沿線案内』大正末期、行脚…『近畿行脚』昭和３年、創元社、大軌…『沿線御案内　大軌電車』４年４月、旅程…『旅程と費用概算』ジャパン・ツーリスト・ビューロー、10年、費用…『旅程と費用概算』、14年

［新聞・雑誌］河北…『河北新報』、東日…『東京日日新聞』、東朝…『東京朝日新聞』、読売…『読売新聞』、日本…『日本新聞』、大毎…『大阪毎日新聞』、大朝…『大阪朝日新聞』、日出…『京都日出新聞』、奈良…『奈良新聞』、大和…『大和新聞』、信毎…『信濃毎日新聞』、十日…『十日町新聞』、朝日…『朝日新聞』、毎日…『毎日新聞』、サンケイ…『サンケイ新聞』、又新…『神戸又新日報』、神戸…『神戸新聞』、兵庫…『兵庫新聞』、芦屋…『阪神芦屋新聞』、西摂…『西摂新報』、都…『阪神都新聞』、但馬…『但馬新聞』、山陽…『山陽新聞』、アサヒ…『アサヒグラフ』、B…『銀行通信録』、法律…『法律新聞』、保銀…『保険銀行時報』、R報…『鉄道時報』、旬報…『増田ビルブローカー銀行旬報』

［会社録］諸…牧野元良編『日本全国諸会社役員録』商業興信所、要…『銀行会社要録』東京興信所、紳…『日本紳士録』交詢社、帝…『帝国銀行会社要録』帝国興信所、商…鈴木喜八・関伊太郎編『日本全国商工人名録』明治31年、現今…田中重策『日本現今人名辞典』日本現今人名辞典発行所、明治33年、商資…商業興信所編『大阪京都神戸名古屋商工業者資産録』明治35年、要鑑…『帝国鉄道要鑑　第三版』鉄道時報社、明治38年、日韓…『日韓商工人名録』明治41年、実業興信所、要録…『旅館要録』東京人事興信所、明治42年、実辞…『実業家人名辞典』明治44年、全集…稲臣等編『帝国旅館全集』交通社出版部、大正２年、商信…東京興信所『商工信用録　38版』大正７年、人…『人事信録第五版』人事興信所、大正７年、名鑑…『改訂　日本鉱業名鑑』大正７年、通覧…農商務省編『会社通覧』大正８年12月末現在、大正10年、名士…『名士と其事業覇者録』関西日報社、大正元年、帝信…『帝国信用録』帝国興信所、大正14年、商信…『商工信用録』東京興信所、大正15年、衆…『大衆人事録』帝国人事通信社、昭和２年、商工…鈴木喜八・関伊太郎編『日本全国商工人名録』３年、鉄軌…『地方鉄道軌道営業年鑑』昭和４年、商録…『大日本商工録』昭和５年、旅名…昭和５年版『全国都市名勝温泉旅館名鑑』日本遊覧旅行社、昭和５年８月、人鑑…大須加福市『昭和九年版　日本人事名鑑　上』連

合通信社、鉱区…『鉱区一覧』農商務省鉱山局、株式…『株式年鑑』野村商店・大阪屋、内報…『帝国興信所内報』帝国興信所、商資…『商工資産信用録』商業興信所、変遷…『本邦銀行変遷史』銀行図書館、平成10年。

目　次

はじめに　i

略号一覧　xi

序　章　観光デザインとコミュニティデザイン………………… 1

　Ⅰ．観光分野における「デザイン」概念　1

　Ⅱ．観光と地域社会との相互関係に関する先行研究　4

　Ⅲ．「コミュニティデザイン」の想定内容　16

　Ⅳ．「コミュニティデザイン」を体現した県是会社、郡是会社　21

第1章　仙台・松島の広域観光デザイン ………………………… 31

　Ⅰ．我が国における回遊列車の展開　33

　Ⅱ．松島回遊列車の運転　36

　Ⅲ．大泉梅治郎の経歴　39

　　1．大泉梅治郎と大泉林之丞　39

　　2．日本鉄道との関係　41

　　3．地域主導の観光デザインたる旅行業創始　44

　　4．東京での集客力を確保する人的ネットワーク　45

　Ⅳ．大宮司雅之輔の松島振興論　46

　　1．大宮司雅之輔　46

　　2．第八銀行＝大正信託系の松島湾汽船　47

　　3．仙台市街自動車　49

4．大宮司雅之輔の松島振興論　50

第2章　門前町初瀬の観光デザイン　63

　1．明治末期の長谷寺と初瀬町　64
　2．的場順一郎　65
　3．廊坊勇　67
　4．長谷寺の桜から牡丹へ　69
　5．牡丹の植栽・夜間点灯　70
　6．長谷寺保勝会　73
　7．森永規六と初瀬軌道幹部　81
　8．初瀬町の旅館　82
　9．紀の国屋・森川清太郎　84
　10．井谷屋・田守芳松　85
　11．初瀬鉄道と八木銀行　86

第3章　松之山温泉を一手に掌握した投資家の観光デザイン　105

　Ⅰ．戦前期の松之山温泉　106
　Ⅱ．田辺卯八郎と田辺正胤父子　107
　Ⅲ．田辺家の衰退と松代銀行の窮状　110
　Ⅵ．赤羽茂一郎と赤羽商店　115
　Ⅴ．温泉土地会社等と対比した中央土地信託の特異性　117

第4章　城崎のコミュニティデザインを侵蝕した土地会社　129

1．城崎における洋式ホテル計画　130

　　2．城崎温泉土地建物の設立　132

　　3．城崎温泉土地建物の観光デザイン　134

　　4．城崎温泉土地建物の役員変遷　138

　　5．コミュニティの外湯主義と当社の観光デザインの相克　140

　　6．北但大震災と当社　142

　　7．当社株主の動向と兵庫農銀との関係　145

　　8．城崎温泉土地建物のその後の推移　147

　　9．二つの金光温泉と小西姓の二人の関係　150

第5章　嵯峨・嵐山のコミュニティデザインとコミュニティリーダー………………………………………………159

　Ⅰ．嵐山温泉・嵐峡館と嵐山公園・嵯峨遊園　159

　　1．嵐山温泉の前史「花の湯」　159

　　2．嵐山温泉　161

　　3．嵐山公園開設と嵯峨遊園会社設立　167

　Ⅱ．嵐山三軒家株式会社　171

　Ⅲ．嵯峨・嵐山の観光デザイナー　180

　　1．風間八左衛門　180

　　2．小林吉明　182

　　3．沢田文二（沢文）と西村庄五郎（柊家）　185

第6章　芦屋のコミュニティデザインと首長主導の観光デザイン………………………………………………197

　Ⅰ．観光デザイナー・歴代芦屋市長による山地開発　197

1．地方自治特別法制定 197
　　2．猿丸市長による「観光芦屋の構想」 199
　　3．「六甲横断道路」構想（猿丸）を継承した芦有開発設立（内海） 200
　　4．奥池遊園地の華々しい開発と各方面からの反発 202
　Ⅱ．遊興地構想（猿丸）の再燃としてのヘルスセンター計画の支援（内海） 206
　Ⅲ．「観光デザイナー」としての芦屋市トップ層（市長・助役）の評価 211
　Ⅳ．明治・大正と昭和のコミュニティデザインの共通点 215
　Ⅴ．観光デザインとコミュニティデザインとの乖離・懸隔 216

第7章　観光デザインと地域コミュニティ　227

　Ⅰ．「観光デザイン」の意義 227
　Ⅱ．本書の個別事例の総括と展望 228
　Ⅲ．観光への寛容度に関する地域差 231

終　章　観光デザイナー論　243

　Ⅰ．「観光デザイナー」の役割 243
　Ⅱ．観光資本家の諸類型と観光デザイン能力の具備 244
　　1．原富太郎（三渓） 247
　　2．油屋熊八 250
　　3．佐伯宗義 252
　　4．田中善助 254
　Ⅲ．「観光デザイナー」としての資質 257
　Ⅳ．理想型と考えられた類型で破綻した理由 264

あとがき　277
掲載図表一覧　283
索　引　285

序　章　観光デザインとコミュニティデザイン

I. 観光分野における「デザイン」概念

　「観光デザイン」という用語は未だに学術用語として確立したものではなく、確立途上にあるものといえる。従前は公的セクターでは観光政策、観光企業等では発起、創業、新たなビジネスモデルの開発、その他観光企画、旅行計画などさまざまな「企画立案」を意味する用語で表現されてきた観光領域での人々の多様な営為・所為を著者は特に「観光デザイン」という用語で統一的に表現しようと試みつつある。蓄積ある土木建築、都市計画、社会資本、環境等の諸分野における用例と同様に、観光分野にも広義の「デザイン」概念を特に導入・援用して、従前から関心を払って来た観光経営者・観光資本家等の評価項目にも新たに追加しようと著者が考えた理由としては、①なによりも観光は自然景観など見た目の美しさを扱うものであり、旅館や車両などの外観そのものも製造業における生産設備とは異なり、顧客に直接アピールする重要な看板である。②観光は地域、都市、建築などと密接に関係しており、③土地に固定した観光施設の不動産性[1]、④末永く地域経済を支える観光施設の準公共財性、社会資本性などの観光分野固有のさまざまな特性があげられる。

　すなわち、いったん現在地に造成・建築された恒久的な観光施設等は多額の費用を伴うことから容易に移動[2]、改築、大幅変更、業種転換、リデザインすることが難しく、当初計画[3]の適否・良否如何がのちのちまで大きく経営全般に影響を与え、マネジメント上の大きな桎梏になっているという現実である。免許事業である観光鉄道・遊覧鉄道などの場合、どこを起点に、どんな観光コ

ンテンツ近傍を経由して、どこを主要目的地たる終点とするか、どういう動力を採用してどのような方式の鉄道（または軌道）とするかといったトータルデザインは当初の免許（または特許）申請に必ず必要な基幹項目であり、連続した鉄道敷地を用地買収せねばならないため、経由ルート等を完成後に大幅変更[4]することは極めて困難である。部分的な専門家が細部を作図・造形し事後的修正が比較的容易なパーシャルデザイン（例えば鉄道車両の色や形など）[5]とは異なり、経由ルート等の基幹的なトータルデザインは発起人会、創立総会等での出資者総員による決議を必要とし、経由地の資産家層の質と量とに依存する株主募集の成否如何にも大きく影響する最重要事項である。

一例を挙げると、大正初期に大阪と奈良を結ぶ観光・遊覧電車として企画された大阪電気軌道（現近鉄奈良線）は当初生駒山を複数の鋼索鉄道の組み合わせで山越えする方式を構想していたが、設立後に勇猛果敢な岩下清周[6]らの主導で鉄道工務所の提起した生駒トンネル開削案に大幅方針転換した。しかし当時の土木技術水準では長距離山岳トンネルの開削に未解決の課題も多く残されていたため、着工後のトンネル工事は難航の連続で、深刻な落盤事故が多発した。到達時間短縮を目的としたトータルデザインの大幅変更のため、結果的に私鉄（大阪電気軌道）、施工業者（大林組）、主力銀行（北浜銀行）のトリプル破綻という最悪の結末を招いたのである[7]。

こうした不動産的・社会資本的な特性を多分に有する観光分野を分析・解明する視点として、土木建築、都市計画等の分野での蓄積が豊富な諸デザイン概念である地域デザイン、ランドスケープデザイン、環境デザイン、シビックデザインなどの考え方は著者も大いに啓発されるところが大きい。本来デザイン［design］の原意はde（下へ）signare（記号で示す）のラテン語に由来し、計画・腹案・悪だくみ等を意味する。建築学分野では「着想、考え、構想など精神的な抱負に形を与えること」[8]と解されている。デザイナー［designer］にも陰謀者の意味もあり、［designing］は計画的な、先見の明ある、のほか、腹ぐろい、ずるいの意味もある。従来デザインや意匠という用語は明治35年すでに「意匠としいへば、世人は単に美術並に美術工芸に附帯したるものと思惟す

るの弊ある」（M35.1.4 読売②）とされたように、専ら美術・工芸分野に特化した専門用語と一般には見做されてきた。しかし読売新聞での用例の変遷を見ると近年多様な使用がなされている。例えば昭和37年には「富士山ろくをデザインする」（S37.1.1 読売㉛）と題する特集記事では「やたらに工場を建て、バカ大きいホテルを作ることばかりが近代的開発ではない」（S37.1.1 読売㉛）などと、観光面を含む広域的な地域計画の意味合いでデザインを使用している。昭和55年には「"デザイン競争"の時代」（S55.1.1 読売⑤）と題する政治の特集記事では国家目標、政策等の意味合いで「国づくりのグランドデザイン」「政策のデザイン」（S55.1.1 読売⑤）を使用している。

　こうした先行研究やデザインの具体的な用法を参酌しつ、著者なりの暫定的な考え方をとり纏めると、「観光デザイン」の具体的な内容としては一定の地域レベルの観光のありようを対象として、まず当該地域の地図等で特徴を全体的に理解し、現地調査を重ねて地域の有する観光コンテンツ（地域観光資源）を発掘・創造・景観形成し、最大限に活用して、地域住民の生活向上に資する最適かつ持続可能な観光振興策、地域活性化策、各種イベント等を探索、調査研究し、部分的にのみ有効なパーシャル・デザインではなくトータルで整合性のある総合的な企画立案（マスタープラン）を行い、具体的な表現によりあらゆる媒体を通じて幅広く提案し、自然との調和や多数存在する利害関係者相互の関係性をうまくコーディネートし、投資家・資本家を巧みに誘導して事業をプロモートし、プロデュースし、地域外にも幅広く情報発信し、商品化・ブランド化を目指すとともに、最終目的としては長期、長々期にわたって真に持続可能な観光ビジネスモデルとして効率的にマネジメントするという主に観光という手段を通じて地域経済の自律化・活性化のための諸活動を実践するものと考える[9]。以下、本書ではこのような広範な意味で「観光デザイン」を暫定的に使用する。

Ⅱ．観光と地域社会との相互関係に関する先行研究

　著者の長年にわたる関心領域のひとつである鉄道研究の分野では、地域密着産業である鉄道の特性を反映して、戦前から地域社会との関係に関する先行研究は枚挙に暇がないほど、多数の優れた研究業績の蓄積がある。著者自身が直接に日々ご教示を受けて来た青木栄一、中川浩一、三木理史の各氏ら地理学の研究者による多数の著書・論文は当然のこととして、武知京三、西藤二郎、田中真人の各氏らの著書[10]などがすぐに思い浮かぶ。また鉄道会社の発起に関してはすでに老川慶喜氏などによるかなりの研究蓄積[11]があり、どのような地域のいかなる階層の人々が鉄道発起に深く関与したか、鉄道予定線の沿線地域と出資行為との因果関係などが次第に明らかになっているが、我々が対象とすべき観光企業については管見の限りでは残念ながらまだまだ未知の部分が多いのではないかと思われる。

　これに対して隣接する観光学の領域では、吉田春生氏が著書『観光と地域社会』のあとがきで「観光論として地域社会を原理的に、かつ充分に位置付けた論考は出ていないのではないか」[12]と指摘している。また森重昌之氏は近年注目されつつある地域主導型観光の研究において、「それが地域づくりにどのように貢献できるかについては具体的に明らかにされていない」[13]と不十分な現状を述べている。

　管見の限りではあるが、本書の主題とする観光デザインとコミュニティデザインとの関係に言及した論考・先行研究も必ずしも多くはないように思われる。その理由は「開発か、保存か」といった二者択一的な対立構造が支配的な時期にあっては、いずれかの立場に立脚する限り、いわば敵方である他方の事情などは一切顧慮する価値が認められず、双方の関係に立ち入って議論する必要性は認められなかったからであろう。妻籠の住民憲章[14]を指導・支援した立場の研究者にとって"黒船"とも見做す外部観光資本の内部分析（例えば"黒船"の構造、速力、積荷、船員など）にまで筆が及ばなかったのは当然であると考

えられる。同様に"黒船"の側から観察すれば"黒船"侵入を妨害する邪魔な住民側を「十把一からげ」に開発への抵抗勢力と見做すだけで十分であったであろう。

　ようやく近年の平成16年景観法制定と文化財保護法の改正によって、「2つの法律が、相互に連携して魅力ある景観を保存し…まちづくりと観光とは対立することなく、相携えて、同じ目標に向かって進む」[15]環境がまず整備されたとの立法関係者の見方もある。そして平成18年観光立国推進基本法制定により、地域住民が創意工夫を生かして活力に満ちた地域社会を実現していく主体的な取り組み（コミュニティ側のベクトル）を、観光側も「尊重しつつ…地域社会の実現を促進」する重要な役割を果たすべきことが同法前文に掲げられた。著者の理解ではコミュニティデザインと観光デザインとのベクトルの一致が法律の上でも理想型（現実はともかく）として確認されたということとなろう。したがって近年は双方の関係に言及した先行研究は大幅に増加してきているわけだが、観光学が確立していない戦前期には双方に言及した学術的業績はほとんど見当たらない。そこで学術的とはいえないものであっても、双方の関係に言及した初期の論説や新聞記事等を管見の限りで年代順に紹介しておく。

　まず明治14年岩倉具視の発意で宮内省からの下賜金、久邇宮、有栖川宮ら諸宮の協賛で「五畿及江丹二国ノ名勝古蹟ヲ永遠ニ保存スル」[16]目的で保勝会が京都に創設された。嵐山の別荘「対嵐山房」の主・山中静逸（第5章参照）は明治18年「拙宅も行末は自然茶店料理屋と同様に相成り…然るに私微力にて永く保存無覚束存候故」[17]、「対嵐山房の没後世人の有に帰し、聖蹟を汚さんことを恐れ、宮内省に献納し永久の保存を計らんことを欲し」[18]た。山中の献納願を聞いた三条実美は「伏見宮始め諸宮の共同物に献納し、宮より保勝会へ保護御委託ありたれば酒楼茶店に変する憂もなし…却って宮内省の所持に帰するよりは万事都合よろし」[19]と返答したが、山中が急死したため保勝会への預託は実現しなかった。別荘主が保勝会へ預託することで聖蹟を保存するという、ナショナル・トラストにも似た議論が皇族・華族関係者の中から出ていたことが注目される。

明治25年三重県の田中善助は「到る処風致を破壊し俗化する状態を黙視するに忍びず」[20]、帝国議会に「風景保護請願書」を提出した。提出を託された地元代議士すら「民力涵養を叫ぶ時代に風景保護など時代に合はぬ」[21]と乗り気でなかったほど時期尚早の卓見だが、田中は明治25年に月ヶ瀬保勝会を立ち上げた筋金入りの風景保護論者である。しかし田中が月ヶ瀬の村民に「梅花山中の茅屋は…貴く…願くは藁の家に住んで貰いたい」[22]と風景保護を「説諭してもなかなか言ふことを肯かぬ」、「梅林の持ち主では副業に瓶敷や箸を造って売るなど、保勝会の趣旨に副はぬことばかり」と、田中らの「保勝の趣旨は村民には解し難く」「残念ながら十年間精力を入れた事業から退」[23]くことを余儀なくされている。隣村とはいえ、地域の外部者の田中がよかれと立案したコミュニティデザインはこの時点では村民の信任を得るには至らなかった。

　明治20年後半には「近来美術を談ずる者口を開けば即意匠を言ふ」（M28.11.25 読売①）と「意匠」なる用語が多用され始めた。しかし当時の「意匠論」という記事では「意匠とは抑如何なる者ぞといふに、其いまだ術語とならざる」（M28.11.25 読売①）混沌期であるとする。新聞で「観光デザイン」に相当する旅館「屋舎の設計好悪は来遊者の多寡に関する」との注目すべき意匠コンペ記事が遅くとも明治30年に見られる。「嵐山三軒家株式会社にては…創立事務所にて創立委員会を開き、旅館建築の件に付協議の末、屋舎の設計好悪は来遊者の多寡に関する事大なれば、此際懸賞して広く意匠を募る事に決議したる由」（M30.7.4 日出）

　明治30年京都市内の資本家により発起された最古級の観光企業（第5章で詳述）においてすでに地域にマッチした旅館建築の「屋舎の設計…意匠」の適否に深く配慮していた事実が判明するだけでなく、旅館の立地が古くから景観保護に熱心な嵐山であったという点も興味深い。明治35年には「デザイン時代来らんとす」（M35.1.4 読売②）との論説が見られ、「意匠」の意味で「デザイン」が使用され始めた。当該論説ですでに「由来意匠としいへば、世人は単に美術並に美術工芸に附帯したるものと思惟するの弊あるも、是世人の誤解なり」（M35.1.4 読売②）と狭義に解する弊を誤解だとして「美術工芸品のみ

に止まらず、凡そ千種万態の製作物…販路を求め、利益を博せんと欲するもの、皆悉く意匠の力に頼らざる能はず」（M35．1．4 読売②）と、意匠・デザインの意味を相当に広義に解すべきと説いた。明治38年の米国の絹布業の記事でも「製造家等は皆な各自に工夫を凝らし…新案新工夫を考へ出すに汲々」（M38．1．7 読売④）とデザインが絹布業者の眼目であると報じている。

明治39年「仙松興隆会」という広域観光の推進組織を結成した仙台・松島地区の旅館業者は「地方の発展は即ち旅館業発展の源泉なり」との先進的・先駆的な哲学を有しており、コミュニティデザインと観光デザインのベクトルの一致を真剣に模索していた（第1章で詳述）。

明治43～44年ころの農村部の町村是[24]の文章には都市との交流が農村生活に華美をもたらし、旧来の生活規範を打ち壊す一因となると危惧する考えが見られる。福井県の例では「方今、都市ノ虚飾的美観ニ眩惑シ、少年子弟ノ世襲農業ヲ厭ヒ、京阪地方ニ赴クモノ日々多ク、為ニ本村ノ主業ナル農事モ衰退ニ傾カントスルノ虞レアリ」、「行商者及出稼人多数あるの故を以て…虚栄心を有し、身貧しきも都市の華靡を擬し誤るものなきを保せず」[25]などがその一例である。

明治43年田中善助は社長を務める関西水力電気の「水電工事の為笠置山の一角を破壊せる罪を山霊に謝せんとて、桜樹を植え」[26]たり、明治43年5月南京領事館勤務の巡査が『南京名所案内記』を編纂したり、大正元年鎌倉保勝会が駅前に「旧跡見物者ノ便宜ノ為メ鎌倉案内地図ヲ…設置」[27]するなど、草の根の活動が展開された。しかし後者は要塞地帯のため陸軍大臣の許可を必要とするような観光には不自由な時代であった。

一方、大正元年当時町村是を作成しつつあった町村に対して地域の名勝旧跡、古来の慣習といった表現でコミュニティ固有の観光デザインの重要性に言及した県指導者の意見がみられる。農村改良の指導にあたっていた兵庫県の中川内務書記官は「改良と云えば直に新事業をなすことと思い、他村には斯々の施設あれば自村にも之を行うが如き傾きがある。古来の慣習と雖も其宜しきものは之を保存するの思想なくば国体を維持することは困難である。仮令ば従来地

方の名所なりし所を開墾し、又は諸工場を建築して名勝旧跡を次第に経済的方面にのみ利用し尽す時は其地方民の思想に大変化を来すものである。斯の如き名所は一旦之を変更すれば復旧すること困難なれば慎重の審査を要す」（Ｔ１．12.9 神戸）と名勝旧跡の保全を強調している。

　次に古来風景絶佳な遊覧地として有名な兵庫県明石町の「町是」のあり方を具体的に議論したＴＫ生[28]と名乗る論者の大正４年の論説を取り上げよう。「いでや以下各流域に沿うて此等都邑の盛衰を記して見よう」と兵庫県下の45都邑のあり方を個別に詳細に論じて、『大阪毎日新聞』に81回も連載したコミュニティ観察の先駆者・ＴＫ生によれば「此際確然たる明石の町是を定むるのは明石三万の町民の頭に振掛った生存問題である。而も明石の人士は尚此に就て迷って居る」と、町是の決定は町民次第であるとする。著者の考える「コミュニティデザイン」に近い語感を有する「町是」には大別して遊楽的町是、商業的町是、生産的町是（工業的町是）の三種類があり、兵庫県下では明確に工業的町是をとるのが尼崎・高砂など、遊楽的町是をとるのが有馬、城崎、舞子など、商業的町是をとるのが神戸、姫路、豊岡などといった具合である。明石の特色として「明石附近の風景は明石に採って非常に貴重なる富源」であり「一ケ年十万人内外の遊覧客や来往者がある」ため、明石「町民は常に旅人遊覧者船頭又は漁夫と接触する機会多かりし結果、風儀は紊れ易く人心軽薄に傾き所謂宿屋根性」という「弊風が改まらない」と断じた。明石の地元には「附近の風景を飽まで保存して、煤煙立昇る工場の如きは可成之れを排斥すべし」との景観保護の主張もあるが、「少しく財界の不振に陥ると明石は第一番其悪影響を蒙る。殊に近年の不景気は甚だしいものがある。コハ平素遊覧地として殆ど町の半は遊覧客や来往客の懐を当にして暮して居るために世の中の不景気を最も痛切に感ずる」と、工業地の尼崎等に比し遊覧客頼みの明石の経済的脆弱性を指摘する。結論として「明石の町是を遊楽的たらしめんとするが如きは大なる誤り」とする。その理由は「可成は風景を保存し工業を振興せしむる事は何人も望む所であるが、それは出来ない注文とすれば遊楽的町是を棄てて生産的町是を確立するの外はない」とする。「明石は舞子と異なり多数の人口を

包擁せる市街である。風景の保存の為に市街を廃頽せしむる事は出来ぬ。…明石の発展を図り住民の繁栄を企図するに此際工業を振興するのが一番捷径である。将来の明石は此工業的町是を確立しなければ増加すべき人口を養うの途がない。工業と風景を調和するの途が発見されない以上、明石の風景は漸次破壊されても亦已むを得ない。盖し三万の民衆の生活は一風景ぐらいには代えられぬ」と結論付けた TK 生は、いわば観光振興による地域再生の限界と困難性に言及した初期の論者の一人といえる。もっとも明石に対し「遊楽的町是を棄てて生産的町是」を説く TK 生は常に遊楽的町是を否定する訳ではない。「遊楽的町是を採りて都邑の発展を図」る温泉地の「城崎には完全なる旅館あり美味なる料理」があって「旅館に料理屋に其他外来者の懐を絞るの術」に長けているとし、「城崎に学ぶべきは花柳界や料理屋の如きものに非ずして、寧ろ城崎人士の温泉場としての立場に忠実なる熱心勉強の点を学ぶに若かず」と、城崎住民がどうしたら温泉の魅力を高められるかを地域を挙げて熱心に勉強する姿勢を高く評価した（城崎温泉は第 4 章参照）。

　大正 6 年山梨県知事に就任した山脇春樹は「岳麓開発」と名付けた観光デザインに関して「遊覧と云ふようなことを唱へると遊覧よりも産業の開発が必要ではないかと何人も言ひますが、交通が盛んになり初めて諸種の産業も起る」、「富士は混雑する上に外国人に対する特別の設備は一つも無い…設備さへすれば夏季は余程外国人が沢山来る」[29] と民営遊覧鉄道の創設と外人向設備の整備を強調する講演を行った（はじめに参照）。知事の革新的な観光構想に対して反対の立場に立つ山梨県議は「営利ヲ目的トスル会社ヲ本位トシテ、県ガ之ニ助成シヤウト云フ…コトハ以テノ外デアル」[30] と民営補助方式を非難してあくまで県営を主張した。また大正15年農本主義者・豊川善曄も富士北麓の岳麓開発という山梨県主導の観光デザインに関して、「株主とか其の他の金持階級が利益を得、地方の大商人が多少の恩恵に与る…農民とか機業者とかは何の利益があるか。曰く何もあるなし。のみならず有閑階級が盛に入り込む結果は土地の風紀を悪くし、物価を騰貴せしめ、町村負担を重くならしめ」[31] ると断じ、岳麓住民は「斯の如き意味の岳麓開発に有頂天となるは全く愚劣なこと」[32] と

痛烈に批判するなど、地域には強い反発も生じた。逆に京都府宮津町では大正6年同町の調査会が町是として工業や貿易によらず、天橋遊覧地を完備せよとの意見書を町長に提出したことを背景に、大正中期以降天橋立公園等の整備や観光開発が積極化した。また同様な海浜リゾート地の例として大正8年「宍道湖大公園計画」をデザインした高橋松江市長も「遊覧地としては絶好の位置にあるにも拘らず、是迄何等の設備も無く天然の勝社地もを利用して旅客招致乃至市の繁栄に資せんとするもの無く、天与の景勝も殆ど閑却せられたる観あるが…宍道湖を中心として一大遊覧地設備の必要なる事は識者も之れを唱え、余も疾くより之れを認め」（T8.4.5 大朝山陰版）てはいたが、「斯くの如き大設備をなすには巨資を要するを以て松江市のみにては如何ともする能わず」と財政難を理由に挙げ、天橋立と比べて整備が遅れた。

　大阪朝日新聞の「たかし」記者は反動恐慌期に和歌山県「新宮は今生死の境にある。この不況の対策として思いついたのが名所宣伝だ。熊野川の上流には名にし負う瀞峡がある、湯の峰、川湯の温泉…田辺、勝浦の温泉が聞え、勝浦の近くには那智の滝がある、これを大いに宣伝して遊客を集めよう、というので紀伊保勝会が生れ、田辺、勝浦を通ずる大自動車会社もできるそうな、こりゃいい考えだ」（T14.8.22 大朝「米材に脅さるる紀伊の国」）と新宮の観光デザインに「筆者も提灯を持とう」と応援したが、「食いつめた爺がきれいな娘を食物にするようだなんて悪口」（T14.8.22 大朝）も少なくなかった。

　大正15年の『神戸又新日報』は市民各層の神戸市繁栄策を連載するが、竹材製造業の長田大介（鹿児島起業会社重役）は世界的遊覧都市を目指すべきで、六甲「山上に、海浜に或いは景勝の地に住み心地のよい大ホテルを建設するとかして遊覧都市としての完璧を期して多々益々世界の外来客の吸収を策することが肝要」（T15.9.7-11.16 又新）と主張した。こうした神戸裏山の観光開発策に対して登山愛好家組織は強く反対した。昭和5年ころ神戸市の「裏山保護のための有力な保勝会設立」を提唱中の「神戸の有力なる愛山家」[33]は「自然の風致を害せぬことを第一義とする」と称する神戸市主導の裏山開発計画について「一歩を誤れば市民の損害は取返えしがつかぬから慎重な態度を執らね

ばなるまい」とした。とりわけ再度山電鉄や宇治川電気の塩ヶ原開発に「市がこれ等に条件を付して開発せしむること必ずしも排すべきであるまいが、開発に名を藉りて無暗に俗化を誘致するが如きことあってはこれ由々しき問題である。山は山としての姿を維持せしむるところに山の有難さがあるのであって住宅地を濫設して山を汚すが如きは執るべきではあるまい」[34]と営利会社による裏山開発は特に慎重にすべきと主張した。その後もドライヴ・ウェイ設置案に対して山を愛する神戸市内の登山会は「山は人間が神様から頂いた最も神聖な境地である。吾らは毎日山へ登り山を愛する気持こそ神へ対する人間の最高のものである。そんなことは神への冒涜である。またこの美しい翠糸に包まれた勝地をムザムザと禿山にしてしまう憂いで一ぱいだ、保勝の上からもまた八十万市民の保健と言う大問題をさしおいてこの計画には絶対に反対である」(Ｓ７.10.8-15又新）と反対の気勢をあげた。

　昭和初期に参宮急行電鉄が開通し赤目香落渓への遊覧客が激増し、「赤目滝の渓路は…歩行に不便だ」[35]との普通道敷設を求める「遊覧客の声に村民も雷同して参宮へ要求」[36]した際、赤目香落の保勝に精魂を注いできたナチュラリストの田中善助は冷静に「都会人を迎へることに汲々として地方民自ら風致を害して省ないことが多い」[37]と考え、村民も納得していた原案を翻し「天然を破壊せず、風致が保存され」[38]る解決策を技師とともに考案した。

　しかしほどなく戦時体制に入ると外国人観光団に特高警察が目を光らせ「日光駅着…自動車ニテ中宮祠ニ至リ各名所探勝ノ上下山…食堂ニ於テ昼食ノ後…拝観…格別容疑ノ点ナシ」[39]などと内務大臣宛逐一報告せねばならぬ逆風が吹き出した。

　こうした数少ない資料や事例からの現時点での暫定的総括ではあるが、戦前期の観光業への一般人の通俗的観念として、①不純な都会人との交流は純朴な農村の風紀を乱すとの観光交流否定論、②不要不急の観光よりも産業の開発を優先すべきとの観光不要論、③そもそも営利主義を非難する民営否定論などの根深い伝統的思想が観光業への逆風として、とりわけ農村部に色濃く残留していたと思われる。したがって都会人や外国人との交流を盛んにする観光にも相

応の意義を見出だし、株式会社形態の観光営利企業の果たす役割を前向きに捉えた観光容認派の論者は松江市長や大朝記者のように存在はしていても財政難で具体的に着手できず、あるいは昭和期あたりから増加しつつあった景観保全派の賛同が得られなかったため、日本三景の地などを除いて推進は容易に進まなかったものかと推測される。

さらに当時一般には忌避されていた水商売同然に見做されていた観光業にさえも前向きに投融資した北浜銀行[40]のような新奇を好む物好きな金融機関は、「開墾、牧畜、植林、鉱業権取得売買、ホテル温泉の経営…」[41]などを「事業書」に掲げるなどハイリスク・ハイリターン型の有価証券割賦販売業者[42]などを除けば例外的存在であったと考えられる。にもかかわらず、大正バブル期の如き大好況期には一時的に観光業が投機的対象としてハイリスクの鉱山や土地会社と同類視され、数多くの泡沫的観光企業が簇出し、大半は短期間に雲散霧消した不幸な史実は観光に関係する人間が看過忘却できぬことであろう。

次に敗戦直後の日本では今日と同様に「観光立国」が政府の方針として「文部省の教材に観光の問題が大きくとりあげられ」[43]たほどであった。包装紙、レッテルなど「観光商品の意匠指導」（Ｓ28．3．6 読売⑧）といった最狭義の「観光デザイン」問題でも研究会が組織され改善が指導された。昭和24年芦屋市の懸賞論文第一席に選ばれた佐藤俊夫[44]は「敗戦日本の現状において、大規模な土地開発や、ぜいたくな観光施設の建設を急ぐのではなくて、それぞれの地方の主体的客体的な実状特質をいかして在来の資源（施設を含む）を利用して差当たって簡単なことから着手すべきであって…観光施設とは只わけもなく、ホテル、ゴルフリンク、ドライブウェイをつくることではない」[45]と、ともすればハード偏重に陥りやすい安易な傾向に苦言を呈した。さらにコミュニティデザインと観光デザインとの間の懸隔をとりあげ、住民への観光観念の普及こそが重要だと主張した。「住民のすべてが観光に強い関心をもって…市民全部のもりあがる意欲にささえられた世論であるとき、観光芦屋の具体的な問題は…スムーズに運ばれる」[46]として「市民に対する観光観念の普及は必要欠

くべからざる問題」[47]と注目すべき議論を展開する。佐藤は観光の伝統がなく「知識層が多いにもかかわらず、市政に無関心な市民の多い」[48]芦屋では市民の多くが理解したコミュニティデザインの中身と、市当局の主導に基づく一連の観光デザインとの調和・融合はなかなか困難とみていた。佐藤は双方の調和・融合をはかるため「観光専門紙の発行」[49]等を提案し、これは『観光芦屋』を30年1月芦屋市観光協会が創刊したことで実現したが、その後の芦屋における観光デザインの展開は不幸にも彼の心配が的中した（第6章参照）。

　前述のように、戦前・戦後とも観光という存在が地域社会の側からは決して肯定的に捉えられない不幸な時期が長く続き、地域サイドに立つ研究者の多くも観光を文化遺産保護の脅威と見做して否定的に位置付ける論者がむしろ支配的であった。観光地理学の分野では山村順次氏が富士山北麓の山中湖村で入会権の存在する恩賜県有林が別荘地の開発対象となる開発過程[50]を明らかにしたが、一般に観光サイドの研究者の多くは観光開発を前提として開発者サイドの開発戦略的色彩が強かったともいわれる。このため考慮すべき対象としての地域社会と観光の双方に十分目配りして、双方の間の相互関係に深く切り込む議論は残念ながら吉田氏の指摘どおりあまり見られなかったといってよかろう。
　こうしたいわば不毛の対立が続く風土の中で地域計画学に立脚した西山卯三氏は1960年代の利益追求型の地域開発に対して単純に開発か、保存かといった対立構造ではなく、地域の観光開発のあるべき姿としてレクリエーションに注目、空間づくりの重要性を指摘して地域資源として捉えて、観光と生活とを結びつけて利用すべきとして新たに「開発的保存」を説いた[51]。
　また観光地理学の領域でも池俊介氏は「従来の生活形態の維持のみを是とし観光的利用すべてに否定的態度を示す」[52]原理主義に疑問を呈し「村落共有空間の観光的な利用を図ることによって、新しい生活の枠組みの構築に成功している事例も数多く存在」[53]するとして、村落共有空間の観光的利用の意義を積極的に評価した。富士北麓の400年間に及ぶ長期の観光開発史を歴史的視点から丹念に跡付けした内藤嘉昭氏も戦後「官民一体となった観光開発の実験の

場」[54]) として「計画的に開発を実施された」[55])「名士村」山中湖と、「体系化に欠けていた」[56]) 河口湖の比較の文脈で「観光資源や資本の分析だけでは不十分である。なぜなら、それらの解明だけでは地域のもつ個性や伝統などの独自の要素をほとんど捨象してしまっているからである」[57]) と地域特性の歴史的分析の重要性を観光学の立場から指摘した。

西山夘三、三村浩史両氏ら京都大学の研究グループの一員であったニコス・J. ロシデスは昭和59年4月に京都大学へ提出した学位論文[58]) の中で「観光開発が地域社会に貢献するかどうかは、外部からの投入（観光客、資本）の関数であり、かつ地域社会の諸性質（資源、立地、社会経済的性格、計画のフレームワーク）の合成ベクトルである」とし、「観光地の成功は、それが大企業誘致型の観光開発であれ、地元主体の観光開発であれ、結局は地域に発生した観光活動がどれだけ地域社会に融合しているかによって決まる」という、極めて注目すべき地域融合理論を展開した。

ニコスは地域と観光の分離度という尺度で、観光と地元の社会経済構造との間の不一致が大きい類型を他国の中に孤立して存在するような「飛び領地的開発」[59]) と名付けたが、まさに巨大観光資本の支配地に編入され地域による規制が一切及ばなくなった「租界地」[60])「居留地」然とした開発エリアは、本来の地域から切り離されて他国に帰属させられた治外法権[61]) 的な存在の「飛び領地」(enclave) に相当しよう。ニコスは地域社会が抱える課題を解決できる包摂可能な観光開発規模を測る指標として、「地域同化容力」(Regional Assimilative Capacity＝RAC) 概念[62]) を提唱した。ニコスはこうした Capacity 概念を Dasman (1945)、Hall (1972)、Wall (1982)、Getz (1983) らの先行研究に依拠[63]) しつつも、独自に RAC 概念として展開した。観光と地域社会との融合の程度 RAC が地域社会の発展を規定する重要な指標であるとするニコスは観光の特性と地域の特性との双方を把握した上で、RAC の具体的な評価指標として、①旅行需要の性質、②観光の発展段階や成長率や性質、③地域環境の弾力性、④地元および地域経済の特質、⑤資源の質と支援的な因子、⑥観光開発における地元の包摂、⑦観光成長への態度、⑧計画機構の適切さの8点を図

示した[64]）。結論では RAC が包摂可能な開発規模で、高度な共同総合型（＝high synergy）開発[65]）、すなわち観光と地域の他のすべての諸部門との積極的な相乗効果を発揮できるようなタイプの開発を行う必要があるとする[66]）。すなわち受け入れ地域の RAC が大きいほど、そして観光部門と地元の社会経済構造との間の不一致が小さいほど、その観光開発は地域の発展の実現にヨリ貢献的であると結論づけている。

　他方、石森秀三[67]）氏はツーリズムを活用した地域社会の発展について、持続可能な観光（sustainable tourism）の創出につながる地域における観光開発を、「内発的観光開発」（endogenous tourism development）という新しい概念として提唱している。さらにその「最も重要な前提条件」として「自律性」を基盤とすることをあげ、「閉鎖的な意味合いを喚起」する「内発的」という言葉から、「地域社会が自らの意志や判断で外部の諸要素を取り込んだり、それらとの連携を図ること」の重要性を含んだ「自律的観光」（autonomous tourism）を提唱しており、持続可能な観光と地域社会の発展とが密接な関係であると論じている。石森氏は地域社会の外部の企業が開発主体になる「外発的観光開発」（exogenous tourism development）では「地域社会の意向が軽視されたり無視されることによって、各地の貴重な地域資源（自然環境や文化遺産など）の破壊や悪用や誤用などが行われ、さまざまな負のインパクトがうみだされがち」[68]）として自律的観光こそが重要だと主張した。

　また西山徳明[69]）氏はニコスが地域の有する同化容力＝キャパシティと呼ぶ「外部からの投入（投資や観光客の流入）……を内部化し変化を誘導するところの地域に内在する能力」を固定的に捉えるのではなく、キャパシティ・ビルディングによって高めることが可能な柔軟性あるものとして捉えている点を持続可能なツーリズムへの示唆と見ることもできると評価した。西山氏はニコスの「同化容力」を次のように敷衍する。「地域の主である地域住民や地域社会といった主体が、自分の意志に基づいて自発的（＝spontaneous）にツーリズムを操り、かつツーリズムの気まぐれな性質に振り回されることのないように自律的（＝autonomous）に振る舞う対応力」[70]）。

西山徳明氏は「自律的観光」について「ツーリズムは、産業資源の乏しい開発から取り残された地域にとって時として地域発展の甘い汁として劇的に作用することがある。一方では、観光開発などを全く望んでいない平穏な地域を、突然嵐のように襲うこともある。…ツーリズム開発が地域にとって貢献的に作用するかどうかは、まさに地域の主（あるじ）である地域住民や地域社会といった主体が、自分の意志に基づいて自発的（＝spontaneous）にツーリズムを操り、かつツーリズムの気まぐれな性質に振り回されることのないように自律的（＝autonomous）に振る舞う対応力を有するかどうかにかかっている。言い換えれば、ツーリズムが地域の振興に貢献するかどうかは、外部からの投入（投資や観光客の流入）とそれを内部化し変化を誘導するところの地域に内在する能力（同化容力）との総合的な結合何如であると予測できる。したがってツーリズムは、地域の観光政策を設定しこなしうる組織が存在する地域においてのみ、発展のための健全な刺激をもたらすことができることになる」[71]と主張する。

　敷田麻美、森重昌之両氏も、観光地が地域外の観光業者や資本に従属させられやすい従来のマスツーリズム、「他律的観光」に対し、地域主導で創出する持続可能な観光を「自律的観光」として、地域社会の側が自らの意志や判断で観光サービスを提供することが重要であると述べている[72]。ニコスの見解を基軸に展開されている西山徳明氏や池ノ上真一[73]氏、敷田麻美氏、森重昌之氏らの一連の先行研究に啓発されつつも、これまで企業者史領域に身を置いてきた著者としては地域側ではなく、主に企業側の分析に力点をおきつつも、地域コミュニティとの融合等をも勘案し、独自の「観光デザイン」論を展開したいと考える。

Ⅲ.「コミュニティデザイン」の想定内容

　著者が本書で想定する「観光デザイン」と対峙する「コミュニティデザイン」とは単に自治体が専門家の指導を受け立派に仕上げた完成文だけをさすものではない。官主導で策定するというイメージが払拭し難い「地域総合計画」といったお堅い官庁用語を使用しない理由も、本来この種の計画は住民組織主導で

歳月をかけ草の根的に構築されていくべきものという発想に基づいている。著者は由布院の観光カリスマとして著名な溝口薫平（由布院玉の湯代表取締役会長）氏が昭和46年志手康二（夢想園）、中谷健太郎（亀の井別荘）の両氏と3人での50日間行った欧州視察旅行[74]の際にドイツ人旅館主から聴取して感銘を受けた「町のあるべき姿をみんなで考え、そういう町をつくりたいという想いを大切にして、みんなで頑張ってきた」[75]という言葉に着目し、「コミュニティデザイン」は次のような中身を考えている。

　地域コミュニティ固有の地理・歴史・文化・風土・資源等の諸条件が長年の間に結合・累積・醸成されて徐々に形成された地域のありようを方向づける住民間の取り決めや約束事（多くの場合、書かれていない、見えない不文律的存在）である。すなわち地元の首長や地域住民の一致した意向として、この地域をこういう方向に向って築き上げて行くことが必要であるという共通認識でまとまり、これを地域を挙げて協力して実現して行こうという意気込み[76]を率直に現わす有形・無形の存在ではないかと考える。また同時に地域挙げての意気込みを伴わぬものは、如何に美辞麗句で修飾されても、構成員に共有された「コミュニティデザイン」たりえないのではないだろうか。森重昌之氏は先に地域主導型観光の重要な視点の一つとして「地域の方向性を地域関係者自身で決定できること」[77]を挙げているが、著者も全く異存がない。森重氏のいう「地域の方向性」は著者の考えている「コミュニティデザイン」との重複部分が多い。バブル期に中央官庁のご指導の下に「リゾート法」申請に書き込んだ俄かづくりの観光政策、東京のおエライ先生方が横文字混じりでご執筆された高邁な総合計画などの類いは地域関係者自身が決定に実質的に関与して納得を得なければ地域の意気込みを伴わぬ他人行儀なご立派な文章にしかすぎない。

　日常は無意識のうちに埋没していたり、あるいは目に見えぬ無形の存在であっても、時として「コミュニティデザイン」が、あたかも「炙り出し」の如く顕在化する瞬間がある。それは「コミュニティデザイン」を破壊しかねない外敵（昭和33年の浦安にとっての本州製紙江戸川工場の毒水など）が現れた時、構成員の心の中に失われかねない「コミュニティデザイン」のあるべき姿がく

写真-1　松山城下の伊予鉄道 (昭和42年著者撮影)

っきりと蘇り、あるいは忘れかけていた守るべき掟として復活し、コミュニティの存亡をかけた運動の象徴として浮上して構成員にある種の思考・行動・決断[78]を促すのである。

　こうした「コミュニティデザイン」は明治大正期には市町村是などとして成文化される場合もあるが、多くの場合成文化されず、不文律として構成員に共有・継承される場合も多い。あるいは簡潔な掟書きの形、石碑（浦安の漁業権放棄の記念碑など）等の形で骨子・キーワードのみが示されたり、長年の習慣・慣習・風習などの中にそれと気付かれぬまま埋没している場合もあろう。例えば松山人が理想とする悠々自適の生活とは、「お城の見える所に住宅を建てて、伊予鉄の株主優待パスを持ち、毎日道後の朝湯へ行くこと」[79]と語り継がれてきた。日々愛してやまぬ松山城の景観と道後の貴重な温泉資源をともに守るとともに、個人の経済活動面でも双方を繋ぐ伊予鉄道（戦前は伊予鉄道電気）の安定株主になって地元に不可欠の交通・電気・観光を担う公益企業の存

続をも支える生き方を松山の人々は理想と考えてきた。こうした風習は、後年「松山国際観光温泉文化都市建設法」という自治特別法（第6章参照）に成文化された意気込みを市民生活レベルで体現したものといえる。

　あるいは地域の伝統産業・地場産業・シンボル（例、伊万里の陶祖神社の陶製の鳥居、信楽駅前の陶製の大狸像など）等の存在そのものが、この町は陶磁器の町だ、温泉の町だ、門前町だという具合に、「コミュニティデザイン」を現物で指し示していることも少なくなかろう。したがって、必ずしも成文化されたもの、可視性あるものには限定しない。成文化はされてはいないが、不文律として地域住民の間で固く守られてきた慣習（例えば市庁舎・社寺など地域のランドマーク[80]的建物より高いものは建てないなど）を破る行為は"御法度"（禁令、禁制、掟破り）と見做され地域での信用を失う。

　「コミュニティデザイン」に関する先行研究を網羅するだけの学問的蓄積を有していないため、著者としてはとりあえず「コミュニティデザイン」という用語に近い歴史的用語を列挙してみたい。

　地域社会が維持、発展するための必要な仕組みの一つとしてのコミュニティデザインを考察する前提条件として、一般にコミュニティの住民憲章、ビジョン、生活の理想像、あるいはマスタープランなどと呼ばれる一連の地域計画系統のコミュニティデザインに近い語感を持つ用語を考察しておく。まず戦前の「郡是」「町村是」[81]、近年の「市民憲章」[82]、「ローカルアジェンダ21」[83]といった各種のコミュニティデザイン類似のものが重畳的に存在する。

　「コミュニティデザイン」に相当する郡是や町村是とは明治中後期から昭和初期にかけ、各郡・市町村・農事会・道府県が主体となり、まず自町村を克明に調査・分析した上で、その統計資料を基にして町村等が将来とるべき施政方針・発展計画をまとめたものである。元農商務省次官前田正名は「今日の急務は国に国是を、県に県是を、群に郡是を定むるにあり」、「国、県、郡、村各々、その急務とすべき事業あり。国にありては国是といい、県にありてはこれを県是と言い、郡村にありては郡是、村是と言う。概ね新事業を起こすの言いに非ざるなり。新事業を起こすは、まず、その国その地方の特有物産の遺利を挙げ

て、しかる後に着手すべし。然るに動もすれば、この固有の特産物を後にして、新事業を先にする者あり。これ甚だしき謬挙なり」[84]との主張に従い、明治中後期から昭和初期にかけて当時「町村是運動」が全国的に繰り広げられた。当時全国的に繰り広げられた「町村是」とは現在の用語でいえば各自治体のビジョン、マスタープランにあたるものであり、古くから町是、村是といった形で基本構想ないしは総合計画を作成して来た市町村も決して少なくない[85]。

　企業が営利主義だけで観光開発を推進すれば当然にコミュニティの論理との間に深刻な相克を生じる。換言すれば企業側が勝手に思い描いた観光デザインが、コミュニティの論理すなわちコミュニティが長年にわたって構築してきたデザイン（コミュニティデザイン）と単に波長が合わないだけでなく、自律的なデザインを破壊してしまう可能性が高い。この逆の例が観光部門と地元の社会経済構造との間の不一致が小さい、ニコスのいう「集落結合型開発」類型に相当しよう。単純な例では都市計画法・建築基準法の一般的制約を強化した条例など成文化された地域コミュニティの約束ごとに違反するような建築物を建てようとする観光デザインは明らかにコミュニティデザインに整合せず、自治体・住民の反発を招く。さらに、たとえ法令・慣習等には反しないとしても、コミュニティのあるべき姿との乖離が大きいと住民等が感じる観光デザインも反発を招く可能性が高い。ある観光企業等が勝手に思い描いた営利を目的とする観光デザインがさほどの抵抗もなく所在する地域社会に受け入れられ、コミュニティデザインと調和する存在として馴染まれ、許容され、コミュニティと上手に共存できていくための条件とは果たして何だろうか。

　一例をあげると、奈良ホテルという著名なクラッシックホテルが奈良公園の一角を占めているが、今日では当該ホテルが折角の古都の景観を破壊しているという声はほとんど聞かれない。また京都の嵐山に近い保津峡をトンネルや鉄橋で建設していった京都鉄道の線路は明らかに景勝地の自然破壊・環境破壊を行った点を否定できない[86]。しかし京都鉄道を国有化した国鉄が別の新線トンネルを建設し、不要となって放置された保津峡沿いの旧線路は「廃物商法」に長けた嵐山の人々の熱い要望を受けて、新生JRの手で嵐山のトロッコ列車に

生まれ変わり、観光客にも地元にも嵐山の景観と調和した乗り物として概ね歓迎されているようにみえる。また国立・大学通りマンションに関する一連の訴訟で、戦前期に箱根土地がデザインした都市の人工的な日常景観でさえも法的な保護の対象になると判断された。

これらに共通するのは自然環境そのものの素晴らしい景観とは全く異なり、ホテル、鉄道線路、街路といった営利企業が企業活動の中で生み出した人工物であるという点である。営利企業が描いたデザインが長い年月を経て、共感を覚える景観として住民にも受容され、観光客にもコミュニティに相応しい造営物として愛好され、国立の事例のように地方裁判所段階ではあるが、大学通りの景観は地域住民の努力で生み出されたものとの判断で「景観権」として認定されたのである。換言すれば年月を経て観光デザインとコミュニティデザインとの調和・融合が図られただけではなく、観光デザインがコミュニティデザインの不可分の重要部分を構成するに至ったとも考えられる。

Ⅳ.「コミュニティデザイン」を体現した県是会社、郡是会社

著者の考える「コミュニティデザイン」という内容に近い歴史的用語として県是、郡是、町村是が存在し、その県是、郡是等を名乗る企業が存在した。たとえば岩手県是製糸株式会社は岩手県当局の勧説により岩手県の養蚕家と片倉製糸が共同出資して昭和4年設立されたが、「県当局の産業方針に依って製糸工場が経営さるるは之れを以て嚆矢とする」（Ｓ４.４.24読売⑧）と報じられた。しかし同社に先駆けて静岡県にも県の産業政策を担う県策会社として県是製糸株式会社が存在した。また鉄道でも大正8年三重県の伊賀鉄道は「郡是鉄道」[87]を謳って、①名賀郡役所勧業課が株主募集を主管し、②各市町村に割当て、③百五銀行支店長が全面協力、④「資金は全部地方民の出資で、都会から資本家も迎へず固定借入金もせず」[88]、⑤「全国鉄道界の評判となった」[89]地域主導型鉄道の好例である。同社を主宰した田中善助は明治24年に最初の事業として最古級の月ヶ瀬保勝会を立ち上げた、いわばコミュニティデザイン、観

光デザイン双方の先覚者であり、「郡是」を旗印に地域を束ねる調整力には長けていたといえよう。

今日でも国策会社にならって「県策会社」「町策会社」という用語が使用されている。たとえば太洋水産株式会社（沖縄県）、長崎空港株式会社（長崎県）、静岡県インドネシア株式会社、千葉畜産工業（千葉県）、青森畜産振興株式会社（青森県）などは「県が今大株主になって設立されておるところのいわゆる県策会社」[90]に位置付けられており、第三セクターの意味で使用されている。また「町策会社」の用例としも、白老町行政の補完的機能を果たす「いわゆる町策会社として」[91]公有地、特に港の背後地を先行取得することを目的として商法に基づく株式会社として設立された株式会社白老振興公社などがある。

これに対して金融界では広く「県是銀行」という用語が存在し、金融史の領域では、進藤寛、杉山和雄各氏の先行研究で県債を発行して出資・融資を行った県是銀行は、岩手・日向・群馬の三行とされた。池上和夫[92]氏は県主導で休業銀行整理のため設立された銀行も県是銀行であると位置付け、峡西・峡南五行が正常債権を持寄り、出資を募り、中小商工業者への融資に県からの損失補償契約を得て設立した山梨殖産銀行も県是銀行であると主張している。岩手・日向・群馬の各「県是銀行」には各々先行研究が存在し、著者自身も岩手県の「県是銀行」成立前史を取り上げた[93]。

観光の領域でも町村是という用語を使用しないものの、実質的に「町村是会社」と想定される企業群が数多く存在し、先行研究も存在する。野沢温泉村議の宮崎早人氏は「スキー場に村外の観光資本はいっさい入っていません。観光客、スキー客のみなさんが楽しんでいただいた分のお金は、そっくり村のだれかに還元されます。…三十あまりの源泉があり、無料の共同浴場である十三カ所の外湯があります。外湯は村民が『湯仲間』という制度をつくり共同で管理します。スキー場も温泉も共有財産ですからみんなで大事にしています」[94]と述べている。白坂蕃氏によれば、この「野沢温泉スキー場は地元住民が入会林野を巧妙に生かし、観光開発を地元の事業者だけに限定して成功した」[95]希有な事例とされている。当然ながらこの野沢温泉村の「野沢組」[96]という特異な

組織に関しては地域学等の立場から幾多の著名な研究の蓄積があることはよく知られている。

　以下、本書の各章では、上述したような観点から「観光デザイン」と「コミュニティデザイン」の関係を顕著な事例に即して具体的に取り上げることとしたい。嵯峨・嵐山（第5章）の嵯峨遊園、嵐山温泉などの諸会社は郡内の町村長が連合して設立した「郡是会社」「村是会社」の色彩が濃厚であり、芦屋市（第6章）の芦有開発などの会社は当初「市是会社」「市策会社」の色彩が濃厚であったと著者は考えている。いわば「コミュニティデザイン」を背負い、体現しようと設立されたはずの地域主導型の観光会社が、その後どのような経過をたどったのか、主に「コミュニティデザイン」との関係で明らかにしたい。

1）　一般的な旅館の場合でも「資産に占める固定資産の割合の平均値は約85％…建物の割合が全資産中の約48％」（社団法人国際観光旅館連盟「国際観光旅館営業状況等報告書」平成17年度財務諸表）とされる。
2）　初期の遊園事業・興行等では移動式や仮設の臨時施設が暫定的に使用されたが、次第に土地に定着した恒久的な設備へと切り替わっていった。（拙稿「我国における観光・遊園施設の発達と私鉄多角経営の端緒——私鉄資本による遊園地創設を中心に——」『鉄道史学』第13号、平成6年12月参照）。
3）　いったんリゾート地に立地したツイン主体のリゾートホテルを、いかに効率よくマネジメントしたとしてもシングル主体のビジネスホテルに経営転換することは事実上不可能に近い。金井啓修氏が経営する老舗旅館「御所坊」が昭和初期の木造建築を残しつつ客室を30室から20室に減らし団体客から個人客へターゲットを変更（観光庁「観光カリスマ一覧」）し得たのは木造旅館ゆえの例外的な事例であろう。
4）　山梨軽便鉄道は富士身延鉄道の甲府延長に対抗するため、全く別ルートの新設電車線として大正14年1月甲府電車軌道を設立、営業を譲渡し解散（甲府電車軌道『第一回営業報告書』大正14年、p2）したが、かかる「彷徨へる鉄路」は希有な例であろう。（宮沢元和「山梨交通電車線」『鉄道ピクトリアル』通巻125号、昭和36年12月）。
5）　昭和5年に鉄道省が観光外人向に製造して特急「富士」に連結運転した「展望室の装飾は桃山式というよりは徳川初期の建築様式で日光廟の内陣を思わせるものがある。黒と金の諧調も美しく格天井の隅々に金金具が目もまばゆいばかりに

張ってあり入口の桁の上にけしの花が彫刻してある等、一寸日本人にはすばらしい仏壇の中に立ったような感じを与える」（Ｓ５.12.19大毎）と、昨今のJR九州よりも豪華な鉄道車両というパーシャルデザインであった。

6) 岩下清周は拙稿「『企業家』と『虚業家』の境界——岩下清周のリスク選好度を例として——」『彦根論叢』第342号、平成15年6月参照。

7) 拙稿「岩下清周」「金森又一郎」『関西企業家デジタルアーカイブ（2）』大阪企業家ミュージアム、平成14年3月、p75-91、p118-131参照。

8) 『建築学用語辞典第2版』岩波書店、平成5年、p501。

9) 著者は先に以下の著作でも若干言及済みである。「東日本大震災と観光デザイン教育——会津若松を学びのフィールドとして——」（篠原靖・村上雅巳との共著）『FDジャーナル』第10号、「着実に成果を上げていった京都嵐山の事例」「目指すは超Ａ級『地域ブランド』戦略接待」『逆転の日本力』第7章「地域からはじまる日本再生」第2節、第3節、跡見学園女子大学観光マネジメント研究会、平成24年、イースト・プレス。

10) たとえば田中真人・宇田正・西藤二郎『京都滋賀・鉄道の歴史』京都新聞社、平成10年など。

11) 鉄道会社の発起は老川慶喜『明治期地方鉄道史研究』日本経済評論社、昭和58年などを参照。

12) 吉田春生『観光と地域社会』ミネルヴァ書房、2006年、p265。

13) 森重昌之「観光を通じた地域コミュニティの活性化の可能性——地域主導型観光の視点から見た夕張市の観光政策の評価——」『観光創造研究』5号、北海道大学観光学高等研究センター、平成21年5月、p1。

14) 街並み保存運動のさきがけである妻籠の住民憲章では外部観光資本をあたかも黒船を打ち払う攘夷論と同様に"外敵"と見なしていたから、観光資本と地域との関係には話し合いや妥協の余地は本来的に乏しく、敵対的な関係以外には想定しにくい。

15) 萩原愛一（国立国会図書館国土交通調査室）「観光立国と地域活性化をめぐって」『レファレンス』国立国会図書館調査室及び立法考査局、平成21年9月、p19-20。

16) 『保勝会一覧』昭和4年、p1。保勝会については中島直人「用語『風致協会』の生成とその伝播に関する研究」『都市計画論文集』38巻3号、2003年10月、日本都市計画学会、p853～858、中島直人「昭和初期における日本保勝協会の活動に関する研究」『都市計画論文集』41巻3号、2006年10月、日本都市計画学会、p905-910参照。

17) 19) 御願、『信天翁』信天会、大正4年、p195-196。

18) 前掲『信天翁』附録 p 5。
20) 21) 22) 23) 鉄城会同人『鉄城翁伝』昭和19年、鉄城会、p 7 - 8。
24) 多くの町村是は当該町村長の手で、印刷発行され、広く内外に情報発信された。例えば新潟県の松之山村（第4章参照）の場合、当時の村長小野塚義長が大正6年6月に86頁の『松之山村是』を発行、主力産業の養蚕等について詳述している。以下の福井県下の『村是』も同様に県立図書館等に収蔵されている。
25) 三方郡『八村是』明治43年、今立郡『服間村是』明治44年。
26) 前掲『鉄城翁伝』p116。
27) 「鎌倉名勝地図設置の件」大正元年9月9日『陸軍省　大日記乙輯』防衛省防衛研究所Ｔ１-３-16。
28) 『大阪毎日新聞』大正4年5月7日-8月14日、兵庫県附録［兵庫］県下の四十五都邑（1～81）。同一人か未詳であるが、戦前期雑誌『モーター』昭和6年3月に「踏切に於ける事故防止策」を寄稿する専門家が存在する（戦前期雑誌にみる道路交通安全問題に関する編集動向――雑誌『モーター… kurepo.clib.kindai.ac.jp/modules/xoonips/download.php?file_id=4045）。
29) 内藤嘉昭『富士北麓観光開発史研究』学文社、平成14年、p55所収。
30) 内藤前掲書、p57所収。
31) 32) 内藤前掲書、p113所収の豊川善曄『新吉田建設論　岳麓開発指針』新吉田協会調査部、大正15年、p21。
33) 神戸には神戸徒歩会、日本アルカウ会など市民組織の徒歩会が数多く存在し、山崎彦麿ら幹部が機関誌『ペデスツリヤン pedestrian』等で健筆を揮っていたが、一連の反対運動に関わった愛山協会の花牟礼勝熊は「私は決してドライヴ・ウェイに反対するのではありませぬ。第二の計画である塩原の渓流が無残にも破壊されるのが何よりも残念でならない」（Ｓ７.10.8-15 神戸又新日報）と語った。
34) Ｓ５.８.２ 神戸「自然美破壊は禁物、神戸裏山の開発計画（五）」。
35) 36) 37) 38) 前掲『鉄城翁伝』p64。
39) 「特高秘第一二、四〇五号」昭和10年4月10日 内務・外務大臣宛栃木県知事報告、外交資料館Ｉ４-５-２-130。
40) 北浜銀行の観光業への融資選好は拙稿「鉄道業等を積極支援した金融機関――北浜銀行・岩下清周のベンチャー・キャピタル性の検証を中心に――」宇田正・畠山秀樹編『日本鉄道史像の多元的考察』第5章、日本経済評論社、平成25年参照。同様な平松銀行は拙稿「リゾート開発に狂奔した"投資銀行"のリスク増幅的行動――平松銀行頭取平松甚四郎のリスク選好を中心に――」『彦根論叢』第390号、平成23年3月。

41） ほかに「農具肥料の売買、蚕業の仲立、巡回百貨店及キネマ並に劇場の経営、特許線に於ける均一タクシーの経営、一般動産不動産の取扱」（T13.12.21-9 大朝）を書き並べた日本勧業株式会社「事業書」。
42） 有価証券割賦販売業者は拙稿「有価証券割賦販売業者のビジネス・モデルとリスク管理の欠落——日本国債㈱、日本公債㈱、東京国債㈱のファンド運用の失敗を中心に——」『彦根論叢』第362号、平成18年9月参照。
43） 「あしや9号」p 5。
44） 同一人か未詳であるが、観光業界には岳温泉観光協会会長の佐藤俊夫（松渓苑）などの同名人が存在する。
45） 「あしや9号」p 8-9。
46） 47） 48） 49） 「あしや9号」p 4。
50） 浅香幸雄・山村順次『観光地理学』大明堂、山村順次『観光地の形成過程と機能』御茶の水書房、平成6年ほか多数。山村順次氏は日本の温泉地の数多くの事例研究を通して、その成立と発展過程を体系付けた。
51） 石森秀三・西山徳明編『ヘリテージ・ツーリズムの総合的研究』『国立民族学博物館調査報告』21号、平成13年3月。
52） 池俊介『村落共有空間の観光的利用』風間書房、平成18年、p 16-17。池俊介氏は白樺湖・蓼科高原における入会林野の自律的な観光的利用、伊東市富戸で共同漁業権をもつ漁協が経営するダイビング事業などアグリ・ツーリズムやエコ・ツーリズムなどの実態を明らかにした。
53） 池前掲書、p 13。
54） 内藤前掲書、p 133。
55） 56） 内藤前掲書、p 117。
57） 内藤前掲書、p 130。
58） Nicos, J. Rossides、The Role of Tourism in Regional Development and Alternative Planning Strategies with Special Reference to Island Contexts（地域振興における観光開発の役割とその地域計画論——とくに島嶼地域を考察の対象として——）昭和59年4月19日、京都大学工学博士学位申請論文の電子複写版を国立国会図書館関西館、沖縄県立図書館本館が所蔵。ニコスはツーリズム開発の手法について、沖縄県・竹富島、ハワイ、キプロス等の島嶼地域の事例研究を行っている。ニコスの邦文での論文としてロシディス・J. ニコス「観光地域の分析と計画（上）ハワイ・沖縄・キプロスの事例分析」『地域開発』通号258、昭和61年3月、「観光地域の分析と計画（下）」『地域開発』通号259、昭和61年4月）がある。なおニコスの京都大学学位論文（原文は英文）の引用にあたってはニコスの邦文論文や西

山徳明「自律的観光とヘリテージ・ツーリズム」石森秀三・西山徳明編『ヘリテージ・ツーリズムの総合的研究』国立民族学博物館『国立民族学博物館調査報告』21号、2001年、p24ならびに池ノ上真一『地域社会による文化資産マネジメントとツーリズム：沖縄県竹富島の事例研究』北海道大学観光学高等研究センター、2012年において既に公刊されて確定しつつある用語の和訳文に準拠した。

59) ニコス前掲論文、p377。

60) 昭和25年12月4日「芦屋国際文化住宅都市建設法案」（第6章参照）の衆議院建設委員会審議で池田峯雄委員が「特定の地域に外人が居住いたしておりますと、その地域内には日本人として自由に立ち入ることが困難になるような…租界地のような…ここは日本人の土地ではなくして外国人の土地であるというようなことになってしまうのではないか」とカジノ化などを懸念したのに対し、提案者の原健三郎議員は「外国人だけの地域を区切りまして、日本人が入っていけない——外国人だけおって、そこでいわゆる賭博場をやるとか、単に町を繁栄さすためには手段方法を選ばぬというような、そういうふうなものを私どもは企図いたしておるのではありません」（昭和25年12月10日『官報号外』）と発言した。

61) 浦安に居住する著者は観光と地元との間のベクトルの一致点が大きいため、住民の一人として広大なTDRエリアを決して"米国領"とは感じていないが、まかり間違えばそうなりかねないリスクを的確に指摘したニコスの分析には鋭いものを感じる。たとえ大企業主導の外来者による観光開発であっても地域に融合しさえすれば地域社会に貢献できる可能性をニコスはTDL開業1年後という時期に指摘しているからである。

62) ニコス、p137。

63) ニコス、p138。

64) 図5-1、ニコス、p137。

65) ニコス、p378。

66) ニコス、p385以下。

67) 石森秀三「内発的観光開発と自律的観光」『国立民族学博物館調査報告』21号、2001年、国立民族学博物館。石森秀三「21世紀における自律的観光の可能性」石森秀三・真板昭夫編『エコツーリズムの総合的研究』『国立民族学博物館調査報告』第23号、2001年、国立民族学博物館。

68) 石森秀三「内発的観光開発と自律的観光」p11。

69) 70) 71) 西山徳明「自律的観光とヘリテージ・ツーリズム」石森秀三・西山徳明編『ヘリテージ・ツーリズムの総合的研究』国立民族学博物館『国立民族学博物館調査報告』21、平成13年。

72) 敷田麻実・森重昌之「オープンソースによる自律的観光――デザインプロセスへの観光客の参加とその促進メカニズム」、西山徳明編『国立民族学博物館調査報告』第61号、2006年、p243-261。

73) 池ノ上真一氏は「地域社会が自らの社会を持続的に存続させ、外部環境の変化に対応した発展を果たすためには、ツーリズムという現象にいかに向き合い、それを受容すべきか」（同書、p6）という視点から、竹富島を対象として著書『地域社会による文化資産マネジメントとツーリズム』（2012年、CATS叢書 Vol. 6。eprints.lib.hokudai.ac.jp/dspace/bitstream/2115/.../1/CATS06_001.pdf）を上梓した。

74) 中谷健太郎『湯布院幻灯譜』1995年、海鳥社、中谷健太郎「お愉しみは、それからです」『滋賀大学産業共同研究センター報』第2号、平成15年6月、p106-112。滋賀大学公開セミナー講演録『由布院のまちづくりに学ぶ』滋賀大学産業共同研究センター、2002年12月などを参照。

75) フランスでも同様に地域主導の地域振興計画を策定し、ビジョンを住民に示すことが重要とされる。「企業家的村長」と呼ばれるリーダーの下にそれぞれの地域にあった計画が策定され、計画に沿って行政が財政面、情報面で支援し事業が推進され農村が活性化する。法学者のフランソワ・セルヴォアンも「将来性のない地域は存在しない。その地域は、計画がないだけである」（『地域社会研究会報告書』全労済協会 www.zenrosaikyokai.or.jp/thinktank/library/lib-worker/pdf/tiiki-shakai.pdf／フランスの経験より：キヴィタス日記 kivitasu.cocolog-nifty.com/blog/2009/10/post-5a0b.html）と地域主導の地域振興計画（著者の考える「コミュニティデザイン」）の重要性を指摘している。

76) 例えば「杜の都」と呼ばれる仙台の緑の「コミュニティデザイン」は1600年に伊達政宗が青葉山に居城を構えて町割りを行った際、武家屋敷への屋敷林の奨励に由来するといわれる。しかし昭和20年の仙台空襲で屋敷林の緑の多くが失われた時、「杜の都」姿を取り戻したいと切望する市民の願いが顕在化して景観づくりの市民運動を始動させる起爆剤となり、焼け野原を緑豊かな街へと再生させたといわれる（杜の都環境プラン仙台市環境基本計画改定版 www.city.sendai.jp/kankyou/kikaku/shingikai/images/22010302.pdf）。

77) 森重昌之「観光を通じた地域コミュニティの活性化の可能性――地域主導型観光の視点から見た夕張市の観光政策の評価――」『観光創造研究』5号、北海道大学観光学高等研究センター、平成21年5月、p5。

78) 例えば浦安の場合、昭和33年6月10日公害を垂れ流す本州製紙江戸川工場への抗議・突入による流血の惨事を経た上で、浦安町関係者の間には打開策として転換期を迎えつつある漁業に代わるべき新たな主力産業を模索する動きが強まって

くる。34年ごろには藤尾実太郎（『浦安町誌　下』昭和49年、p169）の案に端を発する「東洋一の遊園地をつくるという構想」（OL、p24）が持ち上がり「事業名はおのずと『オリエンタルランド計画』と呼称」（OL、p24）された。34年8月浦安町は千葉県に対してこの遊園地建設を主とした埋立事業の促進を要望した（『浦安市史　まちづくり編』平成11年、p22）。このような経緯で始まった住宅・遊園地建設のための「臨海地帯の開発が進むにつれ、漁業のゆき先に不安を感じるようになり」（『浦安町誌　下』p169）、36年6月浦安の漁協が苦渋の決断として下した区画漁業権の一部放棄は、同時にコミュニティの進むべき方向を「国際観光文化住宅都市」ともいうべき住民自身による「コミュニティデザイン」宣言そのものに該当しよう。その後46年7月正式に漁業権の全面放棄へと発展した（『浦安市史』p21）。

　また昭和38年11月3日西宮市も「文教住宅都市」（内乱、p548）を宣言したが、これは新市長の単なる思いつきではなく、この宣言に至るまでの経緯を平野孝氏が「都市の内乱」と名付けた如く、西宮市民による国際石油資本との3年間の壮絶を極めた対峙という血と汗の代償として、前市長の描いた裕福な石油化学コンビナート都市への選びがちな安易な道を排して、敢えて清貧に甘んじる「文教住宅都市」なる「コミュニティデザイン」策定までの試行錯誤と正しく理解されなければならない。

79）　伊藤整「松山拝見」『週刊朝日』／「愛媛新聞アド・ニュース」一九六六、一）伊予人気質　愛媛（CATVhome.e-catv.ne.jp/ja5dlg/hougen/iyokatagi.htm）。

80）　ランドマーク（landmark）は地域住民の目印になるような名所旧跡や歴史的な建造物をいう。それより高い建物を建てることで目印が見えなくなることを防止するための禁則が働いていた。

81）　郡是・町村是の「是」の意味は広辞苑に「国、県、郡、町村をあげて是と認めたものの意、確定している施政方針」とある。中心となる「将来是」は町村の発展のための将来目標を定めたもので、基本財産、勧業、運輸、交通、教育、宗教を含む総合的振興計画であり、これにより町村財政の基礎を確立しようとするものであった。「将来是」策定のためには村の現況の把握が重要であるとして「現況」の統計調査があり、参考として村の産業の古事来歴、沿革調査を「参考」の部に記述した。地域改良運動はこの町村是確立運動によって集大成され、計画的に運動を推進していく模範村が次々と生まれた。

82）　成文化された著名な「コミュニティデザイン」としては昭和43年地元住民が「妻籠を愛する会」を設立し、昭和46年7月25日住民大会で宣言した「妻籠を守る住民憲章」がある。この住民憲章は県外の「観光業者など"外敵"」から妻籠を守るため妻籠宿と旧中山道沿いの観光資源について、「売らない」「貸さない」「こわさ

ない」の三原則を掲げ、全国まちなみ保存の先駆として各地に強い影響を与えた。例えば「大内宿を守る住民憲章」は妻籠をモデルとしており、1986年3月制定の竹富島憲章も妻籠憲章を参考に自然・集落景観をまもるために「売らない」「汚さない」「乱さない」「壊さない」「生かす」を原則としてした。このほか「環境・景観」に関する「憲章」の例としてが宮城県仙台市（1970）、東京都武蔵野市（1973）、愛知県津島市（1981）などが存在する。

83) 京都を例にとると京都市では昭和31年5月に京都市市民憲章を制定したが、前文に「国際文化観光都市の市民である誇をもつて…市民の守るべき規範として、ここにこの憲章を定めます」とある。京都国際文化観光都市建設法の公布が日本初の市民憲章制定の契機となっている。さらに1992年の地球サミットで21世紀に向けた持続可能な開発のための人類の行動計画「アジェンダ21」が合意されたのを受けて1997年に「京みやこのアジェンダ21」を策定し、1998年にはそれを市民・事業者・行政のパートナーシップで推進する組織「京みやこのアジェンダ21フォーラム」を設立した。いずれも行政単独ではなく、地域住民等との緊密な意見交換が前提となっている。一つのコミュニティに類似のものが幾重にも重畳的に併存していることが判明する。

84) 前田正名『産業』第2号。

85) 『地方自治講座』第11巻、1967年、p60。

86) 田中善助（終章）は明治25年において奈良の異風の旅館、保津川の鉄道線路などが景観を害する危険を予知し、「風致区」制度創設を帝国議会に請願した。

87) 88) 89) 鉄城会同人『鉄城翁伝』昭和19年、鉄城会、p63。

90) 『参議院会議録情報』第026回国会農林水産委員会第34号（kokkai.ndl.go.jp/SENTAKU/sangiin/026/0408/02604260408034a.html）。

91) 見野全白老町長の答弁「白老町議会会議録」白老町ホームページ。

92) 池上和夫「山梨殖産銀行の成立――県是銀行の一形態――」有泉貞夫編『山梨近代史論集』岩田書店、平成16年、p215以下。

93) 拙著『破綻銀行経営者の行動と責任――岩手金融恐慌を中心に――』滋賀大学経済学部研究叢書第34号、平成13年3月。

94) 「列島だより／スポーツでまちおこし」『赤旗』日本共産党中央委員会（www.jcp.or.jp/akahata/aik3/2004-12-06/13_01.html）。

95) 白坂蕃「野沢温泉村におけるスキー場の立地と発展」『地理学評論』49巻6号、昭和51年、p341-360。

96) 著者も「野沢組」元惣代の富井盛雄氏より種々ご教示を受け、貴重な資料もご提供頂くことができた。

第1章　仙台・松島の広域観光デザイン

　古来、松島は「丹後の天の橋立、安芸の宮島と合して日本の三景と称するもの」[1]とされ、日本を代表する景観の地位にある。明治末期の宮城県は松島の「俗悪ナル市街ヲ改正シテ…慰安娯楽的ノ各種施設ヲ完成シテ幾多ノ観光者ヲシテ雄麗ナル風韻ニ接セシムルト同時ニ、数日間安ムシテ探勝セシメムトスルモノ」[2]（県庁T2-0044）との「松島公園経営案」を立案した。明治43年の日英博覧会で宮城県は松島の景観を「大日本帝国三景ノ一　雄大ニシテ清趣ナル松島」（県庁M43-0202）として紹介した。松島・塩釜地区には「此松島の沿岸にはパークホテル[3]というのや其他大きな旅楼が峙って居る」[4]といわれたように著名な旅館・ホテルが数多存在した。

　大正8年4月発行の写真帖『松島案内／松島・塩釜・仙台名所写真帖』には「旅館　重なる海岸にあるものは県営パークホテル、白鴎楼、松島ホテル、観月楼、東洋ホテル、鈴木屋等にして、塩釜には塩釜ホテル、海老屋、太田屋等なり」[5]とあり、特にパークホテルと松島ホテルの全景写真を掲げている。

　本章[6]では仙台・松島方面への東京からの観光客の呼び込みのために新機軸を打ち出した明治期東北を代表する観光企業家・大泉梅治郎を取り上げ、新しい観光ビジネスモデルを次々に構想し、実現させていく彼の優れた"観光デザイナー"としての多面的な機能がいかなる契機と彼の資質等により形成されたのかを解明する。また本章の後半では大泉梅治郎の盟友・大宮司雅之輔という松島の旅館主が三館を経営する傍ら、観光客を輸送する各種交通機関の発起・経営・再建・譲渡等に深く関与した背景を追究した。

　大泉、大宮司ら仙台と松島の旅館業者が「仙台と松島は一身同体である」（発展、p324）との広域的な観点から結成した「仙松興隆会」[7]は「旨意書」の中

写真-1 松島パークホテル英文案内（跡見観光コレクション）

で「地方の発展は即ち旅館業発展の源泉なり」（航跡、p37）との哲学に基き、広域の観光振興を推進した。「仙松興隆会」の結成趣旨を著者なりに解釈すると、大泉、大宮司らはコミュニティデザインと観光デザインのベクトルの一致を説き、かつコミュニティデザインこそが観光デザインに優先するとの現代的観光思考に近い視点に立脚していた可能性を示唆するものと考える。そうした先進的・先駆的観光思考に立脚して、かつ新しい観光デザインを共同して実践した意義において、本書の最初の個別的事例としてとりあげたい。

彼らの具体的な言動としては例えば宮城県が松島に県営ホテルを新設、中央資本に経営委託させる案に「仙台市の旅館中には大に反対する」（発展、p324）向も多かった中で大泉梅治郎の養子・林之丞の名前で投稿した仙台・松島一体論（発展、p324）によれば大泉は「仙台人の欠点とも云ふべき…眼界の狭い事」（発展、p324）と切り捨てて「松島に立派な設備が出来ると云ふ事は大に喜ぶべき事」（発展、p324）と協賛した。その理由は「松島遊覧の客は尚一層多くなるに違ひない。さすれば仙台に来る客も多くなる。松島まで来て仙台を素通りする人は恐らくあるまい…松島は仙台の公園である…仙台と松島は一身同体である…松島が在る為に中央の名士が来遊する事が少くない」（発展、p324）として、「松島に大ホテ

ルが出来れば、仙台には一層大なるホテルを作らねばなるまい」(発展、p324)と競合相手と考えず仙台発展策の一環と捉えた。松島回遊列車の始まった36年10月の地元紙は「東京人の団体を組んで来れるもの前後千人余の多きに及び、其の他水戸、平、宇都宮及び上州信州地方より団体を組むで来りしもの非常に多く、此為め松島と塩釜の利せる処少なからざるものあり」(M36.10.18河北⑤)と「観光者の為めに衣食するの土地」(M36.10.18河北⑤)である松島など地域経済への好影響を報じた。

Ⅰ．我が国における回遊列車の展開

　京都鉄道が34年8月24日から始めた新趣向、新発明の観月列車(写真-1)はパス代りに絵葉書を発行、雅楽花火、祇園囃子等「乗客の意表を出づるなど秀逸の余興」[8]の連続と大好評であった。

　また関西鉄道も「観月の列車といふは初めての催し」(M34.10.5R)「往復共途中各駅へは停車せず」(M34.9.21R)「奈良行臨時観月列車[9]を発し遊覧客の便に供ふる」(M34.9.21R)こととした。新機軸として「新式食堂付に行商人を乗込ませ飲食廉価に需に応ぜしむ」(M34.9.21R)、「設備は頗る周到にして殊に列車も新造を連結し、役員給仕は花簪を記章となし乗客の便宜を計り」(M34.10.5R)「往復賃金三等六十銭(二日間通用)にして三等乗客は一団四十名以上に達せば、その申込に応じ五十人乗一両を専用に供する筈にて、予て諸会社銀行等へ通知し」(M34.9.21R)法人等への貸切可とした。このことから観月列車の催行主体は鉄道の直営であったとみられる。関西のほかにも山陽、阪鶴、奈良、播但等の各社でも34年頃から同種のイベント列車が相次いで運行された。こうした京都鉄道等の関西私鉄各社の試みは「先年京都鉄道が率先して嵐峡に観月列車を運転せし以来、此種の列車運転は一ッの流行となりて官線の回遊列車、日鉄の回遊列車、関西の観月列車、阪鶴の茸狩等種々の列車は運転され、尚ほ屢々新聞紙上に於て諸種回遊列車の名を見ることなる」(回遊)という私鉄直営タイプの回遊列車の流行現象を生んだ。

写真-2　京都鉄道の嵐峡納涼観月列車のスタンプ付絵葉書（著者所蔵）

　こうした回遊列車そのものに言及した研究[10]や記述自体は少なくないが、その多くは鉄道企業の直営事業と捉えて、団体旅行の主催者側の分析までは及んでいないものが大半を占める。例えば40年より以前に日鉄の回遊列車（おそらく39年運転の横浜・日光間の直通列車あたりか）に乗車した外国人観光客Vなる人物は、低速の「旧日鉄線に対して亀の子列車」（外人、p182）と名付け、「遊覧列車は其設備が遊覧的で…其運転も亦遊覧的で無ければならぬ」（外人、p259）のに、回遊列車を名乗りながら通常の車両を流用、「汽車には旋風器も食堂も無く…煙計りがドシドシ客車に乱入」（外人、p259）するなど「遊ぶ地点が定まって居て途中は純粋の旅行と少しも変らない」として遊覧列車たる「実が伴はない」「遊覧行き列車」（外人、p258）にすぎないと厳しく批判した。

　老川慶喜氏は日鉄の日光回遊列車の回遊割引切符は3、4日前から内国通運の東京府下および横浜の本支店で販売されたと販売網にも言及した上で、34・35両年の乗客数実績を分析、「来遊客が増加したのにもかかわらず宿泊客が増加しなかったため、ホテルや旅館の競争が激化した…鉄道が日光町に運んできたものは、厳しい競争原理に貫かれた資本主義にほかならなかった」[11]との回遊列車のもたらした負の側面を指摘した。

　東京帝国大学の学生時代の荻原井泉水（当時20歳）の明治36年の日記には鉄道以外の主催者に関する記述がみられる。紅葉観察遊会に参加した動機を「こ

の会のあるのを毎日『日本』紙上で待って居た」「『報知新聞』を見た」(井泉水、p156)と新聞雑誌記事に誘導されたとしている。そして「会費の四円の金をこしらへ森川町の申込所に行って約束をきめた。この上はこの旅行を更に楽しくすべく母に同伴をすす」(井泉水、p156)め36年10月23日家族で参加した。井泉水は団体旅行の得失を「斯様な団体でくるのは経済上、見物の便宜上、茶代等の心配なきこと等に便宜である。然し趣味の異った人と合宿的に一緒にならなければならんのは甚だしく感ジのわるい欠点がある。僕は元来合宿的の趣味は旅の趣味として好んでゐた。即ち旅で知らぬ人と珍らしい話など交換するのは旅の楽と思ふてゐる」(井泉水、p157)と肯定的に捉えていた。しかし「ワイワイ党」と名付けた同行集団の酒盛りに辟易、「是等も僕等と同じく日光へ行くといふので(僕にとっては不得止)連になり僕と母とはこゝで夕飯をすまして五時余の汽車で日光についた。宿引の提灯ならぶ夜寒哉。連中は皆小西といふことで小西の別荘にとまる。僕と母とは室を別にしてもらふた…連中は皆小西といふことで小西の別荘にとまる」(井泉水、p158)と、他の宿引の提灯が多数並ぶ中、当然の約束のごとく紅葉観察遊会の主宰者である小西旅館の別荘に泊っている。

　次に伊勢参宮回遊列車会費払込証[12]には「明治四十一年一月十一日／静岡民友新聞主催伊勢参宮」の印があり、主催者が静岡民友新聞社であり、会費も直接受領していたことが判明する。当該史料を紹介した藤井建氏は「当時、団体ツアー列車を回遊列車と称したと思われることは、金谷駅前の記念碑からも読み取れる」[13]と解説し、同一誌で白井昭氏も「明治42年、金谷を中心とした600人の乗客が、東京、長野、碓氷、日光と6日間の大旅行を実行した。参加者は金谷のほか各地から集まったが、企画・主催は金谷の人たちが当たり、金谷空前の壮挙と称した。今も金谷駅前に記念の石碑[14]が、八雲神社(金谷の氏神様)拝殿に記念の額が…残っている」[15]と指摘した。当時流行した回遊列車などの運行・乗車を紀念した絵葉書の発行(「第一回回遊列車紀念」など)は珍しくないが、「廻遊列車記念」を明記し、参加者名まで記した明治末期の記念碑は全国的にも珍しく貴重な観光遺産ではなかろうか。

Ⅱ．松島回遊列車の運転

　日鉄「会社は…松島遊覧その他に臨時列車を運転するなど、観光開発には大きな努力」（本線、p154）をしたとされる。この日鉄主導型の「松島回遊列車」は「日光回遊列車の成功に自信を得た同社」[16]がまず日光に続く第二弾として26年2月水戸鉄道と提携し水戸寒梅列車を運転（本線、p154）、さらに第三弾として遅くとも31年8月には直営で松島回遊列車を実施したもののようである。明治31年8月運転の日鉄松島回遊列車に関して、老川氏は上野を午後3時に出発し、2日目早朝に松島に着き観光をすまし、塩釜経由で仙台を深夜に発ち、3日目午後1時に上野着という車中二泊の強行軍の結果として、時間は短縮したが、旅の内容は貧しくなったとの趣旨[17]の発言をされている。しかし長期間にわたり頻繁に運行された日光回遊列車に比べ、松島の回遊列車運行はあまり円滑にはいかなかったようだ。というのは「日本三景の随一に算へられたる、松島回遊列車は昨年まで未だ一回も行はれず、且つ或る人が調査せる処によれば、東京市中の男女を通じて凡そ千人に一人ぐらゐしか此名所に遊びたる者なき比例なれば、旁々回遊列車の必要を感ぜし」（回遊）というのが36年ころの運行状況であった。

　どうやら32年には日鉄は運賃半額サービスを宣伝（本線、p154）したりしたものの、その後人気がなく長らく運行を中断していたようである。これを従前の日鉄直営でなく地元観光業者主導に切り替え、地域主導の自律的観光[18]のビジネスモデルとしてデザインし直したのが本章で中心人物として取り上げる大泉梅治郎（後述）であった。

　36年には大阪で内国勧業博覧会が開催されて、西日本各地では一大旅行ブームが起こり、仙台方面でも旅行・温泉熱[19]が盛んであったようである。このような時機を見逃すことなく大泉は「多少の損耗ありても都人士をして松島親近せしめん」（回遊）との目的で新しく松島回遊列車の運転方を深い関係にあった日鉄に交渉した。後述するように36年4月日鉄では営業部という新しい組

織を立ち上げ、優秀な人材多数を集結させ、地域の輸送ニーズを幅広く汲み取ろうとする機運が高まっていた絶好のタイミングであった。現地の仙台事務所にも現場に通暁した苦労人の谷崎美郷（後述）が所長として赴任していた。こうした新しい観光デザインを受け入れる日鉄側の諸条件がそろっていたためか、「日鉄にても奨励の為め出来得る丈けの便宜を与ふる」（M36.7.15河北⑤）と大いに賛成して相当の団体割引[20]にも応じた。この結果、普通三等車運賃六円六銭の「往復汽車賃は勿論、渡船料及び三回の食事等をも一切賄ふ」（M36.8.6東日③）上に日本酒、麦酒も出し「僅かに五円五十銭なりとは只の様のもの」（回遊）に造成できた。第一回の回遊列車は二等、三等全員二百五十人で十五日夜八時四十分上野出発した「特に仕立てたる臨時急行」（M36.7.18河北⑤）列車は「途中必要の駅外には停車せざる」（M36.7.15河北⑤）快速運転を行ったため海岸（常磐）線経由「二百十六哩を九時間と三十五分にて疾走」（M36.7.12河北⑤）翌朝6時には仙台駅に着いた。「楽隊を備ひ歓迎旗を建て、仙台ホテル主人が店員と共に一行を出迎…ホテルにて朝飯」（回遊）、「東京人が斯の如く団隊を組み来遊…は塩釜始まって以来の盛事なり」（回遊）と「出来得るだけの歓待を為し」（M36.7.18河北⑤）た「塩釜及び松島の有志家」（M36.7.18河北⑤）は塩釜ホテル[21]、えび屋[22]、太田屋[23]、松島ホテル[24]（休憩所）、塩竈甚句ハットセ踊り[25]、活惚踊の婦人、遊覧船、札幌麦酒等多数に及んだ。このうち大日本旅館改良組の加盟店は仙台ホテルをはじめ、斎藤民治（塩釜ホテル）、太田屋太田与八郎（太田屋）、観月楼（松島ホテル）、東京の申込所の山城屋支店[26]など中核を占めていた。国鉄の編纂した『ものがたり東北本線史』では大泉屋、海老屋など「これらの旅館は〈日鉄〉会社とタイアップして観光客の誘致宣伝などに大きな役割を果たした」（本線、p154）と評価している。松島塩釜遊覧会で仙台ホテル主人からの連絡を受け同盟旅館の各主人が一斉に回遊列車一行を出迎えるスタイルは仙台ホテルが塩釜・松島の親しい旅館に送客する従前からの「同盟」[27]一種との見方も可能であろう。また36年7月の遊覧会開始以降に大泉＝太田＝大宮司ラインで結成された仙松興隆会も改良組系の同盟旅館群を母体とする組織と見做すことができ

るのではなかろうか。

　こうして回遊列車の「客は船中に昼食を喫し正宗に酔ひ、麦酒を傾くる間に松島湾内の勝景を十分賞玩」(回遊)し、「一行一人として十分の満足を表せぬものは非らざりき」(M36.7.18河北⑤)との好成績をおさめた。その証拠に日鉄では「第一回を挙行せし意外の盛況を極めたるを以て更に…第二回遊覧会を催す事となり」(M36.8.6東日③)、「松島遊覧会を企てて来仙優待を受けたる東京の人々は其報酬的に右仙台人の一行を歓迎せむ」(M36.7.31河北⑤)と「仙台ホテル主人大泉梅次郎は両国川開き見物の為め百余名同道」(M36.8.6東日③)する仙台からの旅行団への接待を回遊列車の返礼として計画したほどであった。

　地元紙は接待側の算盤勘定を「麦酒の広告手段に出でた」「札幌麦酒会社の尽力に依りて成立ちたるもの」(M36.7.19河北⑤)と分析した。当時としては高価で普及がまだまだのビールをおそらく無料サービスに近い「張込み」(M36.7.19河北⑤)で、遊覧客に意外性を与えることができたのであろう。ホテル・旅館・食堂チェーンの経営者として大量の麦酒購入実績があり、麦酒業界の競争体質を熟知する大泉なればこその交渉力であったものと思われる。かくして大泉がデザインした観光旅行はビジネスとしても「頗る好成績を得た」(回遊)上に接待面でも「申分なく行き届き、大に乗客の満足を買」(回遊)ったので、第一回の大成功に気を好くした「日鉄にても之れが為め非常に尽力」(回遊)(M36.7.18河北⑤)「更らに第二回の回遊列車を出し、都合によりては第三回を出し、若くは明年を期し夏季早々より数回の出車を為さんとの計画」(回遊)と定期的運行に大乗り気になった。出し抜かれた形の他の麦酒業者は「札幌麦酒に劣らぬ張込みを為さむと…恵比寿麦酒の如きは已に第二回の松島遊覧会を計画して目下会員の募集中」(M36.7.19河北⑤)とされ、大泉がデザインしたビジネスモデルの模倣者も出てきた。例えば8月9日「東京酒造組合連の松島遊覧会…十余名」(M36.8.11河北⑤)はライバル関係の「針久本店に宿泊」(M36.8.11河北⑤)したが、これらは大泉が直接関与しない波及効果と考えられる。

III. 大泉梅治郎の経歴

こうして大泉が通説の南新助（日本旅行会の創業者）よりも早く回遊列車による団体旅行を主催するという観光デザイナーとなり得た必要条件として、①世評・因習等に左右されず、新しい要素を大胆に結合できるイノベーター能力、②仙台・塩釜・松島等の改良組系の同盟旅館や広域の関係者等を調整・統括できる指導力、③日鉄当局、麦酒会社等の関係機関を説得できる交渉力、④発地（東京）側での集客力を確保する人的ネットワーク形成力、⑤東北初の食堂車開業にみられるように新規ビジネスモデルとして軌道に乗せるマネジメント能力、そして当然ながらなにより⑥遠来の客人を温かくもてなすホスピタリティ能力などの諸要素が想定される。大泉は①⑥の要素について「熱心ナル旅館改善主義者ニシテ、客ヲ遇スル誠実」（要録、p73）、「客の送迎、待遇等に細心」（岳陽、p103）と評されたが、彼はどのようにしてこうした観光デザイナーとしての必要な資質を身につけることができたのか、彼の経歴から考察してみよう。

1. 大泉梅治郎と大泉林之丞

大泉梅治郎（仙台市国分町58）は安政3年2月3日仙台肴町の魚問屋・梅村惣五郎の五男に生まれ、明治11年先代・大泉来治の長女ノブ（文久3年生まれ）の婿となり、明治14年家督相続して大泉家15代当主となり、養母の大泉イネ、妻の大泉ノブと力をあわせ嘉永3（1850）年創業の老舗旅館「大泉屋」（国分町）の経営にあたった。

写真-3は明治30年代後半の国分町の大泉本店の絵葉書であるが、日露戦勝記念か何かの折に国旗を掲げた玄関前の「霜髪白髯」（岳陽、p23）の老人が梅治郎、右が妻のノブかと推測される。玄関の柱には仙台ホテル（29年開業）の文字も見える。

国分町13店中の明治19年1～8月の客高は、安藤利兵衛に次いで第2位であった[28]。仙台商工会議所の議員、仙台市会議員等の公職、仙台電力、松島湾汽

船各取締役等の会社役員多数を兼ね（百科、p109）、43年3月宮城県から松島公園経営協議委員を大宮司らとともに委嘱された。所得税80.00円、営業税132.04円（日韓、下p12）、仙台電力取締役（要M42役、p112）、第八銀行取締役（諸T5下、p511）、大正信託取締役（諸T5下、p521）、松島湾汽船取締役（帝T5、p11）、仙台座取締役（諸T5下、p532）、大正11年時点では第八銀行、大日本鉱泉、仙台平機業、

写真-3　大泉本店（明治30年代後半）と大泉家当主
（著者所蔵）

松島湾汽船、山三カーバイト、東北印刷、仙台染織製綿各取締役、仙台市街自動車、宮城漁業各監査役を兼ねた（要T11、職上、p134）。昭和2年では五城銀行、第八銀行、仙臺平機業、梅惣冷蔵製氷、山三カーバイト、三和製氷、東北印刷、大日本鉱泉各取締役、仙台市街自動車、仙台魚市場、宮城漁業各監査役を兼ねた（衆オ、p65）。昭和12年1月2日82歳で死去。座右の銘は「人より先を行け。倉の小作米は当てにするな」（人名、p326）。

　次代の大泉林之丞（岳陽）は明治9年12月19日生まれ、明治29年大泉梅治郎の養子となり、明治40年5月開店の仙台商品陳列所（仙台ホテルの北隣）の監督（M40.5.27河北）、56年前から「旅宿」（商信T15、p5）を経営する仙台ホテルの館主（名鑑、p130）、仙台商工会議所議員（仙商、p122）、先代が喜多流の能楽を趣味としたのと同様に、林之丞も仙台喜多会の有力な後援者であったが、昭和11年61歳で突然死亡した[29]。私家版の遺稿に『梅の立枝』昭和7

年、『慈光録』昭和8年などがある。

2．日本鉄道との関係

　国分町で旧来の旅籠屋を経営していた大泉は日本鉄道が開通すると、仙台停車場に大泉支店を開き、駅弁の立ち売りをはじめ、さらに食堂車営業にも進出した。鉄道の将来性、駅前立地の有利性を「人より先を行け」とばかり予見したとしか思えないほど、これ以降大泉は鉄道に深く関わっていく。「機を見るに敏」（岳陽、p105）な大泉は東北本線が仙台まで開通した明治20年積極的に鉄道へ接近して駅前に進出、約千坪の土地を確保し、23年切妻造二階建の大泉支店を開業した（協会、p56）。大泉の見越したとおり「仙台駅前は鉄道開通と共に急激な発展を遂げ、商店や旅館が続々とでき」（仙台、p124）るなど、大泉は「先をよんだ経営で事業を発展させた」（人名、p326）と評された。同じく23年には仙台駅で「弁当」立ち売り営業と仙台駅2階で食堂営業を始め（本線、p154）、乗客や「鉄道員に食事の便も図った」（百科、p109）という。

　25年青森駅桟橋の船車連絡待合所でも食堂営業を始めた。さらに29年和洋折衷2階建の仙台ホテル[30]を開業した（協会、p56）。「仙台ホテルは駅と向かい合う好位置を占め、その外観は旅客にとって印象的だった」（市史、p127）という。大泉が仙台駅を拠点に次々新しい観光ビジネスモデル[31]を構想して、事業の飛躍的な拡大を続けることが可能だった背景として彼が単なる夢想家ではなく、観光デザイナーとして近い将来に起こり得べき事項を的確に見抜く予知能力とでもいうべき優れた資質をも有していたからと思われる。例えば「当市国分町大泉梅治郎氏は交通機関の備はり来ると共に…東北の景勝を探るべく当市に来る旅客の増加」（M40.5.28河北）範囲の想定を「北は北海道及び樺太より、南は台湾或は満韓地方より」（M40.5.28河北）と広く全国レベルで捉える視野を有していたから、当然に「外人客の増加を見越して」（百科、p109）洋式ホテルへの志向を強めたものと思われる。仙台駅前には先発ホテルとして日鉄直営による洋式の陸奥ホテルが先行して存在したが、東北地方初の「一階にビリヤードとロビー、二階に食堂、三階に客室という洒落た」（市史、

p127)「全くの洋風という点で〈日本人〉利用者の不満」(本線、p154)を被って苦戦し「洋式ホテルはしょせん経営無理」(界隈、p5)という仙台での業界の常識に敢然と挑戦しての決断であった。

大日本旅館改良組本部が29年に「各地有名にして最も信用ある旅店」として、東京では山城屋弥市、山城屋支店(松島塩釜遊覧会申込所)などを、塩釜では太田与八郎(太田屋、仙松興隆会)、斎藤民治(塩釜ホテル、さいとふ支店、松島金華山遊覧船仕立)、松島では観月楼(大宮司善五郎)、仙台では針生久助経営の旅館「国分町二丁目　針生久助、ステーション前　針生支店」などとともに「国分町二丁目　大泉梅次郎、ステーション前大泉支店、ステーション前仙台ホテル」[32]を選定した。

29年6月明治三陸地震津波の際には本人が義捐金1円、妻の大泉いね、長女の大泉はつ各1円、養子の大泉林之丞が50銭を寄付した。33年刊行の全国版の人名事典たる田中重策『日本現今人名辞典』には「君は宮城県の人にして旅人宿を業とす(営八九円余、所二四円余、陸前国仙台市国分町)」(現今、お、p1)と記載されている。

35年日鉄が刊行した線路案内の中で仙台の旅店を「陸奥ホテル、仙台ホテル、針久支店、安藤、大泉支店、加藤支店、奥田、丹六、志茂(以上停車場前)又市中に於ける重なる旅舎は針久本店、大泉本店、菊平、安藤、瀬戸等」(線路、p244)の順で紹介している。同案内に「仙台旅館　仙台市国分町三丁目　大泉梅次郎　電話六十八番、同停車場前仙台ホテル　電話二百十四番、同停車場前大泉支店　電話架設中」(線路、p272)との広告を出している。

36年7月「今般新に計画せる食堂付列車の試運転…結果頗る良好」(M36.7.7 河北⑤)のため日鉄は「乗客各位御案内…上野青森間急行列車ニハ列車給仕アリ。御用被仰付度候。尚同急行列車ニハ不日食堂車及寝台車ヲ連結可致候」(M36.7.7 東日⑩)と予告した。その「日鉄新計画の食堂付列車…食堂料理請負を為」(M36.7.11 河北⑤)すため「大泉梅治郎氏は其準備の為め目下上京協議中」(M36.7.11 河北⑤)、「食堂請負の大泉主人には昨夜上京」(M36.7.30 河北⑤)など幾度も日鉄側と協議を重ねた。大泉は上京の際に日

鉄・旅館改良組等から最新の観光動向を常時入手できたため、「人より先を行け」を座右の銘に常に「先をよんだ経営で事業を発展させた」(人名、p326)とか、同業者筋からも「稀にみる政商」(界隈、p17)と畏怖されたような他の旅館業者にみられぬ素早い動きも可能になったのであろうか。

同じ頃回遊列車の件も平行して進捗しており、食堂車の件ともども同一の日鉄側と協議した。日鉄は36年8月18日には「避暑海水浴場御案内…日光、松島塩釜駅より舟行を便とす」、「寝台及食堂付客車　八月二十一日より連結…食堂は上野青森間上下四回の各急行列車に設備し、営業人を乗組ましめ軽便なる西洋料理其他各種飲食品の御需用相弁じ可申候」(M36.8.18東日⑧)との新聞広告を出した。かくして「直行列車には36年8月21日から寝台・食堂車も連結され」(国鉄、p320)、日鉄の近代化に大きく貢献した。36年10月には食堂車営業も「日鉄と一ヶ年三千五百円の契約にて目下の処一日約百二三十円の売揚あり」(M36.10.4河北⑤)と軌道にのっていた。さらに38年仙台ホテルを4階建の擬洋風建築に建て替えた結果、駅前で「偉容を誇ったのは仙台ホテル並に大泉支店の洋館建」(仙台、p124)とされた。38年9月には仙台駅の2階に23.5坪の食堂を設け(本線、p153)上野駅でも食堂を開くなど、その後も日鉄との関係はますます緊密化している。

39年ころ近郊の旅館主・大宮司雅之輔、太田与八郎らと広域観光推進のための仙松興隆会を結成した(航跡、p37)。40年5月仙台商品陳列所を開店した動機は「当市に来る旅客の…地方に於ける物産を買求め…んとするもの多きも、一刻の時間をも争ふ為め其の素志を果たし兼ねて通過するは当地方に取りて誠に遺憾なるより、これが便宜を計らん為め、停車場前仙台ホテル北隣に仙台物産陳列所を新設し、大息大泉林之丞氏を同所の監督として地方の特産物即売委托に応じ併て広く紹介の労を取る」[33)]とされた。

42年「館主ハ熱心ナル旅館改善主義者ニシテ、客ヲ遇スル誠実、兼ネテ当停車場楼上ニ食堂ヲ設ケ、和洋飲食物ノ販売ヲ営ム、尚ホ東北線路列車内食堂営業者モ亦タ当館ナリ」(要録、p73)と評された。大泉本店・大泉支店・仙台ホテル・塩釜ホテル館(要録、p73)のほか仙台停車場前に出店仙台物産陳列

売店、東京市下谷区御徒士町三丁目に急行列車内食堂仙台ホテル出張所、青森停車場構内に海陸連絡待合所仙台ホテル出張所を配していた（要録、p73）。

3．地域主導の観光デザインたる旅行業創始

　宮城県が中央資本に松島パークホテルを経営委託させる案を打ち出した際に「仙台市の旅館中には大に反対する」（発展、p324）向も多かった中で大泉・大宮司らの旅館主は県の協議委員に参加して「松島に立派な設備が出来ると云ふ事は大に喜ぶべき事」（発展、p324）として協賛する姿勢を見せた。『実業之世界』44年11月号に仙台・松島一体論（発展、p324）を養子・大泉林之丞（仙台ホテル館主）の名で投稿したが、その論旨は仙松興隆会の39年「旨意書」とほぼ同趣旨である。

　大泉がいかなる動機で団体旅行を主催したかは未詳であるが、彼の養子の伝記では東北初の試みとして「三十四年鉄道に依る団体遊覧旅行を計画す…而来五ヶ年間に…前後百数回」（岳陽、年譜）、「近距離旅行団体の主催斡旋をなしたること等…枚挙に遑あらざる」（岳陽、p104）ほどの実績を積み重ねていたことは明らかである。例えば36年6月21日出発の日帰り旅行「仙台ホテル発起の中尊寺遊覧会」（M36.6.10河北⑤）は「本年春に於て挙行すべき筈…見合せ居りし」（M36.6.10河北⑤）と36年春には観光デザインされていた。そして「会費二円を…仙台ホテル及び大泉本店に便宜申込むべし」（M36.6.10河北⑤）とあり、大泉が観光デザインし、申込みを受付け、会費を徴収する団体旅行の主催者であったことが確認できる。また36年8月にも地元80余名の数泊旅行の「仙台ホテルの発起に成れる両国川開遊覧会」（M36.8.9河北⑤）を催行した。ともに仙台を発地とし河北新報等の地元紙記事・広告を有力な募集媒体[34]とした。36年10月の「仙台ホテルの発起にかかる当市の日光遊覧会は銀行会社員等にて已に七十名余の多きに及び」（M36.10.12河北⑤）、地元「七十七銀行員の日光遊覧　同行課長以下の行員」（M36.10.12河北⑤）等が多く参加した。また日鉄が36年10月碓氷峠への観楓回遊列車を自社直営形態で運転した際「其希望者募集方を当市の仙台ホテルへ依頼」（M36.10.10河北⑤）

し、「東京に於て其会員を募集に取掛りし処申込者続々之れある」(M36.10.16 河北⑤) など集客実績をあげ、日鉄から「其功労を褒彰せら」(岳陽、p104) れた。

4．東京での集客力を確保する人的ネットワーク

　第二回の松島回遊列車の日鉄当局から認められた申込所は11か所である。日鉄・小西旅館[35]が共同で観光デザインした36年10月23日の日光紅葉会①と同年10月26日の日光紅葉会②の申込所は同一（36.10.23 東朝④）であったことから第一回松島の申込所もほぼ同一と思われる。このうちモーター商会[36]、桜亭（後述）、中村喜太郎[37]、池田屋（芝区南佐久間町の旅館）は日光①の申込所（36.10.19 東朝④）でもあるなど、同一の申込所が日鉄線内の同種の回遊列車等でも反復して登場するところから、旅行商品に限らずこの種の代理業を得意としていた商人たちでもあろうか。36年8月日鉄は「乗客便利の目的にて府下枢要の個所に同会社乗車切符売下所を選定中の処、此程に至り右調査も結了したるを以て遠からず開所の運びに至るべし」(36.8.1 東日③) とあり、申込所は日鉄の乗車切符売下所などと重複する可能性もあろう。

　例えば山城屋支店は回遊列車の起点「上のステーション前」[38]の旅館で、「東京各旅人宿改良大懇親会　明五日上野梅川楼に開く」(32.7.4 読売②) など当時活発に活動する改良組の拠点旅館であり、仙台ホテルも同じ改良組メンバー同士であり、「全国枢要旅館との連絡を緊密にして」(岳陽、p104) いた大泉が上京時などに当然に交流があっても不思議はないと思われる。

　また加藤房五郎（本郷区森川町）は順天堂薬舗主、電話下1260番（M36.10.3 R）、明治21年『日用方位便覧類集　全』を発行、34年東京市会議員選挙（本郷区3級）に無所属で立候補、36年では東京医会本郷支部に所属、医学校設立期成同盟会員として尾崎市長に陳情。大正5年には東京実業連合会役員にも就任した（T5.4.21 東朝④）。加藤は「遊覧会を設立し日本鉄道会社と交渉して大洗遊覧会、松島遊覧会等を起して一般希望者の満足を得せしめ高

評噴々たるものありき。君社交に長じ円転滑脱常に人をして欣慕措かざらしむ」[39)] と、大泉と同様に日鉄を利用する「探勝会」的な旅行会主催者の一人であった。

他の申込所と大泉・日鉄側との接点を特定するには至らなかったが、彼らの共通点として日本初の自動車販売店・モーター商会[40)] に典型的にみられるように新奇を好む積極性が感じられる。回遊列車という新しい観光デザインに共鳴する好奇心旺盛な商人達が大泉・小西らの呼びかけに応じたものと考えられる。また「仙台ホテルの日光遊覧会は…日光着直ちに小西旅館に入り」（M36.10.2 河北⑤）と、団体旅行を主催する旅館同士の互恵的な連携もみられる。

IV. 大宮司雅之輔の松島振興論

後半では大泉梅治郎と同時期の旅館経営者であり、仙松興隆会をたちあげた同志であり、共に銀行会社の経営にもあたった盟友ともいうべき大宮司雅之輔の取り組んだ観光デザイン・コミュニティデザイン活動を取り上げる。

1．大宮司雅之輔

大宮司雅之輔は慶応3年2月13日[41)] 宮城県武者円蔵の長男に生まれた（人、夕 p55）。「大宮司善五郎墓碑銘」に「妻叔父円蔵」（足跡、p84所収）とあるように武者家[42)] は大宮司家とはもともと深い縁戚関係にあった。実子のない大宮司善五郎の妻の姪・志野きく[43)] と結婚し、大宮司善五郎の養子となり、明治31年9月6日松島町内83番の宅地を大宮司善五郎から譲受（土台）、32年分家した（人、夕 p55）。34年4月から（資料、p1391）昭和8年4月まで松島町会議員、松島海岸の初代郵便局局長（白鴎Ⅰ、p1）などの公職・名誉職を兼ねた。昭和10年ころには「松島ホテル、観月楼各経営、旅館業」（人、夕 p55）、税225円、松島電車監査役をはじめ宮城電気鉄道、塩釜文化住宅、松島湾汽船、東北商工各取締役、昭和土地、潜ケ浦石材、東北無尽各監査役を兼務していた（諸S10下、p229-238）。

若くして瑞巌寺檀徒総代に推された大宮司雅之輔は先祖以来瑞巌寺総門の門前で商売させていただいていることはもちろん、元来信仰心が強く、末寺の葦航寺の堂宇再建に尽力したり、松島公園保勝会（白鴎Ⅰ、p1）などに寄付をした。このほか塩釜神社の傾斜の緩い「女坂」の用地を個人で買収するなど、瑞巌寺を中核とする地域の発展に尽力したいという気持がことのほか強かった人物であったと著者は判断した。

　大宮司雅之輔は渡辺万次郎、小林房太郎らとの松島研究会、仙台の郷土史談会等の会員として、『趣味の松島』（仙台星文館書肆、昭和10年）に松島の寄稿を行ったり、講演をする一方、当時のコレクターたちのサロン「是心会」（白鴎Ⅱ、p19）の有力メンバーとして歌川豊国、歌川国芳等の浮世絵を収集、そのコレクションは経営した旅館名に因む「白鴎楼文庫」として瑞巌寺博物館に、「大宮司コレクション」（浮世絵）として仙台市博物館に収蔵されている。大宮司雅之輔は昭和20年1月27日死亡した（足跡、p101）。

2．第八銀行＝大正信託系の松島湾汽船

　大宮司家のご子孫は大宮司の銀行家としての側面[44]を強く意識しておられる。

　大宮司は大正期からは仙台市に本拠があるいくつかの銀行や企業に関係して毎日のように仙台に出向いており、仙台市内の枢要地にも地所を保有するなど、仙台財界にも深く関与したという。例えば大宮司は大正9年8月青葉銀行の創立にも関与した。青葉銀行の創立文書では発起人たる「宮城県宮城郡松島村松島八十三番地　大宮司雅之輔」[45]は「資産三〇〇、〇〇〇円負債…国税納額三四四円〇〇〇」[46]「現松島郵便局長ニシテ一方旅人宿業ヲ営ム」[47]と記録されている。

　大宮司が宮城県の意向を受け、県の有力銀行家として活躍した足跡を青葉銀行とは別系統であるが、第八銀行＝大正信託系の松島湾汽船の統合問題でみてみよう。大正4年9月宮城県塩釜町392に資本金10万円、払込2.5万円の「旅客貨物ノ運送、汽船和船賃貸曳船業」（帝Т5、p11）を目的とする松島湾汽船

株式会社が創立された。明治41年5月1日柴田末松（塩釜町）が設立した松島遊覧合資会社と、明治44年4月小野彦左衛門［塩釜、廻漕業・船具商］らが設立した塩釜遊覧株式会社[48]とが激烈な競争を展開していた。当時北村重昌（東京市京橋・精養軒主）に松島パーク・ホテルの経営を委託していた宮城県は「県に於て巡航船を建造し定期に定所を遊覧せしむる」（公園、p171）、従前の松島遊覧汽船合資会社と北村側のと契約により「宮城県ヨリ貸付セラル巡航船ヲ提供シテ遊覧汽船合資会社ノ汽船ト合同シ、宮城県指定ノ航路ノ巡航事業ヲ経営スルコト」、「汽船合資会社ノ側ヨリ社長、北村側ヨリ支配人・監査役各一名ツツヲ選出スル」[49]との県有・県主導での松島遊覧船の統合を計画していた。

こうした松島パーク・ホテルを経営する宮城県による強烈な観光グランドデザイン（後述）を背景として、第八銀行頭取山田久右衛門らが激烈な競争で共倒れも懸念される両社を仲介（航跡、p28）して、新しく統合会社を同行主導で実現させた。仲介者の山田久右衛門（仙台市北一番町3）は第八銀行頭取、大正信託取締役（諸T5下、p521）のほか、仙台電力、仙台米穀取引所等の監査役、仙台染織、松島湾汽船等の取締役を兼ねた。大正11年時点では第八銀行、山三カーバイト、仙台平機業、仙台染織製綿、仙台常設家畜市場、仙台魚市場、塩釜銀行、青葉農林、第一信託、仙台染織各取締役、五城銀行、宮城貯蓄銀行、仙北鉄道、槻木花崗石、東北製麦倉庫各監査役であった（要T11、職中、p186）。

この第八銀行は実は大正元年11月15日休業して整理中の東京の関東商業銀行[50]が大正3年12月本店を宮城県に移転し第八銀行と改称（変遷、p179）したばかりの県下では新参銀行であり、過当競争の業界を統合して新会社を設立するといった"投資銀行"まがいのリスクを冒すにはいささか体力面でも懸念があったように感じられる。松島湾観光汽船の社史には書かれていないが、以下のような推論も可能であろう。

①東京の休業銀行の権利を買収して第八銀行と改称した母体として大正信託あたりが想定される。②大正信託の有力役員である大泉、大宮司らは同時に43年3月宮城県から松島公園経営協議委員を委嘱され、宮城県の松島を中核とす

る観光グランドデザインに直接関与していた。③したがって大泉、大宮司らが直接県当局の強い意向を受け、自らが深く関係する大正信託＝第八銀行の組織を挙げて上記の行動に踏み切った。④その状況証拠として統合会社の役員は第八銀行＝大正信託系統の役員[51]が多くを占めた（諸T5下、p523）。

この松島湾汽船は昭和19年塩釜機帆船、22年松島湾汽船、43年8月松島湾観光汽船と改称したが、大宮司が大正4年統合時から長らく取締役として関与し、大宮司の子息・勝五郎も昭和22年まで松島湾汽船の監査役、昭和23年から昭和42年まで取締役を務めてきた（航跡、p72）。

3．仙台市街自動車

仙台市街自動車は伊勢久治郎[52]らにより、大正8年8月資本金20万円で仙台市裏五番丁19に設立され（要T11、p12）、11月10日銀バスの愛称で仙台駅を中心に大学病院前、長町駅前まで7.7キロを開業した[53]。

大宮司は当初から仙台の同業者の大泉梅治郎と仲良く仙台市街自動車監査役を兼務していた（諸T9下、p253、要T11役中、p37）。また同社取締役の佐藤熙治は大宮司と同じく青葉銀行監査役（要T11、p2）であり、同社監査役の富田春之進も松島電気鉄道元常務であったから、こうした錯綜した人脈から大宮司も設立当初から同社に関与したものであろう。

仙台市営の軌道と激しく競争していた同社は昭和5年7月油屋熊八（第9章参照）の亀の井自動車が創始した「別府の遊覧バスにヒントを得」（市交、p19）「仙台に、最短時間に、経済に、しかも充分に遊覧をなし得る」[54]仙台市内を回遊する遊覧バスを開始した。遊覧経路図の赤線のコースを亀の井流に「女車掌の説明で史実は勿論、物産に至るまで詳細に紹介した」（市交、p19）ため遊覧の団体客が殺到した。昭和12年3月29日仙台市議会は仙台市街自動車買収の件を可決し、昭和17年6月26日市議会で買収案を可決、同年7月1日仙台市に33万円で買収[55]、8月21日仙台市営バスとして発足した（市交、p145）。

4．大宮司雅之輔の松島振興論

　戦前期の観光資本家が果たして地域コミュイティのあり方や観光振興についてどのような考えを持っていたのかは本書にとって極めて重大な課題ではあるが、適切な資料が乏しいのが実情である。幸いなことに宮城県庁行政文書には大宮司が地元・松島の振興について宮城県に提出した意見書が含まれている。この資料に基づいて大宮司が観光デザインとコミュイティデザインとの関係をどう考えていたかを提示したい。

　宮城県は明治末期に「松島村大字松島沿海一帯の地区ハ其施設ニ最モ急ヲ要スルモノアリ…俗悪ナル市街ヲ改正シテ名実相叶フモノタラシメ、加之慰安娯楽的ノ各種施設ヲ完成シテ幾多ノ観光者ヲシテ雄麗ナル風韻ニ接セシムルト同時ニ、数日間安ムシテ探勝セシメムトスルモノニシテ、此ノ必要ヨリ字町内、浪打浜、仙随、普賢堂ノ四字ニ存スル土地ヲ買収シテ之ヲ公園ニ編入セン」[56]と、長期探勝を目標とする観光グランドデザインを立案した。宮城県知事は明治43年3月1日「松島公園経営案調査ノ為…御意見ヲ拝聴シ尚経営上御尽力ヲ煩度」[57]として県内の有識者に松島公園経営協議委員[58]を嘱託し、意見を求めた。

　「第一部」委員に選任された大宮司は県庁文書に綴じ込まれたものだけでも「松島湾保護ニ関スル意見」「松島鉄道ニ関スル意見」など複数の意見書を提出しており、極めて積極的かつ活発に意見表明を行った。まず経営協議委員会に提出した「第一部大宮司雅之輔意見」と付記された「松島湾保護ニ関スル意見」[59]の骨子は、①堤防の構築、②浚泥の澪以外への投棄、③海鳥乱獲の厳禁、④湾内簀巻設置の制限、⑤牡蠣養殖方法の改善の5項目からなる。生真面目に自然観察を行って、その当時の地域住民、観光業者の中で並外れて景観保護に相当に熱心であった、むしろ一途で変わり者の大宮司の性格をよく示す好資料と思われる。

　「松島ノ美ハ主トシテ島嶼ノ布置、松樹ノ姿態及ヒ湾内ノ清波ニアリ」とし、特に「湾内ノ潮水」は「実ニ憂慮ニ耐ヘザルモノアリ、宜シク速ニ湾内保護ノ

策ヲ講セサル可カラス」と早急な保護を訴えた。憂慮の原因として大宮司は①「湾内ニ流入分布スル泥沙ノ蓄積」と②「海草ノ繁茂密生」に求めた。「往時湾内ニアリテハ禁猟ノ制アリシ為メ、海鳥群集シテ浮島ノ観ヲ呈セシ程…維新後ハ殆ント海鳥ノ跡ヲ絶ツト共ニ海草ハ益々密生繁茂スルニ至リシナリ」と断じ、「松島湾内保護ノ為メ左ノ五項ヲ実行スルヲ必要」とした。

とりわけ④と⑤の提言は地域の主要産業である漁業に関して、松島湾の美観保護の観点から一定の制限を設けよと主張するもので、特に「個人ノ簀巻ノ如キハ絶対ニ之ヲ禁スルヲ可トス」と断じた。自らも旅館業者として主要な食材の仕入先であり、かつ漁民に土地を貸すなど漁業関係者との緊密な関係を有していた大宮司としてはかなり大胆な意見の表明といえよう。また「近年名産ノ一ニ数ヘラルルニ至リシ」松島湾の牡蠣の養殖への制限も養殖の牡蠣を観光コンテンツとしてきた観光業者の立場からは痛し痒しの面がある微妙な問題をはらんでいた。

しかし大宮司は多忙な家業・兼務する事業の傍ら、日頃から松島湾の自然を極めて冷静かつ客観的に観察し、環境の変化を土地の「故老」からも「五十年前迄ハ干潮時尚長サニ尋ノ鰻掻ヲ用ヒ捕魚ニ従事セシモノ舟ヲ要セスうさねニテ泥ヲ渡リツツ鰻ヲ掻キ得」たなどと熱心に聞き取って回った。その積年の調査結果として「松島ノ美観ヲ損シ、湾内ニ悪変化ヲ与フル」[60] 要因と考えた項目には自己の利害得失にかかわらず大胆に改善案を提起したものと考えられる。大宮司家の伝承によれば大宮司は几帳面な性格で、独特の字体で丹念に日記を付けていたといわれるので、日ごろから漁師に聞いたことなどを細かく書き留めていた調査の成果でもあろう。

次に交通アクセスの改善に関する「松島鉄道ニ関スル意見」[61] は「遊覧地トシテノ松島経営ヲ完成セントスレバ先ツ鉄道停車場ト松島海岸トノ距離ヲ出来ル丈ケ短縮セサルベカラス…若シ鉄道停車場ニシテ海岸ニ接近シテ設ケラレアランニハ遊覧ノ旅客今日ニ数倍スルヤ論無キナリ」[62] として「願ハ松島経営調査会ノ決議ヲ以テ政府ニ請願シ、線路一部ノ変更[63] 若シクハ支線ノ敷設ヲ実行スルニ至ランコトヲ」[64] と強く主張した。そして敷設すべき"松島支線"の

具体的ルートとして松島停車場から新橋、高城川堤防、松島橋、「瑞巌寺後方ノ田圃ニ出テ日吉山王神社付近導引阪ヲ掘下、〈眺〉浪坂ニ出ツル道路ニ出ツ。停車場ハ同所ニ設ケラルルヲ至便トスヘシ」[65]と経由候補地までこと細かく提起した。「斯クスレバ啻ニ遊覧者ノ為ニ至便ナルノミナラス、松島ニ停スル旅客ヲシテ心理的ニ一層高度ノ美感ヲ生ゼシムルヲ得ン」[66]と結論づけた。大正3年12月8日の宮城県議会での同趣旨の建議（資料、p1308）に数年も先行するもので、同建議の根源をなす卓見であろう。

　第二部～第五部の委員会で各委員が種々議論した内容は「口頭報告済」として取り扱われたなかで、大宮司委員が提出した上記の両意見は「一応供覧　内田㊞第一部ノ一課委員大宮司雅之輔提出意見…」[67]として寺田知事に供覧され、知事の寺田㊞も押された。おそらく事前に書面で自己の意見を取り纏めて来て提出したほど熱心な委員は大宮司一人であったのかもしれない。委員の議論が政策に生かされた例として、県がいったんは「数寄屋風の旅館を建設するに決し」（公園、p163）ながら、大正2年5月15日の委員会で「日本館ノ建築ハ延期スルヲ可トス」（公園、p65）る方向に大転換した松島パークホテルへの業態変更があげられる。変更された理由としては委員会での議論で、「尚早の議起りしと、松島には相当旅館建設者出しとにより〈旅館〉工事を中止」（公園、p163）したと説明されている。数寄屋風を含む和風旅館を次々に建設してきた松島の民営旅館業者の意見を代表して、恐らく強く発言した大宮司らの主張が反映された結果でもあろうと思われる。

　しかし大宮司の苦心の作である「松島湾保護ニ関スル意見」は『松島公園経営協議委員会答申』の第一部の三「魚介族濫獲ノ制限」（公園、p28）等に十分に反映されたようだが、大宮司の宿願でもある「松島鉄道ニ関スル意見」の方は委員会で検討するには時間が必要などといった理由で十分に議論された節は窺えない。それどころか、県当局は新たな交通機関の整備には消極的な姿勢に終始した。その理由が鉄道敷設工事に伴う景観の破壊とされた点で、松島湾の自然環境の保護を訴えてきた大宮司の立場は微妙であったと思われる。

　明治44年1月6日宮城県山林課長の馬場得技[68]は「土地所有者ニシテ松

村居住ノモノ別紙ノ通リ有之候ニ付、買収着手ノ順序トシテ是等ヲ一堂ニ会セシメ、公園経営ノ趣旨ヨリ買収ノ已ムヘカラザル所以ヲ説明シ各所有者ヲシテ買収セラルルノ已ムナキヲ自覚セシメタル後協議ヲ為スニ於ルハ進行上便益不尠ト認ムルニヨリ」[69]として松島村の村長虎川忠之助の同行の下に買収土地所有者総代委員大宮司雅之輔外四名を県庁に出頭させた。大宮司も出席した買収土地所有者総代委員会の席上、馬場山林課長は松島公園経営協議委員会での大宮司の提案を踏まえた上で次のように論じた。「或ハ停車場ヲ此海岸付近ニ移転セシムベシトノ意見ヲ述ベタル人モアリシカ…夫ハ大ナル誤リナリ。今日此海岸ヨリ一里ヲ隔テテ停車場ヲ設ケタルトキハ誠ニ能ク考究シタルモノナリ。若シ海岸ノ付近ニ接近シテ夜トナク昼トナク汽笛ヲ鳴サンカ、折角閑日ヲ楽シマントスル西洋人ノ如キ非常ニ是等ヲ忌ムモノニシテ全ク策ノ得タルモノニ非ラスト云ヘリ。夫レ或ハ然ラン」[70]。

　移転不可の根拠として海岸に立地した東京築地のメトロポールホテル[71]が「往復スル汽船昼夜ノ別ナク汽笛ヲ鳴ラスヨリ外人ノ嫌フ所トナリ、遂ニ解散スルノ已ムナキニ至レリ」[72]との馬場しか知り得ない東京の例を挙げ、「故ニ停車場移転ノ如キハ到底行フベクモアラザルニヨリ、自然道路ヲ拡張スルノ要アルベキヲ以テ、夫レ等ヲ考ヒ道路ヨリ三間ノ距離ヲ隔テテ建ツルハ差支ナカランモ、夫ハ各自移転者ノ仕事ニシテ県ニ於テ埋立テタル上ニ貸付ト云フ事ハ為シ能ハス」[73]と県による代替地案ともども大宮司の提案を再度拒否した。同様に後年に大宮司も関係する松島電車が終点を観瀾亭まで海岸埋立の道路上を延長しようと出願した際に、宮城県勧業課長は「本件ハ風致ヲ害スルノミナラズ遊覧者ノ逍遙区域ヲ遮断減縮ヲ来スハ勿論、遊覧者ニ危険ヲ及ホスノ虞アリテ、公園経営上障碍ヲ来ス虞アリト被認ヲ以テ同意難致」[74]と公園担当課の意向を踏まえて猛反対した。公園担当課技師が書き、課長が削除した原案には「当初電車敷設ニ際シ、現在ノ位置ヨリ延長ヲ得サル条件ノ下ニ承諾ヲ与ヘタルモノ」[75]と、公園担当課が当初から松島電車の海岸部への乗り入れに厳しい態度をとっていたことが判明する。

このことから宮城県の山林課長など公園担当課は極めて厳格な風致保全の姿勢を貫徹しており、官設鉄道・民営鉄道・軌道を問わず、交通アクセス改善には終始反対ないし消極的な態度をとりつづけた。こうしたかたくなにも映る宮城県の厳しい態度を直接熟知した大宮司は、これ以降に①松島軽便鉄道（松島電気鉄道）、②松島電車、③宮城電気鉄道、④松島湾汽船、⑤自家用船舶、⑥松島海岸定期乗合自動車（一族の大宮司善治名義）の経営に深く関わっていく[76]。すなわち旅館経営者として本業施設を増強して客層を異にする三館を経営して松島で確固たる地位を構築する傍ら、松島への観光客を輸送する軽便鉄道、電気軌道、内燃軌道、高速鉄道、遊覧船、自家用モーターボート、乗合自動車等、松島に関係するほとんどすべてのタイプの各種交通機関の発起・出願・経営・再建・譲渡等の各段階に深く関与するという、投資先としても相互に重複・競合[77]することにも目をつぶって、異常なほどの交通マニアぶりを発揮した。

その理由として①大宮司が熱心に松島公園経営協議委員会で提案した交通アクセス改善策が無視されたばかりか、公然と批判され面目を潰されたことといったことが彼を交通アクセス改善に駆り立てる駆動力とになったことがある。これは私憤に近い要素であろうが、より重要な背景として次の点があると著者は考える。それは宮城県自身が洋式ホテル（松島パークホテル）の設置者、遊覧船の所有者（構想段階）、さらに広大な松島公園の設置者として立案した広域的で公的性格を有する観光グランドデザインに対して、松島町民を代表する立場で大宮司が構想したコミュニティデザインがどうしても整合性を持ち得なかった点に納得できなかったからと考えられる。

盟友の大泉は明治末期に徹頭徹尾日本鉄道当局に接近して、良好な関係を維持発展させ、その延長線上に日本鉄道の協力・協賛を得て回遊列車の観光デザインを立案、成果をあげた。大宮司も同時期に県当局に大いに協力して、県の力で交通アクセス改善に道をつけようと計ったが失敗した。松島町というコミュニティ（もちろん主力産業の観光業を含め）の継続的発展のためには、宮城県の意向に反しても独力で、大宮司家の財力を投じても交通アクセス改善に立

ち上がった結果が交通機関への異常な関与となってあらわれたものと考えられる。

1） 安藤荒太『避暑漫遊案内』矢尾弘文堂、明治36年、p170。
2） 宮城県行政文書（以下県庁と略）の中の『松島公園経営報告』（宮城県公文書館、県庁 T2-0044）。
3） 松島パークホテル創設過程は『松島公園経営報告書』宮城県、大正4年に詳しい。
4） 汀雄「東北巡記（二十）松島より福島」大正6年10月19日～11月10日中外。
5） 『松島案内』大正8年4月桜井常吉印刷・発行。①「開業明治十年、和洋、二階三階建客間十八、定員百年二十名」（要録、p74）の格付けB塩釜ホテルの館主は和洋食割烹・松島金華山遊覧船仕立の斎藤民治［塩釜水族館取締役（諸T5下、p529）］、②「開業三百年前、十一代継続和風二階建客間十」（要録、p74）の格付けB海老屋は海老藤蔵［海産物問屋兼肥料販売（日韓下、p18）、紐付荷札「塩釜港　ゑびや　電話三五番」］、③「開業凡三百年、和風二階建、新築増設中」（要録、p74）の格付けB太田屋は太田与八郎［塩釜、仙台味噌醤油醸造（日韓下、p18）］の経営（日韓下、p18-19）。
6） 本章では青沼松洋編『大泉岳陽翁小伝』昭和15年を単に岳陽というように、頻出資料等について以下の略号を用いた。

　　［仙台文献］公園…『松島公園経営報告書』大正4年、宮城県内務部、市交…『仙台市交通局三十年史』仙台市交通局、昭和31年、仙商…『仙台商工会議所七十年史』七十年史編纂委員会、昭和42年、本線…青木雄千代・横山英彦編『ものがたり東北本線史』日本国有鉄道仙台駐在理事室、昭和46年、仙台…『目で見る仙台の歴史』昭和49年、界隈…青木助三郎『駅前界隈八十年』文芸東北新社、昭和54年、百科…村上武（執筆）『宮城県百科事典』河北新報社、昭和57年、航跡…『80年の航跡』松島湾観光汽船、昭和63年、資料…『松島町史』資料編Ⅱ、平成元年、白鴎Ⅰ…堀野宗俊『白鴎楼文庫』第一部、瑞巌寺博物館、平成2年、市史…『仙台市史特別編4　市民生活』仙台市史編さん委員会、平成9年、白鴎Ⅲ…堀野宗俊『白鴎楼文庫』第三部、平成9年、瑞巌寺、足跡…堀野宗俊『松島への足跡』瑞巌寺宝物館、平成18年、通史…『仙台市史通史編6　近代1』仙台市史編さん委員会、平成20年。

　　［頻出資料］左文…野崎左文『漫遊案内』博文館、明治30年7月、線路…桜井純一（日鉄社員）編『日本鉄道線路案内記』博文館、明治35年9月、定価45銭、回遊…明治36年8月29日『鉄道時報』20号9面、沿革…『日本鉄道株式会社沿革史』日本鉄道株式会社清算事務所、明治39年ころ、『明治期鉄道史資料　第2集2』日

本経済評論社、昭和55年復刻、外人…「回遊列車とヨット」千葉秀浦『外人の観たる日本』広文堂書店、明治40年、発展…『実業之世界　東北発展号』実業之世界社、8巻23号、明治44年11月、谷崎…谷崎美郷『地に立ちて』実践教育会、大正13年、黎明…青木槐三『鉄道黎明の人々』交通協力会、昭和26年、時刻表歴史…大久保邦彦『時刻表の歴史』中央社、昭和47年（復刻版『懐しの時刻表』別冊付録）、国鉄…『日本国有鉄道百年史』4巻、交通協力会翻刻、昭和47年、公社…『日本交通公社七十年史』昭和57年、人名…『日本人名大辞典』講談社、平成13年、井泉水…『井泉水日記青春篇　下巻』筑摩書房、平成15年、中村…中村尚史「明治期鉄道企業に於ける経営組織の展開──日本鉄道株式会社を中心として──」野田正穂・老川慶喜編『日本鉄道史の研究　政策・経営／金融・地域社会』八朔社、平成15年、日旅…『日本旅行百年史』日本旅行、平成18年、協会…『日本ホテル協会百年の歩み』日本ホテル協会、平成21年、年表…旅の文化研究所編『旅と観光の年表』河出書房新社、平成23年。

7)　明治39年に発表した「地方の発展は即ち旅館業発展の源泉なり」（航跡、p37）と旅館業者の団結と観光振興を推進を主張した「仙松興隆会旨意書」と、『実業之世界』明治44年11月号に大泉の養子・林之丞の名で発表された「仙台・松島一体論」（発展、p324）の「仙台と松島は一身同体である」（発展、p324）との広域的な観光振興の主張とは同根であり、ほぼ同趣旨と解される。

8)　拙稿「共通論題報告要旨　2010年度第28回大会『観光と鉄道』問題提起と総括」『鉄道史学』第29号、平成23年12月、p63-65参照。

9)　行程は明治34年9月27日湊町駅17：15発、奈良駅19：20着、奈良駅23：00発、湊町駅12：07着。1等8両3等6両の編成で乗客256名、2等室に洋式音楽隊乗込み、「奏楽と共に湊町を発したるは頗る趣あり」、奈良公園の広場にビアホール・茶店・観月場を特設、「月見団子の饗応をなし、その間奏楽の余興」など「観月の興をなす」イベント列車であった。翌28日夜には会社重役関係の人々新聞社等を列車に招待したが、両日とも雲が晴れず「中秋無月の恨事」（M34.9.21R）に終わった。

10)　大町桂月（「水戸観梅」明治44年『桂月全集』1922年、p485）など当時の作家の紀行文等のほか、先行研究としては大矢悠三子「避暑地日光の変容──鉄道と外国人宿泊施設に着目して──」『交通史研究』交通史研究会編、63号、2007年8月、野瀬元子「日光、箱根を対象とした観光地形成過程についての考察──観光資源、交通環境と初期段階の外国人利用の差異に着目して──」(pdf.iowww.pdfio.com)など多数。

11)　老川慶喜「日本鉄道日光線の開通と日光町」『歴史と建築のあいだ』古今書院、平成13年、p109-110。

12) 13) 会費払込証には「やまだ」駅に到着した「伊勢参宮廻遊列車」の蒸機の絵と神宮遠景が描かれ、「明治戊申四十一年一月十一日静岡民友新聞主催伊勢参宮会員として会費御払込正に入帳候也　明治戊申四十一年一月四日　静岡民友新聞社㊞栗田与三郎」との領収書となっている（藤井建『NRA NEWS』11号、na-goyarail-acv.or.jp/nra/NRAnews11.pdf：平成25年4月27日検索）。

14) 記念碑には「廻遊列車記念　会員六百名」とあり、主催代表として①金谷共栄銀行頭取、呉服太物商、②金谷商業銀行監査役、金銭貸付業、③運送業（日韓上、p41)、④金谷共栄銀行取締役（日韓上、p41）など当時の地域を代表する金谷町の有力者（日韓上、p41）多数の名が刻まれている。

15) 白井昭「明治期・金谷の汽車大旅行」前掲『NRA NEWS』11号所収。

16) 沢和哉『日本の鉄道ことはじめ』築地書館、平成8年、p201。

17) 老川慶喜「鉄道の開通と『旅』の変容」歴博フォーラム『旅――江戸の旅から鉄道旅行へ――』平成20年7月。

18) 養子の伝記にある「明治の末年鉄道省が…盛んに団体旅行を奨励したことがあった。仙台ホテルは其主旨に従って何十回となく旅行団体を募集」（岳陽、p49）との昭和15年当時の誤った伝承では、大泉らが主導した自律的観光の端緒という功績が欠落している。なお梅治郎は梅次郎と記された文献も多いが、写真-3の看板によって本書では「治」に統一した（引用箇所を除く）。

19) 従前の秋保、作並両温泉の「ほかにも規模の小さい温泉がいくつかあり」（通史、p407）、36年7月4日には仙台市三居沢に「三居沢温泉」が、7月11日には宮城郡小田原に薬湯「あたみ温泉」（M36.7.11 河北⑥）が相次いで開業し、「時節柄清涼の地なるたけ浴客の入場するもの多かるべし」（M36.7.3 河北⑤）と報じられた。なお『当世仙台有名家一覧表』明治19年には「温泉」仙台市三居沢とある。

20) 35年9月日鉄が刊行の案内には「客車貸切　客車ノ貸切ヲ請求スルモノアルトキハ、左記各区ニ依リ旅客定員三分ノ二ヲ貸切定員トシ之ニ相当スル普通運賃ヲ以テ其請求ニ応スルモノトス…一車貸切（全車ヲ貸切ルモノ）…」（線路、p10）との従前の団体割引上の原則が記されている。

21) 塩釜ホテルは「開業明治十年、和洋、二階三階建客間十八、定員百年二十名」（要録、p74）、館主は和洋食割烹・松島金華山遊覧船仕立の斎藤民治［塩釜水族館取締役（諸T5下、p529)］であるが、明治44年時点では大泉自身が塩釜ホテル館主（要録、p73）を兼ね、塩釜ホテルは仙台ホテル・大泉本館と連名の共同広告（発展、p320-321広告）を出すなど、明らかに大泉チェーンの一員であった。

22) 海老屋（塩釜港　電話三五番）は「開業三百年前、十一代継続和風二階建客間十」（要録、p74）、経営者は海老藤蔵［海産物問屋兼肥料販売］（日韓下、p18）、35年

日鉄が刊行した線路案内は塩釜の旅店を「海老屋、太田屋、斎藤、千歳」(線路、p267)と紹介。

23) 太田屋(塩竈市宮町2-42)は「開業凡三百年、和風二階建、新築増設中」(要録、p74)、経営者は塩竈の旧家・太田与八郎〔塩釜、仙台味噌醤油醸造〕(日韓下、p18)、仙松興隆会代表(航跡、p37)、明治21年5月古川正吾(仙台)と「陸前国宮城郡塩釜松島勝景全図」を刊行。

24) 35年日鉄が刊行した線路案内は松島の旅店を「松島ホテル、観月楼、鈴木屋」(線路、p283)と紹介する。

25) ハットセ踊りは仙台名物で東四番丁の「旧藩時代よりの料理店…対橋楼の独舞台」(案内、p728)と称された。

26) 山城屋「支店　上野停車場前　本店馬喰町二丁目」(線路、巻頭広告)、下谷区下谷2丁目　電話下1363番(M36.10.3R)、「上野停車場前…旅人宿山城屋支店は三階の大建物」(28.11.28読売③)であったが、28年11月下谷の失火で井筒屋、小松屋、岡野等と類焼した。

27) 日鉄直営陸奥ホテルの譲受人の孫に当たる青木助三郎は戦前の駅前旅館同士で仙台と「宇都宮、日光、東京」(界隈、p11)等とが青木が「けい」と呼ぶ「講」の名残と推測される「同盟をかたく守って、お客を送」(界隈、p12)り合う「一連の同盟が結ばれ、緊密な相互扶助がなされていた」(界隈、p10)とする。昭和4年旅館を継いだ時、青木はまず「同盟の旅館を回わらせられた」(界隈、p11)ほど重要視されていた。例えば「松島の旅館から仙台の旅館に客を案内する」(界隈、p10)連絡手法を紹介している。

28) 明治19年10月9日奥羽日日新聞(sucre1800.blog17.fc2.com/blog-entry-1107.html：平成25年4月27日検索)。

29) 「大泉林之丞氏を悼む」『演能手記』謡曲界発行所、昭和14年、p146。

30) 「大泉支店が一八九六年(明治二九)仙台ホテルとなり、次いで洋食の提供を行うことになった」(市史、p84、明治36年6月28日『河北新報』)。大正11年12月アインシュタインが仙台ホテルに宿泊したが、歓迎の市民が多数集まり、仙台駅から目の前のホテルに着くまで20分もかかった(2006年4月6日読売)。

31) 例えば大正12年には「宮様をお泊めする貴賓館をつくる名目で、木曽の御料林を払い下げて桧造りの伯養閣をつく」(界隈、p17)ったが、この伯養閣の名にちなみ、仙台ホテルの列車食堂・構内食堂は昭和6年有限会社伯養軒として分離。(「駅弁ものしり館」株ジャパンフーズシステム www.japanfoodssystem.co.jp/.../olddays_03_24_01.html／「陸奥の霸者」麦蕎乃驛 ekisoba.jpn.org/k43.htm：平成25年4月27日検索)。

32) 38)　『明治二十九年撰定大日本旅館改良組』大日本旅館改良組検定。
33)　『仙台市史資料編6　近代現代2（産業経済）』仙台市史編さん委員会、平成13年、p230、菅野正道「大泉梅次郎」『飛翔』平成24年12月、p 7。
34)　両国川開遊覧会では「申込期八月二日限。人員に限あり。超過すれば期日前と雖も謝絶…同夜は会員別仕立船にて隅田川川開の夜景を遊覧…申込み所国分町大泉旅店及停車場前仙台ホテルなり」（M36.7.26 河北⑤）との新聞広告を地元紙に出している（写真-1）。
35)　小西旅館・小西喜一郎（栃木県日光町上鉢石町）は旅人宿の停車場前小西支店を経営、所得税228.64円、営業税237.04円（日韓下、p30）、上鉢石町所在の日光商業銀行取締役（日韓下、p29）、神橋前の本店と日光停車場正面に支店を有した。35年日鉄が刊行した線路案内は日光「旅店　日光ホテル、小西喜一郎、神山徳平、会津屋、古橋、紙屋、油屋、大黒屋、釜屋等」（線路、p535）と紹介、「旅館・日光神橋前　小西旅館本店、日光神橋前　小西別館、日光停車場前左角　小西支店　私設電話　本支店別館並に田母沢日光両御用邸内出張所間」（線路、p168-169の間）との広告を掲載し、交通世界社発行の案内書でも「日光町旅店の重もなるものは小西喜一郎」（佐藤一誠『日光』交通世界社、明治35年、p53）と筆頭に位置付けられ、「日光の旅館小西喜一郎方の別荘に宿泊せる客は目下徳川侯（紀州家）、三井養之助氏、大橋佐平氏等にていずれも家族を同伴し数室を占領し…天晴好き客種と喜ぶは宿の主人…」（28.9.14 読売③）、「宮内省御用達社寺修繕漆工請負　小西喜一郎」（要録、p67）が経営し、「誠実ナル旅館トシテ世既ニ定評アリ」（要録、p67）。
36) 40)　モーター商会（京橋区銀座四丁目）は電話新2498番（M36.10.3 R）、「自動車は昨〈34〉年九月中銀座のモーター商会が始めて米国より輸入したるもの」（35.1.26 読売④）で、広告の中で「自働車は輸入元祖に有之、乗合営業車は特別の御相談可致候」（36.12.15 読売⑥）、明治34年「11月東京・銀座に初の自動車販売業モーター商会が設立」（年表、p178）され、日本初の自動車販売店とされるが、1903年経営破綻した（www.toyota.co.jp/Museum/data/magazine87/magazine87_5.pdf：平成25年4月27日検索）。
37)　中村善太郎（本郷区森川町）は大日本美髪会本部幹事の「高等理髪師」（42.7.18 東朝⑦）、36.10.23 日光紅葉会①、36.10.25 足利茸狩会②等の申込所を兼ねた。
39)　清田伊平編『日本ダイレクトリー御大典紀念』甲寅通信社、大正4年、特 p42。
41)　「発起人ノ資産身上ニ関スル事項」県庁 T12-0004。
42)　武者武（松島町内5番地）は大宮司雅之輔の実父・武者円蔵の関係者、大正14年4月3日設立の大宮司合資会社出資社員1,000円出資・有限（商登）、昭和14年

8月6日死亡（商登）。
43) 大宮司きく（松島町内83番地）は明治4年宮城県志野九吉の長女に生れた。（人事、タp55）志野家は剣持家とともに野蒜を代表する有力者であったが、明治前期の野蒜築港の壊滅で大きな打撃を受けた。大正14年4月3日設立の大宮司合資会社出資社員5,000円出資・有限（商登）、昭和20年4月10日持分の全部を大宮司イネに譲渡して退社（商登）。
44) 大宮司家に伝わる話として大宮司雅之輔が関与していた県下の某銀行が大正末期に取付を受けた際、他行からの救済資金導入に雅之輔が頼まれて保証人の印を押した。本来責任を負うべき主要役員であった数名は何らかの策を弄して、気が付いてみると雅之輔一人が巨額の借金を背負わされる形となり、彼が仙台市内に所有していた広大な地所はことごとく私財提供させられる羽目に陥ったという。このままでは家業の老舗旅館の経営も人手に渡る危険があるため、親族が集まり相談した結果、渦中の雅之輔を抜いた合資会社を新設して、家業だけを守ることとなったという。そのため大正14年4月3日設立（商登）の大宮司合資会社の出資社員には中心人物の雅之輔の名前がない。
45) 46) 47) 「発起人ノ資産身上ニ関スル事項」県庁T12-004。
48) 別資料では松島湾内の遊覧船事業を目的とする松島遊覧汽船合資会社として塩釜町に資本金1万円で設立され、代表社員は柴田末松（塩釜町）（諸M45、下p575）。なお松島湾観光汽船では「古い資料が昭和35年のチリ地震津波で流出」（航跡、p108）したこともあって、戦前の役員就・退任が掲載されず、大宮司の具体的な関与は未解明である。
49) 『大正二年　農商工・山林・松島公園・雑二ノ二』、県庁T2-0046。
50) 大蔵省『銀行事故調・全』（渋谷隆一監修復刻解題）、駒沢大学『経済学論集』第6巻臨時号、昭和51年3月、p75。
51) 大正信託役員の中で山田、大泉、大宮司のほか猪瀬泰秀［東京、第八銀行取締役（帝T5、p11）］、岩井久吉［仙台市東二番丁、第八銀行取締役（諸T5下、p511）］の計5人が松島湾汽船役員を兼ねた（帝T5、p11）。
　　また残りの白崎五郎七、水野時四郎、佐藤栄三郎、大泉の実兄・梅村惣五郎、菅野佐一郎、工藤延治郎、江刺富治郎の大正信託役員も第八銀行役員を兼ねた。
52) 伊勢久治郎（仙台市南材木町）は広瀬電力取締役（要T11役上、p17）。
53) 『社史　仙台市交通局』『バス事業五十年史』日本乗合自動車協会、昭和32年、p970。ただし本文では開業は大正8年7月30日（p71）。
54) 『仙台遊覧自動車　案内』昭和5年以降、仙台市街自動車発行。
55) 『昭和史とともに　仙台市電』仙台市交通局、昭和51年、p187-188。

56) 「事業計画書及図面」明治44年12月29日、県庁Ｔ２-0044。
57) 「案一」内務部長、明治43年２月17日県庁Ｔ２-0097。
58) 協議委員は「多数有識の士に諮るの必要」（公園、p17）から水沼政哉（塩釜）、松原禅礎（松島、瑞巌寺住職、宮城電気鉄道200株主）、早川智寛［宮城郡七郷村、宮城県土木課長から早川組を設立、明治36〜40年第４代仙台市長、仙北軽便鉄道監査役（諸M45下、p570）、宮城県農工銀行監査役（諸M45下、p560）、仙台商工会議所特別議員、第二部常設委員］、斉藤善右衛門［前谷地、会社員（商信Ｔ３、p18）、多額納税者］、×橋本忠次郎［仙台、不諾、請負、第二師団用達業（日韓、下p18）、株式合資会社橋本店代表社員（諸M45、下p563）］、佐々木栄介［遠田郡田尻町、農兼会社員（商信Ｔ３、p21）、宮城県農工銀行取締役（諸M45下、p560）］、大泉梅治郎［仙台市国分町３丁目、旅人宿（日韓、下p12）、大泉本館・仙台ホテル・塩釜ホテル館主（要録、p73）、仙松興隆会代表（航跡、p37）、大正信託取締役（諸Ｔ５下、p522）、仙台座取締役（諸Ｔ５下、p532）、仙台市街自動車監査役（要T11、p12）］、大泉賀治郎（仙台）、矢野顕蔵（仙台、第四部常設委員）、一力健治郎［仙台市東三番丁、文久３年10月生、平民、市会議員、県会議員（『四民便覧』明治28年p35）、仙台市大町四丁目の宮城貯蓄殖林社長（諸M28、p355）、仙台米穀生糸株式取引所理事（商工M31、p20）。明治30年「一切の公私職を抛ち」河北新報を経営（仙台日日新聞連載「宮城県内三万円以上資産家」『資産家地主総覧 宮城編』p126所収）、河北新報社長］、賀川修次（仙台）、小原保固（仙台、仙台日々新聞社長）、中村小治郎（栗原郡岩ケ崎）、及川仙兵衛［塩釜、運送（商信Ｔ３、p４）、旭運送店（日韓、下p18）、塩釜築港を推進（発展、p293）］、白石広造［塩釜、「石浜の殿様」（発展、p326）と称される遠洋漁業・捕鯨・運送の白石商会主（発展、p320-321広告）、金華山漁業社長（諸M45下、p567）、仙台米穀取引所監査役（諸M45下、p571）、塩釜倉庫社長（諸M45下、p570）、塩釜水族館取締役（諸Ｔ５下、p529）、北上株式会社監査役（諸Ｔ５下、p526）、潜ケ浦石材代表取締役（諸Ｓ10下、p232）］、田代進四郎（仙台、第五部常設委員）、小野平一郎（仙台）、三木隆太郎（仙台）、小栗勝四郎（仙台）、大宮可雅之輔（松島）、武田吉平［亘理町、酒造（商信Ｔ３、p９）、商業貯金銀行取締役（諸M40、下p506）、不動産業株式会社監査役（諸Ｔ５下、p524）］、高橋熊太郎［利府村、宮城殖林取締役（諸M40下、p512）、第三部常設委員］など「有識の士」（公園、p17）に嘱託した。県側の幹事は事務官補の高城畊造（理事官を経て仙台市助役、東洋醸造取締役・支配人、斎善家経営の仙台信託取締役支配人、昭和土地社長、宮城電気鉄道監査役）と技師の馬場得技（公園、p18）×印の橋本忠次郎のみ不諾。
59) 60) 61) 62) 64) 65) 66) 67)「松島鉄道ニ関スル意見」部長、明治43年２月17

日県庁Ｔ２-0097。

63) 大宮司の提案どおり、国鉄東北本線の岩切・陸前山王・品井沼間の海岸線が開通したのが昭和19年11月、さらに塩釜・現松島間の複線化が完成し、旧線が廃止され、国鉄松島駅が現在の場所に開業したのは昭和31年であった（町史Ⅱ、p252）（鉄百、p282、340では昭和37年4月）。しかし現在のJR松島駅でさえも松島観光の拠点としては中心地区と距離がありすぎ、仙石線の松島海岸駅の利便性とは比べ物にならない。

68) 馬場得技は宮城県技師時代にパークホテルの建築に関与した人物で明治45年5月27日白鴎楼の庭園でヤン・レツル、宮城県知事寺田祐之、精養軒主・北村重昌らとの記念写真をとっている。昭和13年では松島電車株主として総会議事録に署名（資料、p397）。

69) 「所要土地買収ニ関スル件」明治43年12月22日県庁Ｔ２-0044。

70) 72) 73) 「松島公園区内土地買収ニ関スル応答」、明治44年1月6日県庁Ｔ２-0044。

71) メトロポールホテルは明治38年「平塚延次郎メトロポール・ホテルを買収、資本金二十万円の株式会社となし、従来支配人は外国人なりしを改め初めて米国法律学士山中光次郎を採用」（略史、p61）した（重松敦雄『ホテル物語』平成元年8月、p118参照）。なお『松島公園経営報告書』にも「東京有数の東京『ホテル』が閉業せし状態に在る」（公園、p192）と記すなどパークホテルを抱える宮城県当局はホテル事情に多大の関心を払っていた。

74) 75) 「松島電車軌道延長ニ関スル件」大正15年1月9日、県庁Ｔ15-0194。

76) 拙稿「日本三景・松島の観光振興と旅館経営者――大宮司雅之輔による観光鉄道への関与を中心として」『跡見学園女子大学マネジメント学部紀要』第9号、平成22年3月参照。

77) ②松島電車と③宮城電気鉄道、②松島電車と⑥大宮司バスなどは明らかに競合関係にあった。

第2章　門前町初瀬の観光デザイン

　明治40年代の長谷寺は「四時遊覧ノ客又ハ参詣ノ信徒踵ヲ絶エズ。其数実ニ一ケ年二十万人ヲ下ラス。殊ニ牡丹桜花等ノ季節ニ於テハ都人士ノ杖ヲ曳ク者陸続相接シ其縁日ノ如キ、桜井初瀬間ノ参詣人一日優ニ四万ヲ超エ、而シテ是レ等ノ交通機関トシテハ只僅ニ数百ノ腕車ト数両ノ乗合馬車アルニ過ギス」[1]という交通未整備な状態であった。このため41年3月最寄りの桜井駅からの参詣客を長谷寺に輸送する目的で初瀬軽便軌道（以後初瀬軌道、初瀬鉄道と順次改称）が42年12月11日に営業開始し、同年3月に創立された初瀬水力電気も43年10月初瀬川の水力を利用した上之郷村大字和田の発電所により初瀬町等で点灯を開始した（郡誌、p196、市史6、p1249）。しかし「乗り物と明かり」という文明の利器がほぼ同時期に整備された時期の長谷寺の状況といえば、折悪しく明治44年「本堂と相対して広大なる方丈（千畳敷）あり…一月十二日祝融の災にかかる。現今再建計画中」（名鑑、巻頭広告）であって、焼失した大講堂を元どおり再建するための寄付金募集に奔走していた。「此地に長谷寺あるを以て来賓者常に絶えず旅店最も繁盛を致」（地誌、p283）した門前町の関係者が協議して長谷寺参詣客を飛躍的に増大させるべくライト・アップ作戦など一連の観光振興策を門前町一丸となって打ち出すこととなった。

　本章[2]は明治末期から大正前期にかけて「長谷寺の牡丹」という観光デザインの構築に直接・間接に関わったと思われる初瀬鉄道、初瀬水力電気、鉄道院などの関係法人と門前町・初瀬の地域社会の指導者の的場順一郎ら長谷寺の牡丹に貢献した人物群を取り上げた。コミュニティ内部での相互関係を探り、その観光デザインに関わった企業・人物が各々どのような役割を果たし、いかにして観光資源のメジャー化を成就させたのかを解明しようと試みた。

1．明治末期の長谷寺と初瀬町

　明治15年仁王門等が焼失した長谷寺は保存資金下付を出願、当局は「長谷寺ハ有名ノ巨刹ニシテ古代堂宇モ存在シ…天下ノ壮観」3)だとして聴届けた。同様な問題が約30年後に再発するが、これが本章の発端である。明治38年長谷寺の60代住職に晋山（新任）した正城全鏡は越後油田に生まれ（郡誌、p285）、所得700円（資産、p67）、日本赤十字特別社員（名鑑、p165）として『大和人名鑑』に掲載されている（名鑑、p54）。44年1月12日火災のため「当寺方丈儀去ル一月十二日全宇炎焼致候」（再建）、大講堂（本坊）が焼失したため、「本年ヨリ向五ケ年間ノ継続工事ヲ以テ再建」（再建）しようとした。地元紙は「斯波宗務局長は頃日長谷寺に来り、内務省より再建寄付募集認可を得たる暁は層倍の建築を成すべしと訓示する処ありたり」（M44.5.11奈良）と報じた。

　しかし「斯ノ如キ事歴ヲ有スル建造物ヲ空シクー宵ノ祝融ニ失ヒ、千載ノ恨事」（再建）に苦悶した正城全鏡は、「堂宇ノ再建ハ刻下ノ焦眉ノ急務ニシテ、一日モ荏苒等閑ニ附スルコトヲ得ス」（再建）として「今回関係人協議ノ上、復旧再建」を決定しつつも、44年5月かかる「大事業の再建が老衰にして事に堪へずとて過般辞職の上郷里埼玉に帰り、后任として東京護国寺住職高木〈城の誤記〉義海来る十五日赴任の筈」（M44.5.11奈良）と辞職に伴う後任として越前今立郡に生まれた護国寺住職・高城義海の44年3月付の晋山（郡誌、p285）が報じられた。高城は44年4月7日付で新義真言宗豊山派管長・大司教大僧正として信徒総代の的場順一郎、有城豊七、田中又二郎、喜多勘司（いずれも後述）と連署して、大講堂150坪1棟をはじめ「大講堂其他建物再建ノ件」の認可願を奈良県知事に提出（再建）、この中で「再建ニ要スル経費ハ当本山末寺及信徒ノ寄付金ヲ以テ充用可致候」（再建）とした。しかし赴任早々の高城も78歳の高齢のため44年5月11日死亡したため、信濃下伊那生まれの岩堀智道が62代住職として晋山した（郡誌、p285）。44年11月22日付「内務六号」により内務大臣から寄付金募集の件を認可された（建築）。大正2年6月15日

大講堂の地鎮祭が挙行され、大正3年から長谷寺住職事務取扱を兼ねていた豊山大学長の権田雷斧は4年5月26日付で信徒総代の田中又二郎、喜多勘司、吉岡好太郎と連署（的場の署名なし）して工事内訳書を添えて「大講堂建築認可願」を奈良県知事に提出した（建築）。この中で「若シ寄付予定ノ額ニ達セサル場合…支障等有之候際ハ寄付金ノ充実スルヲ俟テ順次ニ事業ノ完成ヲ遂ル方針」（建築）として4年11月5日起工式を挙行した。

　大講堂焼失・再建期の長谷寺信徒総代の顔触れを見ておく。有城豊七は所得400円（資産、p68）、田中又二郎は初瀬町助役（名鑑、p150）、初瀬町議（名鑑、p122）、所得4,000円（資産、p67）、金貸抵当（名鑑、p231）、3年末八木銀行�73 52株主（#42営）、所得税358円、営業税…円（一覧、p119）、喜多勘司（初瀬町）は初瀬水力電気監査役（諸M43下、p146）、磯城郡会議員（名鑑、p107）、初瀬町議（名鑑、p122）、所得1,500円（資産、p67）、3年末八木銀行㉝140株主（#42営）、所得税51円、営業税…円（一覧、p119）、吉岡好太郎（初瀬町）は水力器械挽・諸建築材料の（案内、p508）「吉岡材木商店・吉岡製材器械部」（名鑑、巻末）経営、所得900円（資産、p67）、「奥山代議士の推薦にかかる同町名望家」（T2.5.16奈良）で「賭博、定期に手を出さず、政党政派に関係なき資産家」（T2.5.16奈良）たるべき郵便局長として「最適任者」（T2.5.16奈良）との評もあった。このように信徒総代はいずれも資産家・多額納税者・名望家として地域では知られた人物揃いであった。

2．的場順一郎

　信徒総代の中でも筆頭総代の的場順一郎は明治10年4月初瀬町の的場弥三郎[4]の長男に生まれ、31年相続した[5]。37年9月2日出願の初瀬電気鉄道発起人として100株を引き受け専務に就任した。所得500円（資産、p68）、44年4月時点で長谷寺信徒総代（筆頭）（再建）、初瀬水力電気を合併した関西水力電気監査役（諸T5、下p157）のほか、川北栄夫の川北電気企業社の傘下にある近江水力電気主事[6]を経て支配人に昇格した。的場自身は「私は郷里奈良県の水電事業も一段落を告げたので、川北栄夫さんの紹介で野口〈遵〉社長

の招きに応じ同社〈近江水力電気〉に入社した」[7]と回顧する。その後近江水力電気を合併した宇治川電気近江支店長として大正15年宇治電が系列化した近江鉄道常務に就任、昭和11年5月15日近江鉄道社長に就任した。的場は起業活動が概して乏しい初瀬町が生んだ数少ない実業家の一人といえよう。

　県庁文書を駆使して初瀬軽便軌道・長谷鉄道・八木銀行に関する数少ない先行研究を公刊された若山佳也氏は初瀬軽便軌道発起人の分析で発起人総代村戸賢治は「特に初瀬地域には直接関わりはなかったようである。可能性として考えられるのは、彼が長谷寺の檀家のものであったか」[8]どうかという問題提起を行っている。実は長谷寺との関係では初瀬軽便軌道と競願関係にあった初瀬電気鉄道の方が長谷寺信徒総代の的場が中核となって地域の要望に沿った計画であった。しかし奈良県当局は初瀬軌道が先に特許を得ていたため、「桜井町初瀬町間ニ私設電気鉄道仮免許申請書提出候処、同所ニハ村戸賢徳ナルモノ自動車布設ノ申請ヲ為シ已ニ本年五月二十五日付奈甲第三九号ヲ以テ内務大臣ノ特許ヲ得目下起業中ナルヲ以テ、同一線路ニ併行シテ二ケノ軌道及鉄道ハ到底両立スルコト能ハサルニ付、其事情ヲ諭シテ願書ノ取下ヲ再三懇示シタルモ、強テ提出」[9]したほど、的場らは自社計画が「一般公衆ノ享クヘキ利益多大ナルヲ以テ、地方有志者ハ本起業ヲ歓迎シ、之カ布設ニ要スル用地ヲモ無償ニテ供用セントスルカ如キ状況」[10]として、自らの資本・技術・地縁・仏縁に相当の自信を有していた。これに対して先発・初瀬軌道の村戸自身は明治42年12月19日の開業式の式辞で「…賢徳之を遺憾とし不肖を揣らず、本鉄道敷設の挙を企つ。実に明治三十七年一月に在り。独力之れが経営に当りしも力微にして、事意の如くならず。加ふに其間日露戦役に際会し、命によりて事半を中止するの止を得ざるあり。又幾たびか設計を変更するの余儀なきあり。而かも一部地方人士の反感は更に賢徳をして事業難を唱へしめたる幾回」(M42.12.20大和)と述べており、村戸らの計画に対して的場らの電鉄計画を推していた「一部地方人士の反感」[11]が強く難航を余儀なくされていた。「県下在住官公吏名誉職実業家等を普く網羅した」(名鑑、緒言)『大和人名鑑』には明治44年4月1日現在の「銀行会社之部」が掲載されているが、重役陣の顔触れからみて地域コ

ミュニティと一切無縁の公益企業・初瀬軌道は開放的とは思いにくい当時の奈良県としては異例の存在であった。

3．廊坊勇

　長谷寺信徒総代の的場らの電鉄計画（信徒派）を推して、初瀬の地域コミュニティが村戸らの遊覧鉄道計画（非信徒派）を排斥するという、本書の主題である観光デザインとコミュニティデザインとの相克が生じていた中で、現実的な立場に立脚して観光デザインとコミュニティデザインとの融合に腐心したと目される当時のコミュニティリーダーの廊坊勇を取り上げたい。田守信子さんのお話では「代々初瀬の郵便局長をされている廊坊さんの先祖が、初瀬町のお世話役で、牡丹の栽培や養生等についても非常に尽力されたと聞いている。戦後の一時期は長谷寺も人手が足らず、我々旅館の者が大勢応援に出て行って牡丹の栽培などのお手伝いをしたことがある」とのことであった。

　廊坊家は長谷寺の寺務を統括する俗別当を務め、中世には長谷寺一山の運営に携わったと伝えられる旧家であり、17世紀後半に建築の廊坊家住宅主屋は国登録有形文化財に指定されている（H21．6．20奈良）。廊坊勇は明治19年時点で「大和国式上郡吉隠村外10ケ村戸長」[12]、初瀬町会議員（名鑑、p122）、所得700円（資産、p67）、大正元年11月改選時の長谷寺保勝会評議員[13]、長男・廊坊逞は大正2年から初瀬郵便局長[14]、所得税67円、営業税…円（一覧、p119）であった。廊坊勇の名前は初瀬軌道の終点である初瀬停留所の所在地の敷地所有者として土地登記簿に登場する。資産家でもある廊坊家が初瀬町の随所に地所を持つこと自体は極めて自然なことながら、初瀬軌道の終点である初瀬停留所と隣接する「長谷鉄道本社」（写真-1）は初瀬郵便局（廊坊家）のある中心部から離れ、門前町の途切れた「鳥居跡」に位置していた。

　初瀬軌道が当初乗り入れを想定したはずの長谷寺の門前ではなく、①町外れともいうべき地点に初瀬停留所を止め置くこと、②同社最大規模の用地買収を円滑に行うことは地域の反発を受けている初瀬軌道にとって死活問題であった。白土貞夫氏の研究によれば千葉県の成田でも門前乗入れを巡って軌道会社と門

写真-1　『長谷鉄道沿線案内』部分（大正末期、著者所蔵）

前町との激しい対立が生じている[15]。森永規六が「此駅は初瀬町の入口に在って此処から長谷寺へは漸く三丁許り、敢て俥に乗る程の事もない」（森永、p52）と書いた微妙な地点まで初瀬軌道の終点を止め置かせた結果、初瀬停留所で下車した旅客が門前町の長い店舗街を通り抜け、途中で必然的に飲食や土産物購入をしながら目的地の長谷寺の参詣に向かったことは、成田の場合とは異なり門前町全体のコミュニティデザイン上ほぼ理想的な地域振興結果をもたらしたと思われる。これに対し後年の参宮急行電鉄（参急、現近鉄）の長谷寺駅の位置について田守信子さんは「あんな高い所に駅が出来たのは当初予定した町に近い所の用地買収が地主の反対で断念したためと聞く。年寄りには急坂の上り下りが大変で、昔の軽便の方がよほど楽だった」と「観光デザイン」の失敗を認めている。

　初瀬軌道側に希望する門前乗入れを断念させる見返りに、終点・本社用地の一括買収には全面協力したコミュニティリーダーの一人として、当該敷地の地権者たる廊坊勇を想定することは、ご子孫自身が語る以下のような廊坊勇像とも大きく矛盾しないように思われる。

初瀬郵便局長の廊坊篤氏の話は以下のとおり。「廊坊という珍しい名前には長い歴史があり、興福寺の坊主で、長谷寺が真言宗から独立した際に、武士にはならずに地域に残って、長谷寺の所領を差配する重責を担っていた。私の曾祖父の勇は初瀬の区長で長谷寺の参与（信徒総代クラス）を務めた。大庄屋から明治維新になって区長となったが、長谷寺と地域社会を結び付ける役割を長くつとめた。祖父の逞（勇長男）は軍人をやめて郷里で郵便局長となった。非常な発展家であった勇について言い伝えはあるが、彼を顕彰するような伝記や評伝は存在しない。初瀬駅の土地[16]を勇が提供したことは今初めて聞いたが、当然にそういう役目を果していた人物である。軽便鉄道について詳しく聞いているわけではないが、初瀬の終点では車両の方向を変えるのに手で車両を回した話はよく聞かされたものだ。芦高順三郎さんのところは先祖[17]が職員として軽便鉄道に長く勤務された」[18]。

関東人が高僧の上層部を構成する長谷寺という知的集団と、純然たる大和国の土着コミュニティを巧みに結び付けるという異文化交流の結節点の役割を長くつとめてきた廊坊家の当主にとってみれば、一橋の学生ベンチャー然とした初瀬軌道の血気盛んな若者を納得させて地域に帰順させるような調整能力の発揮はさほど困難なことではなかったものかと想像される。

4．長谷寺の桜から牡丹へ

奈良新聞社々長の赤堀自助は明治25年の旅行記で「此地（初瀬）亦た桜花の名所なり。初夏の候に至りなば牡丹花多く園内に開く」[19]と桜と牡丹を並列的に取り上げたが、野崎左文[20]は26年初版の『日本名勝地誌　第一編』の中で「初瀬山は古へより桜花を以て著はれ…又回廊の畔りに培養する牡丹は近年此地の奇観となり、遠く来って愛賞する者甚だ多く、名種に富むの名ありしが、是れ亦曩年の火災に際し甚だ衰頽を致したりと聞く」（地誌、p285）、31年には「古へは名高き桜花の勝地なりしが、今は桜樹希疎にして寺内数十株を存するのみ」（名所）と書かれた。大正末期恐らく13年11月4日執行された本坊落慶式（長谷鉄）を機に沢田文精社が印刷し長谷鉄道が発行した『長谷鉄道沿線

案内』は表紙に長谷寺の本堂と廻廊を取り巻く牡丹花を拡大して描いている。

　この案内図では「仁王門」と本堂の間の回廊の両側に「牡丹園」と再建なった「方丈大講堂」を大きく描き、裏面の案内文で「牡丹園　歩廊ノ左右ノ地ヲ高低ニ画シテ植ユ　異種ノ名花数百株暮春ノ候ニハ富貴天色曄然トシテ艶ヲ競フ」（長谷鉄）と紹介、また総門は「其後屡々焼失シ、現今ノ一部ハ明治二十五年ノ建築ナリ」（長谷鉄）とし、明治15年の仁王門・廻廊の火災にも言及している。現在では「150種、約7000株の牡丹が咲き競って」[21]花の御寺として全国に知られる長谷寺の牡丹は川田聖見管長によれば徽宋皇帝の后で「当山の篤信者」（寺案、p7）でもある「唐の馬頭夫人の献木に始まり、とくに盛んに植えられるようになつたのは江戸中期以降のこと」[22]で、元禄13年ごろ植えたのが始まり（市史、p1123）とされる。「紀州根来寺にありし小池坊を此地に移せしとき、摂州池田より移植せしもの」（郡誌、p268）との伝承もある。したがって「芭蕉翁も西鶴も、牡丹の初瀬は知らなかった」[23]わけでそれ以前の花は「蔵王権現への献木として植えられた」[24]桜が「花の御寺」の主役であった。信者による桜の献木を示す史料として安政3年の「桜木寄付連名録」（史料、p676）には「御本陣胡摩屋又三郎」（市史、p348）はじめ、多くの旅館名があり、「あふきや」は当主又四郎10本のほか、ゆき、しま、小梅、ぬい、そよ名義で各1本寄付した。他にも女性名義の献木多く、女将や家族、女性従業員等が後生善処を願って進んで献花した門前町特有の信仰ぶりが窺える。

5．牡丹の植栽・夜間点灯

　明治44年6月刊行の『大和人名鑑』に出稿した長谷寺の広告では、「古来当山境内は桜楓の勝を以て世に知られたるのみならず、数千の牡丹を蒐め、歩廊の両畔に培養し居れば、花時美観を極め、遠近よりの観客頗る多し矣」（名鑑、巻頭）と、近年に寺側が主体的に牡丹を培養する姿勢を明確に出している。

　大正7年以降に発行された「大和長谷寺牡丹」シリーズ（「大正七年現況」を含む）の絵葉書のタイトル（写真-2）には「明治三十九年穂波僧正整園初年ノ牡丹園」とあり、穂波という僧正の地位にある長谷寺役僧が明治39年に牡

写真-2　穂波僧正の牡丹園『大和長谷寺牡丹』絵葉書 (著者所蔵)

丹園を初めて整園したと解される。この穂波僧正に該当すると思われる穂波快念は高橋直吉が明治23年9月菅原道真撰書『長谷寺縁起』を謄写出版した際に所蔵者である長谷寺側で関与した人物である。明治35年時点では雷斧能化を招いた千葉県香取郡香西村（現香取市牧野1752）の真言宗豊山派観福寺住職（雷斧、p154）であり、明治36年10月本山長谷寺「惣務ニ任ス」（雷斧、p156）とされた。

同組中の別の絵葉書にも「明治四十年初メテ木綿屋根ニセシ処□年電気ノ作用ニテ牡丹早咲ス」（□内は「昨」「多」「永」等の脱落か）「明治四十三年初メテ簾レ屋根ニ改正セシ処」との牡丹の日覆等の設備に関する極めて具体的な記述があり、後者には「牡丹を愛する人は牡丹を手折らず、牡丹を愛する人は牡丹園を踏まず」との注意札も写っている。裏面の紋が「松葉に独」で統一された一連の絵葉書は発行者は明記されていないものの、恐らく牡丹栽培に直接関与して苦労した人物や保勝会等により解説文の監修を経たものと推測され、穂波僧正の記述も信頼度が高いと考えられる。

長谷寺の大正2年の地元紙は「長谷寺の牡丹は元禄十三年頃より植えられたもので最も古い歴史を持って居る…明治十六年一月登廊の焼失の為め可惜、牡

丹は悉く枯れたるも、其の再建と共に漸次牡丹を植えたので、今では種類約三百に達し、三千余株に上って居る」（T 2 . 4 .26 奈良）と紹介している。9年版の『日がへりの旅路』でも「近時また牡丹を多く植へたので、この頃では桜よりも牡丹の方が名高い位だ」（旅路、p306）と、相次ぐ火災の都度、堂宇の再建と牡丹の植栽を繰り返した事実を記載している。森永が「花時は夜間所々に電灯を点じて更に美観を増さしむる」（森永、p53）とした長谷寺の牡丹の夜間点灯を『日本地理体系』は長谷寺の「廊を挟んで爛漫たる桜花、艶冶たる牡丹が妍を競ひ、掛けつらねた鉄灯籠にともる灯、月も朧な花の香を踏渡って行く」[25]と描いている。

　明治44年1月12日火災のため大講堂が焼失した事件の前年である43年10月初瀬水力電気は初瀬川発電所を竣工、点灯を開始した（市史、p1249）。したがって長谷寺にはじめて電灯が点灯してから到来した最初の牡丹の時期には早くも電灯による夜間点灯が開始されている。44年の地元紙は「長谷寺の牡丹　西国八番の札所長谷寺の牡丹は昨今漸く蕾が破き初めたれば、昨二十五日より花壇を設け、夜間は数百個の電灯し昼夜の観覧に供すといふ。尚ほ花の盛りは五月上旬より中旬に亘るべきを以て、鉄道院にては来る一日より二十一日迄初瀬軌道連絡の割引乗車券を発行すといふ」（M44. 4 .26 奈良）と報じた。夜間点灯での先駆の箕面公園[26]では「新しき箕面公園を粧飾し、電気化して特に夜の客が多い」（M43. 7 .30 R）成果をもたらしたが、電気供給を兼営した箕有には夜間点灯費もさしたる負担ではなかろう。同業者の初瀬水力電気が箕面の例を逸早く知るのもごく自然であり、しかも同社の的場専務自身が信徒総代を務め、電灯普及の宣伝効果も期待できるとあればなおさらであろう。長谷寺では遅くとも明治30年代にはすでに「夜牡丹とて境内に多くの提灯を吊り下げ」（M34. 5 . 8 日出④）るイベントを大々的に始めており「泊掛けにて同地へ杖を曳く雅人多し」（M34. 5 . 8 日出④）と評判を呼んでいた。火災後の長谷寺としても火災の危険が高い提灯に代えて火災の心配のない電灯の効用を認識したがゆえに、電灯による新しい「夜牡丹」に踏み切ったのであろう。明治44年の地元紙には「牡丹花満開園内に四月二十五日より毎夜数百の電灯を点す　長

谷寺」(M44．4．28奈良)との広告が掲載されている。4月30日の地元紙には探花と号する記者による「初瀬の牡丹」探訪記も掲載された。こうした積極的な夜間点灯、宣伝活動、当然に担当官の森永が一役買ったはずの鉄道院との連絡の割引乗車券発売等一連の観光振興策の効果もあって、44年の牡丹期の初瀬軌道の運輸成績は「客月二十九日より六日迄の降客六万人余なり」(M44．5．11奈良④)と報じられた。翌々2年の地元紙には「初瀬の牡丹乎、肝腎の観音さへ忘れられんばかり、今や花期漸く近づき来れり。装飾電灯は昨今取付中にて、山門近くの一株は早や苔を破り初めたるが、盛りは来月四五日頃ならん乎…初瀬も軽便の通ふ世の中也。水力発電所あり、長谷寺さへ電灯を使用する時代也」(T2．4．21奈良)と寺の近代化を記しており、「長谷寺さへ電灯を使用」したのが比較的新しいことを伺わせている。

6．長谷寺保勝会

こうした牡丹の栽培と夜間点灯の恒例化を金銭面で支えた主体に明治44年「豊山長谷寺伽藍ノ荘厳風致ノ保全」[27]を目的として設立された長谷寺保勝会という任意団体の存在がある。保勝会役員の史料として次の県庁文書がある。

「庶第三一四号
長谷寺保勝会ノ件上申
郡内初瀬町長谷寺保勝会ニ付テハ去月五日上申ノ次第モ有之候義今回別紙ノ通リ会則ヲ変更シ会長以下役員ヲ左記ノ通リ選定シ益々之レカ拡張ヲ期シ候ニ付此段上申候也
大正元年十二月四日　磯城郡長佐川福太郎㊞
奈良県知事若林養蔵殿
役員

会　長	佐川福太郎	副会長	平岡全教
評議員	田中又二郎	評議員	吉岡好太郎
〃	幹事 喜多勘司	〃	上田信太郎
〃	柴田権右衛門	〃	廊坊勇

〃　　寺島光法　　　　　　〃　幹事　森恵範　　」[28]
　別紙「長谷寺保勝会規則」
　「第一条　本会ヲ長谷寺保勝会ト名ケ事務所ヲ長谷寺山内ニ置ク
　第二条　豊山長谷寺伽藍ノ荘厳風致ノ保存ヲ全フスルヲ以テ目的トス
　第三条　本会ノ資金ハ有志者ノ寄附金ヲ以テ充ツルモノトス
　第四条　本会々員ヲ左ノ三種ニ分チ各証票ヲ交付ス
　名誉会員　金十円以上ヲ寄附スルモノ
　特別会員　金五円以上ヲ寄附スルモノ
　正会員　　金一円以上ヲ寄附スルモノ
　…（略）第九条　会長ハ名望ノ人ヲ推戴シ副会長以下ハ会長ノ嘱託ニ依ル　第十条　会長ハ毎年一回評議員会を開き前年の成績と次年度の経営を議決す　以上（三輪文明社印行）」[29]

　会長の佐川福太郎は徳島市に生れ、大阪府巡査、奈良県警視奈良署長を経て[30]、明治44年初では正七位、勲六等、奈良県南葛城郡長（名鑑、p11）、であったが大正元年9月磯城郡長に就任した。44年4月7日と大正4年5月26日の両時点で信徒総代である田中又二郎、喜多勘司の両名と、大正4年5月26日時点で信徒総代である吉岡好太郎の3名が保勝会評議員の上席を占めた。評議員に前述の廊坊勇の名がある点は、現地調査の折に聴取した「長谷寺の牡丹についても、おそらく廊坊勇が地域の先頭に立って尽力したはずだし、蔵の中の古文書を探せば関係書類も出てくるはず」との廊坊篤氏の発言を裏付ける文書と思われる。
　この結果、役員10名の構成は長谷寺当局3名（役僧等の平岡事務長、寺島、森）、郡・町の行政当局3名（佐川、柴田、上田）、信徒側4名（田中、吉岡、喜多の各信徒総代と廊坊）と、各勢力はほぼ3分されていた。佐川郡長着任の前から設立準備を開始していた長谷寺保勝会の会長には前任郡長たる藁谷鶴蔵が予定されていたはずだが、郡長の交代（あるいは後述のとおり的場の信徒総代からの退任）などで急遽「会則ヲ変更シ会長以下役員ヲ…選定」し直した届

がこの「庶第三一四号」文書と考えられる。「会長ハ名望ノ人ヲ推戴シ副会長以下ハ会長ノ嘱托ニ依ル」（第九条）会則に従えば、郡長の交代で会長となった佐川の指名で「新役員ヲ…選定」し直す必要が生じたからであろう。

藁谷鶴蔵は明治37年12月群馬県警視任用、奈良県添上郡長より明治43年10月磯城郡長（郡誌、p37）に転じ従六位勲六等（名鑑、p9）、大正元年9月まで磯城郡長に在任した[31]。この長谷寺火災時の藁谷郡長が寺側から、「天工人為相待ツニアラザレバ永ク勝域ヲ護持シ能ハズ」[32]との公的支援の要請等を受けて保勝会創設に尽力し初代会長にも推されたと考えるのが自然であろう。現に翌大正2年度は「永ク勝域ヲ護持」する「人為」としての長谷寺の牡丹園増設への史蹟勝地保存費補助金が「長谷寺保勝」（原文に「会」の文字はなし）へ交付された初年度である。大正2年7月奈良県では「史蹟勝地調査会規則」が公布され、「史蹟勝地調査会ハ知事ノ命ヲ承ケ、史蹟名勝地及天然紀念物等ニ関スル事項ヲ審査シ又ハ其ノ諮問ニ応シ意見ヲ開申ス」[33]る史蹟勝地調査会が発足した。「史蹟勝地保存費補助個所一覧」によれば、「長谷寺保勝」（磯城郡初瀬町）への史蹟勝地保存費補助金額は大正2年度以降大正7年度までの各年度6、7、5、6、7、7万円で、大正2年度の補助対象となった「施設事業ノ大要」は「牡丹園ノ増設、愛宕山林相ノ整理」[34]であった。愛宕山は大野屋、紀ノ国屋、井谷屋が建ち並ぶ参道中心地の景観を形成する裏山（寺案、p1）で、初瀬川に架けた「イセ辻橋」の畔に愛宕社が鎮座していた（長谷鉄）。

補助期間の期初の大正2年4月「長谷寺保勝会其の他初瀬町有志の寄付で毎夜境内牡丹園にイルミネーションを点し、山門の前庭新公園を始め廻廊の左右は不夜城の光景を呈することになって居ります」（T2.4.26奈良）と長谷寺保勝会が中核的な推進主体として夜間点灯等を着々と実行している旨の報道があり、報告書のいう「長谷寺保勝」が実質的には「長谷寺保勝会」に該当することも確認できる。

奈良県からの保存費補助金が順調に継続していることからみて、佐川福太郎[35]の後任者の金森輝夫（3年5月〜）らの歴代磯城郡長が順次会長を兼ねたのであろう。

写真-3 『大和初瀬長谷寺案内記』表紙（大正6年、著者所蔵）

　田中海応が編輯し長谷寺事務所が明治45年4月25日に発行した初版の『長谷寺』に続いて、田中勝道が編輯し長谷寺事務所が大正6年12月12日に定価金3銭で参詣客向けに発行した要約版の『大和初瀬長谷寺案内記』（写真-3）には長谷寺保勝会について「両側に植えられたる牡丹は種類が三百余種で、日本第一の名所となって居ります。当磯城郡の郡長が会長となって保勝会といふを、起て、一切牡丹の栽培は其会でいたします、其事務所も此寺にあります」（寺案、p5）と記載されている。同じく大正7年ごろには「大和長谷寺牡丹」シリーズの組写真絵葉書を発行した。その中に「大正七年現況」と題された写真を含んでおり、大正6～7年ごろ世の中の好況をも反映して長谷寺の牡丹がブームを迎えている様子がうかがえる。

　大正2年度以降の補助対象となった「施設事業ノ大要」は大正3年度「牡丹桜樹ノ保護、増植並開花期ノ手当ヲ為ス」、4年度「牡丹ノ保護、増植、施肥其他開花期ノ諸施設」、5年度「牡丹園ノ拡張、増植、手入、施肥、開花期ノ諸施設」、6年度「牡丹増植、保護施肥、開花季ノ諸設備等」、7年度「牡丹苗購入、施肥、手入、開花期ノ電灯、日覆等設備」[36]となっていた。表現は年度毎に微妙に変更しているが、「長谷寺山内ニ置」（第一条）かれた長谷寺保勝会が「一切牡丹の栽培は其会でいたし」（寺案、p5）、牡丹園の増設、林相整理、

保護、増植、手当、施肥、拡張、手入、開花期ノ諸施設、牡丹苗購入した結果、「牡丹は種類が三百余種」(寺案、p5)に充実、開花期ノ電灯、「木綿屋根」「簾レ屋根」など日覆等設備などの改良を重ね、期初から一貫して「長谷寺保勝会其の他初瀬町有志の寄付で毎夜境内牡丹園にイルミネーションを点し…不夜城の光景を呈する」(T2.4.26奈良)牡丹園の拡充・整備と開花期の電灯等の保存費目に充当されたのであった。初瀬町有志の寄付の一例として大正7年6月17日大浦家所蔵の長谷鉄道の帳簿[37]には「長谷寺保勝会寄付内納金」50円が記載されており、大正4年6月10日の「長谷寺寄付金ヲ納ム」150円、大正6年8月23日の「長谷寺牡丹寄付金」125円なども保勝会と明記されていないが、同趣旨の寄付金と考えられる。

　こうした限られた史料等の分析からではあるが、長谷寺保勝会創設の経緯を整理すれば以下のようなストーリーが自然と考えられる。まず牡丹園そのものは江戸期にも遡るが、大正元年度以前の奈良県による長谷寺保勝への補助実績は確認できない。郡長を保勝会の会長に推戴して、「豊山長谷寺伽藍ノ荘厳風致ノ保存ヲ全フスル」(第二条)目的で発足させたと考えられる明治44年は火災の年であり、大講堂再建認可願を郡長を経て知事に提出した時期でもある。県からの史蹟勝地保存費補助金の受皿たる要件を満たすために住職・信徒総代ではなく、多額の再建資金が必要なこの時期に「当磯城郡の郡長が会長となって保勝会といふを、起て」(寺案、p5)る必然性があったものと考えられる。

　一貫した保勝会の施設事業は「開花期ノ電灯」であり、必要な電灯線の長谷寺への引き込み、数百もの電灯器具の手配には初瀬町を供給区域として開業したばかりの初瀬水力電気が担当するほかない。初瀬水力電気の専務である的場は、44年4月7日時点で長谷寺信徒総代の筆頭でもあったから、当然に長谷寺側の意向を体して初瀬水力電気側に便宜的な取扱方を依頼する立場にある。しかも同業者の田中が中心となって設立した近隣の月瀬保勝会等の活動は的場の熟知するところでもあった。したがって著者としては電灯会社トップの的場が自ら中心となって長谷寺牡丹園の夜間点灯という新たな観光デザインを着想し、信徒総代の立場で長谷寺の穂波快念ら牡丹好きの役僧に提案し、さらに地元住

民の一人として門前町全体の地域振興にも繋がる利点を廊坊家など地域コミュニティに納得させて、夜間点灯プロジェクトをコミュニティデザインにまで昇華させる最初の役割を担った重要人物の一人と見做すのが自然であると考えた。そして保勝会の評議員の上席に推されて当然な立場にもあったと考えた。

そこで著者は戦前の保勝会活動について寺当局や観光協会関係者にも質問してみたが、残念ながら子細は判明しなかった。田守信子さんは「初瀬の観光協会は各旅館主が交替で務めており、現在は田中屋さん。二代前には私共井谷屋で務めた。しかし保勝会のことは知らない」[38]とのことで、大正10年11月に法人化された長谷寺保勝会の存在は当時の代表的旅館のご子孫にも詳しくは伝承されていなかった。

信徒総代の的場が人々から忘れ去られた存在となっているのには訳がある。明治44年「四月一日現在県下在住官公吏名誉職実業家等を晋く網羅したる」(名鑑、緒言)『大和人名鑑』には的場の名は一切掲載されていない。その理由は的場は42年9月初瀬町に設立された初瀬水力電気専務（諸M43下、p146）であったが、43年度の同社損益は5,209円の損失計上（郡治、p95）を余儀なくされ、隣接する関西水力電気（奈良市）との合併話をすすめざるを得ない状態に追い込まれていた。44年2月8日関西水力電気は同社譲受の仮契約書を締結、3月2日臨時総会で可決、3月17日逓信大臣の認可を得て正式に買収され、的場自身は後年の昭和17年12月1日付の「感想録」で「明治四十四年…恰もこの時私は郷里奈良県の水電事業も一段落を告げたので…」[39]転職したと回顧している。その後的場は関西水力電気監査役（諸T5下、p157）となった。44年6月15日発行の『大和人名鑑』掲載の関西水力電気広告には「水力発電所　参ケ所」、供給地としてすでに旧「初瀬水電を買収して、磯城、高市、北葛城の三郡著名の市街地を区域に編入」（『日本案内　下』p451）した「初瀬、桜井、三輪」（名鑑、p40-41広告）等が含まれている。

したがって明治44年4月25日の長谷寺の夜間点灯開始時点では的場が専務をしていた初瀬水力電気はすでに姿を消しており、当然に他社への事業譲渡に忙殺されていた的場が寄付等を取りまとめる保勝会設立にまで十分関与できる時

第2章 門前町初瀬の観光デザイン　79

表-1　長谷寺や牡丹等に関する長谷鉄道側の記録（抄）

大正4年5月4日	「電話加入書換手数料、大阪市牡丹公告手数」	4.00円
大正4年6月10日	「長谷寺寄付金ヲ納ム」	150.00円
大正4年11月11日	「初瀬町寺ニ於テ角力寄付金渡」	13.00円
大正4年12月10日	「長谷寺香料警察署寄付金鉄道画報代」	13.00円
大正5年4月28日	「公告ビラ印刷並配布賃金共払」	64.15円
大正5年10月18日	「大峯山上参詣者勧誘手数料」	13.34円
大正6年4月17日	「駅公告料三枚代、大阪高林払」	18.00円
大正6年5月23日	「牡丹公告料仕払」	55.69円
大正6年5月31日	「百四十円　牡丹慰労金社員へ」	
大正6年8月23日	「長谷寺牡丹寄付金」	125.00円
大正7年5月27日	「慰労会井谷屋払」	48.50円
大正7年6月17日	「長谷寺保勝会寄付内納金」	50.00円
大正9年5月28日	「牡丹扱公告代　日本弘栄仕払」	392.00円
大正8年4月28日	「大阪市谷町　牡丹公告料堀井善治払」	270.38円

（資料）『大正四年二月　日記帳　大浦佐太郎』（大浦家文書）。

間的・経済的余裕があったかどうか疑問である。その一つの傍証として滋賀県東部に供給する近江水力電気主事[40]に転じていた大正4年時点では長谷寺の信徒総代として的場の押印がない。すでに地域を代表する企業代表者から退いた的場の弱体化した立場を反映したものと考えられる。『奈良県磯城郡治一斑』によれば明治43年12月末現在、初瀬町に所在する会社は初瀬軽便軌道と初瀬水力電気の2社、支店を配置するのは八木銀行（初瀬支店を明治28年7月開設、電話13番）にすぎない（郡治、p95～96）。

　従来は的場専務と喜多勘司監査役という長谷寺信徒総代2名を擁する初瀬水力電気が専ら果たしてきた地域貢献の役割の発揮は、残る初瀬軌道（初瀬鉄道と改称）と八木銀行等に期待されたのではなかろうか。そして資料を欠くものの初瀬鉄道専務の高橋真澄らはある程度その役割を果たし、保勝会活動等をも支えたものと想像される。しかし実は初瀬鉄道も初瀬水力電気の辿った道と同様に、初期赤字を克服できず、他社（長谷鉄道）への営業譲渡を余儀なくされるのであるが、この時に主力融資銀行であった八木銀行は地域（例えば八木銀行株主でもある田守一族など）からの期待に応え見事に地域貢献を果たした。

　表-1のとおり長谷鉄道の記録には長谷寺等への寄付が目立つが、「長谷寺牡

丹寄付金」「長谷寺保勝会寄付」の名称からもうかがえるように、長谷寺が主導する「長谷寺保勝会」が音頭をとって牡丹植栽の献花を門前の旅館・観光関連業者等に呼び掛け、受益者の一人でもある長谷鉄道も毎年これに応じていた。また牡丹祭開催に先立って広告ビラの印刷配布、駅広告掲載等に大阪等の業者に多額の宣伝費を支出していた（日記）。例えば大正4年の地元紙には「初瀬案内」の広告が「磯城郡城島村大字山崎　広通社支局主任奥田信」（T 4 . 4 .26 奈良）取扱で出されたが、「牡丹公告料仕払」もこの種の共同広告の分担金であろう。残念ながら4年2月以前の寄付金等の有無を明らかにする史料を欠くが、以下の理由により著者は継承後の長谷鉄道時代を上回る寄付が行われたものと推測する。すなわち業績不振に陥った初瀬鉄道は「大正四年遂に八木銀行重役大浦、米田、好川諸氏の手に十五万円にて買収され、同時に長谷鉄道と改称し、爾来鋭意内容を整頓し、営業を継続」[41]したとされる。赤字を出した初瀬鉄道の運営「内容を整頓」してようやく黒字化に成功したリストラ推進中の長谷鉄道でさえ、地域からの強い要請を受けて謝絶できずに上記のような牡丹関連の経費支出に渋々応じたものと解される。これに対し①当初初瀬鉄道は競願相手の初瀬電気軌道に比し奈良県内有力資本家を欠くなど地域社会との地縁が希薄で、「一部地方人士の反感」（M42.12.20大和②）を受けたり、黒崎村の神社信徒から無頓着と非難されるように地域社会への負い目があった。②そんな折に初瀬町に本社を置く二大企業の一方の初瀬水力電気が脱落、その分を補うべき期待が初瀬鉄道にも寄せられた。③元来、身分不相応な4両もの「自動客車」[42]導入に見られるように、高橋真澄[43]らには高価な新造・最新鋭車両を一度に割高で特注するなど、外見を気にし過ぎ、専ら外面だけを取り繕う見栄っ張りな傾向がある。④しかも東京高等商業学校明治24年卒の同窓生グループで構成する初瀬鉄道重役陣の経営ぶりは、いわば「学士様商法」「お友達経営」の域を出ず、高橋真澄ら執行部による過大な経費支出の歯止めがかからなかった可能性が高い。こうした理由から「営業振り兎角真面目を欠き」[44]と評されたコスト管理の甘い初瀬鉄道時代には少なくとも長谷鉄道時代を上回る牡丹関連をはじめとする経費支出の実績があり、ケチケチ姿勢に転じた長谷

第2章　門前町初瀬の観光デザイン　81

鉄道として削減は心掛けつつもある程度は踏襲・継続せざるをえなかったのではなかろうかと推測される。また保勝会の活動かどうかは未詳ながら大正2年の地元紙は「長谷寺の温泉は本年初めて創設したもので、浴室は長谷寺の唐風呂を修造したもの、そして草津鉱泉を取り寄せて浴せしむるのだ。一風呂浴びて山水秀麗の霊山に詣ずれば神気自ら清爽を感ずるであらう」（T 2 . 4 .26奈良）との記事を掲載している。「今日長谷寺とともに長谷寺温泉[45]としても知られ」[46]、昭和54年刊行の『桜井市史』も「近年鉱泉による温泉旅館の経営も行われている」（市史、p539）と戦後の温泉掘削を紹介しているが、草津鉱泉を取り寄せた"疑似温泉"[47]サービスはその先駆ともいうべき現象であろう。

7．森永規六と初瀬軌道幹部

初瀬軌道などとの連絡の割引乗車券の発行を企画したのが鉄道院西部鉄道管理局（西管）であった。「鉄道院に在て、常に旅行に関する事務を執りつつ傍ら種々の研究をして居た」（森永、西管局旅客係長荒木三郎の序）のが「飽くまで前垂主義を以て押し通さんとする元気横溢当るべからざる慨がある」（M 41 . 4 .25 R）湊町営業事務所の森永らであった。森永は当時吉野山の桜や長谷寺の牡丹など西管局管内の観光資源を庶民レベルの行楽地として話題を呼ぶようにあの手この手で必死に宣伝すべく涙ぐましい努力しており、著名な鉄道記者の青木槐三も「湊町事務所では宣伝もだんだん発達して来」[48]たと評価した。『初瀬軌道沿線名勝案内』の編著者である森永は元関西鉄道の旅客係書記[49]であり、編輯兼発行人の芦田喜三郎[50]も関鉄亀山駅長であったから、関鉄時代からよく知っている森永に執筆を依頼したものと考えられる。森永は現地に何度も赴き、疑問点を直接長谷寺の寺僧に「寺の旧記にでも残って居ませんか」（森永、p55）と由来を細かく調査している。6年森永は著書『趣味の名所案内』の中にも「大和長谷寺の牡丹」という独立の項目を特に設けて、次のように記している。「牡丹花の隧道　山門から本堂に達する此歩廊百余間の左右の高低ある地を画して、世に名高い牡丹園が設けられてある。其種類の多いことや幹株の古い大きなことは到底他に比敵する牡丹園はあるまい。元来近畿は牡丹の

名所として摂津の木ノ部、池田[51]、今はないが大阪では高津の吉助、其他公開せぬ牡丹園では神戸布引、川崎氏[52]、尾張蟹江付近の黒川氏等は可なり知られて居るが、是れとても長谷寺のには遠く及ばない。試みに歩廊の端から上を見仰げると艶色滴る許りの花が層々累々として綾なる美しさ。それに花時は夜間所々に電灯を点じて更に美観を増さしむるのである」（森永、p53）と夜間点灯の効果を絶賛している。

　高橋真澄は明治4年千葉県高橋方寛長男に生まれ、11年5月家督相続、24年東京高等商業学校卒（人、た p85）、42年住所を大阪市北区上福島から東区釣鐘町に移転（商登）、44年時点で初瀬軌道専務、桜亜鉛製造所代表社員、所得税23円（紳M44、大阪、p147）、大正5年4月住所を南区天王寺石ケ辻町に移転した（商登）。6年時点で初瀬鉄道専務のみ、初瀬鉄道取締役[53]、9年版では東亜皮革、日本水力電気[54] 各取締役、巴商事、丸三木毛製造各監査役（帝T9、p314）、11年版では中井皮革専務、初瀬鉄道、日本水力電気各取締役、江森碌郎[55] とともに大同商事監査役であった（要T11、役中、p46）。

　芦田喜三郎（滋賀県甲賀郡三雲村）は関西鉄道亀山駅長を経て、42年11月初瀬軌道に転じて、営業課に在籍して『初瀬軌道沿線案内』を発行した[56]。その時の住所は東区石町寄留であった[57]。43年ではは所得700円（資産、p67）であった。初瀬鉄道社員から新設の長谷鉄道（後述）に移籍、営業長となり、『日記帳』には大正4年2月26日「社員給料芦田喜三郎渡」526.45円（日記）とあり、社員を代表する立場にあった。4年3月24日整理進行中の旧会社・初瀬鉄道の取締役にも就任（商登）、7年2月28日「営業長　芦田喜三郎上京旅費内渡」（日記）100円を支給されて上京、10年3月30日営業長の身分のまま退職した。（日記）

8．初瀬町の旅館

　初瀬町の旅館としては近世の本陣・ねずみ屋、胡摩屋をはじめ、嘉永3年現在では当時の「宿割帳」に名がある冨田屋、扇子屋、吉野屋、檜皮屋、堺屋、上田屋、紀の国屋、吉隠屋、柳屋、大野屋、浅屋、丁字屋など少なくとも十数

軒の専門の旅館が存在し、合計122名もの武士団の宿泊を受け入れていた（市史、p348）。赤堀は明治25年第二日目の「此夕は当所にて一宿すべし」[58]と初瀬での宿泊を勧め、巻末付録「旅舎一斑」で初瀬の旅舎として5館を「井谷屋、扇子屋、紀の国屋、吉野屋、ごま屋」[59]の順にあげ、嘉永3年の「宿割帳」に名がない井谷屋を筆頭に、本陣だった胡摩屋を末尾に置いている。大正5年の『日本案内』は「大野屋（五）、油屋（七）、井谷屋（一二）、紀ノ国屋（一四）、芳雲館第二支店（一八）」（案内、p507）と（ ）内に示した電話番号順に旅館を列挙する。長谷寺事務所が一番、初瀬軌道が二番、初瀬町役場が五番、長谷寺信徒総代の吉岡商店（吉岡好太郎）が六番、長谷寺本堂が八番、門前の酢屋（峠長平）が二一番（案内、p507～508）という序列を見る限り、電話の開設順も旅館群の中でのなんらかの序列を示していよう。宿場町以来の古い格式を誇る十数軒もの多数旅館群[60]の中で紀の国屋、井谷屋といった新興勢力が台頭してきた。4年『大和大鑑』は「県下一等旅館」として「吉野山銅鳥居前　さこや」[61]、「郡山町　四海亭」[62]とともに「旅館　初瀬町井谷屋電話十二番」（大鑑、p59）の写真を掲げている。また長谷寺事務所が6年に発行した『大和初瀬長谷寺案内記』の地図に吉野屋、大野屋、紀ノ国屋、井谷屋の四軒を旅館として載せ、大正初期における四軒の保勝会等への貢献を認めた形になっている。森永も『趣味の名所案内』の「大和長谷寺の牡丹」の末尾で「序に云って置くが、此地の旅館では井谷屋と紀ノ国屋と云ふ二軒が最も宜い」（森永、p55）と推奨している。森永は「編中の名所旧跡は悉く編者の探勝を経たものばかり」（森永、p7）と自慢しているから、彼が明治42年に『初瀬軌道沿線案内』を執筆した時など、折々に井谷屋と紀ノ国屋を当然に利用したものと考えられ、田守らとも執筆活動を通じて十分な交流があったものと思われる。後年森永が主宰した「日本唯一旅行趣味鼓吹の雑誌」『運輸公論　旅行と名物』昭和5年5月号に井谷屋と紀の国屋は揃って巻頭広告を出すなど、関係はなお継続していた。伝統的な宿場町の旅館街の中から世間から評価され、台頭してきた革新的な旅館主らの特色として①初瀬軌道の開通など新規の鉄道旅客の増加を見越して、②観光目的の新たな一般客を呼び込むために積極的な設備投資を行い、

③個人経営が圧倒的に多かったなかで会社組織への改編など経営の近代化をすすめ、④鉄道・新聞・雑誌等との連携を密にして自館の知名度を高める広告・宣伝活動にも注力、⑤神宮奉斎会など参拝・参詣者団体の常宿の指定を獲得するとともに、⑥鉄道会社・銀行など優良法人客の囲い込みをも行って宴会収入をも確保、⑦長谷寺保勝会等への寄与を行い、古い格式を打破して新しい評価を獲得するに至ったのであろう。

9．紀の国屋・森川清太郎

　森川清太郎は初瀬駅終点と観音前角との中間「イセ辻橋」にあった料理兼旅人宿紀の国屋の経営者であった。同館は嘉永3年の史料に登場する専門旅館の「紀の国屋万助」（市史、p348）のことと思われる。同館に関する断片的な情報を年代順に列挙すれば以下のとおり。「紀伊国屋（初瀬町）」（関鉄、p241）、「大和初瀬　御旅館　伊勢辻角に立石前　きのくにや万助」（奈鉄、p80、p96）、「神宮奉斎会賛成員休泊所」（名鑑、p238）、「きのくにや本店　向ひ側別荘　初瀬停車場前きのくにや支店」（Ｔ2．4．26奈良）、料理兼旅人宿、所得税82.41円、営業税67.25円（商エワ、p8）、電話一四番、神宮奉斎会賛成員御休泊所、紀の国屋・同別荘（案内、p508）、営業税78円（一覧、p139）、「旅館・紀の国屋」（大軌）、所得税245円、営業税70円（商録、p25）、昭和10年で「電同〈初瀬〉一四、駅同上〈西六〇〇米〉、室二五、一泊一円半～五円」（旅程、p468）、昭和14年で「電同〈初瀬〉一四、駅同上、室二五、一泊一円半～五円」（費用、p658）。

　森川清太郎は以下の記事に見るように「出来る限り拡築し、尚向ひ側の別荘も新築」（Ｔ2．4．30奈良）した結果、この時期に事業所を「きのくにや本店　向ひ側別荘　初瀬停車場前きのくにや支店」（Ｔ2．4．26奈良）の三拠点にまで拡張したことが判明する。町はずれにすぎなかった駅前への進出は紀の国屋の鉄道客重視の経営姿勢のあらわれであろう。大正2年の地元紙には「初瀬には沢山な宿屋料理屋があって何れも競争的に客引して居る。独り紀の国屋は何等のお上手も弁茶羅も云はぬ…そして一番古い歴史と一番大きい屋号と一番宏

壮な建物とを有して諸人の信用を一つに集め年々隆々として繁栄しつつある宿屋は恐らく紀の国屋万助であらう。今や長谷寺の牡丹花は満開期に近く、遠近都鄙の老若男女日々群聚絡繹し大盛況を呈し居る。記者は一寸紀の国屋を覗きたるに、昼夜間断なき客遇に殆んど目を眩はさん計り。同屋主人の立話に拠ると『お陰さまで昨今当舘の泊り客は平均一千五百人位、御中飯は約其半数位でせう…出来る限り拡築し、尚向ひ側の別荘も新築しましたから、大抵なれば御満足を与へるつもりです。自慢じゃムいませんが、手前方は飽く迄宿屋業者としての模範を以て任づるつもりで…忠実にお客様の接待に勉めて居ます』（T2.4.30奈良）との森川の談話が掲載されている。その後、個人経営の旅館を会社組織にした合資会社きのくに旅館を経営していたが、戦時中に廃業した由である。森川清太郎の所有地は昭和10年6月19日合資会社きのくに旅館に移転、16年9月11日田守家に移転したが、この点に関して田守信子さんのお話では「紀ノ国屋さんは井谷屋のすぐ東隣であったが、廃業されたので現在は井谷屋の駐車場になっている」[63]とのことであった。

10．井谷屋・田守芳松

　老舗旅館井谷屋の田守現社長の母、田守信子さんの話によれば田守家は榛原[64]の井谷出身で、出身地を旅館の屋号とした。文久2年の創業と伝えられ、館内に展示の伊勢講・長谷講・大峯講の看板にも文久2年のものもある。「井谷屋（兼料理）」（関鉄、p241）、旅館・井谷屋（初瀬町）（奈鉄、p96、巻末、p79広告）。井谷屋合資会社は明治42年9月30日「旅客ノ宿泊ヲ主トシ料理店」を目的として初瀬町初瀬273番屋敷（無限責任社員の田守芳松の住所）に設立され10月1日登記された。無限責任社員田守芳松（初瀬町初瀬273番屋敷1,000円出資）、有限責任社員は一族の田守登美恵[65]、田守佼（初瀬273番屋敷100円出資）、田守金司[66]、（初瀬824番）、吉岡四郎平[67]であった（商業登記公告M42.10.5大和）。電話一二番、「大和国初瀬町停留場より三丁　御旅館・井谷屋　途中に宿引車夫等他宿を勧め候共御取上無之様希上候。長谷寺名所旧跡等宿より御案内可申候」（案内、p508）、森永は『趣味の名所案内』で「序に云

って置くが、此地の旅館では井谷屋と紀ノ国屋と云ふ二軒が最も宜い」（森永、p55）と推奨したが、『大和大鑑』も「県下一等旅館」として井谷屋の写真を掲げ、「初瀬町ノ中央ニ井谷屋ト称スル古キ旅館アリ。三十ノ客室、数十ノ婢僕ハ優ニ旅客ヲ待遇シテ余アリ。又此外ニ高位貴人ノ室ニ充ツベキ離座敷アリテ、眺望ノ佳、庭園ノ美、同業中ニ於テ尤ナル者。万事丁重ニシテ新ラシキヲ選ビ、而モ価ヲ高ク取ラスト云フガ評判ナリ」（大鑑、p59）と評している。長谷鉄道側の『日記帳』には7年5月27日「慰労会井谷屋払」48.5円、9年2月18日「新年宴会費井谷払」120.79円（日記）、10年8月16日「初瀬町井谷屋払」187.52円（日記）などの支払が記録されている。初瀬・長谷鉄道を通して「春の牡丹期には省線の応援を求め、数両編成の客車が旅客の輸送に当たった」（市史、p501）という。この時期には従業員に超過勤務を強いる結果、輸送が一段落した5月下旬には料亭を兼ねる初瀬町の井谷屋旅館で従業員等の慰労会を開催したり、相応の手当金を支払うことが恒例となっていた。特に八木銀行丸抱えの長谷鉄道時代には八木銀行の株主でもあった田守芳松との関係を重視していたのであろう。井谷屋は昭和10年には「電初瀬一二、長谷寺駅の西六〇〇米、室三五、二円～四円」（旅程、p467）、14年には「電初瀬一二、長谷寺駅の西六〇〇米、室三五、三円」（費用、p658）であった。

11. 初瀬鉄道と八木銀行

　本節では長谷寺参詣の遊覧鉄道の破綻原因と、メインの地元行の対応を営業日誌の解析によって明らかにする。まず「営業振り兎角真面目を欠き」（T10.5.8 内報③）と評された初瀬鉄道の大正3年時点の1哩平均建設費は7万7,557円であり、3呎6吋の蒸気動力では吉野鉄道10万3,100円、伊那電車軌道9万7,879円、富士身延鉄道9万1,678円などの山岳路線に次ぐ高さであり、都市部に近い電気鉄道の愛知電気鉄道の7万3,629円をも上回り、3呎6吋の平均値5万8,232円を3割以上も上回っていた[68]。この高コスト体質の原因は、①当初発起人の書画骨董周旋業者の村戸賢徳[69]に多額の報償金を支払って特許権を譲受したこと。②大正2年6月7日には建設費600万円を必要とする初

瀬町〜三重県松阪町60哩の免許を取得するなど、無謀とも思える拡張策をとったこと。③車両費を毎期拡張しつづけ、建設費総額の２割を超過したこと。④現預金が減少をつづけ大正３年末には僅か70円にまで底をついたこと。⑤株主の信頼を失い、払込金は明治43年末現在の15万2,500円[70]のままで、それ以降15万2,500円から１円も増やせていないこと。⑥この結果、借入金に依存するほかなく、明治43年の10万1,525円から大正３年末には17万31円へと６万8,506円も純増させていること。⑦しかも、かかる資金難の中で大正３年末には巨額の仮出金５万118円を支出していることなどが想定される。

　初瀬鉄道の借入先として取締役矢橋亮吉の勤務先の赤坂銀行（専務）、取締役平瀬三七雄の勤務先の大阪貯蓄銀行（常勤取締役）なども可能性があるものの、いずれも遠方の銀行であるのに対して、「年来地方産業ノ暢達、金融ノ円滑ヲ謀ルヲ以テ目的」（大鑑、p36）とし、初瀬町には早くも創立の翌年の明治28年７月初瀬支店を桜井支店に次ぐ第二番目の支店として設置[71]するなど、もっとも関係の深い八木銀行がその大半を供給していたと見るのが自然であろう。八木銀行の担保関係は未詳であるが、「貸出ニ最モ注意ヲ払ヒ、半商半農ノ実業家乃至半工半農ノ実業家ニ投資シ、而モ其ノ投資ノ方法タルヤ地方農工銀行経営方法ニ酷似シ、全ク不動産担保ヲ以テ最多トシ、苟クモ放漫、不当ノ貸出ヲ忌ミ、極メテ健全ナル経営法ヲ執リ来レル」（大鑑、p36）ことを「同行経営上ノ特色」としていた八木銀行ゆえ、初瀬鉄道に対しても不動産担保ないしこれに準じた担保（八木銀行の分類では「山林地所建物」）を徴求していたものと推定される。

　こうした債権者の立場から初瀬鉄道を観察すれば、汽車会社の営業担当者・大原春次郎が取締役に加わっている初瀬鉄道では「試運転成績が上々な事から、時を移さず増備用２、３等車２両が汽車会社に註文され、明治44年４月19日完成…そしてさらに再増備として２両註文」（市上、p４）した態度は汽車会社のいいなりに不必要とも思える豪華新造の「自動客車」の増備を止めないなど「営業振り兎角真面目を欠」（Ｔ10．５．８内報③）くものと映ったと考えられる。５万円の仮出金も恐らく延長線がらみの支出や車両増備の手付けなどと解され

る。初瀬鉄道取締役大原春次郎についての大正2年10月の東京興信所の調査では「元ト輸出」、開業…、正味身代負債、商内高未詳、所得税…、取引先の信用の程度5段階の最下位・Fa[72]（商31版、T3、p113）となっており、金融機関の関係者から見れば大原の信用はゼロに近いレベルにあり、大原と結託したと見られれば初瀬鉄道の信用も同様と判断することとなろう。

　矢橋亮吉は大正元年12月6日、古塚久松は大正2年5月3日、平瀬三七雄と星野準一郎は大正3年9月10日、下條直幹は大正3年9月19日と相次いで辞任した（商登）。いずれも任期満了に伴う退任でなく、任期途中の辞任ばかりであり、大正3年9月の辞任により法定の取締役数を欠くありさまであった。役員陣で残ったのは高橋専務と同窓の大原監査役のみという異常事態であった。

　帝国興信所のいう「幾多の波乱」の一つが大正3年9月20日開催の臨時総会での役員更迭劇である。商業登記簿には「取締役欠員ニ依リ…左ノ通当選就任ス」（商登）として山本辰六郎、高橋健三の2名が取締役に就任し、大正4年の初瀬鉄道の役員は高橋真澄、山本辰六郎、高橋健三の三名が取締役に在任している。山本は大正2年4月退官して間もない民間企業の役員就任であり、折から初瀬鉄道が大正2年6月7日には建設費600万円を必要とする初瀬町〜三重県松阪町60哩の免許を取得したことともあわせ、大きな変化が感じられる。大正3年9月の初瀬鉄道役員への同時就任は北丹鉄道[73]に先立つ山本と高橋健三との統一行動の一つと考えられる。高橋健三も「法曹界」出身だとすれば、二人も同時に取締役に就任した大正3年9月の初瀬鉄道は何らかの異常な事態が発生していたものと考えられる。大正4年3月8日には山本辰六郎、高橋健三のコンビは揃って初瀬鉄道取締役をごく短期間で辞任した（商登）。資料を欠くが、想定される事態としては以下の可能性がありえよう。①専務高橋真澄の専横ぶりに不信感を強めた他の初瀬鉄道役員が連袂辞任した。②八木銀行などの債権者からの役員責任（おそらく連帯保証債務など）追及に嫌気。③初瀬鉄道執行部が債権者からの訴訟・法的手段の行使に備えて、法曹界の大物に顧問弁護士以上の役割を期待した。④あるいは後に北丹鉄道でフィクサー的役割を果たした山本＝高橋健三グループが資金難に苦しむ初瀬鉄道の救済を名目と

して乗り込んだなど…である。④の可能性に関しては初瀬鉄道はどうみても播州鉄道の勢力圏外だが、のちに播州鉄道系列の浪速信託土地[74]の経営を揃って担う山本辰六郎、高橋健三のコンビが揃って取締役に就任しているので、播州鉄道の実権を握る伊藤英一[75]が影に潜んで初瀬鉄道にも興味を示した可能性もあろう。

　かくして初瀬鉄道は「営業振り兎角真面目を欠き成績良好ならず、毎期欠損状態の下に推移し、内容頗る混乱を極めたるより、遂に経営難に陥り、幾多の波乱を経て、大正四年遂に八木銀行重役大浦、米田、好川諸氏の手に十五万円にて買収され、同時に長谷鉄道と改称し、爾来鋭意内容を整頓し、営業を継続」（T10.5.8 内報③）した。売買代金とされる「十五万円」は長谷鉄道の公称資本金15万円、大正4年末の建設費（開業線）15万569円[76]と一致する。この時の長谷鉄道の払込資本金は9万円、借入金は6万569円であった[77]。ただし『日記帳』では大正4年4月27日「八木銀行七万五千円借入金利子仕払ス」（日記）707.12円とあり、設立当初の借入金は7万5,000円であったと思われる。このことから八木銀行は少なくとも初瀬鉄道に9万円の融資残高があり、長谷鉄道発起人（実質的には八木銀行）は初瀬鉄道の開業線設備一式を15万円で買収し、9万円は八木銀行からの現物出資で、6万円は八木銀行からの借入金の継承（債務の引受）でまかなった。八木銀行の貸付金25万円の約36％、年間の利益にも相当する9万円もの初瀬鉄道への融資の焦付きは経営上の大問題であった。以下は一つの推論であるが、八木銀行は9万円の債権による代物弁済（債権と所有権の交換）の形で初瀬鉄道から開業線設備一式の所有権を取得した上で、実質的には自行で新設する長谷鉄道に9万円の払込金として現物出資し、額面15万円の長谷鉄道の株券3,000株を受け取った。しかし銀行が100％支配する鉄道を抱え込むことの外聞を懸念して、おそらく八木銀行は代物弁済取得した長谷鉄道株式を自己所有として公表する20％の600株を除く2,400株を八木銀行関係者（その近親者を含む）である31名に分譲し、世間的には八木銀行自体ではなくあくまで「八木銀行重役大浦、米田、好川諸氏の手に十五万円に

て買収」（T10.5.8内報③）した形をとった。鉄道省の公文書では「長谷鉄道会社発起人河合庄九郎外十名へ譲渡許可」（台帳）とあり、発起人は河合庄九郎と9名の合計10名であった。株主名が判明するのが島崎源平[78] 150、河合庄九郎[79] 100、河合源七郎[80] 100、河合庄司[81] 100、好川忠一[82] 100、好川忠之助[83] 100、好川源一（八木銀行100株主）100、米田甚治郎[84] 100、以上上位8株主で850株となり3,000株中の28.33％を占めた。これら100株主の多くは長谷鉄道発起人をも兼ねたと思われる。その他持株数は未詳ながら「八木銀行重役大浦」と買収者の筆頭に名が出た大浦佐太郎[85]をはじめ、植松徳治郎[86]、藤野権七郎[87]、安田多助[88]、岡橋明二[89]、松村善兵衛[90]の定款上株主たることを要する長谷鉄道役員兼務者6名を含む23名で残り1,550株（51.66％）で、株主総数は32名であった。

　長谷鉄道株の売却代金は本店扱の信用貸付金として処理した。初瀬鉄道の本店所在地である初瀬町を所管する初瀬支店（明治28年4月設置）とせず、初瀬町から一番遠い本店扱とした理由は、当該新規融資が純粋のコマーシャルベースの取組みではなく、多分に政策的な要素があり、かつ外聞を憚るが故に、支店を一切介在させず、一握りの役員・幹部行員だけで一切を専管・執行できる秘密体制をひいたものと推測される。長谷鉄道株主の大半は八木銀行・長谷鉄道両社の役員ないしその直系の親族（多くは名義だけの幼児）と見られ、かくして不良債権処理の秘密が保持できたのであろう。例えば岡橋明二は八木銀行非役員ながら支配人という高い地位にある幹部行員でかつ大株主の一角を占め、なによりも中心人物たる大浦佐太郎の実弟でもあった。こうした一連の経理処理の結果、不良債権となっていた初瀬鉄道への貸付金は形式的には回収され、代わりに長谷鉄道株主への信用貸付金と新設の長谷鉄道株式600株（払込高1万5,000円）[91]が資産に計上された。

　長谷鉄道の経営が順調に推移して、長谷鉄道の配当が可能となれば八木銀行は不良債権から完全に解放されることとなる。逆に長谷鉄道の配当ができないとなると、長谷鉄道株主への信用貸付金の資産価値が疑問視されるおそれがある。そのためには八木銀行は長谷鉄道に実務者を派遣して、短期間で配当が可

能となるように経費削減を中心とする経営改善に努める必要がある。

　大正6年9月末現在の大株主は①八木銀行600/3,000株（20％）、②島崎源平150、③河合庄九郎（八木銀行常務）100、③河合源七郎（八木銀行取締役）100、③河合庄司100、③好川忠一（八木銀行頭取）100、③好川忠之助100、③好川源一100、③米田甚治郎（桜井町、取締役、八木銀行取締役）100、以上上位9株主で1,450株/3,000株（48.33％）、その他23名で1,550株/3,000株（51.67％）であった[92]。

　初瀬鉄道の唯一の資産が大正4年4月債権者たる八木銀行の手で新会社・長谷鉄道へ八木銀行の債権金額に見合う15万円で売却され、残りの資産はほとんど無価値のため、初瀬鉄道は松阪延長線の免許権（初瀬・松阪間59.0哩建設費600万円）だけを名目的に有するペーパー会社となった。しかし当該免許権も大正4年11月9日失効[93]したため、結局初瀬鉄道の株主は単なる紙切れとなった株券を所有するにすぎなくなった。また八木銀行以外の債務者も長谷鉄道がそのまま継承した6万円（内訳は未詳）を除けばすべて回収不能となったものと解される。

　大正4年3月24日初瀬鉄道は取締役・監査役の補欠選挙を行い、取締役に旧取締役の大原春次郎[94]、初瀬鉄道社員の芦田喜三郎の2名を、監査役に森猛熊[95]が就任した（商登）。この新役員の就任登記は大正4年4月8日であり、その直後の大正4年4月13日初瀬鉄道所属の鉄道一切が「長谷鉄道会社発起人河合庄九郎外十名へ譲渡許可」[96]され、大正4年長谷鉄道へ譲渡された[97]。

　長谷鉄道への譲渡手続を円滑に進めるために、形式的に必要な初瀬鉄道側の役員選任であったと考えられる。芦田喜三郎の取締役就任は当然に八木銀行による銀行管理の一環として推進されたものと考えられる。他の役員就任も同様な背景があるものと思われる。

　『奈良県統計書』によれば大正4年12月31日現在、長谷鉄道（初瀬町）は資本金15万円、払込7万5,000円、積立金350円、利益配当歩合6分0厘、株主人員32人であった[98]。取締役の高橋真澄［大阪市東区釣鐘町2丁目37番地］は住所を大阪市南区天王寺石ケ辻町5314番地に移転し大正5年4月4日登記した

（商登）。大正5年4月30日臨時株主総会を開催（商登）し、森猛熊を選任、大正5年7月29日登記したが、これが商業登記簿上での初瀬鉄道としての最後の活動記録であった。『日本全国諸会社役員録』大正5年版では取締役高橋真澄（大阪市東区釣鐘2）、大原春次郎（東京市牛込区矢来町）、芦田喜三郎、監査役森猛熊であった。（諸T5、下p155）

　初瀬鉄道株式会社のその後の商業登記簿には役員の異動の記録も一切なく休眠化し、末尾に「昭和59年12月2日商法第406条ノ3第1項の規定により解散」として休眠会社と見做され昭和59年12月3日職権による解散登記がなされている。形の上では初瀬鉄道の営業を継承した後身の長谷鉄道株式会社の方が大阪電気軌道に合併されて先に解散したという妙なことになっている。しかし鉄道一切の資産と一部の負債を新会社に譲渡し、初瀬・松阪間59.0哩（建設費600万円）の免許も失効し、八木銀行以外の負債だけが残った初瀬鉄道は何故か解散登記がなされないまま一部の会社録等に掲載[99]されつづけたが、もはや抜けの殻のような名目的な存在でしかなかったものと思われる。

　最後に、本章の後半で依拠した長谷鉄道『日記帳』に関する考察を付記しておきたい。長谷鉄道側、大軌・近鉄側に継承されず、また八木銀行を吸収した南都銀行にも移管されなかった理由は、八木銀行の強制管理的な、会社更生法的な不良債権管理資料で、ごく少数の関係者のみ閲覧できた厳秘書類であったと考えると納得できる。『日記帳』の起算日は新会社・長谷鉄道の設立時に相当する大正4年2月1日で、大正11年3月31日『日記帳』は終了する。記載は大正11年3月31日までの約7年間にも及ぶ。大浦佐太郎は『日記帳』の記載では長谷鉄道「専務」として報酬を受取っている。大正7年4月22日の項目では「第六回決算報告書　大正七年四月二十二日惣会…右之通に御座候也」と決算の主要数値が抜書きされている。長谷鉄道から資本主の八木銀行当局への正式な報告というより、記載者の木原吉太郎[100]から義父でもある大浦長谷鉄道専務（八木銀行取締役⑫404株主）への私的な報告という色彩が濃厚と見られる。

　大正10年11月17日『日記帳』に、直前の記帳である大正10年11月10日の「六

十四号」の後に、「六十五号　◎是迄大浦専務取締役名義分小切手使用。米田取締役発行小切手使用」と注記あり、大正10年11月14日死亡届（鉄道院文書）が出された大浦専務の死亡退任と米田〈甚治郎〉取締役への長谷鉄道小切手発行権限の一時的な交代を示唆している。これまでの『日記帳』では小切手の名義についての注記は一切なく、当然に大浦専務一人で発行（他取締役の代行なし）していたことが窺える。大浦専務の指示で八木銀行側に報告していた木原吉太郎としては、指示していた本人である大浦専務死亡後は記帳する意味が変化したのか、大正12年度入りを契機に別の新『日記帳』（大浦家になし）に移記したのかは判明しない。

　一方で大正7年12月28日「八木銀行利子払」では「八百二十七円九十銭手形ナシ。借入金内ヨリ仕払ス」とあり、群を抜いた多額の金銭の支払にもかかわらず、手形の番号が記載されていない。このことからも当該『日記帳』の報告先がほかならぬ八木銀行そのものであることが窺える。かなり慎重な記入をしていたためか、記載の誤記はめったにないが、大正8年1月6日の手形番号237号、238号は大正7年12月の欄に入れたため共に「取消ス」として押印されている。

　時代を反映したものとしては大正8年9月11日「従事員米代立替」100円が目立つ。数多くの支出先の名前が記載されているが、預金・借入先は八木銀行一行に限定されている。また材木の購入先は大浦材木店[101]である。これらは役員関係から当然と見られる。初瀬鉄道時代の車両・橋梁の仕入先である汽車会社の名が見当たらない。汽車会社製品の見本市の感ある初瀬鉄道の後身であれば車両の点検・補修等で当然に取引が生じても不思議ではないのに、出てくるのはなぜか梅鉢車両ばかりである。おそらく長谷鉄道創立の経緯の中に汽車会社との関係の冷却化を招くような要素が含まれていたものと想像される。車両の購入・借用先として鉄道院[102]、河南鉄道（客車借入）や、鉄道同志会など鉄道固有の取引先が出てくる（牡丹祭など観光関係の支出先は表-1として別記済み）。

　なお証言をされた大浦治雄氏は昭和24年に桜井市内の分家から、鹿路村の本

家に養子に来て、区長、町会議員、市会議員、桜井ガスの役員等を経て、昭和36年に38歳で桜井市長になった。2期6.9年市長を勤めた後、部下のやっていた中和開発の役員に就任、43年から実際の経営に携わるようになった(証言当時は会長職)。

1) 「起業ガ公共ノ利益タルコトヲ証スル調書」「初瀬電気鉄道仮免許申請書」『明治四十一年　甲鉄道郵便電信一件　殖第十一号　永年』奈良県庁文書1-M45-51。
2) 本章では『桜井市史　上』を市史と略したように、頻出資料は以下の略号で示し、本文内に付記することとし、大正の年号は原則省略した。
　　[①頻出資料]雷斧…坂本正仁「豊山派長谷寺五十八世能化権田雷斧大和尚履歴」『豊山学報』第30巻、豊山教学振興会、昭和60年3月、日記…『大正四年二月　日記帳　大浦佐太郎』(大浦家文書)、再建…「大講堂其他建物再建ノ件」『大正四年　長谷寺大講堂再建一件　附宝物陳列館建設一件、社寺兵事課』(奈良県庁文書T4-58)、建築…4年5月26日付「大講堂建築認可願」/[②奈良県関係]資産…『奈良県資産家一覧表』明治43年調、渋谷隆一編『都道府県別資産家地主総覧』奈良編所収、名鑑…山下孝二(奈良朝報社々員)『大和人名鑑』奈良活版所、明治44年、郡治…『奈良県磯城郡治一斑』磯城郡役所、明治44年、軌道…森永規六編著『初瀬軌道沿線名勝案内』初瀬軌道株式会社営業課、明治44年11月 (大阪産業大学綜合図書館所蔵)、表彰…山下孝二『大典記念功績表彰録　完』奈良朝報社、3年3月、大鑑…山下孝二『大和大鑑』奈良朝報社、4年、郡誌…『奈良県磯城郡誌』磯城郡役所、4年11月、案内…田中勝道編『大和初瀬長谷寺案内記』長谷寺事務所、6年12月、一覧…『奈良県資産家一覧表』12年、史料…『桜井市史　史料編下巻』、軽便…松藤貞人『奈良県の軽便鉄道　増補版──走りつづけた小さな主役たち──』やまと崑崙企画、平成16年。
3) 「長谷寺へ保存資金下付ノ義」明治16年12月28日参議第一局文書、国立公文書館。
4) 的場弥三郎は磯城郡農会評議員 (名鑑、p159)、所得500円 (資産、p68)、〈初瀬〉「町長的場某」(雷斧、p156) か?。
5) 『第五版　財界人物選集』昭和14年、p1310。
6) 『電気大鑑』5年、p251。
7) 鉄城会編『鉄城翁伝』昭和19年、p115。
8) 若山佳也「奈良県初瀬地域の鉄道施設と中和地域の銀行・地主経営──初瀬軽便軌道・長谷鉄道・八木銀行──」『滋賀大学鉄道研究会機関誌　急行「第一いぶき」』平成11年3月、p34。

9) 明治37年12月18日通信大臣宛知事進達「初瀬電気鉄道株式会社創立発起願書鉄道局長へ送付ノ件」明治40年3月5日『明治四十一年　甲鉄道郵便電信一件　殖第十一号　永年』。
10) 「起業ガ公共ノ利益タルコトヲ証スル調書」同上『殖第十一号』。
11) 買収対象となった黒崎の白山神社の氏子総代は初瀬軽便軌道側の態度を「頼談ニ選ブト雖モ情ケナクモ起業者ハ無頓着ナリ…威気然トシテ何等容赦モ之無ク…竟ニ拠リ処ナキ次第」(明治42年2月15日「設計線路移転之訴願」『鉄道省文書近畿日本鉄道（元初瀬軽便鉄道）』運H12-3D-6-1543、国立公文書館蔵）と反発している。なお初瀬軌道の文書「巻二」は「焼失」（鉄道院文書「巻全」の表題に特記）し、初瀬電気鉄道仮免許申請書も明治40年2月ころの「通信省庁舎焼失ノ為メ」鉄道局長から「鉄庶乙第一二四号」で再提出の指示が出されるなど、文書保存が完全でない事情があった。
12) 『公文雑纂』明治19年、巻24、司法省7、国立公文書館。
13) 「庶第三一四号」大正元年12月4日磯城郡長上申（前掲「長谷寺保勝会ノ件」奈良県行政文書）。
14) 前任の初瀬郵便局長前川三郎（名鑑、p80）はある事情があって2年4月26日退職し（T2.5.13奈良)、後任として廊坊琢磨（逞の誤記か？）の名前が報じられた（T2.5.16奈良）。
15) 白土貞夫「成田の電灯電力史」『成田市史研究』15号、成田市教育委員会、平成3年3月、同「成宗電気軌道線路実測図を考察する」『成田市史研究』第24号、平成16年3月、同『ちばの鉄道一世紀』崙書房、平成8年、p261。
16) 大字初瀬944番地の地目鉄道用地879平米と945番2の地目軌道敷地。明治42年8月10日登記、明治43年12月3日初瀬軌道が土地収用法により廊坊勇から取得（不登）、のちに長谷鉄道へ移転。
17) 芦高伊三郎は長谷鉄道書記（『帝国鉄道要鑑』7年、p103)、『日記帳』に11年2月23日「芦高東京行旅費ノ内仮出金」100円（日記）。
18) 平成21年3月1日午前9時訪問。
19) 赤堀自助『大和巡り四日の旅行全』明治25年4月、p5、11。
20) 鉄道院旅客係の森永規六は種々創意工夫を重ねて長谷寺の牡丹を売り出すことに貢献した点で今日の「観光カリスマ」にも相当するような特異な才能をもつ鉄道員であった。森永規六と同じく、「著述に技術に実に多能多才の士なり」（M34.2.15R）と評された「観光カリスマ」の元祖と呼べる鉄道技師・野崎城雄は安政5年9月26日高知七軒町に生まれ、大学南校・開成学校に学び、神戸鉄道寮雇、工部省技手勤務の傍ら、明治9年仮名読新聞社の仮名垣「魯文翁の門に入った」（野

崎左文『私乃見た明治文壇』昭和2年、春陽堂、p24〜25、日本図書センター復刻版)。のち明治11年末「見習記者として同社に入り」、明治17年には魯文「翁と共に今日新聞の創業からその編輯に従事」した。『漫遊案内(初版)』刊行後の明治28年には日本鉄道書記として鉄道界に戻り、その後北海道鉄道部、九州鉄道、大正3年鉄道院を退官するまで長らく鉄道と著作という二足の草鞋を履いた。この間左文と号して仮名垣魯文直系の戯作者、狂歌師等として英文学、和文、狂歌等多方面で活躍、観光案内の分野でも『日本名勝地誌』全12巻など多数著し、昭和10年6月8日78歳で死亡した(柳田泉「野崎左文自伝」『書物展望』5-7、昭和10年、p85〜、『人物レファレンス辞典　戦前編』日外アソシエーツ、p1545)。

21)「花の御寺　長谷寺」総本山長谷寺。

22) 24) 川田聖見「長谷寺の歴史と信仰」竹西寛子・川田聖見『古寺巡礼奈良13長谷寺』淡交社、昭和55年、p125、120。ほかに『週刊古寺をゆく12　牡丹が咲き誇る初瀬の花の寺』小学館、平成13年、矢野建彦『長谷寺の四季　矢野建彦写真集』東方出版、平成15年。

23) 保田與重郎『大和長谷寺』淡交新社、『保田與重郎全集　第33巻』講談社、昭和63年、p94所収。

25)『日本地理風俗体系』第8巻近畿地方上、新光社、昭和6年、p250。

26) 明治43年3月10日梅田と箕面・宝塚間を開業した箕面有馬電気軌道(のちの阪急)が沿線観光資源たる「自然的風物に更に多くの費用を投じて人工を加へ、箕面公園には山麓より瀑布に至るの間十数丁の道路に大改修を加へ、沿道には無数の電灯を点じ、以て夜間の遊覧者に便じた」(大久保透『最近之大阪市及其付近』明治44年9月、p426)のが関西地区では著名である。「夜間の点灯尠く為めに遊覧客の夜遊する者皆無」(T2.1.8奈良)の奈良公園でも「三間毎に十六燭灯を付し、必要なる場所には更に千二百燭の孤光灯を設けあるなど、遊覧客をして些の不便と不安を感ぜしめざる」(T2.1.8奈良)との箕面に刺激された観光デザインの模倣が報じられている。なお長谷寺保勝会の活動かどうか未詳であるが、草津鉱泉を取り寄せた"疑似温泉"サービスも報じられている。

27) 28)「長谷寺保勝会ノ件」『名勝旧蹟　附顕彰会　保護会其ノ他団体規約一件』p16、コマ#341内務部第一課社寺係、1918年、奈良県庁文書。大正10年11月長谷寺保勝会規則制定。

29)「庶第三一四号」文書、前掲「長谷寺保勝会ノ件」コマ#208。

30) 奥田信義編『現代人物誌　第五編』奈良新報社、昭和5年、p28。

31)『任免裁可書』各年度、国立公文書館。

32)「豊山長谷寺保勝会趣意書」(前掲「庶第三一四号」文書)。

33) 「史蹟勝地調査会規則」第一条、奈良県庁訓第五三号（奈良県行政文書）
34) 『奈良県史蹟勝地調査会報告書　第六回』奈良県、大正2年度、附録p3。
35) 佐川福太郎は大正元年9月就任～3年5月神奈川県三浦郡長経転任（前掲『現代人物誌』p28）。
36) 『奈良県史蹟勝地調査会報告書　第六回』奈良県、大正8年、巻末付録p4-7。
37) 大浦治雄氏の大叔父の木原吉太郎（磯城郡三輪町、大浦佐太郎の長女・里由の夫）が長谷鉄道の経理担当役員の立場で記帳した金銭出納を中心とする詳細な営業日誌である『大正四年二月　日記帳　大浦佐太郎』（大正4年2月1日起算）が大浦家に残っている。三木理史氏のご尽力により故大浦治雄氏から貴重な資料を拝借させていただいたほか、八木銀行の営業報告書を閲覧させて頂いた南都銀行など数多くの関係各位にご教示を得たことに深謝したい。
38) 平成21年3月1日午前8時半訪問。
39) 鉄城会同人『鉄城翁伝』昭和19年、鉄城会、p115所収。
40) 『電気大鑑』大正5年、p251。
41) 44）T10.5.8『帝国興信所内報』③。
42) 初瀬軌道の「自動客車」（蒸気動車）は湯口徹『日本の蒸気動車　上』RM LIBRARY 103、ネコ・パブリッシング、平成20年参照。
43) 高橋真澄［大阪市北区上福島1丁目2271番屋敷（商業登記簿）→42年6月5日大阪市東区釣鐘町2丁目37番地に移転（商業登記簿）→大正5年4月大阪市南区天王寺石ケ辻町5314番地に移転（商業登記簿）］は明治4年千葉県高橋方寛長男に生まれ、11年5月家督相続、24年東京高等商業学校卒（人、た p85）、42年住所を大阪市北区上福島から東区釣鐘町に移転（商登）、44年時点で初瀬軌道専務、桜亜鉛製造所代表社員、所得税23円（紳M44、大阪、p147）、大正5年4月住所を南区天王寺石ケ辻町に移転した（商登）。6年時点で初瀬鉄道専務のみ、初瀬鉄道取締役、9年版では東亜皮革、日本水力電気各取締役、巴商事、丸三木毛製造各監査役（帝T9、p314）、11年版では中井皮革専務、初瀬鉄道、日本水力電気各取締役、江森碌郎49）とともに大同商事監査役であった（要T11、役中、p46）。
　　高橋真澄と同期の明治24年東京高商卒同窓生（『如水会　会員名簿』昭和18年、p455）には初瀬軌道役員が多く見出せる。
45) 「長谷寺温泉湯元井谷屋」のHPによれば「地下600mから湧出する大和路では類をみない優秀な良質の温泉を擁」する千人風呂がある。
46) 『ふるさとの想い出写真集明治大正昭和桜井』昭和54年、p74。
47) 疑似温泉は拙稿「明治期東京の"擬似温泉"の興亡――観光デザインの視点からビジネスモデルの変遷に着目して――」『跡見学園女子大学観光マネジメント学

科紀要』第3号、平成25年3月参照。
48) 青木槐三『鉄道黎明の人々』交通協力会、昭和26年、p235。
49) 『帝国鉄道要鑑　第三版』蒸、p201。
50) 芦田喜三郎（滋賀県甲賀郡三雲村／大阪市東区石町寄留）は関西鉄道亀山駅長を経て明治42年11月初瀬軌道に転じて、営業課に在籍して『初瀬鉄道沿線案内』を発行した。所得金額七百円に相当する「等級十二」（『奈良県資産家一覧表』明治43年調、p67）、初瀬鉄道から大正4年2月1日新設の長谷鉄道に移籍、営業長となり、『日記帳』には大正4年2月26日「社員給料芦田喜三郎渡」526.45円（日記）とあり、社員を代表する立場にあった。4年3月24日整理進行中の旧会社・初瀬鉄道の取締役に就任（商登）、7年2月28日「営業長　芦田喜三郎上京旅費内渡」（日記）100円を支給され上京、10年3月30日営業長の身分のまま退職した。（日記）／なお類似の芦田佐兵衛（滋賀県甲賀郡三雲村）は甲賀銀行監査役。
51) 木ノ部牡丹園は有名な接木太夫の旧蹟で、池田駅「北十五丁…春風怡陶たる候となれば、処々の園圃…都門賞遊の客無数なりといふ」（『名勝御案内』箕面有馬電気軌道、明治43年）とあり、池田は山本と並んで牡丹の名所で、長谷寺の牡丹もここから移植されたとされる（郡誌、p268）。
52) 解散した布引遊園を買収し私邸とした川崎正蔵は「自分の家屋と庭園とは、自分を慰藉する唯一の伴侶…力の他人に超越せんことを激励する一種の興奮剤」（『川崎正蔵』7年、p254）と称して、「川崎氏は唯知己に限り見せる」（『運輸公論　旅行と名物』昭和2年5月、p8）とされた。
53) 「大日本重役録」7年3月現在『大日本重役大観』8年、東京毎日新聞社、p134。
54) 日本水力電気（京橋区金六町13）は「電気器具機械ノ販売、化学工業品ノ製造及販売、鉱石製錬業一切」（帝T9、p73）を目的に7年3月設立され、役員は札付きの人物揃い。
55) 江森碌郎は巴商事社長、生駒土地、浪速ビルブローカー銀行各監査役、広島電灯、大和索道各取締役（帝T8p172）。
56) 57) 『初瀬軌道沿線案内』奥付、市上一二「蒸気動車導入と国産化（II）」『鉄道史料』第2号、昭和51年、鉄道史資料保存会、p2所収。
58) 59) 赤堀自助『大和巡り四日の旅行全』明治25年4月、p5、11。
60) 『奈良鉄道名勝案内』は「吉野屋、初瀬館、油屋、井谷屋、胡麻屋、紀伊国屋、扇屋」（奈鉄、p96）の7館、『関西参宮鉄道案内記』は「紀伊国屋、井谷屋、近江屋、胡麻屋、吉野屋、初瀬館」（関鉄、p241）の6館を挙げる。
61) 前掲『大和巡り四日の旅行　全』は吉野の旅舎として「さこ屋」（赤堀自助『大和巡り四日の旅行　全』明治25年4月、p11）をあげ、森永も「芳雲館、辰巳屋、

さこ屋」（森永、p41）をあげている。経営者の大村裕（吉野村吉野山）は料理兼旅人宿、所得税18.10円、営業税39.98円（商工ワ、p 8）。

62)　四海亭（郡山町材木町7）は明治16年創業の「御料理　御旅館」で、「楼亭数アリト雖四海亭ノ右ニ出ヅルモノナク、其ノ調理ノ巧ニシテ美味ナル、最近宏壮ナル楼閣ヲ建築」（大鑑、p59）した。所得税200円、営業税120円、取引銀行六十八、吉野銀行（商録、p24）、店主水田正一［陸軍用達・料理旅館（商資Ｔ１、p431）、所得税…円、営業税61.3円（商、ワ、p 6）］／水田クマエ（郡山町材木町）は旅人宿・料理店、所得税…円、営業税24.0円（日韓上、p10）。

64) 67)　井谷屋合資会社の有限責任社員200円出資の吉岡四郎平（奈良県宇陀郡榛原町大字萩原42番屋敷）は呉服、開業明治元年、正味身代7～10万円（帝信、p 5）、吉岡四郎平（榛原町足立）は呉服（名鑑、p235）、榛原銀行（榛原町）取締役（日韓、p14)、所得2,000円（資産、p172)、木綿商、所得税53.70円、営業税36.87円（商工ワ、p 7)、3年末八木銀行（30）178株主（#42営）、所得税138円、営業税60円（一覧、p151、156）（商登M42.10.5 大和）。

65)　田守登美恵（芳松と同住所、1,000円出資社員）は所得400円（資産、p67）。

66)　田守金司（初瀬町824番　現井谷屋旧館敷地）は金貸質（名鑑、p231）、所得3,500円（資産、p67）、「初瀬郵便局前　金物糸類太物雑貨」（Ｔ２.４.30 奈良　初瀬案内）、3年末八木銀行（42）110株主（#42営）、営業税45円（一覧、p138）、井谷屋合資会社有限責任社員200円出資（商登M42.10.5 大和）。

68)　建設費中の総係費の内訳は通常の総係費２万8,554円のほかに、「特許権譲受報償金」として１万5,000円を計上（『明治四十一、二、三年鉄道院年報軌道之部』大正２年、鉄道院、p186）しており、これが単独特許を得ていた村戸賢徳から「初瀬軽便軌道株式会社へ権利移転」した際に村戸賢徳側に支払われた「特許権譲受報償金」１万5,000円と考えられる。逆に長谷鉄道になると建設費が大幅に圧縮された結果、大正５年時点の１哩平均建設費は４万3,674円で、河南鉄道の４万4,593円、島原鉄道の４万4,103円並で、3呎6吋の平均値６万1,788円を3割も下回った。

69)　村戸賢徳（奈良県生駒郡片桐村大字小泉78番屋敷）は大正元年10月調査で奈良市不審ケ辻子）は書画骨董周旋、正味身代「わ」（2～3.5万円）、信用程度「は」（普通）（商資Ｔ１、p428）、「町村制施行以来再三選レテ村長トナリ、地方自治ノ発達ヲ図リ…道路橋梁ヲ修治シテ交通ヲ画シ私費ヲ投ジテ村有財産ノ増殖ヲ計リ…労効顕著ナリトス」（功績、p10）として35年９月23日表彰された名望家で、『表彰録』には数頁にわたり彼の事績を列挙している。

70) 71)　『奈良県磯城郡治一斑』磯城郡役所、明治44年、p95～96。ただし沿革、p159では明治28年6月、『帝国銀行会社要録』大正5年版、p 3では明治28年4月

初瀬支店設置（帝Ｔ５、ｐ３）。桜井支店は明治27年６月設置。

72)　「「明治四十四年十二月一日以後ニ属シ、現在取引停止中ノモノ」。

73)　北丹鉄道は赤坂義浩『経営史学』30巻３号、ｐ73-74参照。山本辰六郎は検察出身、大阪控訴院検事正などを歴任後、北丹鉄道発起人、内外商事、大阪造船所、炭砿商船各監査役、秋田石油鉱業相談役など問題企業のフィクサー的存在か。

74)　75)　浪速信託土地、播州鉄道の実権者の伊藤英一は拙著『地方企業集団の財務破綻と投機的経営者――大正期「播州長者」分家の暴走と金融構造の病弊――』滋賀大学経済学部研究叢書第32号、平成12年参照。

76)　77)　『大正四年　鉄道院年報』大正５年、ｐ174、ｐ180。

78)　島崎源平（磯城郡城島村外山）は磯城郡会議員（名鑑、ｐ107）、城島村会議員（名鑑、ｐ122）、大和醤油醸造同業組合代議員（名鑑、ｐ188）、醤油醸造（『帝国実業名宝　酒類生酢醤油味噌之部』商進社、大正８年、ｐ146）、日本赤十字特別社員（名鑑、ｐ165）、八木銀行創立時㉑50株主（『橿原市史　上巻』ｐ368）、取締役（諸Ｍ40下、ｐ144）・④650株主（帝Ｔ５、ｐ３）、見積財産10万円『明治37年奈良県五万円以上の資産家』、「県下革新倶楽部の重鎮であった。長谷鉄道の創立に参与し各社長となり」（大和タイムス社 Yamato hyakunen no ayumi- 第３巻、ｐ466）、長谷鉄道初代社長、八木銀行④650株主（帝Ｔ５、ｐ３）。

79)　河合庄九郎（八木町）は明治３年６月28日河合庄次郎の長男元治郎として生まれ、明治17年先代河合又次郎の養子となり、明治21年３月家督相続、庄九郎と改名、八木町議（名鑑、ｐ131）、八木銀行常務③678株主、長谷鉄道発起人総代、長谷鉄道取締役、日本赤十字特別社員（名鑑、ｐ166）、奈良県多額納税者、直接国税2,910余円（人、かｐ90）であった。河合家９代目の河合庄九郎は両替商を営み、河合家住宅は登録有形文化財に指定（H21.6.20奈良）。

80)　河合源七郎（八木町）は高市郡会議員（名鑑、ｐ108）、八木銀行取締役⑦550株主。

81)　河合庄司は河合庄九郎の長男、明治37年３月生まれ（人Ｔ７か、ｐ90）、八木銀行非株主。河合庄九郎家は代々縄手村の戸長等を歴任してきた。

82)　好川忠一は八木銀行取締役、明治22年大阪鉄道55株主、25年大阪鉄道150株主、八木銀行頭取②720株主。

83)　好川忠之助は好川忠一の長男、明治37年１月生まれ（人Ｔ７、よｐ62）、八木銀行㉙180株主。好川忠一は「八木町ノ素封家」（大鑑、ｐ36）、八木銀行取締役（諸Ｍ40下、ｐ144）、明治44年８月八木銀行頭取（大鑑、ｐ36）②720株主（帝Ｔ５、ｐ３）、大正７年３月現在では八木銀行頭取（「大日本重役録」ｐ358）720株、長谷鉄道監査役（帝Ｔ５奈良ｐ３）、大阪鉄道55株、解散時366株、関西鉄道解散時1,050株所有、昭和10年６月設立の南都銀行相談役（諸Ｓ10下、ｐ85）。

84) 米田甚治郎（桜井町）は呉服太物（名鑑、p233）、磯城郡会議員（名鑑、p107）、桜井町議（名鑑、p122）、八木銀行取締役⑨450株主、長谷鉄道取締役として大正10年11月大浦佐太郎専務死亡後に経理を担当（日記）。

85) 大浦佐太郎（奈良県磯城郡多武峰村鹿路）は木原善七郎の次男、明治4年先代大浦治平の養子（人Ｔ７、をp101）、大阪鉄道取締役、勢和鉄道取締役（鉄道雑誌8号、p34）、多武峰村議（名鑑、p126）、奈良県農工銀行監査役（名鑑、p176）、八木銀行取締役、奈良農工銀行取締役、長谷鉄道専務（帝Ｔ5、p4、帝Ｔ5職、p64）、八木銀行取締役⑫404株主、宇陀電気鉄道発起人（西藤、p111）、多武峰材木取締役（日韓、上、p15）、見積財産10万円（『明治37年奈良県五万円以上の資産家』、県別『資産家地主総覧』奈良編、p4）、明治43年所得額 約1500円（『奈良県資産家一覧表（明治四十三年調）』、県別『資産家地主総覧』奈良編、p38）河南鉄道（M31.11）30株主。大正10年11月14日死亡届（鉄道院文書）。

なお大浦治作（多武峰村鹿路）は大浦佐太郎の子息、日本赤十字特別社員（名鑑、p165）、大正11年所得税額112円（『奈良県資産家一覧表（1923）』、県別『資産家地主総覧』奈良編、p135）、八木銀行取締役桜井支店長をへて、昭和10年新設の南都銀行監査役（諸Ｓ10下、p85）、桜井・多武峰間の乗合自動車を経営していた共和自動車の大株主・取締役や、地元の鹿路（ろくろ）村長を2回勤めた。奈良県農工銀行（のちに日本勧業銀行と合併）監査役、家業関連の多武峰材木専務（発動機を購入して機械製材を開始したが、欠損続きで会社を清算、土地は大浦家が引取った）大浦治作は病弱な体質のためかどちらかといえば慎重派で自己の領域を着実に守るタイプで、好対照だった（大浦治雄氏談）。

86) 植松徳治郎（八木町）は八木町議（名鑑、p131）、長谷鉄道取締役、八木銀行監査役⑤624株主。

87) 藤野権七郎（八木町）は高市郡会議員（名鑑、p108）、八木町議（名鑑、p131）、長谷鉄道取締役、八木銀行監査役⑪424株主。

88) 安田多助（八木町）は八木町議（名鑑、p131）、長谷鉄道取締役、八木銀行監査役㉓220株主。なお先代の安田太四郎は平民商、貴族院議員、八木銀行頭取、明治25年大阪鉄道120株主、天満織物取締役、七十九副頭取。

89) 岡橋明二（奈良県磯城郡多村）は明治2年6月大浦佐太郎の養弟・萬太郎として生まれ（『人事興信録』Ｔ7、をp154）、明治26年先代岡橋治助の婿養子となり岡橋治助（恒三）の妹である岡橋津屋（つや）の入夫となり、「明二と改名」（『人事興信録』Ｔ7、をp154））、岡橋株式会社の監査役、明治42年時点で八木銀行高田支店長（日韓、p11）、長谷鉄道取締役（帝Ｔ5奈良p4）、八木銀行支配人㉒240株主（帝Ｔ5職、p70、「大日本重役録」大正7年3月現在『大日本重役大観』

大正8年、東京毎日新聞社、p357)、大浦佐太郎の弟、岡橋株式会社取締役（人Ｔ7を、p154)。

90) 松村善兵衛（高市郡高市村岡）は、酒造（案内、p504)、長谷鉄道監査役、八木銀行取締役⑰320株主。

91) 八木銀行「第四十三期営業報告書」p12。

92) 『帝国鉄道要鑑』大正7年、p103。

93) 『大正四年鉄道院年報』大正5年、鉄道院、p143。失効した主体が新しい長谷鉄道でなく、旧来の初瀬鉄道となっていることから見て、少なくとも①長谷鉄道は松阪延長線の免許権は無価値と考えて譲受しなかった。②八木銀行としては営業区域外の松阪延長には興味を示さなかった。さらに③松阪延長を含む旧来の初瀬鉄道経営者の放漫なやり方に八木銀行は反対していたことが窺える。

94) 大原春次郎（東京市牛込区矢来町）は25年東京高等商業学校卒。

95) 森猛熊（東京市赤坂区田町7丁目13番地）は大正5年4月30日初瀬鉄道監査役就任（商登)、大正5年版では他社兼務なし、初瀬鉄道監査役のみ（帝Ｔ5職、p284、「大日本重役録」Ｔ7、p114)、要M40役なし、商31版、Ｔ3、なし、大正9年時点では初瀬鉄道監査役のみ（帝Ｔ9職、p755)、大正11年版では田町1の7、初瀬鉄道監査役、東洋運輸〈芝区、大正5年6月設立、取締役弘田國太郎ほか（要Ｔ11、p75)〉取締役（要Ｔ11、役下、p219)]。

96) 台帳、『帝国鉄道要鑑』大正7年、p101。

97) 『鉄道百年略史』昭和47年、p104。

98) 『奈良県統計書』大正4年、第一二三、p118。

99) 初瀬鉄道は大正11年版でも初瀬町に資本金5万円、払込み3万8,125円の会社として存続している（『銀行会社要録』大正11年版奈良、p3)。

100) 木原吉太郎（奈良県北葛城郡磐城村南今市）は明治8年奈良県平民木原國太郎の長男に生まれ（人Ｔ7をp101)、大浦佐太郎の長女・里由（明治11年10月生れ）と結婚、明治39年村会議員、明治44年郡会議員（名鑑、p122)、磐城信用組合理事、郡農会名誉顧問（奥田信義編『現代人物誌　第五編』奈良新報社、昭和5年、p282)、「政界に雄飛せる一方、株式会社八木銀行取締役、元長谷鉄道専務取締役等に選ばれ、実業界に錚々たる手腕を振ひ活動家として一般の信望高し」（前掲『現代人物誌』p282)、琴平参宮電鉄監査役（要Ｓ8役下、p141)、昭和4年4月5日琴平参宮電鉄監査役就任、昭和10年1月28日在阪大株主［＝旧社債権者］を代表して琴平参宮電鉄専務取締役就任（諸Ｓ10下、p481)、昭和14年12月23日退任（『琴平参宮電鉄60年史』p259)。

　木原鹿太郎（磯城郡三輪町）は明治33年木原吉太郎の長男に生まれ、大正15年

慶応義塾経済を卒業、八木銀行に入行、昭和5年3月三輪支店長（奥田信義編『現代人物誌　第五編』奈良新報社、昭和5年、p282)、大浦治雄氏の叔父。

101)　大浦材木店（桜井町）は大正5年創業、大正8年9月30日の材木問屋・大浦材木店主である「大浦治茂　材木代」110.74円など多数あり。

102)　大正8年7月12日「無蓋貨車二両代金　鉄道院ヨリ払下ケ代」1,834円）のほか、桜井駅の共同使用料支払、連帯運輸の清算など。

第3章　松之山温泉を一手に掌握した投資家の観光デザイン

　新潟県西部の松之山温泉は旅館数の集積状況から見て、さほど規模の大きな温泉郷ではないが、その歴史は古く、とりわけ薬効の高い名湯として全国的にも知られている。大正8年の夏初めて訪れた14歳の赤羽太郎（後述）は「朝早くから自炊する湯治客を相手に、村の人たちが野菜やお新香餅を売りにきたり、芸者屋さんも2軒ほどあってそれはなかなかの賑わいだった」[1]と、大正バブル絶頂期、空前の農村景気に沸く松之山温泉を回顧する。
　坂口安吾は昭和10年発表した小説『逃げたい心』の中で、昭和恐慌期の冬の情景を次のように紹介する。「山底にしては珍しく数十軒の古めかしい素朴な家がたちならび、宿屋も十軒ぐらゐはあるのだが…往昔殷賑をきはめたこの温泉は今はまつたく山のどん底に置き棄てられた感じとなり、そのうへ積雪の甚だ深いところであつてさういふ気候の侘びしさもあり、数十軒の家棟ともども淋れきつた悲しさは、普通山奥の温泉といふばかりでは感じられない若干の感傷が流れてゐる」[2]。
　こうした何軒もの旅館等で構成される相当規模の温泉郷全体の諸権利を観光資本家が一手に引き受けてトータルに観光デザインし、総合的に所有・経営した事例としては登別、岳、小川、花巻などが知られている。本章では地元銀行・県外信託が金融機関としてそれぞれ相応のリスクを負いつつ、温泉権に投資し温泉経営上演じた役割と限界とを観光デザインの観点から若干の整理を試みたい。本章でも基本資料・頻出資料は略号[3]で示した。

写真-1　戦前期の松之山温泉街絵葉書（著者所蔵）

Ⅰ. 戦前期の松之山温泉

　まず、松之山温泉の概要を示すため、本章の対象とする坂口安吾が描いた戦前期における松之山温泉の各旅館の経営者〔（　）内は昭和5年時点〕と年間賃料、湯銭を大正9年時点（町史、p910）を基準として、昭和5年時点の電話、客室数、客室畳数、宿泊料、収容人員等を〔　〕内に補充[4]すれば、表-1のとおりである。

　温泉郷を構成する各旅館の賃貸条件がほぼ判明する資料の存在そのものが極めて珍しいが、その背景は松之山温泉の全体を地元の大地主・田辺家（後述）が所有・差配していたのが、大正8年「保安林や普通の森、旅館など松之山温泉全村と田10町歩ほど」（半生、p50）の権利を松本市の中央土地信託（後述）

表-1　戦前期の松之山温泉各旅館の概要

① 和泉屋　小野塚栄五郎（小野塚三栄）賃料480円、湯銭1,230円、基準宿泊数1万2,300泊、電話松之山32、客室数35［70］、客室畳数210、宿泊料1.0～5.0円、［210人、以下各館とも源泉63度、浴槽内60度は同様］
② 千歳屋　柳為吉（柳健一郎）、120円、250円、2,500泊、電話松之山25　客室数30［55］、客室畳数180、宿泊料1.0～5.0円、［165人］
③ 野本屋　野本和藤治（同）、80円、190円、1,900泊、電話松之山34、客室数18、客室畳数108、宿泊料1.0～3.0円／兼野本商店
④ 米屋　小野塚与七（同）、40円、320円、3,200泊、電話松之山32、客室数20［21］、客室畳数120、宿泊料1.0～3.0円、［65人］
⑤ 中屋　高沢量夫、260円、670円、6,700泊、電話松之山34
⑥ 藤田屋　山崎彦市郎（村山総賢）、56円、180円、1,800泊、電話松之山32乙、客室数11、客室畳数67、宿泊料1.0～2.0円／兼生繭商
⑦ 福島屋　斉藤かつ（同）、140円、460円、4,600泊、客室数25、客室畳数150、宿泊料1.0～3.0円
⑧ （玉城屋）（山岸正信）客室数10［14］、客室畳数60、宿泊料1.0～2.0円、［40人］
⑨ （白川屋）客室数［18］［54人］
⑩ （福住屋）客室数［8］［20人］、電話松之山33乙／兼料理・芸妓
⑪ ［松之山温泉ホテル（凌雲閣ホテル）］客室数［60］［250人、源泉98度、浴槽内70度］

（資料）『松之山町史』松之山町、p910、大正12年1月1日『十日町新聞』⑯広告。

に一括譲渡したという当地固有の事情からである。中央土地信託が徴収する賃料と湯銭の総計は「五千余円」（町史、p910）とされ、その内訳は①～⑦の7旅館の年間賃料1,176円、年間湯銭総額3,300円の小計4,446円と旅館以外の民家・医師・駐在所等五百余円の合計であった。湯銭は宿泊者1人当り10銭に年間基準宿泊数3万3,000泊を乗じて計算されているが、松之山温泉浴客の実数である大正9年「五千六百余名」（郡誌、p316）、昭和14年2万9,219名と比べ過大である。仮に中央土地信託設立時の払込額25万円が全額松之山温泉の土地建物等の買収にほぼ充当されていたと想定した場合の対投資総額粗賃料率は上記の最大限の湯銭を見込んでさえ2％という低水準にとどまる。

Ⅱ．田辺卯八郎と田辺正胤父子

　明治20年松之山温泉の所有権は当地の九郎兵衛家、宿屋一同らの温泉所有権を巡る長期裁判という懸案の「出湯地問題解決して、其所有権は村山恒二氏の手に帰したが、次で間もなく浦田口村田辺家の所有に移った」（温泉、p19）

とされる。すなわち温泉所有権を巡る長期裁判で共に莫大な裁判費用を支払ってきた原告・被告「双方が浦田口村の素封家田辺卯八郎から融資を受け…抵当に入れた土地建物は次々と田辺家の所有に移った」(町史、p907-908)結果、関係者の弁済不能のため泉源を含め温泉の一切の所有権は裁判費用を一手に融資した債権者・田辺卯八郎に移った。いわば漁夫の利を得る形で温泉の新所有者となった田辺卯八郎(東頸城郡浦田口村)の明治18年所有地価40万円[5]は東頸城郡内第一位、売米俵数[6]の4,000俵は同郡内で「数十万の資産」(郡誌、p933)と称された本山才太郎[7]の売米俵数5,000に次ぎ第二位であった。明治30年の地価額5万3,442円82銭8厘(商工、p93)の「越後松の山の豪農」(M30．6．5 東朝②)として知られた人物である。「従来多額の出油を見ざりし」(M35．3．27 東朝③)とされた東頸城郡の石油開発でも明治30年認可された上越石油の発起人(M30．6．5 東朝②)、明治30年設立の松之山石油頭取(521株の筆頭株主)などを勤めた。しかし田辺一派が出資した松之山石油は業績が振わず、僅か2年後の32年に解散した(町史、p667)。田辺家の一連の石油投資が成果を生まず泡沫的であった証拠として明治45年7月現在多くの試掘鉱区を有するにもかかわらず、稼業鉱区の数が4鉱区にすぎない(郡誌、p928)事実からも推測できる。

　田辺卯八郎は明治43年7月家督を長男の正胤に譲り、松代銀行頭取も正胤に交代した。田辺正胤(東頸城郡松之山村浦田口)は明治10年2月17日田辺卯八郎の長男に生まれ、酒造業[8]、松之山石油大株主(町史、p667)、明治43年7月家督相続、松代銀行頭取、大成石油[9]取締役(人事、たp9)、松之山水力電気社長(東北、p232)、地元の酒蔵である松之山酒造、和泉舎酒造、一川酒造各取締役、「大平生命保険株式会社代理店、倉庫業、金銭貸付、代理業」(T12．1．1 十日)の田辺合資会社代表、郡地主会長、尚武会役員等を幅広く兼ね、地価6万9,832円(地価、p56)もの「巨万の富を擁する土豪」で、「村治に心を労し、又松之山青年振興会会長」[10]も兼ねた。頭取交代の直後に田辺家の肝煎りで刊行された『松之山温泉案内』は「土豪田辺家の邸宅は字浦田口村に在る。その庭苑は流石に巨万の富を擁する同家多年の苦心によりて築き上

られたものだけに…総て本邦庭園美の粋を蒐め…」(温泉、p59) と絶賛し口絵にも田辺邸の写真を掲げる。この田辺家「庭園は随時縦覧を許される筈である。里程約三十丁」として、同じ浦田のライバルともいうべき「松野山郷…世々郷長」(郡誌、p928) 六代当主の本山彦吉郎[11]が修築した「所謂藤原のお庭」(郡誌、p933) ともども温泉近傍の名所の一つに数えられていた。田辺正胤の名前は田沢炭礦 (松代村19万4,355坪、石炭の鉱産額大正4年、479トン、1,997円、大正5年、975トン、2,145円) の鉱業権者 (名鑑、p95) のほか、各期の『鉱区一覧』をみると大正期を中心に県内各地[12]にも出願に及ぶほか、石油のみならず金採掘にも手を延ばしており、巨額の試掘・採掘費をつぎ込む彼の鉱山熱は父譲りとはいえ尋常でなかったものと推察される。彼が主導した松之山水力電気の創設動機も点灯の便宜をこうむった隣村の松代電気の「成功とを見ては松之山村又黙過する能はず」(郡誌、p1027) 解約して新たにライバル企業を立ち上げたという単純な地域対抗心に根ざしていた。さしたる庭園の造詣がなくても、対抗上豪庭を造営して浴客に自慢する彼の性向から察するに、お坊っちゃんらしい軽率な投資行動であった可能性もあろう。

　そもそも「中越ノ資本ハ大体ニ於テ其起源ヲ石油ニ置キ…全県下ニ渉テ隠然タル勢力ヲ有スル…中野一家」[13]を創始したのも「石油王中野貫一」であるという石油投機崇拝の風潮が県下一円に蔓延していた。しかも新潟県の石油事業は「今回ノ戦乱起リ輸入減少ノ結果将来ノ品薄ヲ見越シ頓ニ需要ヲ喚起シ各地ヨリノ注文輻輳シ商況俄然活気ヲ呈シ」[14]、「一時ハ熱狂的相場ヲ現ハサントセリ。然レトモ其大部分ハ思惑的ノモノ」[15]と一攫千金の思惑が渦巻いていた。こうした中で田辺正胤は新潟県の石油事業が「熱狂的相場」を呈しつつある大正5年の時事新報社第三回調査全国五拾万円以上資産家調査で、土地、株券等の資産が60万円と推定された全国レベルでの資産家にランクされた。この調査では新潟県内には資産が50万円以上の資産家が74名もあり、田辺は県内48位に相当する。大地主が割拠する新潟県内での地位は必ずしも上位とはいえないが、東頸城郡内ではトップであり、「郡内きっての資産を誇った田辺家」(町史、p909) は「農業資本家として大きなものか存在する余地か無い」[16]ため、「上

越自身に中心勢力を置く者は少い」[17]とされた上越地区では相当な存在感があった大地主と思われる。田辺正胤が代表者となって、大正7年5月松之山水力電気を資本金4万円で設立、50KWの橋詰発電所を建設して、翌8年11月に松之山村に供給を開始した。田辺正胤は同社の社長に就任したが、のちに村山真雄（地価1万9,237円の浦田口の大地主で酒造業の村山政栄の長男）に代わった（東北、p232）。田辺正胤の大正末期の信用状態は貸地・会社役員・松代銀行頭取、開業…、対物信用70～100万円、対人信用「厚」、年商内高5～7万円、盛衰「常態」（帝信、p22）、農兼会社員、開業…、正味身代未詳、商内高3,000～5,000円、取引先の信用の程度Ba、所得税大正13年…円（商信、p39）と記載されている。また事情に精通しているはずの松之山温泉組合が大正7年7月3日広く浴客向に発行した『松之山温泉案内』にも、温泉オーナーたる田辺家の庭園を明治44年の初版以上に「流石に巨万の富を擁する同家が多年の苦心と多くの斯道の精通家を聘して本邦の庭園築構法の粋を抜き資を惜まず奇石珍木を蒐集し築きしもの…訪ふ者あれば望みにより随時縦覧を快諾される筈なり」（案内、p44）と特筆大書した提灯記事が重ねて掲載され、当時の地域の人々が抱いていた田辺家（ひいては頭取を勤める松代銀行）への信頼度の維持に大きく役立っていたものと考えられる。

Ⅲ．田辺家の衰退と松代銀行の窮状

　新潟県は比較的健全な銀行が多く、金融恐慌に襲われたことが相対的に少ない金融風土であるが、大正13年6月休業した出雲崎町の旧北越銀行（現同名行とは無関係）を当時の日銀新潟支店は「従来経営振甚ダ放漫ニシテ、石油熱勃興ノ際不相応ノ貸出ヲ為シ、禍根ヲ残セシコトアリ。又重役方面ニ多額ノ固定貸ヲ為ス等、幾多ノ失敗ヲ累ネ…」[18]と観察した。また長岡の六十九銀行「東京支店…副支配人及び行員の経営散漫に流れ」（T10.12.25内報）た結果、大正バブル期の「財界好況時代に東京支店に於て石炭屋、株屋等に貸付たる金額は大部分回収不能」（T11.1B）となったのは「イカサマ師に乗ぜられ俗に盥

第3章　松之山温泉を一手に掌握した投資家の観光デザイン　111

表-2　松代銀行役員（大正8年時点）

頭取田辺正胤　松之山村浦田口、田辺卯八郎長男（本文参照）
常務田辺貞治　東頸城郡松之山村浦田口、地価2,437円、松之山水力電気監査役（帝T9、p25）
取締役富沢和長治、松代村小荒戸、酒造業、地価6,671円、松代銀行専務（要M40、p20）、松代製糸筆頭取締役（諸M39上、p728）／継承者は酒造業の富沢昌次［松代村、松代酒造取締役、松代銀行262株主（T13/6）］
取締役村山悌蔵　松之山村坪野、大地主（大正5年6、372）（名簿、p154）、松之山水力電気創立委員（町史、p647）、村山義輝［松之山石油取締役（町史、p667）、松代銀行取締役・第2位110株主で安塚銀行監査役（要M40、p20）］の相続人（名簿、p154）
取締役髙橋栄治　松之山村中尾、松之山撚系監査役、松之山村議
監査役柳俊作　松代村松代、地価557円、明治39年時点で松代村長（郡誌、p891）、松代銀行監査役（要M40、p20）、松代銀行33株主（T13/6）
監査役高沢篤　松之山村大荒戸、地価392円、大荒戸に石油鉱区保有（町史、p667）、松之山水力電気取締役、松代銀行96株主（T13/6）、松之山村議
監査役保坂万蔵　東頸城郡浦田村、明治39年時点で浦田村長（郡誌、p892）、松代製糸監査役（諸M39、上p728）、大正13年時点で浦田村長、松代銀行73株主（T13/6）

（資料）『帝国銀行会社要録』大正9年、p25、地価は直峰暁三編『新潟県東頸城郡地価持一覧』大正元年。

回しと称する奸手段に懸り、資本金一千万円を標榜せる石炭会社の創立に無謀の貸出を敢てし」（T10.12.25内報）たためと報じられた。このほか大正11年4月の相川銀行、13年7月加茂実業銀行など大正末期には銀行休業が相次ぎ、その後も昭和3年7月曽根銀行が破産宣告を受けた。同じ頃松代銀行にも以下にみるように石油熱の消滅に随伴して何らかの放漫経営の発覚があったものと推測される。

　松代銀行（松代村松代2093番地）は富沢虎次[19]、関谷延八郎[20]、井上庄吉ら「松代地方の有力者」（郡誌、p1013）が先発の安塚銀行の認可に対抗心を燃やし29年12月ころから「地方金融機関の必要を認め…有志と共に株式会社…の設立計画を為し」（郡誌、p924）、中心地主の集落名の「松平」を冠して松平銀行として明治30年8月開業、明治35年1月松平村の合併後の新設村の名をとって松代銀行に改称した（第四、p790）。大正8年時点の同行役員は表-2のとおり。

　松代銀行は昭和元年12月現在、本店所在地東頸城郡松代村、支店数2、出張所・代理店数0、資本金50万円、払込42.5万円[21]で、大正10年では松之山村浦田口1623〜1625番地に浦田口支店、大島村大島1056番地に大島支店を置き、

松代、松之山村を主たる営業エリアとしていた。昭和2年4月の金融恐慌時にも松代銀行は「当地ニハ更ニ影響及サス」（♯60営、p 6）と表面上は平然を装っていたが、この頃水面下で「松代〈銀行〉ハ柏崎〈銀行〉ニ合併ノ希望アリ」[22]と、頭取自身の失態が表面化する前に合併を真剣に模索していた模様である。しかし合併模索中の田辺正胤は松代銀行頭取職を第63期の決算期末ぎりぎりの昭和3年12月1日辞任（♯63営、p 5）、昭和4年6月末の住所は従前の松之山村から東京市に移転した（♯64営、p29）。多くの小作人を擁する大地主の遠方への転居にはよほど差し迫った困窮事態の到来が想定されよう。田辺正胤と同様に所有地価の割に石油への投資額が目立つ高沢篤[23]も昭和4年6月19日同行取締役を辞任した（♯64営、p 4）。両役員の銀行持株は当然ながら辞任前後に大幅に減少している。この売却株数にほぼ見合うものを株主名簿の移動状況から探してみるとＳ4/6期には第百三十九銀行（高田）が、Ｓ4/12期には佐藤巻三（浦田、専務の佐藤徳二郎との続柄は未詳）らがほぼ肩代わりしたものと推定される。第百三十九銀行は松代銀行との合併を視野に入れた政策的な株式取得かとも思われるが、松代銀行が合併を画策した先としては十日町銀行や柏崎銀行の名が揚げられ、第百三十九銀行は見当たらない。第百三十九銀行がなお高利貸的体質を残していたと仮定すれば同業者たる松代銀行頭取の田辺正胤個人に対し松代銀行株式等を担保としてハイリスクな高利貸付を行っていた結果の債権保全処置などが想定可能であろう。

　前述したように石油業へのただならぬ思惑を背景として田辺家は大正初期に「石油事業にも進出して各地に石油鉱区を拡大し、採掘も試みたが、多くは成功せず…また、一説には米相場にも失敗したと伝えられている」（町史、p909）とされる。このことを示す状況証拠が大戦景気の時期の松代銀行頭取・田辺卯八郎個人としての石油や金鉱区の採掘・試掘への投資行動である。こうした各地の採掘・試掘に要する巨額の費用が、近隣の第百三十九銀行以外にもお膝元の松代銀行から出たことを直接に示す史料には接していないが、その蓋然性は極めて高いと考えられる。大正12年刊行の『東頸城郡誌』は東頸城郡内の石油採掘を「儀明、寺田、蒲生、松代等も一時噴油せしが、盛なるに至らず

して廃坑。其他全郡到る処に試掘せしも大抵失敗に終りしは遺憾なりといふ可し。要するに本郡の石油界は年を逐ふて衰運に傾きつつあり」（郡誌、p302）と総括する。正に「全郡到る処に試掘せし」田辺家は郡誌の指摘どおり、「大抵失敗に終りし」典型であった。郡誌は明治45年7月時点の『鉱区一覧』を転載するが、田辺正胤名義の松代村田沢の田沢炭坑だけは明治44年鉱産額が106万9,391斤と稼業中として記載されている（郡誌、p313）。しかしこの炭坑も田辺正胤が関係する「松代製糸所、大成石油株式会社等に供給し来りしが、前期の工場廃止と共に採掘を休止せり。是れ炭質不良なると郡外移出に多額の運賃を要し収支相償はざる為なり」（郡誌、p313）と冷静に分析しており、貧坑ゆえに休止に追い込まれたことが判明する。その後に伝えられる田辺家の米相場云々は、株式の損失を取戻すべく手掛けた米相場での百万石の思惑でも失敗した「借金王」石井定七の場合等と同様に、おそらく石油での大損を取り返すための起死回生策であったことであろう。

　渋谷隆一氏らの編纂された「大正初期の大資産家名簿」でも田辺正胤の名は大正13年の50町歩以上の地主名簿に記載がない事実が示され[24]、田辺家側のなんらかの停滞ないし没落傾向の可能性が暗示されている。加えて総会時に併せての満期退任の形でなく、決算期末ぎりぎりの突発的な松代銀行頭取辞任であり、上述のとおり松代銀行の持株を役員復帰の資格である50株のみを残して売却し、頭取辞任前後に大地主としては異例の東京への移転を決断した事実と併せ考慮すれば、町史指摘のような不幸な結末が存在したものと断定せざるを得ない。大正13年の所得税が公示対象外（商信、p39）であるほか、大正13年6月末時点における田辺正胤の松代銀行持株旧230株新10株という組み合わせ自体に信用保持上すでに異常さがある。「新株…払込ヲ徴収シテ資金ノ充実ヲ謀リ」（＃57営、p6）たいとして旧株主に新株引受を強く要請している当の頭取自身の新株引受能力の欠如を世間に露呈するからである。同郷・同姓で松之山撚系監査役の田辺実三と正胤の縁戚関係の有無は未詳ながら、実三の松代銀行持株旧0株新115株は新株引受を正胤に代わって代行し大正15年7月取締役に選任された経緯は正に田辺家一統による正胤への補完かと受け取られよう。

さすれば次項の大正8年の中央土地信託への温泉権譲渡も、その時点でなお有望と見た正胤が試掘費用（大正8年4月でもなお東頸城郡内に石油試掘権申請中）などの捻出のために行ったのか、あるいはのちに本格化する田辺家側の一連の財産整理の先行形態として相対的に優良な資産を早期に換金する行為であるとも推測することができよう。買い手の赤羽家では田辺を指す「松之山町の資産家が個人で持っている温泉を買ってほしい」（半生、p49）といわれた細沼という「業者」が「良い話」（半生、p49）として出入りしていた赤羽家に持ち込んだと伝えられている。帝国興信所の大正14年1月調査でも田辺家当主の対人信用「厚」、盛衰「常態」（帝信、p22）と盛衰を見抜けぬ時点での地元温泉権の譲渡は田辺家の信用保持上秘匿しておきたい窮境であったと考えられる。

　松代銀行は営業基盤が山地で立地環境がよくなかったため、預金、貸出金ともに伸びが悪く、隣接する安塚銀行との「格差は広がる一方」（第四、p790）であった。こうした厳しい状況のなかで、十日町銀行や昭和初期から柏崎銀行との合併が幾度か画策されたものの実現せず、十数年後の昭和9年12月難航迷走した末に宿敵ともいうべき隣接の安塚銀行と合併し松代支店、さらに第四銀行松代支店となった（第四、p791）。

　これに対して安塚銀行は設立時の専務として頭取の横尾義周らと経営を担った塩崎貞佐久[25]が、「情実に流されては経営できないという経営方針に基づいて、親類や知人から直接借入れの申込みがあっても、返済能力、担保などをよく調査しなければ相手にしない」（第四、p786）という堅実経営を貫き「安塚銀行をして今日の声価あらしめ」（郡誌、p914）たとされる。松代銀行の経営に関して『第四銀行百年史』は詳述しないものの、近傍の安塚銀行を高評価する文脈からは松代銀行が返済能力や担保を綿密に調査せず、情実融資に流れていた不堅実な傾向が窺える。現に著者が入手した松代銀行『第64回営業報告書』の決算数値は頭取辞任に伴う混乱期とはいえ、訂正した数値の張り紙をあちこちに張り付けた極めて不体裁な箇所が見られる。第65回損益計算書に訴訟費3,235円の計上（#65営、p22）もあり、重役貸付の回収困難など深刻な内部

問題の一部露呈かと想像され、この傾向は翌第65回にも見られる。預金、貸出金が伸び悩んだ背景もこの辺にあったものかと想像される。

Ⅵ. 赤羽茂一郎と赤羽商店

買い手である赤羽茂一郎（松本市南深志308）は赤羽商店主で、明治37年専売法を機に父茂十郎が始めた煙草元売捌業をやむなく廃止して肥料に切り換えた。合資会社時代の赤羽商店（松本市伊勢町）は肥料商兼煙草元売捌、石油販売、カネ茂、営業税27円42銭、所得税…円であった

写真-2　初代赤羽茂一郎（『私の半生』）

（日韓上M41、p15）。株式会社赤羽商店（松本市南深志285）は「肥料製造販売其他」を目的に大正8年11月に設立され、株数1.2万株（旧2,000株、新1万株）、資本金60万円、内払込額35万円、代表取締役赤羽茂一郎、取締役赤羽豊治郎、赤羽運吉、監査役木南重孝であった。株式会社赤羽商店は大正「十二年二月中央土地信託会社ヲ合併五十万円増資」（帝Ｔ13、p35）した結果、松之山村の大地主（昭和4年4、235、大正10年以前は空欄）（名簿、p154）として登場する。代表取締役の赤羽茂一郎は中央土地信託取締役（要Ｔ11役下、p79）、開業…、対物信用7～10万円、対人信用「普通」、年商内高50～70万円、盛衰「常態」（帝信、p15）、大正14年11月調査では松本市伊勢町38、肥料石油、開業…、正味身代未詳、商内高50～75万円、取引先の信用の程度Ca（普通相当）、所得税大正13年503円であった（商信、p74）。

茂一郎は「決して本心を人に言うことはなかった」（半生、p15）ため、長男の太郎でさえも松之山温泉権購入の本心を聞き出していないように思われる。

以下は購入の動機を推論してみたい。まず、赤羽商店が所在した長野県下の当時の投機熱について日銀松本支店は「農家資力ノ瀰漫ヲ誘致シ今ヤ此弊風ハ滔々トシテ山間ノ僻邑ニモ侵襲スルニ至レル結果…大正八年ニ入リテハ県下事業界ハ空前ノ殷盛ヲ呈シ新設会社三十六…ニ達シ…土地山林等ニ対スル思惑熱旺盛トナリ」26)と観察していた。新潟県でも「十日町の機業界は意外の好景気を来し…機成金なるもの続出…十日町には一種弛緩したる空気が充満し、花柳界は殊の外活況を呈し」（Ｔ８.７.10十日）、「一般農家は大元気で…一寸昨年の倍位の需要があるらしく肥料商…の鼻息は一層高く」（Ｔ８.10.20 信毎③)、飯山の魚類肥料商「藤縄信次は一日より株式現物店を開始して開店当日より押すな押すなの繁盛」（Ｔ８.11.6 信毎④）と肥料好景気が盛んに報じられているとおり、有力肥料商の赤羽商店がこの時期強気に転じても不思議でない環境が整っていた。茂一郎の長男太郎も「とにかく〈赤羽商〉店は景気がよかった。父〈茂一郎〉は新潟県松之山温泉をひと町買うほどでもあり、全国の金満家名簿にも載った」（半生、p14）と回想している。

　したがって茂一郎が松之山温泉を一手に買収した動機が好景気に煽られたバブルの産物という側面は否定できないであろう。いま一つの動機は茂一郎は体調を崩して病状が悪化し「東京の病院へしばらく入院し、帰ってくると浅間温泉の鷹之湯で静養」（半生、p14）する病身であったこととも関係があると考えられる。温泉の効用を身を以て実体験しつつあった時期の決断だけに薬効高い霊泉松之山の話に心が動いた可能性もあろう。

　大正８年茂一郎は温泉権買収のために下見に行った。その時点のルートは「篠ノ井線を長野で乗り換え、信越線…さらに乗り換えてガソリン車で浦河原まで行き、そこから人力車に約１時間揺られてやっと温泉に着く」（半生、p50）という有様であった。「聞き書き」のため、この「浦河原」は頸城鉄道の「浦川原」の誤記と思われ、「ガソリン車」も頸城鉄道の「ガソリンカー」（ガソリンを燃料とする内燃動車）であろう。省略の部分の「…」の経由地はよくわからないが、頸城鉄道の起点「新黒井」駅には「松之山温泉方面」27)の看板があり、当時の松之山温泉への主要な輸送ルートであった。

長男の太郎（昭和11年家督相続して茂一郎襲名）が「とてつもない遠い場所」（半生、p50）と感じたように、茂一郎が静養・転地に通うには松之山は松本から遠すぎた。同行した太郎も「もっとも後でわかった話だが、この地方は冬は豪雪でとても人が入って行けるようなところではなかった」（半生、p50）と父の見立て違いを告白する。7月末の夏休みに現地を訪れた著者も11月末に暮雪の松之山を再訪してみて、この文脈が実感できた。

　茂一郎は自ら「危ないところには顔を出さないのが利口者のやることだ」（半生、p15）というほど、リスクマネジメント能力を有する「利口者」を自負するほど細心で緻密な人物であったという（孝一郎氏の話）。昭和5年信濃銀行の破綻寸前に「預金の一部である10万円を引き出し」（半生、p17）難を逃れるなど「機転のよさは抜群」（半生、p15）といわれた。そんな茂一郎が松之山に深く執着した理由を長男の太郎も十分には理解していないように感じられる。もっとも赤羽家が地元に所有した農地30町歩（半生、p30）は後年の農地解放で手放さざるをえなくなったなか、温泉権は買収を免れてリスク分散の効果を発揮したことまでは茂一郎も予知できたわけではなかろうが。

V．温泉土地会社等と対比した中央土地信託の特異性

　中央土地信託（松本市南深志308、株数1万株、資本金50万円、内払込額25万円）の設立は大正8年11月8日（T9．1．23官報2239号付録、p4）で、合資会社赤羽商店を改組して㈱赤羽商店を設立したのと同時期かと思われる。遠く離れた新潟県松之山村の田辺家と長野県松本市の赤羽商店との間に温泉権の取引が生じた理由につき、『松之山町史』は「田辺家が小作地で使用する肥料をすべて同商店から購入」（町史、p909）する接点があり、「赤羽茂一郎は別に松本市で中央土地信託株式会社を経営していたから、田辺家はこの信託会社から土地を担保に多額の融資を受けていた」（町史、p909）ものと推測している。この記述は日銀新潟支店の「上越の地は新潟県の一部とは云ひ乍ら経済関係に於ては寧ろ長野、富山地方と密接な関係があるのであって、之等の県外地方の

資本的勢力の侵入を受ける事多く、産業の開発も県外資本に待つ事多き有様で…長野方面とは経済関係も密接であり、交通も便利であった為め資本流入には好都合」[28]との当時の分析とも整合性がある。しかしながら大正8年の松之山の鉱泉地の譲渡時期と中央土地信託の設立時期が接近しすぎており、『松之山町史』の推測にはいささか疑問が残る。おそらく「中央土地信託」なるもっともらしい社名のゆえに、同社の業務内容を過大視した結果ではなかろうか。たしかに同社の目的は「土地建物売買及一般信託業」（帝Ｔ9、p16）となっており、いかにも現在の信託銀行のような業態を想起させる。しかし信託業法以前の旧信託会社は単なる不動産業者の域を出ない場合がほとんどであると思われ、専門的に不動産抵当貸付を行う旧信託会社は大手の関西信託等を別格とすれば、有馬土地信託などごく少数派ではなかろうか。孝一郎氏の話でも多額の融資云々は伝わっていない由であった。

　ここで赤羽家が温泉経営の主体として当初採用した中央土地信託という信託会社形態の特性に言及しておきたい。同社は大正8年12月末現在の農商務省編『会社通覧』に掲載され、かつ『信託及付随業務の研究』にも長野県下の信託会社として、第二松本信託、長野信託、松代信託（新潟県の松代とは別）、松本信託とともに、大正8年11月設立、資本金50万円、払込25万円とのみ記載（積立金、配当欄は空欄）されている[29]。しかし資本金が足らず、当然に信託会社協会にも未加盟の中央土地信託の情報は麻島昭一氏の労作『本邦信託文献総目録』[30]にも該当がない。このことは信託専門3誌はもとより、東京経済雑誌、東洋経済新報、ダイヤモンド、エコノミスト、銀行通信録、大阪銀行通信録の主要経済雑誌6誌にも記載がないことを意味する。また大正5年2月から大正9年4月までのプレミアム付株式募集銘柄を当時の新聞紙面の公募広告等から丹念に収録した『株界五十年史』[31]にも記載がない。したがって中央の通常レベルの投資家が一般的に目にする媒体ではほとんど報道されなかった、極めてローカルな存在の信託会社であったかと推測される。

　それにもかかわらず、日本三大薬湯と称せられる松之山温泉のほぼ全権を掌握するほど相応の事業活動を信託会社形態で実施した事実は観光経営史上注目

第3章　松之山温泉を一手に掌握した投資家の観光デザイン　119

に値すると思われるので、以下はこの中央土地信託に認められる特色を同時期の温泉土地会社等との対比しつつ述べてみたい。大正初期に新設企業の情報を積極的に収集[32]していた増田ビルブローカー銀行の機関誌『増田ビルブローカー銀行旬報』の大正8年1月から同行破綻寸前の大正9年

表-3　大正8年度の温泉土地会社等一覧

① 3月　瓢山土地建物	⑭11月　枚岡土地
② 4月　花屋敷温泉土地	⑮11月　別府観海寺土地
③ 5月　平野温泉土地	⑯11月　六甲土地
④ 5月　最上温泉土地	⑰12月　有馬瑞宝寺土地
⑤ 7月　日本カルシウム泉	⑱12月＊安治川土地
⑥ 7月　生駒土地	⑲大正9年1月　中央別府温泉土地
⑦10月　有馬温泉土地	⑳ 1月＊御影土地
⑧10月　大生駒土地	㉑ 2月　熱海宝塚土地
⑨10月　多治見鉱泉土地	㉒ 3月　荏原土地
⑩10月　大軌土地	㉓ 3月＊有馬土地信託
⑪10月　有馬霊泉土地建物	㉔ 3月　有馬パラダイス土地
⑫10月　城崎温泉土地建物	
⑬10月＊西宮土地	

(資料)『増田ビルブローカー銀行旬報』大正8年1月〜9年4月、＊印は時価発行（小沢福三郎『株界五十年史』昭和8年、p272以下）。なお奈良住宅土地、京阪土地、大阪郊外住宅、石橋土地建物、10月には垂水住宅土地、別府土地、平井土地、大阪野江土地建物、宝甲土地、尼崎城内土地なども設立され、「また之れから続々計画されて居る有様」（T8.11.18大毎）と報じられた。

4月5日まで（以後は廃刊）の「事業欄／創立合併」には多少とも温泉土地等に関係すると思われる起業・発起等20数件が表-3のとおり報道されているが、図書館所蔵の欠号等を除き管見の限りでは中央土地信託の記事は見当たらない。

これら大戦景気絶頂期に発起された観光系企業に共通する観光デザインはいずれも①風光明媚な温泉地等に着眼し、②温泉（鉱泉）権を取得（賃借）して共同浴場等を設け、③観光客相手の料亭旅館等を開設、④併せて別荘地開発、⑤遊園地設置、⑥その他付属する諸種の遊覧地に相応しい事業を多角経営するという、総合的・多角的な温泉経営を目論見んでいた点である。⑦資本金は特段に巨額な熱海宝塚土地を除けば50〜100万円程度が多く、⑧柳広蔵、井上千吉、大和藤兵衛、松島肇[33]のごとき職業的なプロモーターらしき人物の主導のもとに、⑨幅広く発起人、賛成人を勧誘する公募型目論見であった。

中央土地信託と上記の観光系諸企業とは温泉経営を中核とする観光デザイン面で多くの共通点を有する反面、次のような根本的な相違点が認められる。①社名に温泉地等の地名をいっさい名乗っていない。有馬を冠する土地会社が多数存在することからもうかがえるように、著名な温泉地名を冠するだけでも土

地熱の当時は投資家に相当アピールするはずであり、熱海宝塚土地などは欲張って東西の両温泉地を名乗った。有馬、草津と並ぶ薬湯として世に知られた松之山を冠しないのは極めて不自然であろう。また単に「中央」という社名だけでは本社所在地も、所有土地の所在地も一般には判明せず、広く全国展開を志す中央の企業でなければ普通には名乗らない社名であろうか。

②「信託」を名乗る点。別府土地信託、阪神土地信託、南海信託土地、戸畑土地建物信託[34]などの類似例もあるものの、温泉経営を中核とする土地会社としては例外的な存在であろう。

③「中央土地信託」という社名の「朦朧性」。「中央土地信託」という社名からは、所在地、事業内容が一切不明で、同名・類似会社等との混同も懸念される。

④本店が赤羽茂一郎の自邸内（T9.1.23官報）に置かれたこと。ただし農商務省編『会社通覧』では本店は南深志285。

⑤取締役の赤羽豊治郎は20歳前後の早稲田大学学生であり、実弟の名義を借りたものにすぎなかった。

⑥「公告ヲ為ス方法」も「店前ニ掲示ス」とされたこと（同官報）。

⑦地元新聞の松之山温泉街挙げての年賀広告欄にも「恭賀新年　松之山温泉事務所」（T12.1.1十日）とあるだけで同社名は出てこない。前年の広告の筆頭には田辺合資が載っていたから、世間には田辺家から同社への権利移転は表面化しなかった模様である。

こうしたことから、著者は中央土地信託は同時期の温泉土地会社にみられたような土地会社専門の職業的なプロモーターが主導し、広範囲に株式を募集することを想定した公募型企業ではなく、単に赤羽家を基軸とする私募型投資ファンドの如き非公然性の顕著な閉鎖的企業ではなかったかと推論する。その証拠として中央土地信託の役員は表-4のとおり、明科で雑貨店を開業（半生、p9）する赤羽年重郎、非同族である池田六衛と務台久吉の3監査役を除き、取締役は南深志307、308と同居ないし近隣に居住する赤羽家血族だけで固めている。孝一郎氏によれば池田、務台両家とは親交があった由である。

表-4　中央土地信託の設立時役員

代表取締役　赤羽茂一郎（本文参照）
取締役　赤羽運吉
　松本市南深志307、赤羽茂十郎の三男、茂一郎の弟（半生、p8）、監査役の池田六衛が経営する「三六呉服店に見習いに行ったあと『上高地みそ』を創業」（半生、p9）、㈾赤羽醤油店（松本市南深志307、大正3年7月設立）代表社員（帝T15、p37）、中央土地信託取締役のみ（要T11役下、p79）、㈱赤羽商店取締役（帝T15、p36）
取締役　赤羽豊治郎
　松本市南深志308、明治32年生れ、赤羽茂十郎の四男、茂一郎の末弟（半生、p8）、就任当時は早稲田大学在学中、中央土地信託取締役のみ（要T11役下、p79）、㈱赤羽商店取締役（帝T15、p36）、後年信州大学教授、昭和59年死亡（『現代物故者事典総索引』2）
監査役　赤羽年重郎
　長野県東筑摩郡中川手村3838、赤羽茂十郎の次男、茂一郎の次弟（半生、p8）、松本中学卒、米国留学後に明科で雑貨店開業（半生、p9）、中央土地信託監査役のみ（要T11役下、p79）
監査役　池田六衛
　松本市大字南深志133、明治32年開業の呉服太物商（帝信、p1）「三六呉服店」主、営業税14円75銭、所得税3円37銭（日韓上M41、p13）、松本電灯、松本信託、松本自動車、石井製糸所各取締役、中央土地信託監査役（要T11役上、p43）、対物信用3～5万円、対人信用「普通」、年商内高7～10万円、盛衰「常態」（帝信、p1）／長男の二代目池田六衛は明治32年生まれ、『丁稚小僧ものがたり』（郷土出版社、昭和62年）の著者。（『信州群像1,100人の横顔』中日新聞長野支局、1985年、p86）
監査役　務台久吉
　松本市渚691、明治20年開業の材木商（帝信、p9）、中央工業取締役、中央土地信託監査役（要T11役中、p125）、対物信用2～3万円、対人信用「普通」、年商内高5～7万円、盛衰「常態」（帝信、p9）

（資料）大正9年1月23日『官報』2239号付録、p4。

　しばしば引用する『私の半生』の著者・二代目赤羽茂一郎（当時は襲名前の太郎）の名前が見当たらない理由は、明治38年生れの太郎（半生、p55）は設立時の大正8年11月では僅か14歳前後の少年であり、役員に加えられなかったためと思われる。そのためか『私の半生』には中央土地信託の名は一切登場せず、太郎の年齢ではなぜこうした信託会社を設立したのかの背景を十分に理解できなかったかもしれない。しかし『私の半生』には昭和初期に茂一郎が「肥料屋のポスター」作成を思い付き、赤羽商店と刷るべき「店の名を『日本アルプス商会』と刷った。雄大な名前を考え出したものだ」（半生、p18）との父の言動に感心する記述がある。太郎は「どうやら父は他のもくろみもあったようだ」（半生、p18）と雄大な命名の真意をあれこれ推測しているが、著者に「朦朧性」と感じられた信託社名も茂一郎には何らかの深謀がある日本アルプス並

みの「雄大な名前」であったのかもしれない。同信託の商業登記簿謄本を見た記憶がある孝一郎氏は父から「設立してすぐ不況が来たため、当初期待していた土地信託の事業が上手く行かず、やむなく整理した」と聞かされた由である。

池田監査役は松本電灯、松本自動車、石井製糸所など地元有力企業の取締役を兼ね、茂一郎の弟・赤羽運吉が「見習いに行った」（半生、p9）ほど親しい呉服太物商でもあるが、何よりも松本地区で先行する松本信託[35]取締役である点が、信託業の経験の乏しい赤羽家にとって創業期に相談役的立場が期待されたものでもあろう。また㈱赤羽商店が「十二年二月中央土地信託会社ヲ合併五十万円増資」（帝T13、p35）した同社の沿革そのものが私募型たる事実を物語っているものと思われる。仮に同社が公募型企業であれば、信託業法公布による信託会社としての存続が不可能となった際の法的処理としては、信託業法の施行に伴って信託業を廃止し大正13年ころ別府土地に改称した別府土地信託のように、単に社名から「信託」を削除して純粋の土地会社に転身すればよく、内容が全く異質の家業たる閉鎖的会社と合併して解散するには及ばないからである。おそらく大正12年時点で松之山温泉を高値で他に転売するような方策を自ら封印して、世襲財産として長期保有する決断を固めたためであろうか。同社は赤羽家の自宅内に本店を置き、取締役を同居・隣家の一族やごく親しい仲間で固め、公告も自宅内に掲示するだけの信託会社の存立期間は僅か「満十箇年」（T9.1.23官報）を想定したのにすぎなかった。存立期間を短くした赤羽家側の当初の意図は、松之山温泉の権利を10年以内の適当な時期に他に譲渡する予定で、信託はその間の暫定的な受皿であった可能性を否定できないようにも思われる。監査役の池田六衛は松本の有力企業役員を多数兼務する名士で、地元紙『信濃毎日新聞』とも緊密な関係にあった模様だが、中央土地信託の設立時の同紙記事・広告[36]は見当たらず、曖昧な社名を持つ同社の存在があまり世間に流布されなかった背景もこの辺にありそうである。

現実の松之山温泉の経営は、主要な構成要素である各旅館の経営難を背景として、地代家賃とともに重大なキャッシュフローたる「湯銭の回収に手を焼いた」（町史、p911）赤羽家が昭和恐慌期に窮余の策として入浴者からの直接徴

第3章　松之山温泉を一手に掌握した投資家の観光デザイン　123

収を計画して旅館業者と激しく対立の末撤回したように、決して楽なものではなかった模様である。家産の多くを松之山温泉という、松本からは相応の時間距離を要する位置にあり、かつ流動性が乏しく、たえず隣接する同業者等による新規泉源掘削による物理的影響を被る恐れもある特殊な資産に一極集中させているリスクと、管理に伴う"不在地主"的な過重な負担が長期間持続したものかと推測される。

　昭和11年4月赤羽茂一郎は「高遠で倒れて病死」（半生、p21）し、長男の太郎が松之山温泉など「新潟にも水田、山林、雑木林などを持っていた」（半生、p22）父の財産を家督相続、11年7月茂一郎を襲名した。（半生、p22）

　昭和29年8月19日松之山温泉から出火した火事は「米屋旅館…白川屋、野本屋、和泉屋、千歳館、たまきやなど同温泉旅館の大半を焼き」（S29.8.19朝日夕③）、山間部に密集する温泉街の火災リスクをはからずも露呈した。二代目茂一郎は温泉オーナーとしては当然ながら出火の原因を詳しく熟知しており、この大火で戦前に自分が設置した共同浴場も「焼けて灰になってしまった」（半生、p51）と残念がっている。赤羽家にとっては賃料・湯銭徴収の途絶をも意味し、通常の不動産投資の域を遙かに超越する巨大リスク[37]が顕在化した瞬間でもあった。松之山村は湯本温泉大火後ただちに復興計画策定に入ったが、第一の課題は「泉源地と、そこに湧出する温泉の権利を村有とし、村営の共同浴場を建設する」（町史、p915）との長年の懸案をこの機会に一挙解決することであった。村では松本市の赤羽家と交渉した結果、「地籍内より湧出する温泉の権利共地代金百十四万円也」（町史、p915）で譲受することに円満解決した。これで古くから続いた温泉の権利争いの根元は松之山村の所有となることで目出度く解消された。

　観光資本家としての赤羽家が昭和29年の松之山温泉全焼からの復興に際して松本市を訪れた松之山村の代表団に対し快く「温泉復興に役立つことであればと泉源地の譲渡に応じ」（町史、p915）た心境にも、冒頭の登別温泉を一手経営していた栗林家[38]にみられたと同様な地元側との複雑な諸関係の解消目的も含まれていたのであろうか。例えば隣接の凌雲閣による温泉掘鑿に慌てた地

域コミュニティは「松之山でも温泉を掘って欲しい」（半生、p50）と赤羽家に要望した。こうして新たな泉源掘削に成功し昭和13年完成させた「共同ぶろを村に寄付していた」（半生、p51）赤羽家にとって、温泉投資自体の採算性、投資回収等はさほど芳しい成果を生まぬばかりか、特に地元ではない県外の不在地主たる赤羽家にとって、登別の場合以上に湯銭を徴収する手間や、広大な所有「林は積雪期の雪崩倒木でトラブルがあり」（半生、p58）、「危険な木があると言われれば切り落とす」（半生、p51）など、コミュニティから寄せられる多種多様な要望をその都度誠実に果たしていかねばならなかった。言葉を変えると、松之山温泉のコミュニティデザイン、観光デザインの双方を推進すべき、ほぼ100％の温泉オーナーとしてのずっしりと重い責務[39]を赤羽家は背負っていく必要があった。

　加えて今回の温泉街大火による湯銭の途絶という投資リスク顕在化が、「村の恩人」（半生、p51）と呼ばれることをひそかに自負してきた赤羽家にとって義侠的な譲渡の決断に大きく影響したとみてよかろう。売却時の赤羽家の当主・茂一郎（太郎）は「松之山を私は寄付[40]をするような具合で村に売った」（半生、p51）結果、「大火事の復興も進み、千歳館などは非常に大きく立派な旅館になっている」（半生、p51）と差配の委任等で交流の深い千歳館の隆盛をご同慶の至りとする一方、一面では「松之山温泉も父がそっくり買っていたが、終戦後10年ほどして町が大火に見舞われ結局村に売ってしまった。温泉を再興するだけの力が当時はなく、やむを得なかった」（半生、p30）と、父から継承した財産を自分の代で手放すことはいかにも残念との温泉オーナーとしての複雑な気持ちも滲ませている。

1）　赤羽茂一郎『私の半生』松本タウン情報、平成13年、p50。この資料は二代目赤羽茂一郎（赤羽太郎）氏が数か月間にわたり松本タウン情報紙の記者の取材を受け、その聞き書きが『私の半生』として連載されたものである。「現段階での若干の第一次整理」と断った初出論文の中で「関係する家文書など原資料入手・閲覧」を念願していた著者にとって、今回現当主の赤羽孝一郎氏より寄贈された私家版の自叙伝を投資側の内実を窺うことができる貴重な資料と考え、初出論文を大幅に

手直しした。孝一郎氏によれば「金庫の中の皮袋に入れて大事に保管していた松之山温泉の一件書類」を含め、赤羽商店時代の古い書類は引越時に処分し現存しない由である。
2) 坂口安吾「逃げたい心」『文芸春秋』昭和10年8月、『石川淳・坂口安吾集1』講談社、昭和42年、p242。
3) 本章で頻出する基本文献は以下の略号を利用した。

　　［基本文献・資料］営…松代銀行『営業報告書』(回数を#で表示)、町史…『松之山町史』、地価…直峰暁三編『新潟県東頸城郡地価持一覧』大正元年、郡誌…『東頸城郡誌』大正12年、温泉…『松之山温泉案内』明治44年、案内…『松之山温泉案内』松之山温泉組合、大正7年、金融…『日本金融史資料　昭和続編付録第二巻』昭和62年、日銀、第四…行史編集室編『第四銀行百年史』昭和49年、東北…『東北地方電気事業史』東北電力、昭和35年、名簿…『新潟県大地主名簿』農政調査会、昭和43年。

4) 昭和5年版『全国都市名勝温泉旅館名鑑』日本遊覧旅行社、昭和5年8月、p306-307および日本温泉協会編『日本温泉大鑑』博文館、昭和16年、p1,000で補充。
5) 明治18年12月調査「県下一万円以上地価持人名録」名簿、p35所収。
6) 「明治二十年米商必携蔵元一覧」名簿、p35所収。
7) 本山才太郎は浦田村の大地主（名簿、p154）、浦田村戸長（郡誌、p1134）。
8) 市川小吉編『帝国実業名宝』商進社、大正8年、p306。
9) 大成石油は明治33年6月設立、本店刈羽郡柏崎町、資本金100万円。「明治44年より…採掘したが、採算がとれず閉鎖」(『松代町史　下』平成元年、p102) なお専務の田辺龍蔵（松之山村浦田口）は地価1,001円、大正3年松之山村議（郡誌、p1184）、郡内各地に石油試掘権を取得（鉱区、T5、T8）。
10) 西村駿次編『越佐大観』越佐会事務所、大正5年、p65。
11) 「庭園造営…など趣味は広かった」(郡誌、p933) 本山彦吉郎は多くの公職に就いたが、田辺は対照的に「敢へて…公職に当らざる」(越佐大観、p65) という。なお現在の松之山では村山邸（先々代が越之露醸造元で「地方屈指の資産家」(T9.11.15十日) として越佐大観でも激賞された村山政栄）が『越後豪農めぐり』(新潟日報事業社、昭和61年、p88) に収録され、田辺家の名はない。
12) 西頸城郡青海に「試登3000号」(3,049万6,170坪）の金試掘権を大正7年4月取得（鉱区、T8、p47)、小黒、安塚に「試登3359」(63万3,145坪）の石油試掘権を大正5年1月取得（鉱区、T5、p22)、浦田に「試登3466号」(45万7,980坪）の石油試掘権を大正5年4月取得（鉱区、T8、p45)、青海に「試登4673号」(49万6,170坪）の金試掘権を大正7年4月取得（鉱区、T8、p47)、東頸城郡松代、

松之山、奴奈川に「試登5467号」（57万5,885坪）の石油試掘権を大正8年4月取得（鉱区、T8、p45）している。

13) 16) 17) 28)　「新潟県の資本家と其分野」日銀新潟支店、昭和62年9月30日、金融、p39所収。

14) 15)　「時局の当地経済上に及ほせる影響」（三）（五）日銀新潟支店、大正3年9月、大正5年3月、金融、p154、158所収。

18)　「北越銀行ノ休業ニ付テ」日銀新潟支店、金融、p120所収。

19)　富沢虎次は設立時の専務で明治37年7月まで在任した。

20)　関谷延八郎（松代村菅刈）は製糸業、地価608円（地価、p46）、松代村戸長（郡誌、p1134）、郡会議員、設立時の取締役（郡誌、p924）

21)　「普通銀行制度改正ニ関スル調査参考資料（新潟県分）」日銀新潟支店、昭和元年12月、金融、p32、29所収。

22)　「県下銀行ノ合同交渉進捗状況」日銀新潟支店、昭和2年10月10日、金融、p111所収。

23)　高沢篤（大荒戸）は地価392円（地価、p58）「温厚篤実にして公平…前に村助役…現に村会議員・区長」（T9.8.15十日）、松之山支店長、『鉱区一覧』に鉱業権者（郡誌、p313）として複数回登場し、大荒戸の石油鉱区を他に売却（町史、p667）。

24)　渋谷隆一ほか「大正初期の大資産家名簿」『地方金融史研究』第14号、1983年4月、p63。

25)　塩崎貞佐久（安塚村横住）は月影村長、県議等歴任、大正3年6月死亡（郡誌、p914）。

26)　日銀松本支店「長野県に於ける農家経済と投機熱」大正9年3月20日、金融、p12-13所収。

27)『頸城自動車100年史』頸城自動車、平成25年。

29)　栗栖猛赳『信託及付随業務の研究』文雅堂書店、大正12年、p257。

30) 34)　麻島昭一『本邦信託文献総目録』昭和49年、p296-297。

31)　小沢福三郎『株界五十年史』春陽堂、昭和8年、p272-298。

32)　大正8年の記事にも「此の他に株を公募せずに一夜作りに出来上った土地会社は枚挙に遑がない程出来」（T8.11.18大毎）たとある。

33)　松島肇は拙著『「虚業家」による泡沫会社乱造・自己破綻と株主リスク——大正期"会社魔"松島肇の事例を中心に——』滋賀大学経済学部研究叢書第42号、平成18年参照。

35)　大正8年3月設立、資本金30万円。第二松本信託を9年3月設立。

36)『信濃毎日新聞』は上田から2.5里にある東塩田村の平井寺なる無名の温泉での

未熟な観光デザインとして「同地有志者は株式組織にて其採掘を試み…浴室を新設し尚近き将来には付近へ旅館を建築し以て一般遊客を迎ふる計画」（Ｔ８.10.５信毎⑤）や、南佐久の山奥の「湯沢辺りの鉱泉宿」でも山村の村祭りで芝居の一座を買い上げた、「女優招待…徹宵の底抜け騒ぎ」（Ｔ８.10.19信毎⑤）などを報じている。また『十日町新聞』も小出温泉の館主の「本年は只今非常に多く殆んど満員」（Ｔ８.８.30十日）との談話を伝える。

37) 『東頸城郡誌』は郡内に「安塚村松崎、浦田村等に冷泉の湧出せるあり、一時浴場を設けしが、収支相償はず廃業せり」（郡誌、p321）と温泉経営リスクに言及する。

38) 北海道登別温泉は室蘭の栗林五朔が登別温泉全物件を買収、「宿屋も、温泉も、鉄道も、交通機関も、電灯設備も全部自分一手で経営」（『栗林五朔翁追憶録』昭和15年、p195）し大正４年温泉設備の改築に着手、地元の反対を押して湯銭を徴収する有料化に踏み切った。「鉱泉権は、登別温泉軌道株式会社の掌中にあって、引湯は同社の支配下におかれていた。それから生ずるトラブルがいつも底にあって…」（『登別町史』登別町、昭和42年、p307）と不在地主による鉱泉権独占の弊害を述べ、村は財政を建て直すため登別温泉軌道に鉱泉権の譲渡を申し入れた。

39) 昭和46年当時の記述ではあるが、「赤羽茂一郎氏は不動産を各地に持ち、活用について豊富な経験があり、処理の方法もよく心得て、直接地主と会って交渉した」（池上真通12www.matsusen.jp/myway/ikegami/ikg12.html：平成24年８月検索）との不動産オーナーとしての豊富な経験と卓抜した交渉力を証言とている。

40) 当主・孝一郎氏の話では父茂一郎（二代目）は「タダ同然で譲った」と思い込んでいたようだが、地元の役場関係者からは「大枚の買戻資金を町中からかき集めてリュックサックに詰め、松本の赤羽邸まで運んで歓待された」話を聞かされた由。

129

第4章　城崎のコミュニティデザインを侵蝕した土地会社

　本章[1]でとりあげた城崎温泉、特に中心部の湯島というコミュニティは古来温泉権を伝統的に厳格に自律的管理してきた典型例とされる。この「湯島村は…其他の生計も亦概ね温泉に依らざるは無し」[2]とされる温泉依存のコミュニティであった。「三軒衆」（町史、p578）とか、のちに「御三家」（物語、p122）とも呼ばれた「上等」（町史、p568）老舗旅館の油筒屋（西村六左衛門）、三木屋（片岡平八郎、郁三父子）、西村屋[3]（西村佐兵衛）がほとんどの期間町長として町政の中心となって活躍した。このうち城崎の「旅舎五十余戸軒を列ね…就中油筒屋、三木屋の二軒最も壮麗なり」[4]と評された。

　川島武宜監修・北条浩編『城崎温泉史料集』の示すごとく、城崎温泉は歴史的に温泉管理の主体が地域共同体であった。旅館仲間で城崎町温泉組合・脩進社を結成し、城崎町の入口に浴客案内所を設けたのをはじめ、明治29年11月旅館主等で城崎銀行[5]を設立、旅館主が出資して温城館[6]を建て、「城崎は曾て上水道を布設し浴場を改築し今回また電灯会社を買収して町営となすなど其町政は常に活動して土地の繁栄策に余念なき」（TK63）と評されるなど、地域による自律的、共同的管理が徹底して行われて来た珍しい地域の一つである。明治38年結城蕃堂が編纂し、脩進社（城崎温泉宿屋組合）が発行した『但馬城崎温泉案内記』にはまず「旅館仲間規則」の項を設けて「此地は別て、其風を異にせり。こは往時相当の産を有し、温泉を以て、専業とせざりしに因る。…遂に宿屋を以て業となすに至れり、現今五十戸余りあれども、仲間規則の共同的に、親切なる…此規則は不便の様なれども…長き逗留には、最も宜し」（但馬、p23）と、当地独特の仲間規則の存在を強調している。また当地の気風を「諸国人輻輳の所なれども、狡猾軽薄のことなく、頗る淳朴にして親切」（但馬、

p26）ゆえ、「芸妓は三十名内外に過ぎず、娼妓は養生場として、古来より曽て無し」（但馬、p29）とした。「城崎は遊楽的町是を採りて都邑の発展を図り」（TK61）といわれたが、他の温泉地にありがちな遊興路線とは一線を画している。

　こうした城崎温泉独特のコミュニティデザインの最たるものが外湯制の徹底であった。その切実な理由は「城崎温泉は現在六ケ所の浴場あり。比較的近畿地方に於ては大温泉場と称せらるるも之れを別府温泉等に比すれば温泉の湧出量貧弱にして到底大々的規模の温泉場となす能わず。随て城崎の温泉的規模は現時の設備を以て其限度とするが如し」（TK61）との湧出量の限界に起因していた。すなわち「当地は外湯制」[7]で「旅館には内湯がなく、皆町営で地蔵湯・柳湯・一の湯・御所の湯・曼陀羅湯・鴻の湯の六ケ所の浴場がある」[8]点に、内湯に慣れた田山花袋は「湯銭を払って、そして、橋の向うにある共同浴槽へと入って行く…城の崎は…私の心を惹かなかった」[9]と城崎伝統のコミュニティデザインに真っ向から否定的であった。城崎温泉は「去る大正十四年但馬地方大震災の際、全町殆んど灰燼となった…が、其後必死の復興により全く旧観を更め、町は以前より却って繁華になった」[10]と評された。例えば北但大震災からの城崎復興に奔走したアイデアマンの西村佐兵衛[11]城崎町長が、起死回生策としてデザインしたのが自身が代表取締役となって昭和6年7月城崎に設立されたエア・コミューターの元祖である。城崎・松江、城崎・大阪間の夏期定期航空路を経営した日本海航空株式会社は地域による自律的観光の萌芽とも位置付けられよう。

1．城崎における洋式ホテル計画

　各種コミュニティデザインの実践という側面において「地方有志者も亦土地の発展策を講じ旅館、公衆温泉場、電灯、電話等の設備をなす」（総覧、p71）、「城崎には完全なる旅館あり美味なる料理あれども…豊岡の城崎に学ぶべきは花柳界や料理屋の如きものに非ずして寧ろ城崎人士の温泉場としての立場に忠実なる熱心勉強の点を学ぶに若かず」（TK51）と好意的に評された。勉強熱心

な城崎では各旅館が競って「改良向上に努めた…中でも目を見張らせた」(町史、p642)のは西村屋の西村兄弟の観光デザインによる明治末期の「城崎ホテル」計画であった。この計画は近代化に熱心だった「西村氏の実弟卓二氏に依りて企てられ、阪神地方に賛成者多かりしも城崎町民一部の反対あり、殊に財界不況の時代に遭遇し計画は遂に挫折した」(TK62)とされる。城崎町戸主会の標語「温泉擁護」(物語、p176)に象徴されるように、城崎町の支配層は泉源保護したがって外湯主義＝内湯反対で一貫していたため、城崎町民の反対を受けホテル計画はあえなく挫折した。こうした一部にみられた新規の試みは城崎町内の対立や確執、その背景にある但馬地方の党派対立の根深さによって、具体化、起業を大きく阻害し、実現に至らぬ場合が多かったようである。

　TK生は大正4年「現今の城崎の如く西洋人の来浴者あるも之れを容るべき旅館なく殊に洋風旅館一ケ所もなき温泉場に於ては此計画の如きは頗る緊要の事」(TK62)であるとした。大正4年ころ西村兄弟の計画とは別に「大阪の資本家に依りてホテル建設の計画あり」(TK62)と聞いたTK生は「一部の旅館に対して斯の如き影響なしと云うべからざれども、ホテルが出来ればまた随ってハイカラ筋の湯治客増加すべく殊に貴顕や西洋人の来浴を頻繁ならしむべきに依りそれだけ城崎全体の繁盛を加うる所以なればホテルの設置は寧ろ大に之を歓迎しなければならぬ」(TK62)と主張した。しかしコミュニティの認識を打破する革新的内容の観光デザインである大規模洋式ホテルが「建設さるれば他の在来旅館は忽ち衰微を来す」(TK62)と悲観して、前回と同様に城崎町民には「其設立を喜ばざるもの」(TK62)が多かったようである。

　「大正六、七、八年ノ頃城崎町民ニ非サル者カ町民間ノ永年ノ慣習ヲ知ラズ城崎町ニ土地ヲ購入シ別荘ヲ建設、温泉ヲ掘鑿」(史料、p198)、「大正七、八年頃城崎ニ別荘ヲ設ケ内湯ヲ設置」(史料、p231)するというコミュニティを揺るがす事態が発生する。具体的には、いわゆる大正バブル期に相当する「大正五年乃至八年ノ頃国内一般ノ好景気ニ伴レ阪神地方ノ富豪西尾類蔵、吉田敬徳、前田トミ等ガ城崎温泉地ニ別荘ヲ設ケ泉源ヲ掘鑿シテ自家用内湯ヲ設置シタ」(史料、p233)のであった。当時城崎町の幹部は「之ニ対シテハ富豪ノ別

荘設置ヲ歓迎ノ意味モアリテ直ニ廃棄セシメズ、湯島ニ内湯条例制定ノ場合之ニ従フヘキ旨ノ一札ヲ差入レセシメ自家用内湯ノ使用ヲ承認シタ」（史料、p233）とされる。富豪別荘の歓迎派の西村作兵衛[12]（佐の誤記と解すると、前述の城崎ホテル計画の推進とも符合する）は富豪らの購入に際して「旅館経営者等が内湯を設置することは能はざるも個人が別荘用に内湯を設置することは支障なき」（史料、p433）旨説明した。

2．城崎温泉土地建物の設立

こうした富豪の別荘が城崎に建ち始めた状況の中、別荘建設、温泉掘鑿、内湯設置の延長線上に「更ニ城崎温泉土地建物株式会社カ創立セ」（史料、p198）られたものと理解されている。すなわち城崎温泉土地建物（以下当社と略）は大正8年11月28日「城崎町に於ける温泉旅館土地建物の経営及売買並に賃貸借其他之に附属せる諸種の営業諸興業料理業兼物品販売公市社債及諸株式売買及一般信託業を営む」（総覧、p70）目的で、大阪の株式取引所仲買人「植木米蔵氏等一派の発起に依り」（T8.12.5 内報③）資本金100万円、25万円払込、2万株で城崎町に設立された。

大正8年10〜11月という時期は「一日一社の割合で新会社が製造される。最も多いのは土地建物。コノ二月間に出来たものの資本金無慮四億一千万円」（T8.11.25大毎）と言われるほど、大正バブルの絶頂期に当たっていた。新設71社の業種別内訳は西宮土地、垂水住宅土地、宝甲土地、尼崎城内土地など「土地建物会社の十三社を最多とし炭鉱会社の十一、工業に属すべきもの十社、紡績織物九社など多数を占め」（T8.11.25大毎）ていた。その理由は「戦時中儲けた莫大な資金は格好の投資物が少いので土地の経営を目論むものが多く、殊に戦争以来住宅の不足は都市到る処に唱えられ、社会政策の意味から住宅の経営を企つるもの、或は資金が余って使い途のないため土地を買うもの、新に郊外生活のため別荘を建築するもの等が簇生し、土地の騰貴は非常な勢いで、之れ迄阪神間に設立された土地会社は十指を屈して尚足らぬ有様だったが、近来土地熱は一層激甚で猫も杓子も土地さえ買って置けば間違いはないと云う勢

いで、到る処に大規模な会社が出来」（Ｔ８.11.18大毎）たのであった。城崎方面でも大正８年城崎自動車、９年玄武洞土地建物（町史、p1202）、10年城崎倶楽部、11年城崎劇場などの観光企業や施設が相次いで設立・開設（町史、p649）され、大正後期に城崎温泉の近代化が進展したとされる。しかし本章が主題とする城崎温泉土地建物の名は『城崎町史』の本編（年表を含む）の記述に登場せず、史料編に僅かに断片的にその痕跡が認められるにとどまる。

　著者は当社が町史記載の価値がない存在ゆえ捨象されたとは考えず、城崎町民との接点が乏しく、したがって家文書等にも含まれる可能性が低く、町史編纂の際にも関連史料が収集されなかったためかと想像している。地元の自治体史編纂に関与された編者の手になる『明治大正昭和　豊岡・城崎』では当社の写真を発掘して掲載（豊岡、p97、106）し、一定の評価を与えておられるからである。

　当社発起人総代の植木米蔵（兵庫県武庫郡精道村）は大阪株式取引所仲買人で現物商をも兼ねる株式仲買業、所得税783円（紳Ｔ11、p62）、東大阪電気鉄道専務、城東土地、山陽炭礦、当社各取締役（要Ｔ11役中、p145）、大阪郊外住宅監査役（株式Ｔ10、p734）、大正９年３月大阪証券取引株式会社の発起人であった。一説には松島肇[13]が「城崎温泉土地株式会社の創立者」（Ｔ９.12.20法律）とされたり、当社は「当〈大阪〉市柳広蔵氏発起の下に城崎温泉経営及大遊園地設置の目的を以て資本金百万円の前記会社創立せり」[14]とされるなど、幾人もの創立者の名前が報じられているが、植木米蔵、柳広蔵、田中元七、実弟の田中胡四郎らに松島肇を加えたメンバーは投機仲間で、盛んに株式投資、土地の現物投資、そして不動産を証券化した当社のような土地会社への関与を共同して行っていた土地会社のプロ達であった。

　当社監査役となった田中胡四郎は「俗ニ会社屋ト称スル人物　メリヤス製造業　信用薄シ」[15]とされ、その実兄・田中元七は「関西切っての利権師」、「その道の強か者」[16]であり、こうした"大物"が多数関わったがゆえに有望銘柄と目されていた。

　大正10年の社長美馬儀平[17]ほか主要な役員は表-１のとおり（総覧、p71）。

表- 1　城崎温泉土地建物の主要役員（大正10年）

社　長	美馬儀平（注17参照）
専　務	林清市［大阪市東区高麗橋２、1,000株（＃６）、生瀬別荘土地取締役、城崎代取（要Ｔ11、役上p74)、大正14年には当社監査役、金光温泉代表取締役、砂川温泉土地取締役、山陰商事監査役、大日本興業取締役（要Ｓ８役上p59)］
取締役	象佐太郎［大阪市東区北浜３、城崎取締役のみ（要T11、役中p74)］ 大庭竹四郎［神戸市相生町４-50、500株（＃６）、安政６年兵庫県士族の次男に生まれ、火山灰を扱う大庭商会を営む傍ら（人、をp59)、日本農具製造合資会社業務執行社員（『兵庫県管内紳士録』明治39年、p162)、神戸労働取締役（人、をp59)、日本農具社員（紳T11、p22)、日本農具製造、城崎各取締役（要T11、役上p134)］

（資料）『土地会社総覧』p71。

3．城崎温泉土地建物の観光デザイン

　商事信託の社長木村準治が監修し、「放資家の必読す可き参考資料」「之によりて利殖を図る一助ともならん」との意図の下に「調査部長法学士蛭間幸成氏編輯にかかる約半歳間の日子を費して漸く出版せし土地会社総覧」（商事信託の広告）に収録された当社の「設立趣意」には当社の創立者連中が思い描いた彼らなりの観光デザインが語られている。

　「設立趣意」によれば大正中期の時点における城崎温泉の温泉リゾート地としての欠点として、「第一に温泉旅館の不足、設備の不完全、第二は一家団欒して経済的に遊浴に適当なる家族貸別荘なき事、第三には浴客の徒然を慰むべき娯楽場の欠除せる事」（総覧、p71)の３点を挙げ、「此の欠点に着眼し浴客を満足せしむべき設備を完全にして城崎温泉をして益々発展せしめん」（総覧、p71)と「理想的公園浴場」（総覧、p71)等を設置するとのグランド・デザインを掲げていた。この温泉街との相乗効果を謳う当社の「理想的公園浴場」の理念そのものは、昭和７年に地元が本多静六博士に依頼して観光デザインの提言をもらった「広大な森林公園」（史料編、p758)を含む「城崎温泉発展策」と重なる部分も見られ、実現はしなかったものの、あながち排斥されるべき劣悪な内容ばかりではなかったようにも思われる。

　写真-１の当社経営地図のように城崎温泉の中心市街地に所在する町営共同浴場「地蔵湯」にも接続可能な山陰線城崎駅の北東側の弁天山西麓の西村六左

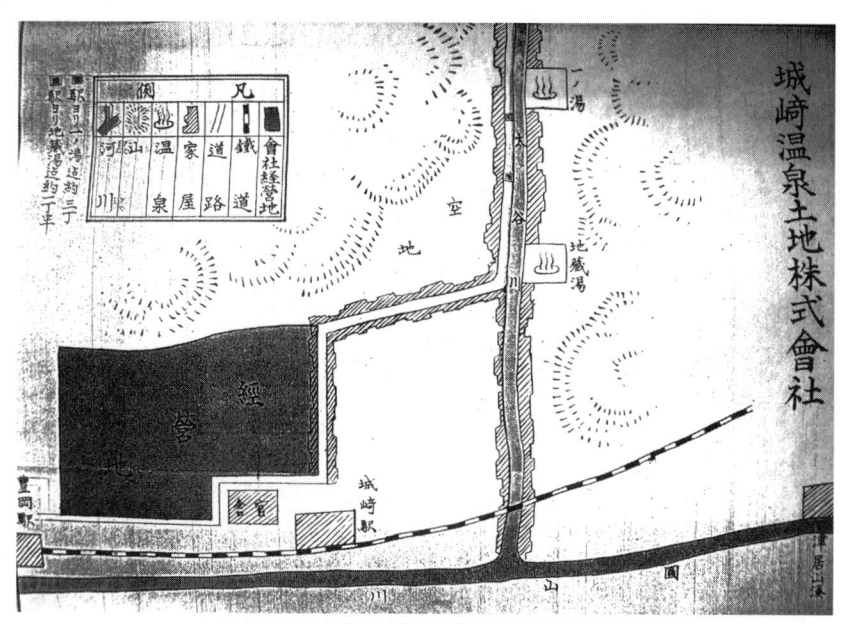

第4章　城崎のコミュニティデザインを侵蝕した土地会社　135

写真-1　城崎温泉土地建物「当社経営地図」

衛門所有の山林等を含むほぼ整形の大画地に着目した。ここはリンゴ畑だった所で、明治42年9月山陰線が城崎まで開通し駅が開設されたのを機に、明治44年城崎小学校が市街地から移転（町史、p644）して来ていた。この駅前とは名ばかりの「ところどころに空地のある、淋しい…新開地」（町史、p645）を「大正八年九月…買収価額二十万八千七百五円即ち一坪当り三十五円」（総覧、p71）で「城崎の市街に接続せる停車場付近の宅地を買収し、自然の美を損せずに之を開拓して山水秀麗、眺望絶佳なる好適地約六千坪を得、茲に理想的公園浴場を作らん」（総覧、p71）とデザインし、「加之温泉源泉地を買収」（総覧、p71）した。「経営地へ同温泉及白湯を屋内に設置」（総覧、p71）した結果、『大正九年附鉱泉営業名簿』（史料編、p218）によれば大正9年時点で当社はすでに湯島区内の泉源主となっている。

　当社の構想のうち、実際に実現にこぎ着けた事業を列挙すれば、まず城崎駅前一帯の経営地として約1.8万坪を所有し、敷地内に2階建6棟、延310.25坪

のホテル（直営「城崎ホテル」）、44戸497.2坪の住宅（貸家）を建築し、さらにホテル、別荘利用者等が温泉を楽しむ共同浴場として地名の月見町に由来する117.75坪の「月ノ湯温泉」を順次建築した（株式T14、p388）。

内湯裁判の記録にも当社が「城崎駅前付近ニ城崎ホテルヲ建築シテ内湯設備ヲ設ケタルト共ニ他面大規模ナル私設共同浴場『月ノ湯』ヲ計画シ、其ノ泉源トシテ城崎町湯島ノ地域内ニボーリング使用ニヨリ新式泉源ヲ掘鑿スルニ至リ…」（史料、p234）、「城崎温泉土地建物株式会社カ原告〈湯島〉区ノ地域内ニ大規模ニ新泉源ヲ掘鑿シ之ヲ城崎駅前（今津）ニ引湯シテ於テ私設共同浴場『月ノ湯』ヲ計画シテ次テ之ヲ実行シタリ」（史料、p230）との事実が記載されている。

新泉源の確保に成功した当社は「前〈T13/7〉期ヨリ会社直営ノ…月の湯温泉ハ新規営業」（#6）を開始した。「城崎ホテル」の館主名は当地の古老にも支配人として記憶（四角）される林清市（当社代表取締役）、電話城崎29番、室数26、総畳数182、宿泊料は2円50銭以上、3円であった[18]。

一方共同浴場「月ノ湯温泉」に関しては「大正十年城崎温泉土地建物株式会社カ城崎町今津（原告区区域外）ノ土地ニ共同浴場「月ノ湯」ヲ開設セシ際ニ於テモ、右ハ城崎町長カ原告区ノ温泉使用料条例並浴場支配人規定ニ依リ之ヲ管理シ、浴場支配人等総テ同町長ノ任免ニ係リ、温泉ノ名称モ同町長之ヲ定メ、唯右会社ハ入浴料ノ半額ノ交付ヲ受ケタルニ過ギス」（史料、p223）との裁判記録もあり、かなり共同浴場経営に城崎町の規制が強く働き、当社としてはあまり旨味がなかったようにも解される。

昭和57年発行された写真集『明治大正昭和　豊岡・城崎』は当社の貴重な写真を発掘して複数掲載したが、一部で通称となっていたとされる「月の湯ホテル」名で呼んだ。神戸新聞の渡辺昭義記者が同紙に執筆連載し、単行本として昭和58年に発行された『城崎物語』には「大正11年、城崎に初めて出現した城崎ホテル」（物語、p143）として「町温泉課資料」なる写真-2を掲げ、「十一年、城崎温泉土地建物株式会社が設立され、駅前に『城崎ホテル』建設、同年『地蔵湯』裏に『城崎劇場』建設」（物語、p143）と記載している。

第4章　城崎のコミュニティデザインを侵食した土地会社　137

写真-2　城崎ホテルと月の湯温泉（町温泉課資料）

　写真集『豊岡・城崎』が「月の湯ホテル」と呼んだ建物を『城崎物語』では「城崎ホテル」と呼び、町史が依存する石田松太郎「手記」の中では「ホテルは見へるが…」（史料編、p866）、「ホテルは建っているが…」（史料編、p867）と単に「ホテル」と記すなど、文献により呼び名が混乱[19]している。著者は当該写真の原典である絵葉書のキャプション「城崎ホテル全景・月の湯温泉」の記述に注目して、当社の駅前の主要施設の全体は「城崎ホテル」と呼ぶべきであり、別棟の共同浴場が「月の湯温泉」であり、その一部に看板の出ている「月の湯食堂」が併設され、広く一般客の利用を呼び掛けていたものと「全景」を理解している。下村彰男氏は「城崎に初めて出現した城崎ホテル」に関し『城崎町史』が何ら言及していないにもかかわらず、おそらく『城崎物語』収録の当該写真を見て、城崎「駅前に出現した最初の宿は大正11年の『城崎ホテル』である。月の湯食堂という非営にモダンな外観のレストランを併設していた。

このように近代化へ向けて力強く動き始めた」（下村、p78）と、ホテル名称を「月の湯ホテル」ではなく、正しく「城崎ホテル」と呼んだ上で町の近代化の象徴として肯定的に評価した。ホテル開業時期が『城崎物語』記載の大正11年ではなく大正12年8月1日から13年7月31日までにあたる当社の第五期中であり、写真-2に写る「月の湯食堂」は、「城崎ホテル」とは別棟の共同浴場「月の湯温泉」棟の方に併設されていたという些細な点を除けば、下村氏の指摘に異存はない。このように城崎に関する主要な文献により呼び名が混乱することは、当社施設に関する基本的な史料が地元にも残存せず、当時渡辺記者などが取材した地元の古老も当社関係の記憶がかなり薄れていたことを想起させる。『城崎物語』の文脈からは城崎劇場も当社が建設したようにも読み取れる。同書は別の頁で「大正十二年ごろ神戸の金持ちらが『地蔵湯』裏に『城崎劇場』を建てた」（物語、p130）とするから、地元では当社＝「神戸の金持ちら」という大雑把な把握であり、地元民自身の関与した施設に比べて、「城崎町民ニ非サル者」が設置し町民の支援もなかった施設への関心の度合いは当然ながら薄かったものかと想像される。

4．城崎温泉土地建物の役員変遷

　大正11年の役員は表-2のとおり、社長の美馬儀平は退任済みであった。
　このうち辞任した大和藤兵衛は城崎町にも出張所があった三十二銀行（町史、p602）頭取に大正11年2月就任し「城崎温泉土地、千日前土地建物、住吉温泉土地、日本勧業株式会社外数会社に関係し、それにいろいろの失費を要したため、遂に〈三十二〉銀行の預金に手を犯罪隠蔽のため定期預金証書などを偽造」（T13.12.23大朝）し、同行は「取付に遭遇して以来、種々の噂があり、且大和氏関係の各会社との間に悪縁が伏在」（T13．9．6 大阪時事）すると報じられ、結局大正13年12月破産宣告された。
　その後大正13年ころに登場する新役員（株式T14、p388）は以下のとおり地元ないし近隣町村の人物である。
　取締役　長耕作［兵庫県香住村、300株主（＃6）、金光温泉取締役（要Ｓ8、

第4章　城崎のコミュニティデザインを侵蝕した土地会社　139

表-2　城崎温泉土地建物の主要役員（大正11年）

代表取締役	林清市［前出、昭和15年7月12日死亡］
取締役	象佐太郎［前出、T14/7には持株なし（#6）］
同	大庭竹四郎［前出、昭和10年10月末退任］
同	豊田善次郎［大阪府鷲洲町浦江、当社取締役のみ（要T11、役上、p112）、T14/7には持株なし（#6）、紳T11なし］
同	山川吉太郎［大阪市南区末吉橋通4-19、1,000株（#6）、千日前T9/5期1,500株（千日前#1営、p15）、④1,920株。帝キネ専務、大正13年1月千日前代表取締役1万1,900株主（千日前#6 T13/11）］
同	大和藤兵衛［千日前代表取締役T9/5期690株（千日前#1営、p15）、③2,520株帝キネ取締役、T14/7には持株なし（#6）、大正13年6月千日前の役員辞任、200株主（千日前#6 T13/11）に大幅後退、金融業、大阪市議（紳T11、p204）、三十二銀行頭取、大阪銀行取締役］
同	松井伊助［千日前T9/5期1,515株（千日前#1営、p16）、⑤1,515株　山川と組んで創立した帝キネ社長、六甲土地取締役（要T11、p15）、39年大株仲買人、仲買人組合、株栄会の代表、北浜信託専務、日本信託銀行取締役、和歌山信託社長、和歌山紡織取締役、信貴土地建物相談役。大正8年引退し松井商店を松井憲三に委譲］
監査役	田中胡四郎［田中完七の兄。大阪岩井町2丁目、莫大小業、千日前320株主（千日前T9/5）大阪千日前土地建物各監査役（要S8役上p197）、大阪野江土地建物監査役（株式T10、p725）、T8/5キャバレー・ヅパノン200株（#1営）、大正10年亀能鉄道発起人、大正14年京亀鉄道発起人、九州新天地土地建物にも関係］

(資料)『銀行会社要録』大正11年、p55、閉鎖商業登記簿。

役上、p96)、明治20年生まれ、大正11年香住漁業組合長、12年香住村長に就任し、香住漁港建設に尽力、昭和4年死亡[20]。

　取締役　山本宇一［兵庫県美方郡浜坂町、共立商工銀行監査役のみ（要T11役中、p201)、同行破綻後の大正13年9月取締役辞任、持株なし（T14/7#6)]

　取締役　坂本誠一［兵庫県城崎町湯島、200株（#6)、名誉助役（町史、p739)、室数13室、収容数35人、電話城崎159番、「並等」[21]の「赤石屋旅館」（史料p230）を経営し、「昭和二年七月ヨリ約一ヶ年半…内湯ノ広告ヲ為シタ」（史料p230）。兵庫県温泉町、大日本興業〈取締役は林清市〉、金光温泉監査役（要S8、役下、p136)、兵庫県城崎町湯島（諸S10、上p824)、要T11、役なし、「内湯反対派の中心人物」（町史、p739)、内湯裁判で証人として証言（史料p230)。昭和8年城崎音頭制定に関与（史料編、p739)、昭和35年北但大震災の思い出を証言した後、昭和「三十八年、七十九歳で没」（物語、p159)、「赤

石屋」は地蔵湯の西隣で盛業中]

なお田中胡四郎（T14/7300株）は大正13年9月監査役を辞任した。また非役員株主として林恕之（T15/7期200株）、斉江竹蔵［鳥取市本町、T15/7期100株、鳥取糖業取締役（要T11役下、p114)］などがいる。

5．コミュニティの外湯主義と当社の観光デザインの相克

前述したように当社の役員・主要株主等の支配層は阪神地方の投資家、さらにいえば相場師仲間とその同調者たちであったと解することができる。ごく一部に地元、近隣の日本海側の役員・株主を含むが、かれらに主導権はなく、いわば中央資本主導で構想された、地域不在の観光デザインが実行され、地域の共感を得られぬばかりか、以下にみられるような反発を招き、その後の内湯裁判の導火線の役割を果たした（当社は震災後の裁判進行過程では、事実上機能停止状態にあったためか、裁判そのものには無関係であり、「訴外」の位置づけであるが、度々裁判記録に名前が登場する）。

内湯裁判における城崎町の大宗を占める外湯派の主張には以下のような当社の観光デザインへの告発とも受け取れる、注目すべき内容を含んでいた。「大正六、七、八年ノ頃城崎町民ニ非サル者カ町民間ノ永年ノ慣習ヲ知ラズ城崎町ニ土地ヲ購入シ別荘ヲ建設、温泉ヲ掘鑿シ、更ニ城崎温泉土地建物株式会社カ創立セラレ其ノ目的タル事業ノートシテ『ホテル』ヲ経営シ浴場ヲ設置セムトスルニ至リシヨリ、町民ハ非常ニ驚キ、温泉ノ濫掘ガ泉源ヲ枯渇セシメ、延テ町民ノ生活ヲ脅カスモノト為シ、全町挙ッテ温泉ノ掘鑿ヲ禁止スヘキ県令ノ制定ヲ請願シタ」（史料、p198）。「大正七、八年頃増資本金百万円ノ城崎温泉土地建物株式会社設立セラレ、城崎駅前付近ニ城崎ホテルヲ建築シテ内湯設備ヲ設ケタルト共ニ他面大規模ナル私設共同浴場『月ノ湯』ヲ計画シ、其ノ泉源トシテ城崎町湯島ノ地域内ニボーリング使用ニヨリ新式泉源ヲ掘鑿スルニ至リタル為、此ノ種掘鑿ノ後続ヲ虞レ、乱掘取締ノ必要ヲ真面目ニ有識者間ニ考慮セラルルニ至リ、其ノ結果トシテ城崎町ヨリ県当局ニ取締規定ノ制定ヲ見ルニ至リタルモノナリ」（史料、p234）。

すなわち外湯派の理解では当社の大規模なホテル、浴場設置ともに「町民ハ非常ニ驚キ…町民ノ生活ヲ脅カスモノ」として、「此ノ種掘鑿ノ後続ヲ虞レ」以後急速に盛り上がりをみせていく内湯禁止運動の重要な契機（＝裁判の導火線）となったと捉えている。

　これに対して町内では少数派にすぎない内湯容認派の当時の理解では主に今日流の地域振興、観光振興の推進上、「城崎ニ別荘ヲ設ケ内湯ヲ設置シタルコト原告区並城崎町民一般カ当時之ヲ歓迎シ居リタルコト」（史料、p231）として「町ノ発展上之ヲ歓迎」（史料、p234）するものと解釈する姿勢を貫いた。

　裁判で外湯派は内湯派の上記のような理解に対して以下のように詳細に反論した。「大正八九年好景気時代ノ阪神地方富豪ノ自家用内湯設置ハ内湯不許ノ慣行ニ反スルモノナレトモ、之ハ地方ノ事情ニ通セサル都人士ノ行為ニシテ、之アルカ為メ慣行カ廃止セラレタリト為ス能ハス。殊ニ右自家用内湯開設者ハ当時城崎町長宛書面ヲ以テ『後日内湯条例制定ノ上ハ之ニ服従スヘキ』旨ノ誓約ヲ為シ居リ、而モ右浴槽設置ハ自家人浴用ノ限度ニ止マルヲ以テ、浴客用ノ内湯不許ノ慣行ニ反スルモノニ非ス。

　城崎温泉土地建物株式会社カ共同浴場及内湯設置ノ計画及実行ヲ為シタルハ、湯島区外今津ニ於テ為シタルモノニシテ、而モ内湯ト云フモ温泉ヲ使用シタモノニ非ス。而シテ同社ノ共同浴場月ノ湯ハ区ニ対シ総収入高ノ五割ヲ上納シテ、数ヶ月間経営シタルコトアルモ、之ハ参加人区ノ同意ニ依リテ為シタルモノナリ」（史料、p205）。

　外湯派の主張では当社共同浴場の自由な経営を野放図に放任していたのではなく、外湯主義に反しないように、相応の規制を当社側にかけて、厳重な町の管理下に置いていた点を強調した内容となっている。当社側の立場からいうならば、当社の観光デザインが地元の根強い反対に遭遇して、かなり不本意な修正、町への上納を余儀なくされた結果、経営不振の一因ともなったということであろう。さらに当社に次の大震災が加わる。

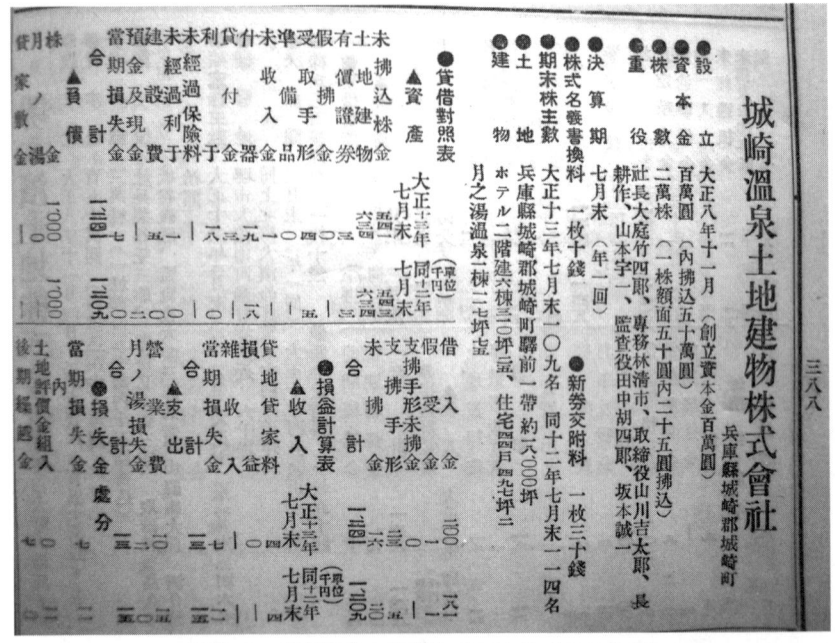

写真-3　城崎温泉土地建物（『株式年鑑　大正十四年度』）

6．北但大震災と当社

　大正14年5月23日の大震災直後（原稿は震災前に校了）の大正14年6月6日発行の大阪屋商店『株式年鑑　大正十四年度』には初めて当社の財務諸表が後掲表-3のとおり、収録されている。

　掲載の基準は特に明記はされていないが、取引所に上場されている著名企業は例外なく収録されている。今回の大正十四年度版で当社はこれに準じた候補企業と扱われたものであろう。ただし上場企業では「株式相場」欄があるが、該当がない。地元の『但馬新聞』は「毎期欠損欠損で二十五円払込が時価二円五十銭位でも買手がないと云ふ捨値」（T13．8．7但馬③）と相場を伝えるが、翌年の大正15年6月10日発行の大阪屋商店『株式年鑑　大正十五年度』には当社は削除されている。震災の打撃等で大阪商店の収録基準を満たさなくなった

ものかとみられる。土地評価金組入の根拠は当社の月ノ湯「設備中、為めに土地価格に於ても坪当り一百円内外を示し」(総覧、p71)たと解している。「月ノ湯損失」に見合う「月ノ湯」の売上高が未詳であるが、最大でも貸地貸家料4,000円未満であり、町営の「六個の共同浴場」が、「年額合計三、四万円の入浴料収入」(史料、p220)を挙げたのに比較して、1割にも満たない微々たる規模であった。

大正14年5月23日の大震災でまんだらやの石田松太郎は

写真-4　月の湯温泉と城崎ホテル (震災後)

「手記」の中で「右岸はと見れば中の島を隔てて〈城崎〉ホテルは見へるが、〈城崎〉駅の建物はどうしたことか目につかない」(史料編、p866)、「船中で羽織袴を脱ぎ捨てて身軽になり駅の線路を踏み越へると、ホテルは建っているが、駅の建物は無惨につぶれてゐる」(史料編、p867)と記載している。このように概ね「城崎町は全滅に帰し町及び全町民の財産は滅亡し」(T14.5.26大朝)法務局の登記簿も焼失した中で、「会社ハ貸家四十六戸火災ニ罹リ、ホテル、月ノ湯温泉ハ多少ノ破損ニテ火災ヲ免レ、此ノ如ク不幸ニ遭遇セシモ城崎町ニ於テハ震災被害ハ同町全滅セリ。独リ我会社所有ホテル及月の湯温泉ノミ火災ヲ免レ存在スルハ不幸中の幸」(#6)という状態であった。

岡山県川上町の青年会が派遣した救助隊員が撮影した城崎駅前の救援テント村の写真(写真-4)(豊岡、p106)には、保険金迅速支払を謳う日本生命、仁寿生命、大正生命等の仮設建物群の奥に特徴ある月の湯温泉の洋館と城崎ホ

テルの和風建物が写されており、洋館大屋根の瓦が一部崩落するものの会社が報告するとおり「火災ヲ免レ存在スル」事実が確認できる。城崎駅前付近に立地し木造家屋が連なる市街地から離れていたため類焼を免れ、幸いにも新築直後の城崎ホテルが「僅に焼残った」のであった。当社の震災被害は「震災什器損害其他」8,971円、「同焼失家屋四十六戸」9万918円の合計で約10万円に達した上、月ノ湯温泉で481円、城崎ホテルで1,363円と、期待した新設2部門でも計で1,845円の欠損を計上するなど、T14/7期の当期欠損は15万6,482円と払込資本金の3割にも達した。約1.8万坪あった「当社経営地残余ハ未ダ一万三四千坪アル」（♯7）と、この間に差引き4,000～5,000坪売却できた計算である。しかし震災後に「二千五百余坪ト城崎町中央部ニ位セル旧敷地一千五百余坪ト交換セシ」（♯7）結果でもあったから、正味の分譲実績[22]は微々たるものであった。

　当社は「ホテル及月の湯温泉ハ応急ノ修繕ヲ加ヘ、現今開業セシニ、好結果ヲ得ツツアリ」（♯6）とした。当社は希少価値の出た城崎ホテルを内湯旅館として宣伝に力を入れ、「昭和二、三年頃城崎温泉土地建物株式会社ノ経営ニ係ル城崎ホテルニ於テ内湯ヲ儲ケ、一般宿泊客ノ使用ニ供シタルモノナラズ、対外的ニ内湯旅館トシテ広ク広告シ居タリ」（史料、p236）とされる。当社が広く広告していた昭和2年12月には内湯「反対者側闘将ト認メラルル町会議員宿屋営業者斉藤惣三郎[23]並ニ、運送業生田達治外数名」（史料、p325）が城崎旅館同業組合総会の内湯反対の旨の決議を「宣言書」として頒布するなど、当社の動きに地元の目は引き続き冷ややかであった。当社は震災後の前途を不安視する株主に対し「城崎駅大拡張ニ付、会社ハ拡張ニ必要ナル地面ヲ寄附シ、其レガ為メ駅ノ前面ニ位スル我経営地ハ地価ノ騰貴スベキ好結果ヲ見ルニ至レリ」（♯6）とか「震災地復旧ノ結果ニ依リ、我経営地ハ前途有望視セラレアリテ、今后ハ如何ニ発展スルヤ目下準備中」（♯6）などと、さかんに震災復興関連の用地売却可能性への淡い期待を滲ませた。しかし翌T15/7期の当期欠損は2万5,994円と震災関連の約10万円の特別損失を含み15万6,482円だった前期よりも大幅に減ったものの、城崎ホテルを中心とする「賃貸料」収益7,200

円に対して、営業費が7,532円に上り、ホテル欠損は211円と依然として採算ラインには届いていない。

7．当社株主の動向と兵庫農銀との関係

当社株主数の推移を見ると、大正12年7月末114名、13年7月末109名、14年7月末59名（#6）、15年7月末62名（#7）と激動している。13年から14年にかけて株主数が半減した理由は1位株主の①向井浅吉（大阪）T14/7、6,970株（発行株数2万株の33.35％）、2位の新田佐平（兵庫）T14/7、6,240株（31.2％）両名の名義による株式集中がこの時期に生じたためと考えられる。不思議なのは圧倒的な1、2位株主の二人が紳士録や他社の大株主名簿で知り得ない人物で、かつ当社役員にも就任しない点である。通常はこうした場合、名を出せない何らかの事情があった真性な大株主が別に存在した可能性が多く、買い占め、失権株の公売などと推測される背景を以下に述べてみたい。まず大正14年7月期の当社「第六回営業報告書」には大正13年12月第5回株金払込（2円）を決議し、北但大震災（大正14年5月23日）の2か月前の同年3月10日を期限として徴収した。震災前にもかかわらず、相当の失権株が出た。被災した城崎の本店機能不全を代替するため、震災3日後の5月26日には早くも林清市の自宅と思しき「大阪市東区高麗橋二丁目二十四番地ニ出張事務所新設」（#6）し、競売の準備に臨み6月25日「商法ノ手続ヲ経タル失権株式競売」（#6）を実行した。失権株競売を含む14/7期の「株式名義書替十四件　此株数一千四百株」（#6）（1件当り@100株）と、翌15/7期の「四件　此株数五百六十株」（#7）（1件当り@140株）の2.5倍になっている。1件当り@100株という数値は、役員ないし役員有資格者たる大株主の株式移動（失権を含む）であろう。現に「山本宇一氏取締役辞任及田中胡四郎氏監査役辞任ス」（#6）と、会社内容を熟知する現役員からも先行きを懸念する撤退行動が複数確認できる。特に美方郡浜坂町の山本は地元の共立商工銀行監査役（要T11、役中p201）を兼ねていたため同行破綻後に取締役を辞任、14/7期には持株がなく（#6）信用面への影響は重大であろう。

そんな折当社は第5回株金払込直後の大正14年3月「小松土岐四郎氏ヲ相談役トシ重役同様待遇為ス旨決議」(＃6) という、異例の対応をした。つまり現役員も動揺し株主も払込を躊躇し、相当の失権株が発生して苦境に立った時点で、小松は「救世主」然の相談役として登場する。当然に小松と、14/7期筆頭株主の向井浅吉 (大阪6,970株)、二位の新田佐平 (兵庫6,240株) という属性未詳の圧倒的二大株主との間になんらかの関係があるとみるのが自然である。

小松土岐四郎 (兵庫県武庫郡大社村森具) は岡山県平民小松市次郎の弟に生れ、特殊銀行たる兵庫県農工銀行 (以下兵農銀と略) 頭取の大谷吟右衛門の妹コツル (明治20年3月生れ) を妻として (人、を p83)、大正9年に整理中の浪速信託取締役や義兄の大谷が主宰した江州紡績常務1,000株主、西宮苦楽園土地監査役をも兼ねた。兵農銀が再建に関わったとみられ最終的に大和紡績に売却して債権を回収した江州紡績の場合、大谷の支援を受けた増本光蔵も取締役 (要T11役中、p239) に加わっている。おそらく小松は義兄の意向で兵農銀の代表として大口融資先等の役員となった人物と推測される。したがって当社でも小松相談役と向井・新田の圧倒的二大株主を同系株主との著者の推論を拡大すれば、総株数の6割を占める向井＝新田＝小松ラインの背後には兵農銀の影がある確率が高い。なぜなら兵農銀は当社にT15/7期、23.5万円[24]を融資する主力行だからである。兵農銀の幹部行員も時流に流されるままに極めて安易な観光デザインを思い描いたのであろうか、同行の他の融資事例から類推して当社に対しても審査も不十分なままに、宅地見込地担保の極めて甘い融資を行ったものかと推定される。第六期の損益計算書に前期のT13/7期分を併せ「農工銀行第五六期利子」(＃6) 3万8,511円を計上することは前期すでに兵農銀への利払延滞を意味する。震災後の城崎温泉組合の「起債総額ハ実ニ二百六万余円ニ達シ、一、政府ノ低資ヲ本町ヨリ転貸シタルモノ金五十万円。一、農工銀行其他地方銀行ヨリ借入レタルモノ金五十六万五千二百円」(史料編、p732) であった数値に比し、当社1社で23.5万円は相当突出しており、兵農銀としては整理に本腰を入れざるをえない状態であったと思われる。町が震災

後に兵農銀の査定を援用し温泉組合に復旧資金を転貸した事例においても「貸付当時ノ担保価格ハ県農工銀行ノ査定ニ基キ其ノ範囲内ニ於テ貸出額ヲ決定…シタルモノナルモ、一般財界ノ乱調ニ伴ヒ土地家屋ノ価格モ現今ノ時価何レモ暴落シテ半額ニ価セス」(史料編、p732) というのが、昭和6年当時の城崎の惨状であった。震災後の評価でさえその後の昭和恐慌で半額以下に暴落したのであるから、大正バブルの絶頂期に当社へ融資した兵農銀の担保価格の下落はより一層無残なものであったことは間違いない。こうした兵農銀側の立場で考えると、当社に多量の失権株が出て、株主の動揺を招く最悪の事態をなんとか回避するため、おそらく向井浅吉・新田佐平などダミーを使って失権株を安く確保し、当社を確実に銀行管理下に置き、本格的な抵当権実行を含めて抜本的に整理せねばならぬ切実な保全動機[25]が存在したのではないかと現時点で著者は想像している。

8．城崎温泉土地建物のその後の推移

入手できた時期の当社の財務諸表の概要を表-3に整理したが、その後の状況は数値を得ないままに、消息を探ることしかできなかった。

まず、共同浴場月の湯温泉の消息は「前〈T13/7〉期ヨリ会社直営ノ…月の湯温泉ハ新規営業」(#6) したものの、「打続ケル財界ノ不況ハ増々不景気ヲ来シ殆ンド底知レザル状勢ニシテ我直営モ意ノ如クナラズ」(#6)、内湯裁判記録では「此ノ共同浴場ハ数ヶ月経営セラレタル後遂ニ中止セラレタリ」(史料、p223) と、泉温の低下、泉源の枯渇などの構造的要因で極めて短期間で経営が行き詰まったことを推測させる。次に「城崎ホテル」の方は「昭和二、三年頃城崎温泉土地建物株式会社ノ経営ニ係ル城崎ホテルニ於テ内湯ヲ設ケ、一般宿泊客ノ使用ニ供シタルモノナラズ、対外的ニ内湯旅館トシテ広ク広告シ居タリ」(史料、p236)、「昭和二年七月ヨリ…城崎ホテルニ於テモ一ヶ年間内湯ノ広告ヲ為シタ」(史料、p230) などと震災後も公称・内湯旅館「城崎ホテル」として経営を継続していたことが判明する。ただし城崎ホテルの内湯広告には「温泉内湯ノ意ニ非スシテ白湯ヲ指スモノナリ」(史料、p230) との当時

表-3 城崎温泉土地建物の財務諸表(大正12～15年)

貸借対照表

(単位:千円)

	12/7	13/7	14/7	15/7	増減		12/7	13/7	14/7	15/7	増減
土地建物	634	634	543	544	△90	借入金	181	200	206	236	+55
什器	18		19	16	16	支払手形	5	23	12	19	+14
利子	0	18	1	0		未払金	20	16	34	22	+2
その他	14	22	38	33	+19	その他	3	2	2	6	+3
小　計	666	693	598	603	△63	資本金	457	459	500	500	+43
当期損失	0	7	156	26							
繰越欠損	0	0	0	164		負債資本計	666	700	754	783	+117

損益計算書

貸地貸家料	4	4	3	7
営業費	15	10	11	8
月ノ湯損失	0	2	1	0
ホテル欠損	0	0	1	0
震災損失	0	0	100	0
建設費其他	0	0	8	0
農銀利子	0	0	38	26
土地評価組入	11	0	0	0
差引当期損失	0	7	156	26

(資料)『株式年鑑』大正14年、p388、城崎温泉土地建物第6、7回『営業報告書』(T14/7～T15/7)。

の指摘や、古老の話でも月の湯のボーリングは失敗だったとの話(四角)もあるなどホテルの内湯と、従前の月の湯温泉との対応関係は未詳である。

　北但大震災後の『営業報告書』には「城崎駅ノ拡張ト城崎町ノ復興ハ当社経営地ヲ有利ニ導キ…現実既ニ数口ノ売約ヲ為シ…城崎尋常高等小学校ノ敷地拡張ノ為メ…経営地ニ接近シテ新校舎ノ設置セラルルコトハ付近ノ賑盛ヲ来タシ、順次土地需要ヲ喚起シ地価モ従ッテ騰貴スルニ至ルベキヲ確信セラル」(#7)と復興需要に淡い期待を込めていた。組合立校のため被統合校の内川村に近い当社敷地が西村町長により新校舎敷地に選定された。昭和3年7月の西村町長退職に伴う「吏員事務引継一件」には「本町立城崎尋常高等小学校舎敷地ハ城崎土地建物株式会社ト新校舎敷地ト交換シ、其契約ニ基キ旧校舎敷地ハ区画整理土地埋立ニ準シ該土地ハ県ノ補助及町費ヲ以テ埋立ノ契約ヲ為シ、工事未了

ナルモ其契約ハ別紙ノ通リトス」（史料編、p726）と社名は誤記されているが、敷地交換の内容は当社『営業報告書』とも一致する。しかし駅前の一部所有地を除き、創業以来の主要経営地の所在した城崎駅の南西側には現在でも、尋常高等小学校の後身たる城崎小学校の敷地が広がるだけで、繁華性のある市街地を形成しておらず、当社が意図してきた温泉付別荘地形成を中心とする一連の観光デザインは結局のところ、ものにならなかったことは明らかである。

　三菱の資料課図書室が入手し得た当社最後の『営業報告書』の「営業報告」末尾は「当社経営地残余ハ未ダ一万参四千坪アルヲ以テ、城崎町復興ノ完成ヲ俟チ相当ニ売却セラルルコトハ想像ニ難カラズ。前念悲観ノ要ナキモ当分隠忍自重ハ免ガレザルナリ」（＃7）と地価再騰貴の到来をじっと我慢して待つほかないと結ばれている。町から交換入手した旧校舎敷地も買手がつかず長らく空地のまま放置されていた由（四角）であり、結局当社の資金繰好転にはならなかった。かくして、「郊外ニ於ケル無収益ノ宅地見込地ヲ抵当トスル貸付」[26]を敢行した大口債権者であり、おそらく実質的な大株主でもあった兵農銀の手で、甲陽土地の場合などと同様に難物件の処分・換価に奔走し、整理・清算の道を辿ったものの、「久シク整理シ得ザリシモノ」「難物件」[27]の一つを構成していたものかと推測される。

　『帝国銀行会社要録』昭和5年版の金光温泉の項には「城崎町今津、設立大正8年11月、資本金100万円、払込50万円、株数2万株　附記　昭和四年九月城崎温泉土地建物株式会社ヲ改称ス」（帝Ｓ5、p69）とある。一方『営業報告書目録集覧』には昭和4年城崎温泉土地建物は金光温泉を合併して金光温泉旅館と改称したとあり、武知京三氏も上記により「城崎温泉土地建物＝金光温泉旅館（昭4）」[28]と解するが、『帝国銀行会社要録』の原典となった『官報』[29]の記載と一致しない。また金光温泉旅館（岡山県浅口郡金光町）は昭和6年2月の設立であり、時期も異なる。さらに『帝国銀行会社要録』昭和5年版の巻末の「役員録」の小西源治は「神戸市福原町8、金光温泉取締役、小西商事代表取締役、金光温泉旅館代表取締役」（帝Ｓ5役下、p93）と記載されており、金光温泉（兵庫県）と金光温泉旅館[30]（岡山県）は商号が類似し、か

つ同一人が役員として関係しているが、同時期に別々の場所に併存していた全く別の企業であることが判明する。

9．二つの金光温泉と小西姓の二人の関係

　昭和4年9月22日改称直後の金光温泉の役員には突如代表取締役として全く新顔の小西源治が、取締役として小西聖夫（大阪市西区仲之町1-30）が一時期だけ登場し、以下のようにすぐに姿を消すなど、"整理屋"まがいの行動をとった。同じ小西姓の二人は一時期まで同居（大阪市西区高砂町1）し、かつ揃って小西商事[31]、阪東土地、松江炭礦[32]等の役員であるので、当然に同族とみられる。

　まず小西源治（神戸市福原／大阪市西区高砂町1）は明治13年1月10日兵庫県揖保郡勝原村に生まれた兵庫県の「富豪」（Ｓ8.4.13神戸）とされ、イロハ自働車、東洋羊毛（社長田中元七）、阪東土地、松江炭礦、日本薬産［大阪府中河内郡北江村鴻池、大正7年9月設立（要Ｔ11大阪、p22）］各取締役、日本カルシウム泉[33]監査役（要Ｔ11役下、p35）、昭和5年10月金光町に開業の金光温泉旅館の「営業主」（Ｓ5.10.5山陽③）、財団法人大阪府連合保護会（釈放者保護などを行う司法省所管の司法保護事業団体、会長は杉野）理事、竜野町の川東播州興業無尽株式会社[34]の整理に関与、昭和6年5月金光温泉取締役を辞任（商登）、昭和7年9月23日死亡した[35]。

　次に小西聖夫（大阪市西区仲之町1-30／大阪市西区高砂町2）は小西商事専務4,000株主、阪東土地、六甲土地[36]取締役、松江炭礦監査役（要Ｔ11役下、p35）、昭和7年4月金光温泉取締役を株主資格喪失により退任した（商登）。戦後は大阪の経済団体・大阪市中小企業同志会会長、公益社に関与、昭和28年12月連合国財産[37]に関与、昭和32年5月15日第26回国会参議院商工委員会で参考人として陳述[38]した。

　小西源治は源泉を福岡に有する温泉会社を買収し、遠隔地の神戸から「霊泉」を「世界無比の根本的治病薬」として各地の薬局等に卸していた日本カルシウム泉監査役を兼ねていた。こうした「霊泉」商法を熟知する小西らは隣県とはいえかなりの遠隔地の城崎での当社温泉権を何らかの成算あって岡山県金光町

でも活用する見込みを立て得たのであろうか。

　岡山県金光町に実在した金光温泉旅館は昭和5年5月起工、昭和5年10月3日「地方有力者等五十余名」（Ｓ５.10.5　山陽③）を招待して落成式を挙げた。明記された招待者の中に教団関係者、建設業者等が見当たらないが、金光町内には土木請負業者として逸見弥太郎（Ｓ６.1.1　山陽⑰）らが存在した。また先発の温泉業者として金光鉱泉、旅館として金光町内に「吉備乃家旅館」（Ｓ６.1.1　山陽⑰）、浅口郡三和村には古川嘉多治らの古川旅館[39]、金光倶楽部劇場も存在した。

　金光温泉旅館は「日本建三階で総延坪数八百坪、大小客室四十室、外に宴会場として七十畳敷の広間がある」（Ｓ５.10.5　山陽③）とされ、「営業主」（Ｓ５.10.5　山陽③）は小西（名前の源治は記載されず）であった。『山陽新報』によれば、「温泉は輓近化学的検証の結果著しい効用性のあるものとして家族湯一時間一円、普通湯一回十銭である」（Ｓ５.10.5　山陽③）とするが、城崎温泉の名前は見当たらない。「予て建築中の金光温泉は十月六日より営業を開始すべく目下各般の工事を昼夜兼行で急いで居る」（Ｓ５.10.5　山陽③）理由は、金光教秋の大祭が10月7日午前10時から金光町で開催されるからであった。信者数「約一万二千…一時に街に雪崩れ出て土産買ふ人々で金光の街は混雑」（Ｓ５.10.8　山陽②）するなど、金光温泉旅館にとって最大の商機であった。

　昭和6年2月9日小西源治、小西聖夫らは当社とは別に「一、温泉、料理、旅館、一、土地建物ノ売買、一、金銭貸付一、有価証券ノ売買、前各項ニ付帯スル事業」（登記公告Ｓ６.2.18山陽④）を目的とし、岡山県浅口郡金光町占見新田731番地（占見村は現金光町）に資本金20万円の吉備興業株式会社を設立、小西聖夫（当社取締役）が代表取締役、小西源治（当社代表取締役）と猪野久米治（当社監査役）が取締役、関根音次郎が監査役に就任した。昭和6年2月9日「臨時株主総会ノ決議ニ依リ」（登記公告Ｓ６.2.18山陽④）営業中の旅館の名称と同一の株式会社金光温泉旅館に改称した。（帝Ｓ６、p14）設立直後に吉備興業を改称した理由は未詳であるが、町内には同業者の「吉備乃家旅館」（Ｓ６.1.1　山陽⑰）が存在したことも関係しよう。この結果、名称も役

員も広範な営業目的も当社とほぼ同一となり、おそらく世間からも混同され、前述の如き誤解が生じたのであろう。昭和7年9月23日小西源治が死亡し、おそらく同族として役割を引き継ぐ立場の小西聖夫は金光教の古参の信者[40]であり、小西源治もその可能性があろう。

　昭和4年10月教団関係者が金光町に温泉施設を計画している時期に小西源治・小西聖夫両人が当社と金光温泉旅館（金光町）の双方に関係したことから考え、両人が一連の行動で金融業者としても、あるいは信者としても中心的役割を果たした可能性は高いものと考える。小西聖夫は大正11年ころまで取締役（要T11役下、p35）を兼ねていた再建中の「六甲土地株式会社から大本に献納して、そこに月球殿という神殿を建てる計画」[41]に倣って、業績不振の土地会社のパトロンとして有力宗教団体を想定する再建策を熱心な信者として考案しても不思議はないものと考えるからである。

　300人収容の金光町の建物の方は昭和6年6月19日温泉橋竣工式を挙げたが、18年10月31日健民道場に転用されて温泉を廃業、19年結核初期青少年療養所、さらに金光病院に衣替えした[42]。金光病院に35年間勤務した元職員は風情のある旧金光病院を「立派な鬼瓦の温泉風な建物」[43]だったと回顧している。

　一方、城崎ホテルは昭和初期まで駅前に「城崎ホテル茶代廃止一泊□円」[44]の看板を掲げ、昭和6年現在城崎旅館組合員83軒の一つとして法人名の金光温泉ではなく、従前どおり「城崎ホテル」の名称で一般営業していることが確認できる（史料編、p908）。しかし同ホテル敷地一帯は土地台帳によれば兵農銀により昭和9年6月15日競落された。閉鎖登記簿によれば金光温泉は昭和11年5月28日本店を神戸に移転、以後商号を3度改称し、昭和23年8月本店を東京へ移転（商登）するなど法人としては存続しているが、あくまで形式上のことであろう。昭和11年現在の「組合員名簿」80軒の中には該当がなくなったことからみて、昭和9年ごろ競落による廃業の可能性が高いと考えられる。残念ながら著者の調査が及ばず、当社への小西一族の関与動機[45]と最終的な収束状況は未解明のままとなったが、城崎ホテルの石垣のみは現KKR城崎玄武に継承され[46]名残りをとどめている。

第4章　城崎のコミュニティデザインを侵蝕した土地会社　153

1)　本章では城崎温泉町並みの会の四角澄朗氏より丁重なるご教示とご案内（平成26年2月15日書簡と3月6日聴取）頂いた内容を「四角」と略記するとともに、頻出する基本文献を以下の略号で本文中に示した。

　　［基本文献・資料］／営…城崎温泉土地建物『営業報告書』（回数を#で表示）、但馬…結城蕃堂『但馬城崎温泉案内記』明治38年、案内…森永規六編『西部鉄道監理局線名勝遊覧案内　全』浜田日報社、明治43年、巻末広告欄（頁付なし）、総覧…蛭間幸成編『土地会社総覧』商事信託合資、大正9年、TK（回数）…TK生の連載記事。大正4年5月7日～8月14日大毎、兵庫県附録（55）＝円山川流域の都邑＝南但の各都邑、（62）（63）＝県下の二大温泉場＝有馬と城崎、営…城崎温泉土地建物『営業報告書』（回数を#で表示）、町史…『城崎町史』昭和63年、史料編…『城崎町史　史料編』、豊岡…『明治大正昭和　豊岡・城崎』昭和57年、物語…渡辺昭義『城崎物語』神戸新聞社、昭和58年、下村…下村彰男「わが国における温泉地の空間構成に関する研究――2　近代における温泉地空間の変遷」『東京大学農学部演習林報告』9号、1994年6月、植田…植田欣次「戦間期における「市街地金融」と不動産銀行の機能――兵庫県農銀の融資基盤の考察――」『地方金融史研究』第31号、平成12年3月、史料…川島武宜監修・北条浩編『城崎温泉史料集』城崎町湯島財産区、昭和43年。

2)　4)　野崎左文『日本名勝地誌第七編』博文館、明治29年、p312。

3)　西村屋は「江戸時代の役所、陣屋だった建物を利用して創業した150年以上の歴史を持つ老舗旅館」（H26.1.4日経S①）として日経の「名建築を楽しめる温泉宿」の上位にランクされた。その西村屋も明治43年時点の広告では「同姓ノ旅館有之候ニ付家号ニ御注意」（案内）と老舗・油筒屋（西村六左衛門）を相当に意識していた。「政友の大御所」「内湯の元祖」（S.8.4.25但馬④）の三木屋、「民政の大親分」（S.8.4.15但馬②）西村屋と老舗油筒屋の三家は「旦那さんと呼ばれ、教養も高く、町のリーダー」（四角）たる三大財閥を形成していたという。城崎の旅館経営に関して浦達雄氏の先行研究「城崎温泉における小規模旅館の経営動向」（『大阪観光大学紀要』9号、平成21年3月）、油筒屋の関係者・岡藤政子、井口衡両氏のご教示を受けたことに深謝する。

5)　城崎銀行は明治29年11月資本金2万円で設立され、「為替取組、貯金一般の業務を取扱」（但馬、p28）、明治45年時点の役員は頭取井上竹蔵、常務結城寛、取締役太田垣隆準、監査役結城小左衛門、西村佐兵衛（諸M45上、p559）と旅館主等で占めたが、昭和7年12月三共銀行に合併された（変遷、p190）。

6)　温城館はつたや旅館の鳥谷浅之助ら旅館主が出資し、「浴客優遊の為めに、設けた」（但馬、p27）総畳数200畳の大広間で、「演劇、講談、芸妓の舞ざらへ等をなす」

(但馬、p27) 休憩施設。

7) 松川二郎『近畿日帰りの行楽』大文館、昭和11年、p407。

8) 10) 『旅程と費用概算』日本旅行協会 (JTB)、昭和14年、p728-729。

9) 田山花袋『温泉めぐり』博文館、昭和2年、p442。大型旅館の「囲い込み」が温泉街衰退の一因とされる今日では、戦前期城崎の外湯主義も再評価されるべきであろう。

11) 12) 四代目西村佐兵衛は明治15年生まれ、早大卒、「温厚の資は町民の衆望を惹きて能く一方の勢力を代表」(TK62)、日本海航空を主宰、憲政会をバックに町長として震災復興に活躍（『兵庫県人物事典下巻』p59)。

13) 松島肇、門司築港は拙著『「虚業家」による泡沫会社乱造・自己破綻と株主リスク——大正期"会社魔"松島肇の事例を中心に——』滋賀大学経済学部研究叢書第42号、平成18年参照。

14) 『増田ビルブローカー銀行旬報』第4巻31号、p12。

15) 『鉄道省文書　亀能鉄道』免許下附前の身元調査。

16) 清水啓次郎『私鉄物語』昭和5年、p191。

17) 美馬儀平（下谷区御徒町）は「東都に出て日本勧業融通会社を創立し…社長…日本国民銀行を起し…頭取」、日本人造石社長、日本大正炭、東洋自転車製造、大正メリケン粉製造各創立委員（『大日本実業家名鑑』大正8年、p38)、枚岡土地、日本農具製造各取締役、共益炭業監査役（要T11、役下p159)。

18) 全国同盟旅館協会編『全国旅館名簿』神田屋商店出版部、大正15年6月、ヲp10、『温泉案内』日本旅行協会、昭和2年、p187。

19) 呼び名が混乱する原因は当社がコミュニティと隔絶した関係にあったため記録が地元側に残らず、また会社自体も「ホテル及月の湯温泉」(#6) と表現していたこと、あるいは地元民が城崎唯一の存在として、城崎を省略して単に「ホテル」と呼び慣わしていたのでもあろう。

20) 『兵庫県人物事典下巻』のじぎく文庫、昭和43年、p56。

21) 日本温泉協会編『日本温泉大観』博文館、昭和16年、p941。

22) 保養施設目的と思われる実例は昭和2年6月郡是製絲への分譲（湯島68）程度しか土地台帳からは判明しなかった。

23) 斉藤惣三郎は城崎町温泉組合員、旅館「いせ屋」経営者（但馬、巻末広告)、城崎町会議員。

24) 23.5万円という融資額は植田氏作成の昭和11年末の兵農銀の本店・尼崎支店管内「大口貸出先一覧」（植田論文、p72所収）の101中28位に相当し、大正6年「開店の当初は…貸付金額二十万円に過ぎ」（『兵庫県農工銀行三十年誌』p56）なか

った豊岡支店管内では最上位に位置しよう。
25) 城崎町当局も同じころ兵庫県知事宛の嘆願のなかで「今之〈温泉組合の担保物件〉ヲ処分センカ、第一低〈抵の誤記〉当権者タル農工銀行ニ優先権ヲ有サレ、本〈城崎〉町ハ第二次ニ移ルコトトナリ、仮ニ農工銀行又ハ本町ニ於テ之カ処分ヲ成シ、万一其ノ時期ヲ誤ルカ如キコトアラハ到底収拾ノ途ヲ失ヒ立所ニ多数ノ破産者ヲ出シ、延テハ本町ノ自滅ヲ来スヤ明ニシテ…」（史料編、p732）と転貸金50万円の回収困難に実情に先順位抵当権者たる兵農銀ともども苦悶していた。
26) 『兵庫県農工銀行合併調査報告書』1937年1月（植田論文、p65所収）。
27) 『第26回支店長会議諮問事項答申書』1940年4月（植田、p68）。延滞が発生した大正13年ごろから昭和9年の競落まで約10年も経過している。のちに兵農銀を吸収した日本勧業銀行の神戸支店長は後年の昭和15年旧兵農銀融資先整理に関し「特ニ久シク整理シ得ザリシモノガ漸ク整理完了ヲ見タルモノ多ク、丸島土地、御津干拓、天宅くに、垂水土地、山脇延吉、若江音次郎等ノ難物件ノ整理ガ着々トシテ進捗シタコトハ誠ニ欣快」（『第26回支店長会議諮問事項答申書』昭和15年4月、植田、p68）と、「久シク整理シ得ザリシ…難物件」が多数存在した事実に言及した。
28) 『営業報告書目録集覧』神戸大学、1973年、p170、武知京三『近代中小企業構造の基礎的研究』1977年、p222。
29) 昭和4年12月20日『官報』第894号付録、p20-21には豊岡区裁判所城崎出張所の商業登記として「昭和四年九月二十二日商号ヲ左ノ通リ変更ス。金光温泉株式会社」が昭和4年10月5日登記され、閉鎖登記簿にもその旨記載されているが、地元の金光教会関係者も初耳の由（四角）。
30) 株式会社金光温泉旅館は昭和6年2月12日本社を岡山県浅口郡金光町（現浅口市）に置き、玉島裁判所に登記された。
31) 小西商事は昭和5年2月「土地建物売買、金銭貸付、有価証券売買」を目的に大阪市西区に設立、源治が代表取締役6,000株主、聖夫が専務4,000株主（帝S6、p124）。
32) 松江炭礦は大正9年11月設立の神国採炭が改称、本店の大阪市西区は小西商事内か。資本金32.5万円（要T11大阪、p86）、取締役は小西源治ら、監査役は小西聖夫。小西らの名は大正7年2月発行の『改訂日本鉱業名鑑』（鉱山懇話会）に起債がなく、大正バブル期に鉱山に関係した新参者と考えられる。なお松江附近にある山陰炭鉱株式会社（島根県八束郡竹谷村字矢田）との関係は未詳。
33) 日本カルシウム泉合資会社は大正4年7月福岡市下竪町2に資本金5万円で設立された。社長は荒津長七（福岡市萱堂）（牧野元良『日本全国諸会社役員録』商業興信所、大正5年7月、下、p1060）で、売薬「霊泉カルシウム」を「博多湧出

の天然薬泉」「世界無比の根本的治病薬」として薬店で販売した。(諸T5上はノ四広告) その後同社を神戸の資本家が買収し、日本カルシウム泉を大正8年7月神戸市海岸通2-33に設立、源泉場福岡市下堅町2、主任待鳥千治(要T11兵庫、p19)、大株主常務山根常吉、取締役竹原宗太郎②1,423、取締役支配人③1,090、監査役小西源治 (要T11、p19)。

34) 川東播州興業無尽は「無尽講員達から疑惑の眼で眺められたが畑、増安の両重役等は整理の美名に隠れて紊乱そのものの同社内容を更に悪化させ…その後更生を目標に県会議員細野浜吉、富豪小西源治 (今は故人)県会議員林田憲、飾磨町浜田藤次郎氏らの有力者が前後して重役に入社」(S8.4.13神戸)。

35) 大正15年7月郷里の小学校建築費金1万円を寄付したことで昭和2年2月3日紺綬褒章を授与された (総理府賞勲局編『紺綬褒章名鑑』昭和61年、p161)。

36) 六甲土地は小西聖夫が取締役となっている時期、総会屋の親分的存在の長田桃蔵ら特殊株主集団による尋常ではない私的整理の真っ最中にあった。長田の部下の古川浩は、「パニックで泡沫会社が将棋倒しになった…到底普通の人では整理することが出来ぬ…というわけで、長田〈桃蔵〉博士の特別診療を頼んで来る。ところが長田は迷惑至極ではあっても元来が仁侠の人で断り兼ねて私にやらした。…その中には植田元助の当時で一千万円の六甲土地というようなものは一旦私に引受けさせて、その株を二千株か三千株を私に渡された」(古川浩『会社問題の理論考察』昭和31年、p575)と私的整理の一端を証言している。

37) 「連合国財産上の家屋等の除去について(小西聖夫外2名宛)」「オール・セインツ・チャーチ社団の返還に関する書類」。

38) 「ほんとうに中小企業の苦しい血の出る状態であるということは、われわれ中小企業者でなければわからぬということをどうか御認識を願いたい…なかなか思わしく金融ができない…つい高利でも町の金融業者から借り入れもしていかなければならぬ」(参議院会議録情報第026回国会商工委員会第34号 kokkai.ndl.go.jp/SENTAKU/sangiin/026/0216/02605150216034a.html)。

39) 『大日本商工録』昭和5年、p55。教団との関係は未詳ながら小田寛一(浅口郡三和村、小田酒造場主)、辻二郎(三和村大谷、㈱金光保命酒屋監査役)らが取締役(諸T13下、p485)となった金光鉱泉株式会社(浅口郡玉島町玉島、資本金10万円、払込2.5万円)が別途存在する。(要T11役、p18) また藤井新(金光町大谷酒類醸造)らが役員の金光倶楽部劇場(『帝国信用録』大正14年、p21)も存在した。

40) 小西聖夫は和田威／智雄編著『和田真之介大人をしのびて』(金光教松島教会、昭和52年8月発行)に寄稿し、金光教松島教会編『松の枝葉 開教五十年記念誌』(金光教松島教会、昭和28年5月発行)の中にも談話が収録されている。

41) 大正日日新聞社連載記事「神秘の扉」。
42) 『金光町史　史料編』p943-94、岡山女性史研究会編『岡山の女性と暮らし「戦前・戦中」の歩み』山陽新聞社、平成12年、p257。
43) konko-hos.jp/kawaraban/no67.pdf。
44) 森貞淳一編『城崎温泉町並み写真集』花兆庵、平成19年、p54。
45) 小西側が金光町で開業の翌年に当社から撤退したことから、信者としては教団公認の温泉場経営が本命で、城崎は捨石にすぎなかったと考えられる。温泉場経営のノウハウ、効能の箔付け、あるいは先発・金光鉱泉との公認争い上の実績作りなどが当社に乗り込んだ動機であろうか。
46) 勧銀（旧兵農銀）から一帯を買収した旧地主の井藤長松のご子孫の話。湯島75番地の競落が昭和10年8月24日（土地台帳）にズレたのは当社名義でなく、林清市個人名義のためかと思われる。

第5章　嵯峨・嵐山のコミュニティデザインとコミュニティリーダー

　明治期の嵯峨・嵐山地区に所在した主要な観光業者としては元禄期開業の小林友次郎経営「三友楼」、松田治右衛門経営「三治楼」など「雪、月、花の三楼」(俗に「三軒家」)、「きくや(菊屋)」、旗亭「八賞軒」[1]、明治10年開業の「花の湯」、明治28年公有地貸下出願、明治30年5月設立の嵐山温泉㈱、明治30年6月設立の嵐山三軒家㈱などがある。

　本章[2]ではこのうちほぼ同時に成立した嵐山温泉、嵐山三軒家という株式会社形態の京都の先駆的な観光専業企業を取り上げ、主に観光デザインとコミュニティデザインとの融合の観点から両社を比較する。明治30年という比較的早期に、株式会社形態の観光企業が同一コミュニティに同時に成立した例は多くは存在せず、かつある程度公表資料で顛末が判明する事例は珍しいと思われる。

I. 嵐山温泉・嵐峡館と嵐山公園・嵯峨遊園

1. 嵐山温泉の前史「花の湯」

　京都の東山には明治6年創設の「人工温泉」吉水温泉や円山鉱泉があり、温泉の疑似体験を庶民に提供する遊興施設[3]として人気を集めていたが、これらに刺激されて嵐山にも温泉を導入しようとする試みは古くから何度も行われた。例えば明治10年「嵯峨の天竜寺にて風呂場を建て温泉にして、此せつ諸人を入れるので、紅葉にかけてだいぶ人々が出かけ」(M10.11.16読売)たという。同じ明治10年に山中静逸[4]が嵐山に別荘「対嵐山房」を新築した。山中

は別荘を建てた「大工宇八を愛しぬ。或る時、相倶に、嵐山の峡谷を徜徉し、会会、礦泉の出づる所に遇へり。乃ち、為に謀りて、宇八に温泉場を起さしめぬ。名づけて花の湯といひ、遊人の入浴に供す」（信天、p14）と別荘主が「花の湯」という温泉場を角倉了以が保津川開鑿工事の犠牲者の菩提を弔うために創建した大悲閣の下に開設したことが判明する。この「花の湯」の地所（のちの嵐山温泉の所在地）は下桂村の風間八左衛門（後述）の所有地であったので、「信天翁日記鈔」によれば明治10年10月3日「礦泉に付…風間八左衛門三百坪二百箇年借取、家内名前、十円渡す、二十両宇助へ、普請の為め渡す」（信天、p146）とある。風間との間の「花の湯」の敷地300坪の200年間の借地契約は山中遊可（静逸の妻）の名義、大工宇助（宇八）による「花の湯」の建築費は20両、営業主も宇八名義であったかもしれない。「花の湯」は花満開の明治11年4月13日開場、山中と親交ある「槙村知事、温泉開場に付被来」（信天、p146）と日記に記録されている。野崎左文は「同所〈大悲閣〉より西北に下りたる処に温泉場あり、明治十年の発見にし〈て〉炭酸泉に属す。舟を大堰川にうかへて嵐峡の風光をもてあそふ者は概ね此温泉場を以て限りとす」[5]と正確に紹介している。また小林吉明もこの「花の湯鉱泉」を「維新后の築造に係る。嵐峡より涌出する鉱泉を温めて、入浴に供す」（乾、p42）とし、大悲閣より「数町にして屹立せる大巌あり。赤岩と称す。花の湯てふ礦泉其上に在り、一浴せば心身おのづから爽かなるべし」（嵯図、p10）と詳しく紹介しており、「花の湯鉱泉」は明治30年ごろまでは営業していたことになる。明治15年ごろ矢野豊次郎により撮影された「嵯峨嵐峡館温泉」[6]なる写真は寂しい一軒家が大岩上に建っていることから、初期の「花の湯」の貴重な画像と考えられる。しかし建築主の山中は健康を害して明治14年12月「八日より温泉の水を取寄せ入浴」（信天、p146）するだけとなり、母屋ともいうべき山中の別荘「対嵐山房」も宮内省献納話（序章参照）を経て、明治18年山中の死亡後、東「本願寺前法主が熱望してゐることを聞いた北海道の某信徒が信天王〈翁の誤記〉氏から買求め、更に法主に寄贈した」（T12.2.9日出③）結果、東本願寺の別荘対嵐房と名を変えた。雅麗を極めた大谷光瑩伯の別荘も明治35年12月には

井上馨が東本願寺整理に乗り出し、38年1月債権者の北浜銀行による枳殻邸等の強制競売申立[7]を経て、最終的な別荘の行く末は「大阪高麗橋吉兆の創始者…湯木貞一が昭和23年に個人の別邸を譲り受け、長い年月をかけて増改築を重ね」(「京都吉兆」HP)、山中が「拙宅も行末は自然茶店料理屋と同様に相成り」(信天、p196)と憂慮していたとおり、結局「酒楼茶店に変する」(信天、p195)こととなった。こうした嵐山の著名な別荘が名家・資産家の持ち物である以上、彼らの財政的な盛衰に伴って有為転変が不可避であることを物語っている。

2．嵐山温泉

「嵐山の東麓路の究まる所」(M28.9.3 日本)である元録山町に江戸時代初期の豪商・角倉了以による民活投資の資金回収のために創設された「筏改所」という官衙がなお存在し、嵐山の風光を甚だ損なっていた。この由緒ある「民活第一号」[8]跡地に貴賓を接待する「嵐山待賓館」を建設する話が持ち上がってきた。すなわち「洛西嵯峨地方の有志者は今回京都紳士等の賛同を得て、嵐山の麓なる元筏改所に宏壮なる屋舎を建築し内外貴賓の接待所、有志者倶楽部となし併せて旅館及び和洋料理を営業を為す見込にて、同地の貸下を発起人井上与一郎[9]外数氏より府庁へ出願せり。同地所は昨年の通常府会にて不用貸下げを為すの決議を経たるものにて、建築費は一万円内外の予算なりと云ふ」(M28.8.30日出)と報じられた。日出新聞のコラム「月下虫声」は「嵐山に待賓館の設立甚妙なり。高雄にも宇治にも醍醐にも大原にも設立すべし。損の行かぬ限りは」(M28.8.31日出)と応じた。嵐山待賓館の記事はやや茶化して中央紙(M28.9.3 日本)にも転載された。

待賓館という当初構想は明治30年4〜6月にかけて以下の①〜④各記事のとおり嵐山温泉場新設、嵐山温泉という観光デザインへと順次練り上げられていく。①「京都鉄道の開通以来嵯峨付近は遊客絶へず頓に賑ひを増したるを以て、同地方の風間嘉平治〈ママ〉、日下部大助[10]氏等発起と為り、資本金三万円の株式会社を創立し、大悲閣付近に温泉場を新築して旅人宿を兼業し、府下名産

の委託販売をも為んとて、昨日同地に発起人会を開きたる由」(M30.4.21日出)。

　明治30年京都鉄道が嵯峨駅まで開通すると嵐山への遊覧客が激増、旅館・料亭不足が深刻化した。そこで当時の企業設立ブームを背景に地元洛西地方の名望家が連合して嵐山温泉株式会社を設立する一方、ほぼ同時に商工会議所有力会員を中心に既存の三治楼(松田治右衛門)を買収すべく嵐山三軒家株式会社(後述)が発起された。30年京都鉄道開通直後の花季の「日曜日は満都の士女嵐山に至るもの非常に多く、三軒屋を始め掛茶屋の繁盛は言ふも更なり。遊船の如きも先約のありし為め大抵払底の姿にて…之が為め此頃京都鉄道乗客は頓に増加し毎列車に乗り切れざる」(M30.4.14日出)ほどの活況を呈した。

　②「此程発起認可となりし嵐山温泉会社は来る二九日午前十時より嵐山洗心亭に於て創業総会を開き、定款を議定し役員を選挙するよし」(M30.5.25日出)。

　③「創業総会を開き、定款を議定し創業費百六十円に限定し次に重役の選挙を行ひしに取締役には風間嘉平、中路関之助[11]、関一馬、日下部大助、大八木良民の五氏、監査役には村岡浅右衛門[12]、井上与一郎の二氏孰れも当選したるよし」(M30.6.4日出)。

　④「社長互選　嵐山温泉株式会社にては一昨日重役会議を開き、互選を以て風間嘉平氏を社長に推薦したるよし」(M30.6.6日出)。

　嵐山温泉株式会社は明治30年6月資本金3万円で江戸時代初期の豪商・角倉了以が設置した筏改所の跡地・元録山町11番2に「温泉浴場席貸料理遊船旅宿業」(諸M39上、p223)を目的に設立された。『株式会社統計』によれば明治28年現在で全国には奈良遊園㈱、平野鉱泉㈱など先発の遊園・鉱泉会社がすでに複数存在した[13]。しかし大正8年時点の調査でも京都府下の旅館ホテルで株式会社形態なのは都ホテル1社(通覧、p183)であったから、明治30年設立の同社は京都ではかなり先駆的であろう。

　設立の中心人物は敷地の提供者で専務取締役にも就任した風間であったと考

えられる。桂一帯の大地主である風間家は前述のとおり、明治10年10月「花の湯」敷地「三百坪二百箇年」(信天、p146)の契約で山中静逸の妻遊可に貸した地主でもあった。山中静逸の追悼集『信天翁』は「花の湯といひ、遊人の入浴に供す。これ今の嵐峡館の前身なり」[14]と「花の湯」と「嵐峡館」は系譜が連続するものと解している。

明治30年ごろまで営業していた「花の湯」と嵐山温泉・嵐峡館との関係は、①ほぼ同一敷地に所在し、②地主は同一の風間家、③「二百箇年」[15]にわたる長期の借地契約中で、④嵐山温泉設立時になお営業継続、⑤業態も同一の温泉場経営であったから、『信天翁』の記載どおり「今の嵐峡館の前身」すなわち風間家サイドで「花の湯」の温泉場を継承し、現物出資的に嵐山温泉を設立した可能性が高いと推測される。場合によっては、明治30年の設立より以前に風間家サイドへの継承の可能性もあろう。なにしろ「花の湯」のオーナー山中静逸(明治18年病死)は「私微力にて永く保存無覚束存候故」(信天、p196)と対嵐山房を宮内省へ献納を願ったほどだから、より同家にとって必要性の乏しい「花の湯」売却があっても不思議ではない。この場合は「花の湯」敷地の所有者であり、その後に「花の湯」の経営も実質的に継承していた可能性のある風間家が、京都鉄道開通を契機に、家業としての「花の湯」事業の将来性を見越して、同家を中心に葛野郡辺りの名望家を広く株主に加えた株式会社を設立して、より大規模に、温泉場経営と料亭・旅館経営に乗出したものと解することができる。ほぼ同時期に有力京都市議グループによる嵐山三軒家株式会社が旧来の三治楼を買収して公募設立(後述)されており、風間家が同様に旧来の「花の湯」の株式会社化を想起するのも企業勃興期の自然の成行きでもあろう。

明治30年5月8日敷地拡張のための「郡村宅地之開墾届出」[16]があり、すぐに旅館等の新築に取り掛かったと見られる。監査役に就任した小林自身の筆になる『嵯峨名勝』は「麓なる緑陰深き処、渓声耳を洗ふの辺に一大温泉場あり。近年桂の風間氏等が設立せしもの。嵐峡館の称あり。浴室及座敷の構造装置清楚を極む。一浴後美酒佳肴を命するは最も可」(嵯名、p8)と、嵐山温泉設

写真-1 「温泉創業拾周年紀念　嵐山・嵐峡館1907」絵葉書（著者所蔵）

立の中心人物を「桂の風間氏等」と明記した上で、嵐山温泉経営の旅館部を指して「嵐峡館の称あり」としている。

　開業直後の明治32年には「営業…温泉及旅人宿、資本金三万円、嵐山温泉株式会社、葛野郡松尾村」（商M32ろ、p115）とあり、明治39年時点では払込2.5万円、専務先代・風間八左衛門、常務中路関之助、取締役日下部大助、村岡浅右衛門、風間嘉一（明治40年風間八左衛門を襲名）、監査役井上与一郎、小林吉明であった。（諸M39上、p223）

　嵐峡館発行の「創業十周年記念嵐山温泉風景絵葉書　嵐峡館　電話　嵯峨一番」（四枚組　綾小路通麩屋町西入　山口青旭堂絵葉書部印行）には、①保津川の北岸からの嵐峡館全景、②「大悲閣道」の石碑、③「大悲閣道」側から見た嵐峡館の裏側、④背後の嵐山の四枚が含まれている。また写真-1の「温泉創業拾周年紀念　嵐山・嵐峡館1907」の青スタンプが押された「嵐山温泉　嵐峡館」全景（上記①と同一ネガ）の絵葉書には1907年とあるので、ともに明治40年発行と考えられる。

　しかしこの時点で嵐山温泉㈱の社名の併記はなく、かつ「創立十周年」でな

く、「創業十周年」となっている。また明治41年9月20日敷地（元録山11-2）の所有権は売買により風間八左衛門から義弟の中路重之に移転した。（元録山11番2土登）保存年限を経過した商業登記簿の不存在のため、年月は未確認であるが、このころを境に風間家が主導してきた経営主体の嵐山温泉㈱が解散し、次第に親戚筋にあたる中路家の家業に移ったものかと思われる。

　次節で検討するように、ライバルの嵐山三軒家は37年9月12日臨時総会で解散を決議（T12.3.28日出）した。明治34年金融恐慌後の長期不況の悪影響は大企業形態の嵐山三軒家の高コスト体質を直撃したわけだが、株式会社形態の嵐山温泉も同様な整理が不可避であったためと考えられる。その後の嵐峡館の経営形態は、中路家の家業→中路一族出資の合名会社→株式会社と明治30年の出発点に逆戻りする。すなわち大正14年11月29日「浴場旅館並料理屋業ヲ営業」（商登）する目的で合名会社嵐山温泉嵐峡館が中路一族の出資[17]で元録山11-2に設立された（商登）。昭和7年では『大京都誌』の中で、「営業収益税年額七十円以上を納むる」京都の「著名旅館」（大京、p612）、「料理及仕出し弁当」業者として「氏名　合名会社嵐山温泉嵐峡館　家号　嵐峡館　住所　嵐山」（大京、p615）として記載された。昭和16年11月25日合名会社嵐山温泉嵐峡館は「総社員ノ同意ニ因リ解散」（商登）、新たに株式会社嵐山温泉嵐峡館が設立された。

　旅館としての営業振りや世評を探る資料として、以下に管見の限りでの案内書等に掲載された嵐山温泉・の紹介記事等を年代順に掲げておく。明治32年旗亭・八賞軒を買収した川崎正蔵[18]も嵐山温泉の初期の利用者で、「嵐山温泉又老を養ふ可く、労を慰するに恰好にして幽邃の別天地」（川崎、p330）と気に入っていたようである。京都鉄道が明治34年8月24日に最初に観光デザインして実際に運転した「観月列車」のイベントでは「列車が嵒石の隧道を越えて、嵐山温泉前で停車すると同時に仕掛花火が又もや盛んに紅紫の花を咲かせ、仕掛の錦魚が月隈の渓流を幾百尾となく遊泳すると、温泉の山一面は花のやうに灯が点る、六斎の祇園囃子を演じ出すといふ趣向で、いずれも乗客の意表に出づるなど秀逸の余興である」（M34.8.31R）と嵐山温泉側でも京鉄に全面協

力して乗客サービスに努めた。このように友好関係にあったため、大江理三郎[19]編『京都鉄道名勝案内』では嵐山の大悲閣山麓にある、嵐山温泉株式会社経営の温泉旅館嵐峡館について、巻末に「嵐山大悲閣麓　四時風景絶佳　温泉／旅館会席御料理　応御好　嵐山温泉株式会社　嵐峡館　往復船賃一人六銭」との広告を掲載した上、本文でも「其奇しき巌根の上に雅致を極めた建物は嵐山の温泉嵐峡館、或る種の薬分を含める冷泉を汲んでの浴槽室前の飛瀑室後の閑亭、欄にもたれて、碧潭に望む、山肴海珍は拍手一つ、お悪くはありますまいでせうよ」[20]と好意的に紹介している。同時期の案内書にも「嵐山　桜楓の名所にして…渡月橋…嵐山温泉等見るべき所一にして止まらず」[21]、「沿道重なる旅館　嵯峨駅…嵐峡館」[22]とあるが、『避暑案内』では「株式会社嵐峡館と称する温泉兼料亭あり」[23]と旅館名と社名を混同している。

　小林は明治43年10月温泉嵐峡館について「嵐山の奥、大悲閣の麓にあり。矢張料理旅館兼業、浴場其他の設備よし」（嵯名、p47）と評している。例えば小林自身も嵯峨村長として参加した「了以会」幹事会は「大悲閣千光寺に於て開催…嵐峡館に於て昼餐を喫し」（M43.6.14日出）ているなど、当初の目論見どおり「地方有志者の倶楽部」としても機能していた。

　「此の（嵐山大悲閣）西北山麓に温泉場あり四時浴客絶へず」[24]、大正2年では嵯峨村、電話一番（全集、p97）、大正5年では「温泉料理旅館嵐峡亭は嵐山大悲閣の麓にあり…大悲閣の麓迄渡船の便あり」（案内、p856）、「千鳥淵…身は画図の間を行くが如し。二十分にして山下の温泉下に着く。温泉は嵐峡亭と云ふ。一浴して大悲閣に登も可なり、新鮮な川魚料理を味ふも又可なり。料理温泉旅館　松尾村上山田　嵐山の奥、大悲閣の麓　嵐峡館　電話嵯峨一番　陸行舟行何れも便利、嵐峡湧泉の最新式浴場、客室大小数多く、之れ皆清麗、館は川に臨み後に山を負ひ、空気新鮮、小鳥は梢に囀り、舟筏楼を通じ、真帆片帆汽車は対岸の隧道出て川に沿ふて走るあり。其の風景名画も亦若かず」（案内、p868）。

　大正6年11月山本實彦も川崎正蔵ゆかりの「嵐山温泉の風勝を三嘆しつつ、八賞軒に入り」（川崎、p330）川崎の趣味を追懐した。大正6年田山花袋は「舟

で川を遡る…瀟洒な茶楼の水に臨んで構えてあるのが段々見え出して来た。舟を捨てて岸に上る。いかにも好い。そこの温泉の旗亭の川に臨んだ一間で、半日の清興を恣ままにするのも、また旅の興の一つでなければならない」[25]、「京都の嵐山の奥にある温泉、あれなども人は大騒ぎをして出かけた。炭酸泉で、温度が摂氏の十一度と言ふのだから、さう大したものではないのであるが、温泉に乏しい近畿地方では、これでも頗る珍としなければならなかった。それに、京都に近いので、その旅舎の設備は、温泉といふ名に呼んではゐるけれども…金もかかるし、おうと落付いてゐられるやうな処でもなかった。それでも、花か紅葉の時に、舟をそこまで曳かせて上って来て、川に臨んだ欄干に凭れながら、静かに盃を含むのもまた旅情を慰める一つである」[26]。

　昭和7年では『大京都誌』の中で、大悲閣「麓の緑陰深き所に『嵐峡館』といふ温泉場がある。浴室及び座敷の構造は清麗で、付属の亭榭崖に倚り、水に臨み、風光絶佳である」（大京、p703）、昭和11年では「北麓の河畔に嵐山鉱泉嵐峡館がある」[27]とし、JTBは嵐山温泉を嵐山鉱泉として「嵐山の麓、嵐峡の清流に枕みて、亀山の翠微と相対する景勝の地にあり、渡月橋畔から遊船の便がある。鉱泉は無色透明の炭酸冷泉で、胃腸病・神経衰弱・リウマチスなどに効くと云ふ。旅館　嵐峡館（嵯峨駅から二粁、電嵯峨一、室五〇、普通一泊四、五、七円」[28]と紹介する。

3．嵐山公園開設と嵯峨遊園会社設立

　小林は「この一帯の国有林は昔から鋸を入れぬ数百年来棄ててあったやうなものである。之を私が在職中に嵯峨村へ払下げを受けて基本財産造成の事を企てた事があったが、それはその筋の許すところとならず出来なかった」（編入、p25）と回顧している。明治末期に「亀山国有林一帯の敷地を〈葛野〉郡に下附されん」（M43.7.3日出）と「葛野郡有志者より嵐山公園設置に関し其筋に申請し、昨〈42〉年の府会に於ても同公園設置に就ては府より補助を与ふることとなり」（M43.1.16日出）、明治43年6月30日葛野郡の事業として認可され、当初は亀山公園と称した。明治43年1月15日葛野郡参事会員らは嵐山公

写真-2 「嵐山電車軌道　沿道名所案内」（著者所蔵）

園設置は「未だ許可の指令なく、来る四月までには嵐山電鉄も成工すべきにより、同時に公園をも竣成せしめんには一日も速かに許可の指令を迫るの要あれば、此際委員を選定東上せしめ、内務省に嘆願することの協議を為し」（M43．1．16日出)、「桜井郡長、小林嵯峨村長等は態々東上して当局に具申」（M43．7．3日出）した。

内務省への嘆願が功を奏し明治43年6月30日付で「亀山一帯の国有林を公園敷地に編入するの件」（M43．7．3日出）が正式に認可された。葛野郡では認可を受け、「設計は工学士武田五一氏に嘱託し、遅くも本年の秋季紅葉の時季までには完成せしめん」（M43．7．5日出）という意向のもとに「設備費として本年度に於て郡費より約四千円を支出し、伐採したる松樹を売却して一千五百円内外を得る見込」（M43．7．3日出）とごくささやかな目算を示した。

小林は明治43年10月刊行の案内書の中で「亀山を一大遊園となして嵐山公園と称し以て内外の観光客を満足せしめむとは吾等有志が多年の宿願なりしが、頃日漸く官許を得、茲に世界の楽園を現出するの運ひに至れり。八賞軒の後より所謂亀の尾の松林を縫ふて漫歩を運べばやがて一望快濶の丘頂に達すべし。…遊覧者も此処に至りてこそ実に嵐峡観光の極致を得たるものなれ。さるにても、年久して閑却せられたる此勝境を公開して飽く迄四時の風物を味はしめ以て、亀山離宮の当時を平民的に復旧し得たるはかへすがへすも吾等地方人の痛快とする所なり」（嵯名、p19）と多年の宿願の嵐山公園開設が実現したこと

第5章　嵯峨・嵐山のコミュニティデザインとコミュニティリーダー　169

を痛快とした。

　嵯峨遊園は明治44年8月22日「午前十時より嵯峨公会堂に開会、出席者は委任状共五十名にして、小林吉明氏座長席に着き先づ重役の選定を行ひ、取締役に嵯峨村寸田喜兵衛[29]、同小林吉明、同小松美一郎[30]、松尾村北村佐一、桂村風間八左衛門、監査役に嵯峨村井上与四郎[31]、太秦村加藤譲三郎、大内村竹内新三[32]の諸氏当選したるが、資本金を三万円とし、第一回払込は七千五百円なるが、同会社の目的は近来嵯峨地方は交通機関の完備と共に遊覧者頓に増加したるを以て、此際亀岡公園中眺望佳なる場所を選び、五、六の建物を新築し公衆の便益を計るものと認むるものに限り貸与すること、保津川下り外人専用の便所を新設する事等にして、営利を専らとせず、成る可く公衆の利便に資する筈なりと」(M44.8.25日出)。

　嵯峨遊園は明治44年1月25日葛野郡会で決議された「葛野郡嵐山公園管理規程」第4条に準拠して「公園ヲ使用セン」と申請し、「嵐山公園使用料規則」により場所によって異なる「使用料」を葛野郡に納入することによって、こうした官設公園内の飲食・遊興施設の民営代行業務[33]を観光デザインしたものと推定される。社長小林吉明、取締役寸田喜兵衛、小松美一郎、風間八左衛門、北村佐一（松尾村）、監査役井上与四郎、竹内新三、加藤譲三郎（太秦村）、会計主任渡辺鹿之助[34]、外交係小林多三郎[35]（諸M45上、p306）。

　大正5年では資本金3万円（内1万500円払込）、北村佐一に代わり山下米次郎（松尾村）が取締役に就任していた（帝T5、p35）。

　「嵐山公園其他嵯峨及松尾ノ勝地ニ於テ四時ノ遊覧者ニ便利偕楽ヲ与フヘキ諸種ノ場屋ヲ賃貸シ、併セテ同地方風致保存ノ経営ヲナス」(M44.9.9官報、p196)ことを目的に京都府嵯峨村字天竜寺小字大雄寺五番地ノ一[36]に資本金3万円、総株数600株（一株@50円）で設立された。嵯峨遊園（明治44年9月設立、遊覧場賃貸）は大正5年時点で電話五三番、「利益配当　前期及前々期五分」（諸T5上、p372）、積立金930円、利益金722円、配当率5％（通覧、p183）。

　利益の源泉は葛野郡に対して嵯峨遊園が納入する嵐山公園使用料と、「遊覧

者ニ便利偕楽ヲ与フヘキ諸種ノ場屋」の実際の経営者から嵯峨遊園が徴収する賃貸料との差額から発生しているものと考えられる。会計主任は実際の経営者から賃貸料を徴収する職務を、いかにも銀行風の呼び名の「外交係」(外務主任に変更)小林多三郎は恐らく嵯峨遊園が建設した「諸種ノ場屋」の借り主を見つけるなど、テナント管理業務を担当したと考えられる。大正7年時点では外務主任小林多三郎、会計主任渡辺鹿之助であった(諸T5上、p302)。

　第八期(大正8年6月期)決算では資本金3万円、払込1万500円、出資人員53名、積立金2,070円、「諸種ノ場屋」の建築費と天竜寺出張所内の会社所属の什器備品からなる「建物什器」1万1,195円、預ケ金及現金2,492円、テナントからの賃貸料からなる「当期総収入金」2,011円、葛野郡への公園使用料を含む「当期総支出金」1,289円、当期純益及前期繰越金949円、配当(年5％、前期5％)505で長らく5％配当を継続していた(帝T8、p40)。社長小林吉明、取締役風間八左衛門、寸田喜兵衛、小松美一郎、山下米次郎、監査役竹内新三、井上与四郎、加藤譲三郎であった(帝T8、p40)。

　嵯峨遊園が新築した「五、六の建物」(M44.8.25日出)の全貌は明らかにできなかったが、少なくとも判明するのが草庵「八賞軒」である。川崎正蔵は明治32年「京都嵯峨に一別荘を建築」(川崎、p177)した。「嵯峨の別荘は翁と由緒深き天龍寺と隣して、前面には藍を流したる如き保津川の清艶なるあり…別邸と続きに雅麗を極めたる大谷光瑩伯の別荘あり。粋人騒客に持て囃さるる花の家あり。翁の別荘は以前は八賞軒と称し、嵐山にて有名なる旗亭の一なりしが…今此絶勝の地を見て、好風癖は勃然として起り、さては独占して徐ろに老を養はんとして買収せるもの」(川崎、p328-329)であった。川崎は「此別荘に天竜寺の老僧、さては郡長、神官等を招致して鳥鷺を闘はし」(川崎、p330)、「松方、井上侯等を招請して一夕の歓を尽」(川崎、p330)したが、この折に松方正義は別荘・八賞軒の名を「延命閣と命名」(川崎、p330)した。明治43年刊行の『嵯峨名勝』では「三友楼、三軒家、廓公、対嵐山房(東本願寺別荘)、八賞軒等軒を連ねて何れも風光水色を領せり。先年洛の文人八賞軒に集りて八賞の吟あり」(嵯名、p13)と谷如意ら8人による嵐山八賞詩を掲

載している。八賞軒の跡地に建つ「ホテル嵐亭HP」によれば「ホテル嵐亭の設立は、明治32年に川崎造船所創始者の川崎正蔵氏が現在地に別荘「延命閣」を、また、明治43年には嵯峨遊園株式会社が「八賞軒」を建設したことに端を発しております。その後、昭和11年には山口玄洞氏、昭和18年鴻池善右衛門氏、昭和28年林原一郎氏が所有し、昭和37年株式会社京都ステーションホテルが当時、カバヤ食品株式会社名義となっていたものを購入いたしました」[37]とある。

また嵯峨亀ノ尾町無番地に立地する料理旅館「千鳥」(現嵐山祐斎亭)の経営者・小林太一郎も昭和18年10月17日から昭和24年4月11日辞任するまで嵯峨遊園監査役に就任(商登)しているので、当然ながら嵯峨遊園との賃貸関係など深い地縁関係の存在が推測される。このほか嵯峨亀ノ尾町の官有(無)番地に立地する家屋番号八番の「居宅」「店舗」(建築年次の記載なし)[38]も後年になって昭和27年12月24日嵯峨遊園の名義で所有権の保存登記が行われており(土登)、同社の官有地上の店舗賃貸業が戦後まで長く継続されていたことが判明する。

小林の死後、長男の美樹雄(明治29年生まれ、嵯峨銀行清算人)が昭和13年7月29日嵯峨遊園取締役に就任(商登)したが、本業は繊維・染色関係の同業組合役員を経て、戦後は京都染織会館理事等を歴任した。美樹雄も亡父の遺志を継ぎ廃絶した「嵯峨焼復興にいどんだ」[39]が、嵯峨遊園代表取締役在任中の昭和49年4月25日死亡した(商登)。

II. 嵐山三軒家株式会社

古来嵐山は行楽地として有名で、中心地に位置する掛茶屋の雪・月・花の三楼は「三軒家」と呼ばれて親しまれてきた。日出新聞のコラム「実業短信　風来子」は「嵐山三軒家株式会社設立の計画者あり。当市有名の旅宿、料理屋発起人となる。京都鉄道開通の今日、充分趣向を凝らして設備相成様致度候」(M30.4.16日出)と設立の動向を速報した。30年4月24日には「当会社創立事務所を左記の処に置く。京都市麩屋町通押小路上ル尾張町二十九番戸　嵐山三

軒家株式会社創立事務所」（M30.4.24日出）と広告した。以下の日出新聞の発起人会の記事には観光デザイン着想に至る動機が詳しいので全文を掲げる。

「京都鉄道開通以来嵐山付近の遊客頓に増加せしと雖も、適当の旅館なきより発起計画せし彼の三軒家株式会社（資本金八万円）にては愈々五十名の発起人を確定せしを以て、一昨日午後三時より河原町共楽館に於て発起人会を開き、中野忠八氏を座長とし、創立委員七名選定のこと、発起人引受株を十株以上とすること、信認金三十円宛を支出すること、定款目論見議定及目的地買収其他に係る件を創立委員に一任すること等を議決し、尚ほ児島定七、柴田弥兵衛、西村庄五郎三氏を詮考委員とし創立委員をば左の七氏に選定せしが、愈々来五日迄に発起申請書を提出する筈なりと云ふ。林長次郎、西村庄五郎、中野忠八、栗原祐熊、児島定七、沢田文二、荒川宗助」（M30.6.3日出）。

当社は30年7月2日農商務省大臣から発起認可を得た。7月2日「予て其筋へ出願中なりし嵐山三軒家株式会社は愈々昨〈2〉日付を以て発起認可を得たるに付き不日一般に株式の募集をなす由」（M30.7.3日出）。

「嵐山三軒家株式会社にては愈々主務省より発起認可を得たるに付き昨日午前九時より麩屋町通押小路上ル創立事務所にて創立委員会を開き、旅館建築の件に付協議の末、屋舎の設計好悪は来遊者の多寡に関する事大なれば、此際懸賞して広く意匠を募る事に決議したる由」（M30.7.4日出）。

30年夏に広く配付された募集書類の「嵐山三軒家株式会社設立目的及株式募集」[40]によれば設立目的などは以下のとおりである。

「本会社ハ山紫水明ナル嵐山ノ仙境ニ風致ヲ保有シ内外遊客ノ便利ニ供セン為メ嵐山三軒家株式会社ヲ設立セリ。従来ノ三軒家（三治楼）建築物ヲ改造シ、旅館料理席貸温泉遊船等ノ業ヲ為ス。其建築ノ如キハ汎ク江湖ノ美術家意匠家ノ懸賞図案ヲ募リ、茶方好数家ノ比評ヲ乞ヒ、嵐山ノ風致ヲ加フルコトヲ期ス。本会社ハ明治三十年七月二日農商務省大臣ノ発起認可ヲ得タリ。本会社ノ資本金ハ八万円、之レヲ四千株ニ分チ一株ノ金額ヲ二十円トシ発起人ニ於テ四分ノ一以上ヲ〈引受クルモノ〉トス。本会社ハ株主諸君ノ為メ特別席ヲ設置キ随時使用ノ便ニ供シ、及席貸ニハ特別ノ割引ヲ為ス。本会社ハ此際広ク株式ヲ募集

ス。賛成ノ諸君ハ来ル八月十日迄ニ左記ノ銀行ヘ申込アリタシ。但シ一株ニ付証拠金三円トス。株式申込用紙仮定款目論見書等ハ取扱銀行及京都ハ創立事務所、大阪ハ東区平野町二丁目伊藤喜商店及中ノ島ホテル、東京ハ木挽町二丁目水明館ニテ御受取ヲ乞フ。株式申込取扱所　大阪東区今橋二丁目　北浜銀行、京都大和大路四条下ル　鴨東銀行、京都蛸薬師烏丸西入　日本産業銀行、京都六角富小路西入　京都農商銀行、東京日本橋小船町三丁目十五番地　三頭銀行」（募集）また当社の「目論見書」は以下のとおりである。

「第一　当会社ハ株式組織トス。第二　当会社ハ席貸、料理、旅宿、温泉、遊船等ノ業ヲ営ムヲ以テ目的トス。第三　当会社ハ嵐山三軒家株式会社ト称シ本店ヲ京都府葛野郡嵯峨村字天龍寺前二百三十二番戸及二百三十三番戸併用ニ設置シ、便宜支店又ハ出張店ヲ設クルモノトス。第四　当会社ノ資本金ハ八万円トシ、之レヲ四千株ニ分チ一株ノ金額二十円トス。第五　当会社ノ資本金使用ノ概算左ノ如シ

一金八万円　資本総額　内訳　金三万三千円地所千百六坪及在来建家共買入代価、金七千円二階建百坪建築費一坪ニ付七十円、金三千円平家百坪建築費一坪ニ付三十円、金三千三百円諸造作畳建具費、金一万七百円営業用器具及室内装飾費勝手回諸器械費、金千八百円庭園及外回構ヒ費、金千二百円在来ノ家屋修繕費、金二万円流通資本

収支概算　一金四万九百円　収入総額

内訳　金一万二千円四五両月間売上高平均一日二百円、金一万八千円一月七月八月九月十月十一月六ケ月間売上高平均一日百円、金八千四百円二月三月六月十二月ノ四ケ月間売上高平均一日七十円、金二千五百円雑収入席料、一金二万九千八百八十六円

支出総額、内訳　金二万六千八百八十円営業費、金二千四百六円役員支配人報酬手当、番頭以下給料、金六百円修繕費、差引　金一万千十四円純利益金額

第六　当会社ノ存立時期ハ設立免許ノ日ヨリ満五十ケ年トス」（募集）。創立事務所と伊藤喜商店、中ノ島ホテル、水明館で株式申込用紙等を配付するほか、鴨東銀行、北浜銀行など５行に株金払込取扱を委託した。

発起人61名には旅館等の観光業、金融関連が目立つほか、風雅や新奇を好む人物も多数加わった。発起人61名の家業・職業の分類で目立つのは募集資料にも属性が明記された旅館、ホテルなどの宿泊業関係者で、これに関連する料亭・料理等を加えた観光業者（○印）は総数16名である。藤田幸太郎のように家業の魚商から主力納入先の料理業に進出した兼業者を含む。さらに陶磁器2名、菓子、酒卸小売、七宝焼、人力車、漬物、漆器各1名の8名を加えた24名が京都で観光客との取引が多い観光客依存型産業（＝観光業への理解が高く、親和性あるグループ）と考えられる。代表的な人物が仏国帰りの陶磁器商・錦光山宗兵衛である。

この分野においては旅館業界で老舗の澤文・柊屋の名声も募集上大いに効果を発揮したことであろう。

次に銀行・貸金・証券・保険・法務等の広義の金融業は総数21名（企業設立等に関与する公証人の樺井、笠原を含む）と上記に次いで多い。当然に含まれる株式申込取扱銀行役員（●印）たる6名以外の人物も、観光業への投資というより、そもそも株式投資そのものへの関心が業種柄きわめて高いグループと考えられる。すでに相当規模の株式投資を実行している人物も相当数確認できる。たとえば京都鉄道発起人として荒川宗助、松居庄七各500株、寺村助右衛門400株、中野忠八300株、林長次郎250株の5名[41]、紡績への主要投資家[42]として西村仁兵衛、荒川宗助（京都絹糸紡績）、松居庄七（日本紡績300株）、内藤友次郎（平安紡績225株）の4名などである。当社と投資家層が最も重複するのが明治30年6月30日発起認可の京都常盤座演劇[43]創立賛成者（％印）の17名である。当社と募集時期がほぼ一致し、日出新聞への広告掲載も同一日の同一紙面で、「株券の少しく満株とならざるため創業総会を開くに至らざりし」（M30.12.7 日出③）遅延事情もほぼ共通、取扱銀行も鴨東銀行（他2行は第百十一、京都各銀行）が共通した。同一時期に同一銀行が取扱った銘柄であることのほか、演劇と料亭という業種間の親近性から、例えば文人・茶人・数寄者などといった風雅を愛する傾向ある特定投資家の客筋が両社間でかなり一致した可能性もあろう。しかしプロモーターと目される当社中心メンバー間で、

第5章　嵯峨・嵐山のコミュニティデザインとコミュニティリーダー　175

表-1　嵐山三軒家株式会社発起人と属性

%今井清次郎［下京区雁金町、菓子商・亀屋良則］、今井弁次郎［下京区、舶来雑貨商］、池田清助［下京区、古物貿易商、京都貿易銀行専務］、伊藤喜十郎（大阪、伊藤喜商店は申込用紙配付所）［発明諸品及雑貨商・金庫商、高野鉄道社長］、○井上萬吉（也阿弥ホテル）［創業者］、○井上喜太郎（京都ホテル）［創業者］、石角喜三郎［下京区、扇子商、商議］、今井専次郎［上京区、米穀小売］、○岩中音五郎（東京京橋区、厚生館）、＊%＆◎林長次郎［市議］、●○%西村仁兵衛［●鴨東銀行頭取、都ホテル］、＊○◎西村庄五郎（柊家）、○◎西田清兵衛（魚清）［下京区錦小路通堺町東入ル中魚屋町の料理仕出シ兼魚鳥商］、×西山弥助、○西本信良（東京銀座、西本旅館）［明治11年開業の和風旅館・格付B］、戸井田平兵衛［上京区、干物卸小売・松島屋、京都昆布合資会社副社長］、%×岡崎一直、○河瀬勘兵衛［下京区寺町通松原上ルの段通敷物商・松前屋］、●高見種吉（園部）［○京都農商銀行監査役、園部銀行専務］、%樺井保親［下京区、公証人、宮津米穀繭縮取引所清算人］、%笠原明保［下京区、公証人］、○川島孝造（東京京橋区、対山館）［勧業債券取締役］、%○谷口平兵衛［上京区今出川通大宮東入、菓子製造兼内外食料販売・塩路軒］、○○谷紀百（月の家）［下京区新門前大和大路東入袋町の明治12年開業の和風旅館・格付A］、×◎玉村謙吉（樫原駅＝葛野郡川岡村）、●高山甚助［下京区、●鴨東銀行常務、酒卸小売、京都酒造取締役］、%田村善兵衛［下京区、呉服太物卸・河内屋］、×竹内嘉作、＊%＆◎中野忠八［下京区大和小路五条下ル、薬物砂糖商・大忠、五二会京都本部評議員、京都鉄道発起人300株、京都府会市部会議長、京都演劇改良会名誉評議員］、並河靖之［下京区、七宝焼製造・並河、京都貿易銀行監査役］、○中村嘉太郎（共楽館）［先斗町の魚鳥料理・旅人宿］、%内藤友次郎［下京区、綿布縞商、平安紡績225株主］、村尾勘三郎［上京区、鹿ノ子商、帝国火災取締役］、○内田誠次［下京区三条河原町東入ルの旅館山城家］、○能川登［代議士、京都貿易銀行頭取、也阿弥ホテル監査役］、○井下部大助（葛野郡）、××栗原祐熊［葛野郡嵯峨村、創立委員、支配人］、山田文友［下京区、医師］、%安原文治郎［上京区、縮緬商、帝国火災取締役］、%○松居庄七［下京区、半襟呉服卸、京都電灯、也阿弥ホテル各取締役、京都鉄道発起人500株主］、%松盛徳三郎［上京区、米商、川東貯金銀行取締役四条支店長］、政所浅次郎［上京区の魚鳥仲買・鮓浅］、○○藤田幸太郎（津の利）［錦小路柳馬場東入の魚鳥料理店兼魚卸小売、藤井藤蔵［人力車・軽便車両製造業］、＊%◎児島定七［下京区、糸組物商・近江屋、京都撚糸取締役、京都府会市部会議長］、●%小牧仁兵衛［上京区、●鴨東銀行副頭取、牛乳卸小売、京都牛乳取締役、京近曳船社長］、恵坂左兵衛［下京区、呉服卸・河内屋・金貸］、●寺村助右衛門［上京区、糸物商・堺屋］、●日本産業銀行頭取、京都鉄道発起人400株主］、＊＆○荒川宗助［下京区六角通золото町東入骨屋町、糸物商・俵屋、京都電灯取締役］、赤尾彦三郎［下京区、漬物卸小売・美濃屋、京都瓦取締役］、＊○○沢田文二（沢文）、%錦光山宗兵衛［下京区、陶磁器製造］、岸田九兵衛［上京区、貸金業］、○湊伊兵衛（東京京橋区、水明館は申込用紙配付所）［明治21年開業の和風旅館・格付A］、三谷卯三郎［上京区、諸金物卸・貸金業］、三上幸三郎［下京区、漆器卸小売］、白山茂兵衛［上京区、砂糖商・白木屋、銀行員・京都農商銀行監査役］、●%柴田弥兵衛［下京区、石炭卸売、京都市会議長、●鴨東銀行監査役、常盤座社長、了以会評議員］、%平井権七［下京区、唧筒小売・貸金］、広田善平［上京区、米小売・糀屋］、平岡利兵衛［下京区、陶磁器商・万珠堂］

（資料）「嵐山三軒家株式会社設立目的及株式募集」明治30年（一橋大学所蔵）。
（凡例）　いろは順、（　）内の屋号などは原文に記載ある属性。［　］内は紳士録ほか（例えば旅館格付は『旅館要録』明治44年、東京人事興信所）による補充、住所の特記なきは京都在住者、＊印は創立委員、◎印は役員就任、○印は観光業者（補充項目多数）、●印は株式申込取扱銀行役員、%印は京都常盤座演劇創立賛成者（M30. 7. 8 日出）、＆印は30年3月時点の京都商業会議所会員、×印は紳士録ほかに不記載。

発起とより関連性の強い主導的グループが京都商業会議所会員を経験した7名と考えられる。発起人中で中野、林、児島、荒川の4名は24年4月京都商業会議所会員に初当選した同期生で、その後河瀬が26年3月以降連続当選、柴田が

28年3月当選、石角も30年3月当選[44]するなど、32年4月時点では中野と林が仲良く工業部を分担する常議委員（2名）になるなど、彼らはお互いに親しく交流していた会議所常連メンバー同志と考えられる。こうした会議所有力会員にとって、嵐山三軒家への投資は仲間内だけのサロン・会員制社交倶楽部へ入会するような一種の連帯意識もあったのかもしれない。彼らの主導のもとに専門知識のある京都一流旅館の柊屋、沢文の両主人を仲間に加えて、当社の観光デザインが本格的に始動したのではなかろうか。このあと34年3月には柊屋の西村も会議所メンバーに当選[45]したのも当社発起が契機となったことをうかがわせる。

　嵐山三軒家の営業目的の席貸、料理、旅店、温泉、遊船のいずれもがいわゆる遊興娯楽関連であって、国策的なニュアンスのある殖産興業とはほど遠い分野である。当時の銀行・金融機関は一般的にこの種のサービス業への金融取引には概して消極的[46]であったと考えられる。京都財界の主流派と目される京都商工銀行などの名が取扱銀行にない理由も当然にこうした斯業回避の風潮が背景にあったと考えられるが、同社の株式申込を敢えて取り扱った5行には、他行とは異なる、いかなる特色が認められるであろうか。30年7月8日の株式募集広告では鴨東銀行、京都農商銀行、日本産業銀行の3行が当初の取扱銀行であり、7月13日の広告で三頭銀行が追加され、その後に北浜銀行の名前が配布用の印刷物に加えられたものと考えられる。まず5行中の中核と考えられる①鴨東銀行頭取の西村仁兵衛[47]は老舗・都ホテルの経営者としても著名な人物であり、元来観光業には関心が高かったと考えられる。そもそも「鴨東」という銀行名のコミュニティ自体が鴨川の東岸、祇園界隈の観光業者の職域エリアを示しており、同行が彼らの機関銀行として成立した経緯を推測させる。次に②京都農商銀行[48]は29年6月設立、払込資本金5万円、33年3月20日に発行された金辺鉄道社債の募集取扱を行ったが、34年5月7日支払停止、重役が私財を担保に資金を調達、34年5月14日営業再開、35年9月13日開催の金辺鉄道債権者会に羽室、西堀が出席した（35.9.20R）。平安紡績、金辺鉄道等への投融資が固定化した同行は36年7月「行務の整理に充てんか為め」（36.8B）

資本金半減を議決、37年10月資本金15万円を10万円に減資後、京都貿易銀行に吸収合併された。③日本産業銀行は糸物商・寺村助右衛門らにより29年10月[49]、資本金50万円、1万株、額面50円で下京区烏丸西入ルに設立された。33年12月末の預金28.5万円、貸付金79.6万円で、預貸率は279.3%と、京都の12銀行中で最も高く[50]、「放漫振も此所迄行けば却って愛嬌もの」[51]と称されたほどの問題銀行であった。35年11月10日取付に遭遇、交換不能寸前の不祥事を起こし、頭取寺村助右衛門辞職、38年2月解散、八田一精らが清算人となった（40.1.1B）。

さらに④株式会社三頭銀行は27年3月8日東京市日本橋区小網町一丁目に資本金8万円で設立されたばかりの新設銀行であった。日本橋小舟町三丁目十五番地に移転、資本金20万円に増資したものの、わずか4年後の31年9月15日には「廃業」（M31.11B）、任意解散[52]した極めて短命な泡沫銀行であった。嵐山三軒家株式の申込取扱は廃業寸前の同行のおそらく数少ない実績の一つであろうが、なぜ東京のかくも零細な銀行が遠隔地の嵐山三軒家株式を取り扱ったのかの具体的な事情は未詳である。おそらく東京の発起人である川島孝造、岩井音五郎、西本信良、湊伊兵衛ら旅館業者と同行が何らかの接点を有していたためであろう。

最後に大阪の証券街を意味する地名を冠した⑤北浜銀行も堂島を含めた取引所関係者の機関銀行として30年1月14日設立免許[53]され、2月15日今橋二丁目で開業したばかりの新設銀行であった。32年9月1日に京都支店を設置しており、この時点では京都に支店はなかった。嵐山三軒家の株金払込取扱は同行としてはごく初期の実施例であった。当時の北浜銀行の京都の為替取組先は京都商工銀行、関西銀行、府下の亀岡銀行の三行であり嵐山三軒家の株金払込行は含まれない。したがって嵐山三軒家と北浜銀行とを結ぶ接点として可能性のある人物は園部銀行の高見種吉[54]など京都府在住の発起人か、北浜銀行貸付課長の岩井重太郎（北浜銀行25株主）あたりであろうか。なお募集取扱銀行、創立事務所とは別に伊藤喜商店[55]、中ノ島ホテル、水明館などの東西の同業者[56]でも「株式申込用紙仮定款目論見書等…御受取ヲ乞フ」（募集）こととし

た。

　しかし不況の進行とともに公募は難航、目標の資本金を8万円に減額した上で漸く明治31年1月10日設立登記済となり1月24日開業した。営業組織を四部門に分け、庶務係、計算係、営業係などの係制を敷いて主任を配する一方、来店時に好みに応じて切符を以て商うドイツ式の食券取扱を初採用するなど、外形的には意欲的にも見える新しい料亭経営を開始した。しかし折柄の明治34年の金融恐慌と西陣不況に見舞われた京都経済界の困難な状況もあり、老舗旅館主でもある沢田文二（沢文）、西村庄五郎（柊家）（後述）など執行部の退陣、幹部職員の退職、追加借り入れ、敷地売却等の事実から業績不冴を原因とする役員の引責辞任をうかがわせる。35年9月6日付で敷地（7番地）の所有権は売買により沢田文二から本来あるべき嵐山三軒家株式会社（本店嵯峨町字天竜寺）自身の名義に変更（土台）されており、相前後する沢田専務退任との因果関係が考えられる。この直前の9月4日丹治直治郎[57]から1.4万円を借り入れ同額の抵当権が設定された事実（土登）と併せて考察すると、2万円の減資で固定資本不足に陥った当社に代わり、敷地を購入して当社に貸していた主宰者・沢田の退任に伴い、当社が新規に丹治から借入してまで敷地を沢田から買い戻したものと推測される。増資の方法は積立金が皆無であり、おそらく赤字無配を継続中の当社には選択の余地がなかったのであろう。かように会社の功労者であり、現に敷地所有者でもある沢田が漫然と退任するとは考えにくく、「毎半季の総会毎に株主の異論多かりし」（M37.9.8日出）ための引責辞任などをうかがわせる。そこに資本金の2割強もの新たな借入金負担が加われば、これ以降の当社の命運も悲観的に解釈せざるを得ない。当初の返済期限から半年が経過した36年8月28日丹治から遠隔地の白江重知[58]に借り換えた際、当社の債務は1万4,500円に拡大（土登）しており、この間元本の返済は一向進まなかったこともうかがえる。

　おそらく嵐山三軒家は季節変動と構造不況の逆風の中、四部門制・係制度実施の一見"大企業"として多数の幹部・従業員を抱える高コスト体質に苦しんだものと想像される。36年12月31日現在の京都府作成「会社表」に「嵐山三軒

家株式会社、営業種別・料理及席貸、所在地名・葛野郡嵯峨村、創業年月・三〇・一〇、資本金四五、〇〇〇、払込済額四五、〇〇〇、積立金…、社債…、支店数…」[59]とあるが、これを最後に当社の名は「会社表」から姿を消す。36年11月刊行の『京都鉄道名勝案内』は「御旅館　御料理　おてがるべんり　嵐山・三軒家株式会社」[60]との広告を掲載する。当社の広告としては管見の限りでおそらく最後の部類に属するものと考えられる。大正12年の日出新聞の特集記事では「嵐山の三軒家と言へば世間的に随分知られてゐた料理屋であった…けれども次第に衰微して名物の雪、月、花とあった三軒家は廃絶した」（T12.3.28日出）との三軒家廃絶を記載する。37年9月12日の臨時総会で解散を決議し、小松喜平治、林長次郎、二宮秀を清算人に選んだ（M37.11.1 日出・公告）。「資本金は四万五千円にて一万八千余円の欠損」（M37.9.8 日出）、「借入金二口にて一万九千円」（M37.12.19日出）を抱えて維持困難となったためである。37年12月2日には白江からの借入金が弁済され抵当権が抹消されると同時に、芒ノ馬場町7番地の所有権が太田保太郎[61]名義に変更された（土台）。別荘主の「川崎正蔵氏の周旋にて同市の某弁護士に地所、家屋等一切を二万一千円にて売却し清算事務終了…差引七百円にて之を各株主に割戻せば一株三十一銭余」（M37.12.19日出）というのが当社の結末である。開業後たった7年での清算、1株20円の投資が僅か約30銭しか回収できなかった観光投資家の違算の原因は十分には判明しないが、次の諸点は確認できる。すなわち①まず京都経済界の当時の一般的な状況は明治34年の金融恐慌以来「経済界の趨勢…久しく不況の域に沈淪…恐慌以来資力乏しきもの破産廃業等を為し、其の数を減じたる」（M35.9.21日出②）「西陣機業家の困難」が35年ころ地元紙にしばしば報じられ、公売・競売公告も連日紙面に掲載されるほどであった。好況期に西陣の旦那衆などの気前よい散財に多く依存していたはずの当社のような高級料亭は「西陣不況」（M35.9.21日出②）の悪影響を蒙ったことは想像に難くない。②36年8月27日株式募集を取り扱い、支援銀行であったはずの「鴨東銀行ハ株主総会ノ決議ニ因リ…解散」（M36.9.2 官報）した。③36年8月31日付で確認できた最後の社長であった「取締役林長次郎、右辞任…登記」（M

36.9.4官報)、④36年11月24日付で創立委員・初代支配人(諸M31、p134、諸M32、p155)を務めた実務者・栗原祐熊(葛野郡嵯峨村)も自己の京都養兎場の商号を正式に登記(M36.11.28官報)、当社を退職したと推定される。

Ⅲ. 嵯峨・嵐山の観光デザイナー

1. 風間八左衛門

嵐山温泉㈱の中心人物の風間八左衛門は「下桂村今堂の旧家で代々八左衛門を名乗って」(史西、p53)、「鍋屋と称して醤油、油商を営み、十数代を経た京都屈指の豪家」[62]で先代風間八左衛門[63]の長男嘉一として明治12年6月27日生まれ、明治35年国学院で漢学を学び、「性慧敏頗る学を好む、夙に専門の学を修め造詣最深し」(実辞、カp31)と評された。明治40年家督相続、明治40年の京都府第五位の多額納税者、111万5,983円(日韓、上p115)「桂から京都の街まで出るのに、他人の土地を踏まずに行ける」(三電、p39)と称されたほどの大地主であった。家業の塩醤油卸小売(商信M42、p42)の傍ら、大正9年代議士当選(政友会所属)、大正13年1月脱党し新政倶楽部結成に参加(T13.1.22大毎)、14年貴族院議員(貴族院研究会所属)に選出された政治家でもあった。桂の自宅、祇園に事務所を設置して、「曩に清滝川水力電気[64]株式会社創立に与り、専務取締役として社務一切を掌握り敏腕の名頗る高し」(実辞、カp31)と評されたように、以下のように多数企業に関与した。すなわち明治43年9月三幣保、熊谷少間(東讃電気軌道専務)らと丸亀瓦斯発起人、43年4月の創立時より川崎・松方系統の東海生命取締役、大正5年では山陰起業、京都人造肥料各社長、旭陶器、広島瓦斯各取締役(帝T5、職p96)、大正7年では京都人造肥料、山陰起業各社長、嵯峨遊園、旭陶器、広島電気軌道、日新電機、若桜木材乾餾、広島瓦斯各取締役、嵯峨銀行監査役(人T7、かp132)、帝国工業社長、三国紡績常務、帝国石油取締役、長門起業炭礦監査役(T9.5.13日出②)、愛国生命、桑船銀行、バグナル(電気器具販売)各重

役[65]、栗太銀行頭取、江南商事重役、太湖汽船社長、琵琶湖鉄道汽船監査役（鉄軌、p366）、湖南汽船社長、愛宕山鉄道発起人総代・社長、バグナル社長、国東鉄道2,000株以上の大株主（鉄軌、p552）社長、会長、日本活動写真副社長、広島瓦斯取、広島瓦斯電軌取、キングタクシー、日新電機、台湾合同電気、三和電気土木工事社長、朝鮮三和電気土木工事社長、京阪系の鞍馬電気鉄道などその他十余社の役員を兼務した。新京阪鉄道に地元選出の政友会代議士・吉村伊助からの帝国電灯の舞鶴支店買収話を持ち込むなど（生活、p149）、京阪の太田社長とは特に親しく、しばしば京阪の外延的拡大に尽力した。広島瓦斯820株所有、大正9年ころの筑豊炭礦株式会社大株主（五福商店の推奨広告 T9.11.15大毎⑧）。昭和4年2月5日国東鉄道会長就任、昭和8年時点では、国東鉄道、太湖汽船各社長、日本活動写真、バグナル、大分セメント、四国水力電気、鞍馬電気鉄道、京都名所遊覧乗合自動車、京津自動車、湖東汽船各取締役（要S8、役上p173）、自ら中心になって出願した愛宕山鉄道社長、貞光電力取締役、合同電気監査役、日本共立生命相談役（人鑑、カp52）を兼ねていた。『三電工・六十年のあゆみ』は初代風間社長を「でっぷり太った堂々たる体躯…頭が切れ、先を見る眼があった。大家の坊っちゃんとして育ちながらも、よく世情に通じ、部下の面倒見もよく、部下にも信頼されていた。また、人あたりもよく社交術も秀でていた」（三電、p39）と評している。「平常東奔西走席温かならず。以て尋常一様の若旦那に非ざるを知るべく」（T9.5.13日出②）、「文字通り京都政財界の立役者である。実業界に於いてはその関係する事業は実に十余指に及び、京都実業界に氏の息のかからぬものは先づない」[66]と高く評価された反面、役員兼務数が多すぎることから「約二十年間ニ亘ル政治生活ニ家計ヲ顧ミズ、加之幾多ノ事業ヲ企テタ」[67]との辛口の評もある。地元の地域振興・観光振興を自己の責務と考える地域の名望家の立場から出発しつつも、次第に活躍の範囲を全国に拡大していった。彼の多彩な兼務先を見ると、出身地京都の土地柄もあるのか、京都府乗合自動車組合長に推されるなど観光・運輸分野に傾斜する風間の性向が見て取れる。昭和17年遠く国東鉄道社長として株主総会へ出張中に別府の旅館で脳溢血で倒れ、昭和17年2月

貴族院議員辞職を申し出て[68]、同年10月21日桂の自宅で逝去、享年64（S17.10.23東朝）。訃報では「京都の資産家で貴族院議員…日活の恩人であり、邦画界の功労者」（S5.2.28T）とされた。長男の嘉雄[69]が家督相続、昭和18年3月5日襲名（商登）、桂離宮近くの御霊神社東端に風間八左衛門の大口寄進を示す石柱がある。嵯峨嵐山の発展を支えることを天職と心得て殉職した小林吉明の朋友・風間八左衛門は愛宕山鉄道社長としての立場で愛宕山鉄道乗入れ反対派の「危険物又ハ不体裁ナリ」[70]との主張に「此反対運動ハ真面目ニ嵯峨町ノ利益ヲ計策シテノ基礎ニ立脚セルモノトハ断スルヲ得サルモノ」[71]と反対運動を押し切った。「嵯峨町ヲ忽チ荒廃セシメ延テ町民生活ノ安定ヲ喪ハシメ死活問題ヲ生スルモノ」[72]との嵯峨町民有志代表委員を名乗る愛宕山鉄道反対派の主張に対して、風間は昭和3年6月6日会社は京都府知事宛に愛宕山鉄道社長名での以下のような「上申書」を提出した。「嵐峡カ天下ノ名勝タルハ今更論スルノ要ナク、交通機関ヲ完備シ、之ヲ広ク天下万人ノ前ニ展開シテ其観賞ニ供シタル結果ハ、抑モ嵯峨町ノ利益ノ増進ニ非スシテ何ソ」[73]「鉄道ハ文化ノ先駆文明ノ象徴ナリ。然ルニ之ヲ危険物又ハ不体裁ナリト断スル如キハ現代人トシテ唯々奇異ノ感ヲ抱クモノ」[74]であり、結論として「此反対運動ハ真面目ニ嵯峨町ノ利益ヲ計策シテノ基礎ニ立脚セルモノトハ断スルヲ得サルモノ」[75]とした。

2．小林吉明

嵯峨遊園㈱の初代社長・小林吉明（嵯峨村上嵯峨）は明治2年12月6日「代々嵯峨御所大覚寺門跡に仕へ」[76]た家に生まれ、明治39年出願の嵐山電気鉄道発起人、嵯峨銀行取締役（日韓、上、p113）、嵯峨遊園社長（諸M45上、p305）、清滝川水力電気監査役（日韓、上、p115）、嵯峨銀行頭取、嵯峨遊園社長、山陰起業、銭屋商会各取締役（人T7、こp13）、「貸物装飾及一般信託」（帝T5、p45）の㈱銭屋商会、京都人造肥料各取締役（帝T5、職p208）、玉川織布取締役、三好屋商店監査役、洛西開発合資出資社員、銭屋商会の譲渡先の京都信託創立委員等を兼ねた。銭屋商会500株主（帝T5、p45）、嵯峨銀

行旧350、新880株主。

　また嵯峨村長・町長等を歴任し「個人として…町村の政治に携はって来て、今日まで之を守り立てて来た一人」（編入、p7）と自負するごとく、昭和6年京都市合併前の嵯峨町の最後の町長であった。勲七等、大正4年12月2日「審査候処左の如し。資性剛毅曽て村長の職を奉し常に心を地方自治の発達に注き合村を実行して村の基礎を鞏固ならしめ学区を統一し校舎を改築して教育を奨め道路を改修し橋梁を架設して交通に便し養水池を修治して旱害を除き殊に電車鉄道の布設に斡旋尽力して之れか開通を見るに至らしめ其他力を衛生の設備産業の発達又は名所旧蹟の保存に竭したる等洵に公衆の利益を興し成績著明なりとす因て褒章条例第1条に拠り藍綬褒章下賜相成可然と認定候条此段上申す」[77)]との理由で藍授褒章を授与された。

　さらに別の一面として双湖庵桂陰と号した俳人で「和歌俳句等の文藝を嗜みて之れを郷薫に奨勵」[78)]した。明治29年に「一々名所旧跡の由緒沿革あるは古今の吟詠をしるせり」（嵯図、p45）とした『都のいぬゐ』を刊行し嵯峨名勝を広く世に紹介した。小林の家業は陶器小売金貸（商信M42、p97）で、「竈を拵へ土を取るに因みて嵯峨の手ひねりと名つけ」（案内、p875）た初代閑嵯が明治30年死亡した頃から「同好の士を集めてしぶい焼物をはじめ…嵐山焼と名づけ」[79)]、嵯峨名産として盛んに売り出した。彼自身も「かく云ふ著者も其〈嵐山焼てふ陶器〉作り主の一人にしあれば、品柄のよしあしを自らはいはず、釈迦堂前の三楽舎、あるは渡月橋頭の渡月亭などを訪ふて見よかし」（嵯図、p45）と宣伝に努めるように、「近年野の宮の土器のふる事にちなみて作れる三楽舎の陶器」（嵯名、p46）を「嵐山焼」と名付け、「洛西嵯峨の嵐山焼…の本元にして同地小林吉明氏等が組織に係る三楽舎にては今回更らに業務を拡張し嵐山近傍に二三の売捌所を増設」（M30．4．6日出）、嵐山焼など「是等の銘産類を集めたる嵐山商会の売店は嵐山電車の停留場構内に在り」（嵯名、p46）、陶器小売を主体とした土産物製造・販売の地場観光業者としての性格が濃厚であったと考えられる。

　明治30年蒸気鉄道（「ゆけ〈湯気〉の車」）として京都鉄道が嵯峨まで開通し

た時には「小鹿なく此山里に思ひきやゆけの車の笛きかむとは」(M30. 2 .11日出) との歓迎の一首を寄せ、後年には「鉄道の開通と云ふことが著しく嵯峨の面目を新にし、嵯峨の気分を変えた」[80] と回顧した。開通時に前著の要約版として出した『嵯峨名勝案内図会』で「されど今は鉄路もひらけ…今の王公将相も…閑邸幽居を構へぬべき気運も見えけるこそ悦ばしけれ。あはれ皆来よ此里に、あはれ皆探れこの名跡を」(嵯図、p 4) と広く別荘設置・旧跡探勝を呼び掛けた。「以上記述する所は、我が里の名所旧跡のあらましに過ぎず。委しき事を知らむとならは、おのれが別に物したる都のいぬゐてふ書を蘊けよ」(嵯図、p45) とした。

また「保津、天龍、大井諸大川の疏鑿者、古来稀有の大企業家」(嵯図、p 8) 角倉了以の偉業を顕彰する了以会の有力メンバーであり、小倉百人一首[81]で有名な藤原定家の小倉山荘・厭離庵など「名跡にしあれど、年経るままにあれ行きて、今ハみすほらしき小庵を残し…斯る名勝のすたれゆくをいかになすべきかは」(嵯図、p28)、「嗚乎、此霊源聖跡、草蕪に委して顧みざるの道俗、其れ古人に愧るなきか」(嵯図、p38) などと、荒廃した名所旧跡の保存・修復活動にも同志とともに積極的に取り組んだ。さらに『嵯峨名勝案内図会』の巻末に9頁の英文要約を付したり、後述の嵯峨遊園の手で「保津川下り外人専用の便所を新設」(M44. 8 .25日出) しようとするなど、京都鉄道ともども外人観光客の受入れに早くから取り組んだ。また愛宕神社信者代表として「社殿が余り貧弱であり、ケーブル開通後あれではいかぬと云ふので…社殿を改築」(編入、p24)、大正10年には『愛宕は日本の霊山である』という栞を刊行して「団体参詣を促がす」(編入、p24) 団参会本部の代表も務めた。

銀行家の側面からの検討は別稿[82]に譲るとして、俳人・小林の生涯を観光業者という狭い視点から矮小化すれば、彼の全行動は嵯峨・嵐山の地域振興・観光振興という一点に集約できそうである。おそらく彼自身は何が本業で、何が兼業で、何が余技で、何が趣味かの区別なく、郷里に役立つことに全力投球した。しかし彼の家業ともいうべき嵐山焼も金融恐慌の打撃を受け急速に衰退し、昭和11年12月22日「銀行破綻ト共ニ全私財ヲ提供シテ鋭意整理ニ狂奔セシ

カ、刀折レ矢尽キ遂ニ及バズ、昭和十一年遽カニ病ヲ得テ急逝」[83]した。

　小林吉明の嵯峨・嵐山地域の観光振興の基本的な考え方としては次のようなものであった。「一体この嵯峨と云ふものが、殊にこの嵐山は普通の勝地と異って、すでに世界的勝地として内外の貴賓が絶えず来訪する所であり、従来京都市としても何等自分の費用を入れずして恰も自分の庭園のやうな顔をして内外のお客さんを待遇してゐると云ふ場所である」（編入、p14）と、京都市への精一杯の皮肉を述べつつも、嵯峨・嵐山地域が「事実上大きな遊覧地帯となって、新京都市のために活用さへすれば…名は何であっても結構だと思ふ…殊に之は大京都市の西山に新遊覧地域が出来るのでありまして、之を巡る名所旧跡…をそのまま大事になって、その裏に回ったところで、さう云ふ新しい遊覧地を作ると云ふ事は…何等風致を損すると云ふ議論の起る事なしに…嵯峨に大きな繁栄を齎らし、同時に大京都市の繁栄を来たすのであります」（編入、p22）として、風致を損することなき新しい遊覧地を作るべきと主張した。

　結論として小林は「今更〈京都市への〉編入を拒むと云ふ事は穏当を欠く」（編入、p7）として「条件付編入」を主張、「この講座筆記を府市当局、その他広く内外有志に配付して見て頂いて、その批判を仰ぎたい」（編入、p69）として嵯峨町長として編入の希望条件[84]を具体的に列記した小冊子『京都市編入と嵯峨地方』を刊行した。また風間・小林の有志である小松美一郎は嵐山保勝協会の「会長をして、色々保勝上の事について熱心に奔走し…高雄・清滝間の歩道を先づ先に拵へ」（編入、p33）ようとした。

3．沢田文二（沢文）と西村庄五郎（柊家）

　沢田文二（沢文）（上京区麩屋町二条下ル尾張町）は嘉永5年7月生まれ、旅人宿・沢文経営者、嵐山三軒家創立委員・常務、公債株券類200円（商資、p253）、所得税18.00円、営業税30.00円（商、ろ、p83）、旅人宿・雑貨（商資、p110）、沢文旅館本店・京都物産陳列所（麩屋町押小路北）、沢文旅館料理支店（伏見町観月橋畔）、所得税25.73円、営業税48.00円（日韓上、p87）。

　嵐山三軒家の創立事務所を置いた尾張町は創立委員である沢田文二の自宅、

旅館沢文の住所である。その後も沢文は支店設置には概して積極的であり、例えば旧香里「遊園地内に散在せる二十余軒の料理店」（M45．3．5 大毎⑨）を京阪から継承して「沢文・八新・萬亀の3者共同経営の料亭」[85]とすべく計画し、京阪電気鉄道に対して「料理旅館兼温泉経営のための資金ならびに地所借入申込み」[86]を行った。

西村庄五郎（柊家）（上京区麸屋町通姉小路上ル中白山町七番戸）は文久元年12月生まれ、「京阪地方に在ては…僅かに京都の柊屋が他に率先して茶代謝絶を断行した」[87]と先進性を評価された旅人宿・柊屋の当主。所得税15.134円、営業税35.792円（商、ろ、p82）、嵐山三軒家常務、公債株券類913円（商資、p46）、明治34年3月旅宿業として京都商業会議所会員当選[88]、柊屋旅館本店（麸屋町姉小路北）・柊屋旅館別荘（麸屋町）、所得税38.59円、営業税39.82円（日韓上、p87）、明治43年4月特許自動運輸監査役就任。柊家はのちに東京に柊屋支店を設置した。

観光のプロのはずの京都一流旅館の柊屋、沢文の両主人らが嵐山三軒家の経営に深く関わった思惑は果たしてどのようなものであった。全く史料を欠くので単なる想像の域を出ないが、観光地としての嵐山の将来性を高く評価して自店の嵐山支店設置の代替案と捉えていた可能性もあろう。その場合京都市内の立地に比してリゾート地の低稼働リスクを見込み、安定した華主を大量に確保する手段として当社の株式会社制度を理解していたのではなかろうか。株主優遇策が盛んに強調されるのは募集上の便宜である反面、発起人・株主名簿イコール良質顧客名簿と捉えると、これだけ一流の資産家連中を経常的に自社のリピーターとして抱え込むメリットは決して少なくなかったものと考えられる。

嵐山温泉と嵐山三軒家の両社はほぼ同時期に設立された競合企業である。嵐山温泉が地元葛野郡の地主・名望家等の主導で観光デザインされた地元主導型観光企業であるのに対して、嵐山三軒家の方は京都市内のある資本家集団が東京・大阪をも対象として新聞や郵便という勧誘手段による広汎な株式募集を行

ったいわば本格的な公募型観光企業の魁であった。資本家を広く結集し、京都・大阪・東京の銀行もなんらかの関与を行っていた点で資本構成上は嵐山三軒家が嵐山温泉よりもはるかに先進的であった。また京都の老舗旅館主の沢田文二（沢文）、西村庄五郎（柊家）などを執行部に加え、旅館の設計の懸賞募集、ドイツ流の食券制度等の新しい制度の導入など、観光企業のノウハウの蓄積、革新性でも優位に立っていた。さらに京都市内の資産家でもある数多くの株主を擁することから、嵯峨・嵐山方面への優良顧客を囲い込んでいたとも考えられる。その反面、嵐山三軒家の最大の弱点と考えられるのは地域コミュニティとのパイプを欠き、地域の実情に疎かったため、辛い閑散期を乗り切る創意と工夫を欠いていた点である。元の三軒家の仲間で隣接の三友楼は地元の小林家による家族経営・家族労働の低コスト体質に加え、地元民としてのネットワーク[89]を活かした竹問屋の副業で閑散期のネックを無事乗り切ったが、ヨソ者の嵐山三軒家にはこんな身軽な芸当は到底できる相談ではなかった。

　また嵐山三軒家主唱者の一人である林長次郎は「市会議員月旦」で「海千、山千の古狸なり。転んでも只では起きぬ男なり。林長が一言何か言ったと云へば裏面の魂胆は何んで有ろうと直に人をして連想せしむる程、悪名を売った議員なり。自分も又之を以て自から任じ、遭ふ人毎に何ぞ甘い口は無いかと云って居る」（M43.4.13日出）との辛口の評価を受けている。主唱者仲間の荒川宗助も京都電灯株式を松居庄七らと連合して買い進み、相場で巨利を得て「思ひ切った度胸のある人」[90]との評がある。嵐山三軒家の主唱者は「何ぞ甘い口は無いか」と安易に観光企業を発起し、観光デザインに理解ある取扱銀行もその多くがその後破綻したことを考えれば、銀行側も概して観光業の先行きに甘い幻想を抱いて安易に募集取扱に乗ったという、近年に至るまで一見華やかに見える観光分野にはしばしば起こりがちな、明治期の企業勃興期における一種のバブル現象だったものと推測される。

　これに対して長く事業が継続可能となった嵐山温泉（嵐峡館）の場合は所在する地域コミュニティとの協調性の点においてはるかに優れていた。なにしろ嵐山温泉の推進者は地元の嵯峨村、隣接の桂村等の村長・名誉職を歴任してき

た風間八左衛門、小林吉明ら葛野郡の地主・名望家グループであったからである。地域コミュニティのリーダー達の着想した観光デザインは、コミュニティデザインとの整合性が高かった。嵐山温泉の設立も同一名望家グループによる嵯峨遊園等と同様に、一攫千金を狙った短期利益追及型というよりも、むしろ地域振興、地域活性化のための動機が強かったものと考えられる。

こうした風間・小林・小松らの観光振興策に対して、山口敬太氏らは「嵯峨を少女歌劇や新温泉でにぎわう宝塚[91]のようにするな」との近藤伊与吉の主張を紹介して、「作家や画家などの行政以外の立場の人々の間では、行政の訴える風景の活用と保全は必ずしも評価されていなかった」[92]、「嵯峨野においては『懐古的・有閑的』な満足を得るための風景に価値は見出されず、宅地開発や公園事業などを通じた環境整備による経済発展が重視された」[93]との批判的見解を示した。

しかし著者は小林は単に嵯峨村長・町長であったというのではなく、代々大覚寺門跡に仕え、双湖庵桂陰と号した俳人であり、嵐山焼の窯元であり、『旧嵯峨御所大覚寺門跡要録』の編集など数多く名所旧跡の由緒沿革を紹介した文人、そして自らも祇王寺の再興など数多くの名所旧蹟の保存に尽力したと藍綬褒章を下賜されるなど、人文的環境保護者としての一面をも併せもっており、決して開発重視一辺倒の地方官吏ではなく、むしろ「おのれ嵯峨にすみ常に名所旧跡の間をさまよひ」（嵯図、巻末）歩く、懐古的・有閑的ともいうべき文人タイプであったと考える。そしてこうした「趣味の人であり、芸術家肌の人」（Ｔ12．3．26日出②）と評された文人派首長によってはじめて、大都市の京都市に隣接するという地勢学的開発リスクの中で住民の暮しを成り立たせつつも嵯峨・嵐山の歴史的景観を現在の水準までなんとか維持を可能ならしめた持続可能な観光振興の側面もあるのではないかと考えている。

1） 菊屋は明治30年古川金治郎経営、現「渡月亭」へ移転。八賞軒は明治32年川崎正蔵が買収し、個人別荘「延命閣」と改称。
2） ［頻出資料］風間…「風間八左衛門氏之件」商業興信所調書、日銀＃1003、編入…小林吉明述『京都市編入と嵯峨地方』昭和5年、史右…『史料京都の歴史　14（右

京区)』平凡社、平成6年、史西…『史料京都の歴史 15（西京区)』平凡社、平成6年、嵯材…『京都嵯峨材木史』嵯峨材木、昭和47年、三電…『三電工・六十年のあゆみ』昭和63年、三和電気土木工事、生活…太田光熙『電鉄生活三十年』昭和13年、信天…『信天翁』信天会、大正4年、案内…『日本案内 下』開国社、大正5年、乾…小林吉明『都の乾』花の巻、出版者山鹿粂次郎、嵯図…小林吉明『嵯峨名勝案内図会』明治30年、嵯名…小林吉明（双湖庵桂陰)『嵯峨名勝』明治43年、大京…野中凡童『大京都誌』東亜通信社、昭和7年、竹村…竹村俊則『昭和京都名所図会 洛西』昭和58年、駸々堂出版、川崎…山本実彦『川崎正蔵』大正7年。

3) 拙稿「"擬似温泉"ビジネスモデルの興亡——観光デザインの視点から——」『跡見学園女子大学観光マネジメント学科紀要』第3号、平成25年3月参照。

4) 山中静逸日記の明治10年10月3日に「大悲閣の下、礦泉に付、地所、下桂村、風間八左衛門、三百坪二百箇年借地、家内名前、十円渡す、二十両宇助へ、普請の爲渡す」「〈信天〉翁、常に大工宇八を愛しぬ。或る時、相倶に、嵐山の峡谷をしょうようし、會會、礦泉の出づる所に遇へり。乃ち、爲に謀りて、宇八に温泉場を起こさしめぬ。名づけて花の湯といひ、遊人の入浴に供す」（信天、p14）とある。

5) 野崎左文『漫遊案内』明治30年、博文館、p200。

6) 京都府立総合資料館「矢野家写真資料」69。

7) 拙稿「『ハイリスク選好型』銀行ビジネスモデルの系譜」『地方金融史研究』第39号、平成20年5月参照。

8) 角倉了以が「古来稀有の大企業家」（嵯図、p8）である所以は近世期に有料運河開鑿という巨額の公共投資を民間代行し、かつ投下資金の長期回収システムまで確立・実行した点にある（民営社会資本の歴史は拙著『民間活力による社会資本整備』鹿島出版会、昭和62年参照）。なお明治22年3月19日「名區勝地ニ達スル道路」として「嵐山道」が「三條通郡區界ヨリ…渡月橋ニ至リ一ハ字三軒家ノ西浮筏改所門前ニ達」する路線が定められた。

9) 井上与一郎（嵯峨村下嵯峨）は安政3年生まれ、「井上家は江戸時代には大覚寺に勤仕する一方、北嵯峨村の年寄もつとめていた上嵯峨村の旧家。明治以降は戸長や村長などを務め…代々名前の一部に与の字を付けていた」（史右、p46)、明治39年出願の嵐山電気鉄道発起人（原敬文書研究会『原敬関係文書』第8巻、日本放送出版協会、昭和62年、p475)、嵯峨銀行監査役（諸M40上、p235)、清滝川水力電気取締役（日韓、上、p115)、京都府郡部選出代議士、勲四等、了以会員、明治40年11月22日死亡（大植四郎『明治過去帳』昭和10年、p1049)。

10) 日下部大助（葛野郡小野郷村小野）は上村の庄屋の家に生まれ、明治32年7月

『白杉北山丸太培養法』を著した京都北山の林業家、屋号「大助」、生家は京都市指定登録文化財。類似の日下部太郎は清滝川水力電気監査役（日韓、上、p115）（『日本産業人名資料事典』第二巻、クp4）。

11) 中路関之助（桂村下桂）は風間八左衛門の岳父＝妻さくの父（人T7、かp132)、風間八左衛門家所蔵の「風間・中路氏先祖代々法名書上」（史西、p53）は風間・中路両家の姻戚関係を示す文書で、中路は「中村」（桂離宮前の現「中村軒」か？）らとともに旅館主（全集、p96）か？。

12) 村岡浅右衛門（紀伊郡上鳥羽村）は大地主（商M32、ろp119）、西陣貯蓄銀行副頭取（諸M39上、p197）、「五十万円 村岡浅右衛門（農）紀伊郡上鳥羽村。財産種別 田畑、山林、有価証券。略歴 先代浅右衛門氏の男にして貴族院議員たりし事あり府下屈指の不動産所有者なり」（時事新報調査）、明治40年の京都府第12位の多額納税者88万7,515円（日韓、上p115）、金貸（商信M42、p68）、明治28年8月30日創立の城河鉄道初代監査役（M28.9.3日出）、明治39年10月27日出願の宇治電気鉄道（伏見、宇治間5哩、資本金25万円）発起人（前掲『原敬関係文書』第8巻、p488)。

13) 温泉会社は拙稿「温泉会社の源泉リスクと観光資本家──遠距離引湯の廃絶例を中心に──」『彦根論叢』第386号、平成22年12月参照。

14) 15) 前掲山中静逸追悼集『信天翁』p14。

16) 元録山町11番2『土地台帳』。

17) 風間の義弟の中路重之（元録山11-2)［中路関之助の子、明治41年9月20日元録山11-2を風間八左衛門から買得（土登）、合名会社嵐山温泉嵐峡館社員、昭和26年7月11日死亡（土登）］、明［重之の相続人、代表社員1.5万円出資（商登）、長らく4代目の嵐峡館経営者（『日本観光年鑑』昭和32年、p5-25)、昭和42年5月16日死亡（土登）］、敏雄、研一の合計4名。日出新聞の特集記事⑥は「温泉は一株二十円の株式会社であるが、創立当時…京都の花街仲居や女将、または料理屋の女中に至るまで一株二株を持たされたものだ。現在ではそうした株主の手にあった株券は全部引上げられて居る」（T12.3.28日出）との伝聞を記載している。嵐山温泉の株主が京都の花街辺まで広く分散していたのを中路一族らが買い戻したことを推測させる記事である。

18) 川崎正蔵に関しては三島康雄『造船王・川崎正蔵の生涯』平成5年参照。また柴孝夫氏からも種々ご教示を賜わった。

19) 大江理三郎は明治38年8月現在では京都鉄道会計課書記（『帝国鉄道要鑑 第三版』鉄道時報社、明治38年、蒸、p409）。京都鉄道の運輸課員であった安東守男は「京都鉄道では外人の嵐山見物が多かった…嵐山の宣伝には随分力を尽し、ポス

ターをつくったり小冊子をつくったりして奮闘した。それが当ったので今度は『嵐山の四季』という俗謡をつくった」(青木槐三『鉄道黎明の人々』交通協力会、昭和26年、p231)と回顧する。京都鉄道に関しては老川慶喜『明治期地方鉄道史研究』昭和58年、p25以下参照。

20) 大江理三郎『京都鉄道名勝案内』明治36年、p34-35。
21) 白土幸力『京阪名所案内』明治37年、p101。
22) 『帝国鉄道要鑑 第三版』明治38年、蒸、p410。
23) 安藤荒太『避暑案内』安藤文貫堂、明治36年、p45。
24) 森永規六『西部鉄道管理局線名勝遊覧案内 全』浜田日報社、明治43年、p86。森永規六は第3章参照。
25) 田山花袋『山水小記』大正6年、p303。
26) 田山花袋『温泉めぐり』大正15年4月、p218。日出新聞の特集記事⑥でも「今では猫も杓子も温泉々々といふが、その温泉の出来たのもまだ最近のことである」(T12.3.28日出)とする。
27) 松川二郎『近畿日帰りの行楽』大文館書店、昭和10年、p44。
28) ジャパン・ツーリスト・ビューロー『旅程と費用概算』博文館、昭和10年、p425。
29) 寸田喜兵衛(嵯峨村下嵯峨中道)は材木卸(資産M42、p133)、「材木 寸喜同〈嵯峨〉村(電一五)」(案内、p875)、七代嵯峨村長、「メリケン松は寸喜、松原、野上、小山の四店のみが取扱って居」(T12.3.27日出②)だが、昭和5年3月7日死亡(商登)。
30) 小松美一郎(嵯峨村上嵯峨→嵯峨釈迦堂大門)は「小松家は…江戸時代以降は庄屋をつとめた」(史右、p54)か。廃棄されかけた落柿舎の建物を個人で保存した小松喜平治(T5.1.31日出)の長男で初代嵯峨町長、大正5年には葛野郡会議長か(T5.2.14日出)、京都府会議員、「地方の名望家…前記銀行会社の重役として其名を知らる」(人T7、こp38)、合資会社錦商会業務担当社員、㈱銭屋商会専務取締役(帝T5職、p212)、嵯峨遊園取締役(帝T5、p35)、嵯峨銀行取締役(『大日本銀行会社沿革史』大正8年、p94)、嵐山保勝協会会長として「色々保勝上の事について熱心に奔走」(編入、p33)、愛宕山鉄道取締役(鉄軌、p375)、玉川織布監査役、嵯峨銀行旧50株主、右京区選出京都市会議員・土木委員(大京、p29、30)、昭和22年3月14日死亡(商登)、京都の貸金業者・吉田六兵衛らと石山宇治電気軌道発起人(T12.5.25日出①)。
31) 井上与四郎は井上与一郎の長男、嵯峨村下嵯峨百十一番戸、嵯峨遊園監査役(諸M45上、p306)、嵯峨銀行監査役(帝T5、p7)。

32) 竹内新三（大内村）は明治44年泉銀行が改称（変遷、p206）、嵯峨村から朱雀野村へ移転した京都大内銀行相談役（諸M45上、p289）。
33) 同種の遊園会社としては奈良公園内に「庭園亭舎及温泉場ヲ設ケ衆人ノ遊楽ニ供ス」（農商務省商工局『株式会社統計』明治28年、p28）る奈良遊園株式会社が明治26年10月、資本金5,000千円で麻布商らにより設立された先例がある。また第７章の芦屋遊園にもおそらく賃貸先として「園内に料理屋として西川徳蔵経営の「魚喜」があったこと」（『生活文化史』第40号、深江生活文化史料館 fukae-museum.la.coocan.jp/pdf/bunka40.pdf）などから、精道村の村営公園を阪神電気鉄道とともに財政的に支える嵯峨遊園同様の賃貸料収入確保の役割があったものと推定した。葛野郡が公園整備の財源に苦慮していたことは「嵐山亀山公園上の水道は葛野郡有志の醵金により昨年十月竣工したるが放水のままにて何等の設備なかりしを遺憾」（Ｔ５.２.２日出②）としていたことからも窺える。
34) 渡辺鹿之助は嵯峨銀行天竜寺出張所主任（諸M45上、p287）、嵯峨銀行新60株主、死亡「元行員ニシテ当行増資ニ際シ勤続特別賞与トシテ〈新株〉受領」（前掲「株主個別事情調書」、日銀♯1003）。
35) 小林多三郎（上嵯峨）は昭和３年４月９日洛西開発合資会社有限責任社員就任（商登）、昭和５年７月29日嵯峨遊園取締役就任（商登）、昭和６年３月19日小林美英と改名（商登）、昭和17年10月25日死亡（商登）。
36) 設立一週間前の明治44年８月15日に開設されたばかりの嵯峨銀行天竜寺出張所の所在地。
37) 「ホテル嵐亭」ホームページ（平成21年検索、現在廃業）。
38) このほか明治末には嵐山公園地を所在地とする店舗として「席貸　嵐山公園地（電二三）ほととぎす　中尾善兵衛」（『日本案内　下』開国社、大正５年、p868）など数軒が存在した。
39) 毎日新聞京都支局編『嵯峨野』淡交社、昭和39年、p125。
40) 岡田家文書目録番号（寄贈分４）40-15、「嵐山三軒家株式会社設立目的及株式募集」「株式申込書」、嵐山三軒家株式会社創立事務所（一橋大学附属図書館所蔵）（以下本文では募集と略）。
41) 老川慶喜『明治期地方鉄道史研究』日本経済評論社、昭和58年、p36。
42) 山口和雄編『日本産業金融史研究　紡績金融篇』昭和45年、東京大学出版会、付。このうち松居庄七は「東本願寺の阿弥陀門を建立したり自分の名をつけるなら、五条大橋をかけかえると豪語した、半襟商」（「財閥から見た京都」(3)）であったが、「大沢〈善助〉の云いなり放題に株をかって、大儲けをしたのが骨にしみ其の幕下に走り〈京都〉電灯会社の重役に納まってる、京出来の淀屋辰五郎、橋の名だけ

残さずに終ろう」(「財閥から見た京都」(3)) と評された。
43) 44) 45) 『京都商工会議所史』昭和19年、p520、523、529、533。
46) 例えば明治39年制定の日本生命『不動産抵当貸付金取扱規程』でも「特殊ノ物件ハ不可ナリ、又茶屋、料理屋、劇場ノ如キ無論不可ナリ」として、茶屋、料理屋、劇場などのサービス業は同社が傾注していた不動産抵当貸付金の対象として不適当とする。
47) 西村仁兵衛は「かって市内有名なる諸会社の重役たりしも思ふ所ありて皆之を罷め、今や専らホテル事業を以て自ら任じ他事を顧るに遑あらず」(『大日本人物誌』大正2年、にp3) と自らホテル王を志向した人物である。『名士と其事業覇者録』関西日報社、大正元年、p70、徳永慶太郎『都ホテル 100年史』都ホテル、昭和64年、p10参照。
48) 50) 『京都銀行五十年史』京都銀行、平成4年、p50、56、47。
49) 「現在過去諸会社調」『府誌編纂資料商業機関、金融、倉庫 商工課』大正三年、京都府庁文書。
51) 平井瑷吉『京都金融小史』昭和13年、p53。
52) 53) 『本邦銀行変遷史』銀行図書館、平成10年、p315、188。
54) 高見種吉(京都府船井郡園部町)は「京都府南桑田郡の産にして高見家に養子となる曾て岩下清周氏等と共に三井銀行に奉職せし事ありしか同行を去って後は園部銀行を経営し山林事業に従事し府下に於ける山持として知らる」(T.3〜10時事)。
55) 伊藤喜十郎(大阪市東区平野町2-52)は両替商から金庫商に転身し、発明諸品及雑貨商・伊藤喜商店を経営する傍ら、高野鉄道、大阪巡航などの社長となった人物であるが、15〜16年には短期間ながら株式仲買業を営み、のちに「月賦方法により債券販売を営む」(『財界一百人』p148) 日本債券社長、浪速ビルブローカー取締役(要T9役上、p14) を兼ねた。おそらく30年代にも後年の現物商に近い証券業務を行っていて、嵐山三軒家のような新設会社株式をも取り扱っていたものと推測される。
56) 中ノ島ホテルは大阪市北区中之島に明治29年5月20日落成した草野きみ経営の大阪ホテル(旧自由亭ホテル)の俗称か。同ホテルは32年9月大阪倶楽部に買収され、大阪倶楽部ホテルに改称した。また水明館(東京市京橋区木挽町2丁目13) は「開業明治二十一年、和風二階建客間三十、宿料二円以上、A、客上、館主湊むめ、電話京橋長一二七 一二八」(『旅館要録』東京人事興信所、明治44年、p6)。
57) 丹治直治郎は金襴類表具裂地商・布袋屋、所得税85.185円、下京区富小路通松

58) 　原下ル本上神明町8（紳M32、p790）、錦金襴商・兼表装裂地類、熊谷商店、所得税58.064円、営業税55.28円（商、ろp14）。

58) 　白江重知（大阪市北区北野高垣町2392）は所得税5.42円、職業不記載（紳M32、p1000）。

59) 　『京都府統計書明治36年版』京都府、明治37年、p187。京都府は「登記簿ニ現存シ事実所在不明ノ会社」は「会社表」から除外している。

60) 　大江理三郎編『京都鉄道名勝案内』明治36年、p34-35、巻末。

61) 　太田保太郎（神戸市山手通六丁目）が弁護士であることから当社の法的な整理を伴っていた可能性もあろう。

62) 66) 『興亜之事業六百名士鑑』昭和14年、興亜之事業社、p242。

63) 　明治32年12月風間嘉平が家督を相続し風間八左衛門を襲名し、先代八左衛門は隠居名の宗堅を名乗った（32.12.3 日出、改名広告）。

64) 　明治43年3月風間は同社千株券を担保に栗太銀行より1.5万円借入れた（「借用金証書」『風間家文書』97(2)、京都府立総合資料館蔵）。

65) 　野依秀市『明治大正史』13巻人物篇、実業之世界社、昭和5年、p24。

67) 　「株主個別事情調書」昭和18年7月、『第二別口　回議　嵯峨銀行』日本銀行（日銀アーカイブ＃1003）。

68) 　「貴族院議員風間八左衛門貴族院議員ヲ免スルノ件」昭和17年2月7日『任免裁可書』（国立公文書館蔵）。

69) 　風間嘉雄（桂木ノ下町）は明治33年2月24日先代風間八左衛門の長男に生まれる（衆、S16、p26）、昭和20年1月25日嵯峨遊園取締役就任（商登）。

70) 71) 72) 73) 74) 75)　昭和3年6月6日付京都府知事宛風間愛宕山鉄道社長名「上申書」（京都府総合資料館所蔵）。

76) 78) 『新日本人物大系』東方経済学会出版部、昭和11年、p537。

77) 　「京都府葛野郡嵯峨村勲七等小林吉明藍綬褒章下賜ノ件」大正4年12月2日裁可（国立公文書館蔵）。

79) 　毎日新聞京都支局編『嵯峨野』淡交社、昭和39年、p125。毎日記者の取材先の小林吉明長男も何度も嵯峨の窯場の再興に努めたが果たせなかった。なお初代閑嵯の後継者が主宰する「陶器竈元清風亭」の取扱品目にも「三楽舎受托嵐山焼」（案内、p868）を掲げており、「嵐山焼」は小林が仲間と組織した「三楽舎の陶器」（案内、p875）ブランド名であったが、のちに永豊が「焼物の名を"嵯峨焼"とかえた」（前掲『嵯峨野』p125）と考えられる。

80) 　小林吉明『嵯峨町政の過去及未来』昭和4年。

81) 　跡見学園女子大学も藤原定家ゆかりの百人一首古写本の収集を長年継続し、所

蔵史料の一部は小倉百人一首の石碑群として現地を訪れる観光客にも公開され、嵯峨・嵐山の観光資源ともなっている（嶋田英誠「京都の秋、ならびに小倉百人一首」WEBサイト『常務理事室からの花便り』第144便、平成21年11月28日参照）。

82) 地方金融史研究会夏季合宿報告「大正期京都近郊の銀行頭取と不動産開発・観光業──愛宕銀行と嵯峨銀行を事例に──」（平成22年8月31日於地方銀行協会）。

83) 「株主個別事情調書」昭和18年7月、『第二別口　回議　嵯峨銀行』日本銀行（日銀アーカイブ＃1003）。

84) 交通面の希望条件の例として「二条亀岡間を電化して…保津川の谷間にも〈停車場を〉二三ケ所拵へる」（編入、p23）、「嵐山電鉄、愛宕電鉄と云ふやうなものを…新京阪の延長として会社を合併し…京都行線と愛宕行線との二つに分けて改造する」（編入、p15）など。

85) 86) 『鉄路五十年』京阪電気鉄道、昭和35年、p95。

87) 苦楽道人「旅宿の改良に就て」M35.9.13日出。

88) 前掲『京都商工会議所史』p533。

89) 「三友の当主の叔父に当る小林由太郎氏が経営してゐる料亭『千鳥』」（T12.3.28日出⑥）など、小林一族は複数の料亭に関与していた。

90) 『名士と其事業・覇者録』大正元年、p124。

91) 小林は昭和5年「之〈亀山〉は宜しく持主の個人をして何か経営をさせるべきである。或は組合と云ふやうなものにして一つ遊覧的に開発すると云ふ事にしたら、是丈でも立派な大遊園地であります」（編入、p25）と盛んに大遊園地開発を夢想していた。風間らが推進した戦前期の愛宕山鉄道・愛宕遊園地・愛宕山ホテルの建設・消滅については稿を改めたい。

92) 93) 山口敬太ほか「昭和初期の嵯峨における風景の価値評価に関する研究」『景観・デザイン研究論文集（1）』土木学会景観・デザイン委員会、平成18年12月、p191。山口敬太ほか「嵯峨野の名所再興にみる景観資産の創造と継承に関する研究──祇王寺、落柿舎、厭離庵の再興事例を通して」『土木計画学研究・論文集』24巻2号、平成19年10月、p307-314などを参照。

第6章　芦屋のコミュニティデザインと首長主導の観光デザイン

　コミュニティデザインとして工場立地を極力排除し続けてきた小規模な独立自治体（大都市に取り囲まれた小都市）の例として芦屋市（兵庫県）と浦安市（千葉県）を挙げよう。東京湾岸の漁村であった浦安市は公害問題に苦しんだ末に漁業権を放棄してディズニーランドを誘致するという、海面埋立主義・南進策を採って今日著名な国際観光住宅都市へと変貌した。これに対し大阪湾岸の同様な寒村[1]で六甲山南麓の総面積わずか16平方キロであった精道村（現芦屋市）は昭和26年公布の地方自治特別法[2]を背景に山地開発主義・北進策を採った。
　本章[3]は芦屋市において何故にかように不可思議な特別法が制定されるに至ったかの事情と歴代市長が同法を背景に思い描いた観光デザイン[4]がいかに実施され、住民に受け入れられたか否かを、主に制約条件としてのコミュニティデザインとの関わりという視点からみてみたい。

Ⅰ．観光デザイナー・歴代芦屋市長による山地開発

1．地方自治特別法制定

　大阪湾岸の銀行の店舗[5]すらない名もなき寒村に過ぎなかった精道村は明治後期から阪神間の鉄道網の目覚ましい発達に伴い大阪方面からの移住者が増加して急速に宅地化し始め、「近時阪神地方の出来星紳士が、田園生活と称して芦屋敏馬に西洋風の別荘を築き…自然の景観を俗化せしめつつある」[6]などと揶揄された。昭和8年の『アサヒグラフ』は「村長さんの年俸五千円、日本

写真-1　戦前の芦屋川遊園地絵葉書（著者所蔵）

一の豪華精道村」と題して「空が青くて、北には山、南に海…阪神間の最高級住宅地として住吉村と共に有名である。…阪急線、阪神線、省線、それに阪神国道の完成で、田畑変じて豪華な住宅地となった」（8．3．29アサヒ、p4）と写真入りで市制前の精道村の変貌ぶりを紹介する。

　芦屋市の「コミュニティデザイン」の法定としての「芦屋国際〈観光〉文化住宅都市建設法」は法制化の過程で「いろいろ議論されて、反対された方がたくさんあり…観光という字は初めは入つており…途中でこれを削つた」（原健三郎代議士の答弁　議事録）のであった。「観光」の2文字を削ったのが提出間際[7]だったことは地元新聞でさえ、東京発の1面記事（通信社配信）では正しく観光を削って報じたのに、地元記者の筆になる同日3面記事では「芦屋市の念願通る　国際観光文化住宅都市建設法案　きのう衆議院で可決」（25.12.5 神戸③）と「観光」の2文字を入れた原案で誤報した。当局者は国会で議員から芦屋に対して出された観光や温泉の欠落などの手痛い指摘をなんとか跳ね返したいという悔しい思いと、国会という場、しかも個別法の審議の

場で明示した観光デザイン[8]）の義務履行を強く動機付けられたに違いない。同法制定という荷が重すぎる「錦の御旗」を思いもかけず与えられた僥倖をdriving force（駆動力）とする、同法を金科玉条とし、同法に突き動かされた、駆り立てられたものであって、当時の市政関係者が等しく感じ取り、共有した「市の面目にかけてやり遂げたい」総意だったと思われる。しかし芦屋市の両隣からの特別法制定への冷ややかな反応[9]）だけではない。26年11月久堀芦屋市議は「人によって評価がまちまちですが、先般国際文化住宅都市建設法を通過させられた」（市議、p113）ことを猿丸市長の功績に挙げた。同法の原案にあった「観光」という文字に拒絶反応を示した市内関係者も多く、また26年2月11日実施し、賛成多数で通過した住民投票でも反対票を投じた市民層には、芦屋市のコミュニティデザインの中に「観光」要素を含むことに、何かしっくり行かぬ気持ちを持っていたものと考えられる。

2．猿丸市長による「観光芦屋の構想」

　猿丸吉左衛門[10]）市長は市政の目標を①健康住宅都市、②教育文化都市、③明朗観光都市という「当市の特質から考えて…三点に重心を置いて計画」（24.12.5 あしや3号、p3）した。「芦屋市の特異性を十分認識…山地開発の必要に着目（市議、p113）した猿丸市長は建設法制定を前提とした観光デザインである「観光芦屋の構想」として、「芦屋市を、観光特別都市として市街そのものも観光地であり、街全体が海と山を結ぶ一大観光道路化する」観光デザインを立案していた。猿丸が魚谷正弘[11]）らの進言を取り入れつつ、自らも「アメリカのパサデナの如き億万長者の都市として発展」（24．8．20 あしや創刊号、p2）することを夢想した、「真夏の夜の夢」と名付けた「新市の構想」（24.10.13 あしや2号、p6）の中身は①国際住宅地（六麓荘、山手町、奥池800戸）、②打出浜ヨットハーバーの建設指定（26年9月断念）、③ゴルフリンク（25年市民有志により芦屋カンツリー倶楽部として実現）、④国際ホテル、⑤外国人墓地、⑥奥池付近温泉試掘、⑦市内循環バスの経営、⑧一連の山地開発として裏六甲と結合する「六甲横断道路の計画」（後述）、城山に「市民の一

大遊園」(24.12.5 あしや3号、p3)としての動植物園、奥池周辺開発、ロープウェイ建設等を含む「コニーアイランド」建設、⑨旅館、汐湯、娯楽遊戯場、ダンスホール等娯楽施設、⑩県営オートレース場の誘致など、極めて多様かつ多彩である。前半は主に高原リゾートを志向した健康的なスイス式の観光路線であるが、後半はカジノも含む。これらを促進するための外資導入を24年8月広報誌[12]『あしや』で夢を語り、26年5月には具体的な導入先を芦屋市議会にも提案している。

3．「六甲横断道路」構想（猿丸）を継承した芦有開発設立（内海）

　六甲を横断する県道「芦屋、有馬間の道路については、猿丸市長の父[13]の時代に大いに努力せられたのであるが、工事の半ばにして」(24.10.13広報2号、p8)中断していた。子息である猿丸市長も遺志を受け継ぎ「六甲縦走路に現在の県道を延長し、奥池を第二の水源地とし、その周囲は山間住宅地として…周辺は遊牧場、植物園、自然公園、公園墓地その他の開発」(24.10.13広報2号、p8)という具体的な観光デザインに取り組んだ。助役から県議に転じたばかりの渡辺万太郎（後述）も27年8月「県道芦屋有馬線の工事…六甲山上に結ぶこの観光道路は…将来裏六甲と直結する重要な産業道路としての使命を果す…観光部面…にも県の助力はもとより、直接県営に俟たなければならぬ」(27．8．2 芦屋、公人、p61)と述べ、観光道路としての県道芦屋有馬線延伸の重要性を内海と共有していた。

　有馬の旅館主でもある金井慶二は上記のような芦屋市サイドの「多年の宿願であった」(34．2．20広報③)県道延伸構想とは別に30年ごろから芦屋と有馬を結ぶ観光道路建設を独自に思い描き、「元芦屋市長の猿丸吉左衛門氏らと連携をとりながら阪神間の政、財界人や自治体首長にも働きかけ」(社史、p32)た。金井は27年2月剣谷の所有地3,000坪を芦屋市の要請で市営墓地用地として「無償で貸し」(浮草、p36)て以来、内海らとも深い接点があった。神戸・西宮両市の狭い隙間にトンネルをぶち抜き、芦屋市から有馬・三田を経て丹波・但馬方面への活路を見出だそうとの金井・川島らの試みは、芦屋市の

コミュニティデザインたる山地開発に完全に合致した。芦有の社史によれば山地開発を重要施策とする内海市長は金井構想に対し、芦屋「市側からもぜひ〈芦有開発〉会社を設立して〈山地開発に〉協力してほしいとの要請があって構想は急速に具体化…金井氏、猿丸元市長、内海市長、芦屋在住財界人の一人平野斉一郎氏らが発起人の形で何度も話し合いが行われ、昭和31年暮れごろには会社設立の構想がほぼ固ま」（社史、p33）ったとされる。芦有と同じく山地開発の担い手たらんとして半年で転覆した芦屋国際文化都市建設株式会社の後始末も済まない時期の32年5月22日発起人会設立準備委員会が開催され（社史、p33）、ここに芦有開発株式会社（以下単に芦有と略）設立が固まった。33年3月1日芦屋市及び関西財界各社が出資して芦有を資本金5,000万円で設立した。芦屋市長は「古い木造御殿づくりで、集会に利用される方も少なく」（浮草、p202）無用の長物の公会堂の半分を創立期の芦有に安く貸したが、後に裁判所は「公会堂設置の目的に適合するか甚だ疑わしい」[14]と判じた。現市長、前市長が揃って発起人となり、1,500万円を芦屋市が出資、「当〈芦屋〉市も資金参加すると共に、部落財産区所有の山林の内七十万坪」（魚谷、p61）を当初資本金とほぼ同額の「特売価格五千六十一万七千円」（33.11.5 広報108号①）で同社に譲渡、内海直系の林利市助役[15]が内海が36年5月芦有取締役を退任した際に身代りに就任するなど、芦屋市を代表する人物がその後も続々と経営に参画した。芦有道路は「幸い運輸省側の推薦もあって」（社史、p40）「産業基盤の強化および国際観光の観点から」[16]優先的に33年度開銀融資対象に選抜されたが、破格の好待遇の背景には特別法の存在、芦屋市の出資、それに内海の官界での人脈等が奏功したものと考えられる。

　内海は33年9〜10月訪欧したが、「外遊報告」の一節には、芦屋市の「観光デザイン」の具体的な着想過程[17]が彼自身の筆で生き生きと表現されている。後年の平成20年9月市議会で全会一致で可決した「芦有道路等の資産譲渡に関する決議」でも「芦有道路は、芦屋有馬間を短絡直結せしめ、あわせて芦屋市が計画する山地開発を進めることを事業目的として計画され」たと明確に位置づけたように、内海は34年新年あいさつで、「芦有開発株式会社による山地開

発の着手に伴い、名実ともに国際文化住宅都市にふさわしい総合的な開発計画を実現いたしたい所存」(34.1.5広報110号①)と期待を述べ、芦屋市商工会も「多年の宿願であった有馬への直通道路の開通も芦有会社の創設と共に目前に迫って…本市も単なる文化住宅都市から一躍北但交通の中心都市に飛躍する、まことに前途に輝かしい希望を迎える」(「商工会だより」34.2.5広報111号③)と熱い期待を寄せた。

内海は34年7月25日芦有起工式でも自分の「山地開発の方針に沿って生まれたのが芦有開発株式会社であり…市は祖先伝来の土地70万坪を会社に譲渡するとともに1,500万円を出資…芦有開発はいわば市の発展と表裏一体となっている会社」(社史、p42)だとまで、はっきりと明言した。後年内海は芦有「道路の建設も、でき得るならば市の事業としてやりたかった」(浮草、p198)とも回顧している。

こうした当時の状況と諸事実から考え、芦有の社史が「市側からもぜひ会社を設立して協力してほしいと要請」(社史、p33)され、「芦屋市の重点施策であった山地開発の方針に沿って」(社史、p77)設立された芦屋市の「『第3セクター』の"さきがけ"」(社史、p36)と記すのは自然であり、市が1,500万円を出資し市長が取締役を兼ね、市の事業を代行する市と一身同体の「第三セクター」[18]と扱われた芦有は市長の肝煎りで設立され、「市の行政方針に順応して行く」(市議、p185)"別働隊""市是会社""市策会社"[19]といっても過言ではなかった。35年6月18日芦屋川沿いの芦屋市公光町に新築された自社ビルに入居した芦有の本社はピーク時には「7部15課、社員186人の組織に拡大」(社史、pⅲ)したほど市内有数の有力企業に成長した。

4．奥池遊園地の華々しい開発と各方面からの反発

昭和20年代外資導入が「実現している自治体はない中で先鞭をつけようと考えた」(市議、p114)猿丸は25年ころ米国資本家が入れ知恵した奥池周辺の遊園地構想「コニーアイランド」計画の話に飛び付いたが、氏素姓も不確かな二、三流以下の米国資本家からの外資導入話に不安を拭えぬ市議会の強い反対で挫

折した。

　西宮を代表する老舗酒造家が長らく芦屋の水源の地権者として君臨していた史実は、近世以降に西宮が芦屋を圧倒し経済的にも支配していたことを象徴しよう。この辰馬、紅野両家の奥池所有地に33年芦有の設立を迎えた芦屋市は突如占有権を主張した。この市による奥池奪還の貪欲さは、江戸期の水争いをも彷彿とさせる。

　また36年芦屋市の古参職員である魚谷企画部長が公表した「山地では奥池周辺の約百三十万平方メートルのうち、六万六千平方メートルを景勝地として残す。芦屋ユースホステルを中心に、国際ホテル、国民宿舎、高山植物園、遊園地などを設け、芦有道路沿いには別荘式の住宅を誘致したい」（36．8．5 広報141号①）、「奥池周辺に大がかりな遊園地、ロープウェイ、スケートリンク、バンガロー村などを設ける一方、人口五千人の高燥住宅地をつくる構想」（36．8．5 広報141号②）は猿丸時代の「コニーアイランド」構想との類似点も少なくない。

　芦有の思い描いた観光デザインの中には36年7月廃止された京都市電堀川線で使用されていた狭軌木造単車1型（通称Ｎ電）車両を裏表紙の写真のように複数両譲受し、奥池に移送した上で「当社ではこの記念すべき電車を永く保存し、今後開発する奥池遊園地で運行する計画」[20]も含まれた。芦有は「遊園地事業（レストラン、舟遊び、小動物園、ハワイまつりなど）、東六甲ループ展望台のレストハウス、ジンギスカン、アーチェリー振興のためのクラブ設立」（歩み）を具体化した。

　また39年には自然公園法園地事業の認可を得て、奥池遊園地に本場ハワイから舞踊団を招き、夏に1か月間にわたる歌と踊りの「ハワイまつり」を43年まで5年間開催した。「ハワイカメハメハスクール舞踊団ヤングハワイアン25名による」『南太平洋の歌と踊り』を7月20日から8月28日まで芦有ドライブウェイ沿線奥池遊園地の奥池野外劇場（芦有バスで約20分。奥池停留場下車　運賃80円、芦有タクシー580円）で開催した。大阪読売新聞社・読売テレビ放送が主催、ハワイ観光局が協賛した。入場料大人350円、小人120円（奥池遊園地

写真-2　昭和35年ころの芦屋奥池 (著者撮影)

入園料とも)、前売券大人300円であった (本書カバーの写真)。金井社長も「ハワイからフラダンスの一行を招いて「ハワイ祭り」を開催、観光客を大いに楽しませた」(足跡、p263) と回顧する。

　芦有が奥池を有料遊園地化してハワイまつりを興行したことは40年3月国会国会建設委員会で追及を受けた。西宮の地主側から情報を得た堀昌雄代議士は「芦有開発会社は…土地を手に入れたら…高い鉄さく…をずっと自分の土地の周辺に現在張りめぐらして、中に一般の人が入れないようにして…入場料を取っている…国立公園というのは、特定地域でそういうことをしていいんですか」(会議録) と質問した。今村譲厚生省国立公園局長は「入園料を取るということについて、国立公園の内部については、なるべく…してもらいたくない…私有地について、特別に園地事業、あるいは遊園地事業…にして…一定の料金を取ってやるというものを、全部やめろという権限…がございません…好ましいとは思っておりません」(会議録) と答弁した。

　堀は「大体、芦屋奥池というのは…キャンプ地その他に、一般的に国民に開

放されておった…金を出した者だけ入りなさい、これは営利会社の典型的なやり方だ…おまけに最近は国立公園の中でハワイのフラダンスとかなんとかいうような行事が催されるようになって、まさにそういう自然の公園の姿が、人為的な、要するに都市のまん中におけるがごとき、キャバレーの中におけるがごとき状態に置かれておるという事実は、国立公園法の趣旨からいって、どうですか」（会議録）と再質問した。今村局長は「自然公園法の今後の運営につきまして、観光ブームにどう対処するか、いろいろ案を練っている…この地点につきましても、相当大きなホテル…というふうなものが出てくるならば、当然、景観の維持のために困ると、厚生省としては申し上げなければならぬ」（会議録）と答弁した。岡本隆一委員も「営利会社が名勝地の私有地をどんどん買い占めていって…一歩入るにも、そこを通るにも金を取られる、すべての名勝の地が営利の対象になっている…傾向が生まれつつあるということは、国民のために悲しむべき」（会議録）との意見を述べた。結局違法行為だとはいわれなかったものの、ハワイまつりに代表される芦有の開発姿勢に厚生省も渋い顔をしていることが国会の場で明るみに出た。「芦屋を東洋のジュネーブにしたい」との猿丸・内海の二代にわたり芦屋市長が推し進めてきた山地開発の目玉・奥池遊園地の前途に暗い影が忍び寄りつつあった。

　44年から48年にかけて芦有は奥池町（第1工区）、奥池南町（第2工区、第3工区）の約127haの奥池住宅地を造成・販売した。「土地造成と並行し幹線街路、上下水道、電気等も整備。高級住宅や別荘、優良企業の保養所などが建ち、現在は自然環境豊かな成熟した街並みを形成している」（歩み）と自画自賛する。しかし柴田悦子氏は45年に「利潤追求の手段にしたうえ、周辺に高級住宅地を開発して不動産業で厖大な投機的利益を取得し、さらに有料道路に芦有バスを走らせて、まさに芦屋――有馬間の地域独占としての地位を確立している。…ハイウエーを通らないかぎり遊園地にはいけない」[21]などと独占資本たる芦有を批判した。一部の論者から独占的地位を確立していると評価された芦有は皮肉にもこの時期をピークとして、企業としての存立基盤を喪失し急速に衰運に向かう。

II. 遊興地構想（猿丸）の再燃としてのヘルスセンター計画の支援（内海）

　猿丸は特別法制定を前提とした「観光芦屋の構想」の中に、「奥池付近温泉試掘、旅館、汐湯、娯楽遊戯場、ダンスホール等娯楽施設」を挙げている。25年12月原代議士は特別法案の提案理由の中で「ラジウム及び炭酸温泉の源泉地を最近発見しまして、これまた専門家に発掘の具体的準備を託しており、近くその準備も完了」（議事録）と述べた。猿丸が進めた市営温泉案には市民の一部にも「市営大衆向き一大温泉郷」（"私の希望" 25.12.20広報12号、p 5）の待望論もあった。こうした賛成論を背景に芦屋「市でも温泉の試掘を試みたことがあるが、財源が続かずやめてしまった」（内海市長談、温泉）という経緯があった。

　芦屋市山手に以前から別荘「芦山荘」を有していた松尾國三（松尾談、温泉）あたりと思われるが、広報の"私の希望"欄に「山手方面を観光都市的に開発したい。箱根の如く検番も作って積極的にやりたい」（25.12.20広報12号、p 5）との企業家筋からの温泉郷構想が出されており、同時期に別荘「芦山荘」の料亭・旅館への転用に伴う営業許可の申請も出されたと思われる。「観光、文化住宅都市」を「本来の念願」（25. 9. 20広報9号、p 1）とする市長サイドは当然ながらこうした起業を歓迎し、広報に載せたとみられる。これより先25年5月丹原助役はカジノ設置に加え「芸妓を西宮から引ッ張らずに芦屋にも置くように考えたい」（25. 5 .22広報6号、p20）と発言していた。おそらく市当局の三業許容姿勢に関連して「芦屋ゲイシャの出現」などと「新聞紙上で置屋の許可が報道」（25.12.20広報12号、p 7）され、芸妓・置屋・検番等の言葉に敏感な一部市民から「本当ならば大変」（25.12.20広報12号、p 7）との反対の声があがった。25年12月原代議士が特別法の審議の場で「初めは…観光という字を入れてあつた…観光都市になつてしまうと…反対された方がたくさんあり」（議事録）法案名から観光を削ったと答弁した背景も、25年広報の"私の希望"欄の「やめてほしいこと」として「醜業の存在が許されぬ純潔な住宅

文化都市としての発展を祈ります」とか「『芦屋ゲイシャ』の出現には絶対反対致します」(25.12.20広報12号、p7)などの抗議が殺到したためと考えられる。丹原助役は芸妓誘致を「昔は婦人会あたりが反対したというが、今は、時代感覚が変って来た」(25.5.22広報6号、p20)と楽観視したのは市民層の分析不足であり、コミュニティデザインへの配慮が足らぬ発言であった。

　こうした数年前の拒絶反応でいったんは引っ込めたにもかかわらず、雅叙園観光のヘルスセンター計画という遊興路線が再び動きだした。32年ごろ松尾が営林局の許可を得て芦山荘近辺の城山国有林で「一年二カ月かけてボーリングをやった結果、三十八度の温度と百四十四キロリットル(八百石)の量を持つ湯が出た」(松尾談、温泉)結果、「良質の温泉(温度37度炭酸泉、塩類泉)が湧出することがわかり…芦山荘周辺に建築する予定の建物に引き入れ、ここを健全な大衆のレクリエーション的な健康の場としようとするもの」(34.12.5広報121号①)である。同社は「従来の享楽地化した既成温泉地とは異なり、健全な休養の場所として、芦屋にふさわしい明るい清潔な設計と、全市民から喜ばれる運営」(34.12.5 広報121号①)を目指す点を強調した。市側も「ご老人方の保養や家族のレクリエーションを始め、町内自治会の慰安に利用できる…と期待」(34.12.5 広報121号①)し賛同、内海は自らの山地開発構想の一環に組み入れ、日帰り利用客向の駐車場「用地として芦屋打出共有地の一部」を雅叙園観光の名を出さず、関係法人たる「財団法人松尾育英会に払下げ」ようとした。34年暮れ「この施設建設について県知事に認可申請中で、いま兵庫県建築審査委員会に建築ら可否が審査されており、遠からず結論が得られる」(35.2.5 広報123号①)見通しであるとする。

　市議会は当件で「市議会は、当初より決してこの施設を積極的に誘致しようとする程の熱意は有していない…一部住民に反対意思が有することは、市議会も充分承知」(市議、p212)として日和見的な態度をとった。34年11月30日議員提出議案3号として「雅叙園観光株式会社が計画中のヘルスセンターについて慎重に諸般の要素を勘案し、審査を継続し、県知事の方針決定後において冷静に事態のなりゆきを見究め、住民の福祉を守るため最善の結論を見出す」

（35．1．5 広報122号、p2）と「逃げを打っ」（温泉）た微妙な決議をした。

次に市民の反応であるが、会館内に「売店を出さしてもらえるとの話」（温泉）に利益誘導された形の白菊会は設置に賛成した。さらに同計画に対し「いよいよ芦屋も活気付いた」と感じた吉田利吉[22]ほか14名の賛成派は①反対派は「心なき一部の人々」であり、②「反対運動の根拠が余りにも近視眼的」で、③「私達の希望と夢を打ち毀され…全く悲憤を感じ」た結果として、④「今回のこの大規模な、しかも健全な大事業を逸しては山地開発による本市の発展は当分その機を得ないのではないか」（35．2．5 広報123号①）と市議会に促進方を請願した。この請願には特別「法の制定によって…教育、文化、健康、清潔、観光等のことばを包含した理想的…中都市」（35．2．5 広報①）との法解釈も見られるが、特別法に観光を包含すると認識し、温泉・観光を許容するのはむしろ少数派であった。賛成派が34年12月18日付で提出した請願書を『広報』は全文掲載したが、同時に提出された反対派請願は省略した。「山地開発の促進と、それに関連する市有地特売の推進を求める請願書」（35．2．5 広報123号①）は雅叙園観光の併設する「国際観光ホテルやプール、大公園等の画期的な健全娯楽施設」（35．2．5 広報123号①）を待望する内容であったが、多数の日帰客の駐車場として「これに関連する市有地の売却」（35．2．5 広報123号①）の必然性には言及しない。請願文から推察する限り、市民の純粋な温泉待望論に発したというより、反対派が賛成派を「市との結付きの強い団体…個人」（資料）と解したとおり、市当局代弁の色彩が濃厚である。

これに対し反対の声をあげた近隣小学校PTAは素朴に温泉会館が「教育上面白くない」（温泉）との理由からであった。運動に後から加わった「高級住宅地の人々にとって『花園を荒らされたくない』という気持ち」（温泉）からであり、美術館や野外音楽堂こそが芦屋市に合うとする吉原治良画伯は「芦屋市の性格を変えるのはよくない。芦屋城を作ったりしてハリボテの芦屋にするのは困る」（温泉）と多分にコミュニティの方向性に関わる「コミュニティデザイン」を意識した発言をしている。

注目されるのは中心人物で「芦屋の教育環境を守る会」代表の山本寅之助弁

護士が「特別法に反するような…観光都市にするのは反対だ」(温泉)と明言する点であろう。特別法を背景に山地開発を促進しその一環として温泉会館を応援した内海市政に対し、法曹家である山本は同じ特別法を背景に温泉会館に異論を唱えた。このことは法律知識を有する市民の間でも、特別法解釈を巡って市当局と見解を大きく異にすることを示す。市の性格や将来の方向を指し示す「コミュニティデザイン」を住民投票を経て法律にまで昇華したはずの芦屋においてさえ、観光企業から提起された温泉会館という「観光デザイン」が当該「コミュニティデザイン」に合致ないし調和するのか否か簡単に結論が出ず、賛否の議論が巻き起こり、狭い校区を飛び越え、全市、県、中央組織等を巻き込んで以下のような激しい闘争にまで発展したことに著者は着目している。

反対派は「雅叙園観光による山地開発計画に反対するため署名や陳情等いろいろの運動」(35.2.5広報123号①)を展開し、35年Ａ「山手町にヘルスセンターを設置することに反対することを兵庫県知事及び兵庫県建築審査会に申し入れ、その用地として芦屋打出共有地の一部を売却しないことを求める請願」、Ｂ「芦屋打出共有地を財団法人松尾育英会に払下げる土地売買契約締結議案の契約を中止し、売却の否決を求める請願」(35.2.5広報123号①)の両方を市議会に提出した。内務官僚出身の内海は「市民組織の問題」にも通暁し、29年全国都市問題会議で「市民の力を借りることは最も必要」(続浮草、ｐ７)と講演したほどであり、市民組織の統治に自信があった内海は「芦屋市発展の重点が山地開発に在る事から、松尾計画をその一環として支持する」(資料)と表明、PTAに対し「市当局の計画と、松尾氏の人物を信頼せよ」(資料)と切り崩しを試みた。しかし市当局が信頼した「松尾氏の人物」に関しては以下の負の情報も存在する。まず芦山荘の全国紙での大々的求人広告「求サーヴス係女性…年令二〇～三五　独身者に限る　住込…経験者、舞踏の素養あれば優遇」(27.9.8読売夕②)の行間を深読みすれば売春対策国民協議会が反応したように、"ある種"の心配もあながち住民の杞憂とは言い切れないだろう。「敏腕の評高く、ワンマン経営できりまわしている」(39.4.28読売夕④)松尾の経営する雅叙園観光・千土地興行両社の"評判"は夙に名高く、東京の本

拠地たる目黒雅叙園は進駐軍に接収され軍相手の商売で盛んに稼いでおり、32年8月10日の新聞で雅叙園観光経営の新宿三丁目「日活地下ホール」は「新宿の悪の巣」（32.8.10読売夕⑤）と報じられたことも心配に輪をかけた。前述した10年前の市民の拒絶反応から考え、やすやすと「松尾氏の人物を信頼」できるような環境ではなく、万事ソツのない内海も丹原と同様に読みを誤ったようだ。

　市民の一人・鈴木剛ホテルプラザ社長のいうように「成程、インテリ階級の多く住む土地だけに、小学校の先生や父兄の方々は、とても教育に熱心で、パチンコ屋の喰い入るすきを与えない」（八十年、p201）ほど教育・住環境の保全に熱心な土地柄であった。まさに今回こうしたPTA、教会、文化人らで構成された反対派は当局のいうほど「左翼団体にそそのかされた一部少数」（資料）の先鋭分子ばかりとは考えにくい。「松尾氏のような事業家にはまかせられない」（温泉）とした山本の主張の如く、叩けば埃の出かねない松尾側の挙動や弱点を熟知し、豊富な法律知識や人脈を駆使して建築審査会、売春対策国民協議会を含む勘所の関係筋に巧みに働きかける相当の知恵者を擁するほど幅広い組織だったと推測される。市議会は「議案の慎重審議の必要から会期を二日間延長」、34年12月25日再開し吉田らの促進請願を採択、反対派AB両請願を不採択とした（35.2.5 広報123号①）。34年12月時点では施設建設について県知事に認可申請中で、兵庫県建築審査委員会で可否が審査されつつあったが、反対派からの訴えを聞き入れた売春対策国民協議会は35年1月18日同審査会宛に電報で反対の旨を陳情、反対派にも激励文を送った（資料）。同協議会の菅原通済会長は34年1月ころ兵庫県内でも神戸市福原地区などを視察、売春防止法施行後の対策に各地を東奔西走中であった。

　1月19日市議会は「ヘルスセンター設置に関する県の審査委員会のもようなどの中間報告が総務常任委員長から行なわれ、その際、ヘルスセンターの件について早急に結論づけられるよう県に対して市議会より意見書を提出することが可決」（35.3.5 広報124号①）された。さらに3月10日市議会は県道「精道奥山線」一部新設（又は拡幅）の意見書を知事に提出する議案を審議した。

議案の趣旨は「通学、通行人の安全を守るため開森橋以北、山手小学校北方までの間、芦屋川東岸を通る新しい道路を建設」(35.4.5 広報125号①)されたいとの点にあったが、目的地の「山手小学校北方」は芦山荘を意味した。この温泉会館にも関連性を有する県道拡幅問題でも粘り強く抵抗[23]する「関係住民から…こっぴどくやっつけられ」(37.1.7 兵庫、続浮草、p59)、強気で鳴る内海も「ホトホト手を焼い」(続浮草、p59)た。

34年10月以来市議会で継続審査中で明確な結論を出せずにいた温泉会館建設はこうした粘り強く息の長い「市民の反対運動の高まりで中止となり」(市議、p214)、古都奈良にドリームランド建設を断行したほど豪腕の松尾に建設を断念させた(市議、p217)。市民の反対で有名となった芦山荘を利用すること自体がある種の後ろめたさを感じさせたのか、一時は関西財界サロンを謳った芦山荘も幾度か設備投資を重ねた割には温泉会館併設なくて客足が伸びず、三井信託銀行からも「パットしない芦屋の芦山荘」(「投資案内」39.4.28 読売夕④)などと冷評された。

これまで着実な実績を積み上げ、無謬無敵を誇ってきた内海市政にもほころびが目立ちはじめた。内海自身も終末「処理場の計画が地元の猛烈な反対をうけ…命とりになり…涙をのんで市長の座を下り」(浮草、p211)たと切歯扼腕した後年の市長選敗因の前兆・伏線を構成したと考えられる。

Ⅲ.「観光デザイナー」としての芦屋市トップ層(市長・助役)の評価

最古参市議の井田建次郎は39年芦屋市政を総括し「戦後、大きな企画を必要とする時期には猿丸市長、それを実現する段になると現〈内海〉市長といったぐあいに」(39.1.5 広報170号、p2)時期に適した市長に委ねて来たと両市長の役割分担を的確に指摘する。市長就任時の第一声で「狭小な本市が発展するには、山地を開発して…一日も早く十万都市を形成するのが至上の策」(浮草、p29)と宣言して推進した内海市政下で山地開発構想の多くが前述のとおり次々と実現したため、一般には功績の大半が内海に帰するように受け取られて

いる。芦有の社史も「山地開発計画は内海市長時代の重要施策」(社史、p32)と記している。しかしどうやら構想そのものは、前任の猿丸市政下で生み出されたもののようである。例えば奥池遊園地は内海のスイス訪問時の着想のように本人も書いているが、奥池遊園地構想、あるいはスイスのような国際文化住宅都市構想は明らかに前任者の時代から胚胎していた。

　山地開発という目標を設定した内海の場合、晩年「芦屋の背山を開発し、奥池周辺を国際的仙境にすることはわたくしの多年の念願で…いまだにその夢を抱いております」(浮草、p198)と述べるとおり、訪欧時にレマン湖のさざなみを眺めて着想を得た「夢」の一部は市の山地開発プロジェクトとして着々実現をみた。市営霊園などの例でも見られるように実質的な「観光デザイナー」の機能は「東洋のジュネーブにしてみせますよ」(36.5.1 兵庫、続浮草、p56所収)などと構想を絶えず暖め、わかりやすい標語にして広言する「内海現市長の着眼のすばらしさに負うところが大きい」(続浮草、p56)と考えられる。

　これに対して前任者の猿丸市長は革新的で新規を好み、趣味性に富み、「放胆で大政治家だった」(八十年、p151)反面、実現性の乏しい事業を次々と夢想[24]しがちな「放漫」(市議、p113)で虚業家的な性向も垣間見える。終戦直後の混乱期という時代背景を考慮すれば、はるか遠くの夢のような猿丸構想への市民の反応は、「ゴルフは一部富裕階級の娯楽であるから中止」(24.12.5 あしや3号、p16)せよとか、「臨海ホテル、遊園地…至極結構な事乍ら…先づ道路の整理と路面の舗装を優先」(24.10.13 あしや2号、p25)せよと考えるのが当時の「一般市民の切実なる要望」(24.10.13 あしや2号、p25)であった。猿丸は奇抜とも見える構想を乱発する一種の天才ながら、着実に実現させる資質を幾分欠いていたのか、"市"とは名のみで、あらゆる点で旧態依然たる"村"」(浮草、p27)で「むずかしい要素があり過ぎた」(浮草、p26)「芦屋市の統治には手を焼いて」(浮草、p26)いたという。猿丸は24年8月「生産の伴う都市といたしたいと思うので、本庄・本山を合併…したい…産業地帯として出来ない時は観光都市として発展する様にいたしたい」(24.8.20 あし

や創刊号、p16）と市民を前に観光都市化を合併失敗の際の次善の策と語った。市電[25]延伸など「あれをしてやる、これをしてやる」（25.6.26あしや7号、p11）式に周辺町村に合併攻勢をかけた「神戸の政治力、経済力に屈した」（25.6.26あしや7号、p12）結果、25年秋には西隣の「本庄・本山合併抱え込みに失敗すると共に、競輪の汚職事件その他によって大きな痛手を受けた芦屋市は、今や内憂外患…益々前途の多事、猿丸市政は難航をつづけ…猿丸市長に…退任を求める声が高く」（25.11.10西摂、公人、p47）なった。こうした市政の内情を深読みすると、市議会・市民の批判をなんとしても回避したい猿丸が起死回生、乾坤一擲の大芝居を打ったのが件の観光都市宣言であったものかと推測される。

　猿丸市長に仕えた①丹原、②渡辺、③内海の三代の助役の気質を著者なりの独断と偏見に基づく想像で大胆に対比すれば、それぞれ個性が強く、なかなかいうことを聞かぬ丹原、渡辺の前任両助役に懲りた猿丸が自分の夢を確実に実現してくれそうな大物能吏として三顧の礼で招き入れた意中の後継者・内海という図式になろうか。

　①丹原実は「芦屋の過去のすがたはあまり知らない…芦屋に骨を埋める覚悟でやって来た」（24.8.20広報1号、p6）外来者で、土着の芦屋人には珍しく、放談会で「バクチ場…芸妓」（25.5.22あしや6号、p21）を連発するなど、押しが強く、清濁併せ呑むタイプであったと想像される。多岐にわたる猿丸の観光デザインのうちの影の部分である競馬・オートレース・カジノ・遊興施設等のいわゆる「モナコ式」路線には不可欠の"汚れ役"を引き受けたものの、雄図半ばで挫折した模様である。

　②渡辺万太郎[26]は25年10月芦屋市総務部長より丹原の後任助役に就任の際「就任のことば」を寄せたが、猿丸が本来の念願として「観光、文化住宅都市への建設」（25.10.20あしや10号、p2）を挙げ、住宅よりまず観光を優先する姿勢を示した同一紙面で「本市は何としても天下の住宅都市で…住宅都市条件の完備を図ることが先決…かくあってこそ…観光都市としても自ら途が開かれて来る」（25.10.20あしや10号、p3）と自説に固執した。頑固一徹の教育

者らしくスイス式の観光路線にすら消極的であくまで住宅都市に固執した"堅物"の渡辺は上司の猿丸の方針に迎合せず、さっさと兵庫県議に転出すべく助役を辞任した。

　③内海清[27]は典型的な内務官僚らしく能吏の評もあり、追放解除直後の26年5月特別法の公約実現のため「ぜひ芦屋市政に協力してほしい」(浮草、p26)と「猿丸市長に請われ」(38.5.22読売②)、「三顧の礼に応えて」(浮草、p26)渡辺の後任助役に就任した。内海の手堅い行政能力を猿丸は自己に欠けた点だと自覚した上で、後継者含みで招聘したものと見られる。猿丸の後任として27年9月芦屋市長に当選した。天才の猿丸がデザインし、能吏の内海が手堅く仕上げた二人三脚の間柄を象徴するのであろうか。内海の肝煎りで設立された芦有の初代取締役には地元筆頭名家当主・猿丸が大株主たる芦屋市を代表して就任、58年死亡するまで四分の一世紀の間、ほぼ一貫して芦有役員の座にあった。

　内海は手塩にかけた子飼いの芦有とは別に、芦屋国際文化都市建設株式会社、雅叙園観光、農林開発興業[28]などやや不確かな先であっても、山地開発の担い手たらんことを欲する相手には「芦屋の山地が開けるならば願ってもないこと」(浮草、p198)と考え、来る者は拒まずの姿勢で次々迎え入れた。しかし組んだ相手が祟ったのかどうか、内海の前任助役であった因縁浅からぬ渡辺候補に破れた。

　渡辺万太郎は39年9月6日の選挙で「市民の知らぬ所で知らぬ間に行われた山地開発」(公人、p135)の是非を争点に現役を破って当選した。渡辺は「なつかしい十三年ぶりの古巣、市役所に帰り」(39.10.5広報179号、p1)、一応前任者に「市史にも特筆さるべき功績をあげられた」(39.10.5広報179号①)と敬意を表しつつも、保安林解除問題などを念頭に「独善的行政を徹底的にいましめ」「民意の尊重」による「愛情市政」(39.10.5広報179号①)を実現するとして前任者との姿勢の差を強調した。猿丸＝内海二代にわたり特別法を金科玉条として着々と構築してきた観光都市路線を急転換させ、丹原を震源地とする「モナコ式」路線の息の根を止めた。

IV. 明治・大正と昭和のコミュニティデザインの共通点

　ここで新しいデザインが登場した際に、当該コミュニティの構成員が示す受容・拒絶といった反応自体にもやはり時代を超越したある種の共通性があることを指摘したい。精道村から昭和15年町制を経由せず市に昇格した芦屋市の歴代首長らの思い描いた観光デザインは時代背景も経済情勢も半世紀以上隔絶し、首長・議員等の登場人物も異にするとはいえ、この間合併も経験せず同一コミュニティが与えられた地理的・風土的諸制約の下であれこれと思い描くデザインとその反響如何は当然ながら似通った傾向を有する。

　例えば明治41年7月25日精道村は本村に「相当ノ規模ヲ抱イテ設備セル公園ノ在ルナキハ常ニ遺憾トナス所ナルヲ以テ茲ニ此ノ関西一大公園ヲ設ケン」[29)]とのいわば「観光立村」の村是の下に「本村ノ内打出村字剣谷ノ全部ヲ本村ト阪神電気〈鉄道〉株式会社ト合同シテ貸シ下ケヲ出願シ許可ノ上ハ公園ヲ開設スル」[30)] 議案を村会に提出し、「満場異議ナク原案ノ通リ可決」[31)] した。この精道村が貸下げを出願した剣谷国有林利用策は戦後の猿丸市政の「コニーアイランド」構想や、昭和34年の内海市政での「霊園建設地として借りていた国有林の払い下げ」（34.5.5 広報114号②）実現と軌を一にするデザインであった。

　またコミュニティそのものの特性も当然ながら時代を超えて似通っている。大正元年の新聞記事「元来精道村は何事に依らず当局対村民の軋轢絶えずして武庫郡内の各町村中最も村政難治[32)] の弊あり。為に監督官庁も大に持余せるは蔽う可からざる事実なり」（Ｔ1.11.1 大朝）を現代語に翻訳すれば、50年後の市当局対市民の紛議に手を焼いた兵庫県の構図として、そっくり通用する。

　明治末・大正初期の芦屋川改修時の紛議と、昭和20年代半ばの一連の猿丸構想、昭和30年代半ばの芦山荘事件とは、観光デザインとコミュニティデザインの相互関係を考える上で、いくつかの共通点が認められる。すなわち①開発主体は大正期では仮設・移動型でなく、「其大部分ニ永遠遊園地ヲ設ク」[33)]、昭和20年代には「コニーアイランド」等、30年代では「大衆娯楽のための大規模な

温泉会館新設」（資料)、いずれも当時としては新機軸の観光デザインを構想した。

②行政当局は大正期では「相当ノ規模ヲ抱イテ設備セル…関西一大公園」[34]構想を、30年代では内海市長の「芦屋を東洋のジュネーブにしたい」との夢をもとに山地開発をグランドデザインとしており、ともに開発主体の諸観光デザインを行政の方向に沿うものと許容・推進した。

この開発主体＝行政当局の緊密な連携行動[35]に対して、大正期では地元有力者が、昭和30年代ではPTA等が風致の変形・風紀上の問題を憂慮、ともに当局に対し猛烈な反対運動を展開した。大正期の反対者は「改修に依って生ずる不用堤防を起業者の目的たる個人の手に委せんか或は遊園地に名を藉り、或は興業地に或は住宅地に充て以て折角の勝地も忽ち俗化して雑然たる巷と化し、天然の美も変じて醜汚なる魔窟となるや必せり」（T1.11.1 大朝）と断じた。昭和20年代の「コニーアイランド」構想は中身が判然としないが、実現しておれば「天然の美も変じて醜汚なる魔窟となる」可能性も高かった。昭和30年代の山地開発でも「芦屋城を作ったりしてハリボテの芦屋にする」（温泉）テーマパーク化の可能性が懸念され、現実に最盛期には「天然の美」奥池に遊園地が開設され、数年の間であったがハワイ舞踊団の歌と踊りの「ハワイまつり」が連日催され、文字どおり「折角の勝地も忽ち俗化して雑然たる巷と化し」た。

この結果、大正期には「紛擾に紛擾を重ねて村内の平和を破壊」（T1.11.1 大朝）と評され、昭和20年代の猿丸市長は市議会で辞職勧告を受け、信用を失墜、昭和30年代には温泉会館「反対署名は全有権者三万人中一万八千人余」（資料）にも達した。

V. 観光デザインとコミュニティデザインとの乖離・懸隔

内海市長時代の開発優先の市政は昭和40年代にかけて大きな転機を迎えた。渡辺新市長は「会下山から城山、前山、霊園、剣谷へと（所謂山麓グリーンベルト）この一線を整備し、それ以北は開発をしない——従来芦屋の方針でもあ

った山地開発については寧ろ"山地開発すべからず"の原則に立って自然を確保しその景観を維持する」(八十年、p273)方針に大転換した。その結果、山麓グリーンベルト以北に立地する内海時代の「観光デザイン」の遺物はその多くが冷たい逆風に晒され、衰運にむかう。一例をあげればユネスコ会館、ユースホステル等はその使命を終え廃墟と化し、やがて姿を消した。また農林開発興業なる共和製糖系統の「黒い霧」に包まれた民間デベロッパーが不明瞭な経緯で異例の払下げを受けて、おそらく高級別荘地・奥池ハイランドと同様な「宅地造成を計画」(公人、p199)した剣谷の元保安林13.1haも紆余曲折を経て、「同山林が民間所有にあることは将来に不安を残す」(八十年、p274)と憂慮した渡辺は抵当権者から買収し、「取りあえず防災、自然保護、公園用地として維持」(八十年、p274)、なんのことはない芦屋市版の"保安林"に戻した。結局前任市長が誘致し保安林解除にも同意した開発優先のシンボルを後任市長が「観光デザイン」として全否定し、高い税金を払いつつ元の自然に戻したことになる。

　ここに芦屋の開発優先市政下での"徒花"とでもいうべきか、一時は栄華を極め、狂乱の巷と化したあの奥池遊園地にも同様な運命が訪れようとしていた。かくてはならぬと考えた前任市長は「なにもしない沈滞市政」(公人、p233)と批判し、43年9月の市長選挙に再度挑戦し開発市政に戻そうと試みたものの、市民の同意を得られず「浪人生活四年間のハンディは大きく、敗れさった」(43.9.9サンケイ、公人、p234)のであった。次々に事業を拡大し、43年には7部15課、従業員数180名もの大組織にまで膨れ上っていた芦有も拡大した事業を次々に縮小・廃止、芦有自身も「短期間に多くの事業展開は業績の悪化を招いた」(社史、pⅲ)と反省した。まず43年には赤字の展望台レストハウスが休業、45年芦屋市貯水池造成で奥池遊園地が廃業に追い込まれ、乗客の減少から路線バスの便数も半減させた。47年には赤字のタクシー部門を廃業、50年旅行業を廃止、路線バスを阪急バスに譲渡といった具合で、その凋落ぶりは芦屋市を後ろ盾に権勢を誇った同社の黄金期を知る著者には目を覆いたくなるほどである。思うに繁忙・閑散期の落差の大きいリゾート事業の経営ノウハウも

なく、素人が時流に乗って安易に多角化した咎めが出たようである。しかし最大の要因は山地開発を掲げた内海が去り、新市長の"山地開発すべからず"の新原則により、奥池周辺が市街化調整区域に指定されるなど、最大の利用客誘致の切り札・奥池遊園地が廃業が追い込まれ、奥池依存の各部門とも利用客を減らし、雪崩をうって崩壊したものと考えられる。芦有の社史年表には44年10月の経営陣更迭が記載され、市議会史にも「経営悪化、内紛説」「常務解任」「役員8人全員退陣」(市議、p193) などの不穏な文字が踊る。真相を知り得る立場にはないが、ハワイまつりが単に「出費の増大などで運営困難となり」(社史、p73) 中止したとか、「会社設立後10年余を経過、経営刷新のため」(社史、p109) 交代したという単純な話ではなさそうである。

　芦屋市と創立当初の絵も言われぬ蜜月関係にヒビ[36]が入り、その後は芦屋市側が公益性ある芦有の権益擁護のために政治的に動く気配もあまり感じられないままに、資金力に勝る神戸・西宮両市はそれぞれに、自己権益のトンネルをぶち抜き、後援者のない芦有の権益を侵奪した。芦屋市は「山地開発・海岸埋立・道路衛生など共同問題を解決」(市史、p777) するため、38年2月13日神戸市と、43年2月21日に西宮とそれぞれ「都市行政協議会」を設置して、「共通問題の処理」(市史、p777) にあたった。芦屋市としては山地開発問題をとりあげ、「自分勝手、思い思いに進めていたのでは話になりません」(浮草、p204)、内海が芦有起工式で述べた祝辞のように「この〈芦有〉会社を皆さまのお力によってお育て下さるよう地元の市長としてお願いいたします」(社史、p42) などと芦有と競合するトンネル自粛を両市に呼び掛けたくとも、芦有は第三セクター扱いではなく、地方自治法に基づかない任意の協議会であり、阻止する術はなかった。また内海から渡辺へ市政の転換により、市の芦有への姿勢にも変化が見られた。そのことを窺うものとして渡辺市政のもとで発刊された『新修芦屋市史本篇』の芦有の記述は事実のみを淡々と述べるにとどまり、内海市政のもとでの『市広報』の芦有への肩入れぶりとは全く趣を異にする。渡辺は当選時に前任者を「市史にも特筆さるべき功績」(39.10.5 広報179号①) と一応は敬意を表したが、肝心の市史には内海市長の芦有等への関与には

言及がない。これに対し芦有の社史は度々内海市長の名を挙げ、市史にも記載されぬ内海市政下の山地開発を詳しく紹介する。芦有自身は「東洋のジュネーブにしたい」（社史、p42）との内海市長の祝辞を掲げ、「芦屋市は…4,000万円を出資して、内海市長が取締役となりました」（社史、p36）と記載、随所に内海市長の関与や功績を特記するなど、同一事項に関し市史と社史の微妙な温度差が目立つ。部外者として想像を逞しくすると芦有社史は、もはや設立の経緯を熟知しない層が増えた市幹部に「この会社を皆さまのお力によってお育て下さるよう」懇願しようとする下心が秘められていたのではなかろうか。もしそうなら一読した幹部が社史の配付先[37]に意見を付したとしても不思議ではあるまい。

　著者はこうした衰退・廃絶の遠因として芦屋市が推進した一部の観光関連プロジェクトは市の歴史・文化・風土等が累積・醸成された「コミュニティデザイン」ともいうべき市民層に潜在している不文律的存在と相容れず、調和せず、「市民の知らぬ所で知らぬ間に行われた山地開発…官僚秘密主義」（公人、p135）などと一部の市民層から猛反発を受けたことが大きいのではないかと考える。同じく同法の規定する「国際文化住宅都市」という共通語を双方ともに使用しつつも、行政当局の思い描く「外客の誘致、ことにその定住を図り、わが国の文化観光資源の利用開発に資」（第一条）することに重点を置いたグランドデザイン（別府、熱海などと同様に主眼はあくまで観光客誘致との解釈）と、反対者たちの考える、「恵まれた環境にあり、且つ、住宅都市としてすぐれた立地条件を有」（第一条）することにこそ重点を置いたコミュニティデザイン（主眼は住環境保全との解釈）との間に抜きがたい乖離があった。しかも立法時に議員からの疑問や条文に内在する自己矛盾が解消されるどころか、拡散・拡大した。「文化都市芦屋にふさわしくない」（資料）と考える「雅叙園観光による山地開発計画に反対するため署名や陳情等いろいろの運動」（35.2.5 広報123号①）を展開した反対者も「温泉会館を切り離した山地開発には反対しているものではない」（資料）とした。

　45年の芦屋特集で毎日新聞記者は「芦屋川がよごれ、白砂が消え、さらにま

た芦屋の"風致"を否定する…外部からの"侵入"をガンコに拒む」(45.12.3〜9 毎日連載、八十年、p232-234)のが芦屋特有の市民感情と解した。この感情は明治大正期に「白砂青松を以て天然の勝景を占め」(T1.10.31大朝)る芦屋川堤防を守れと改修工事に反対した動きとも一脈相通じるものがある。市長と市民が話し合い、当然に共有すべきコミュニティデザインが、市町村是のレベルを越え国会で承認され法律にまで高められたものの、当初案にあった「観光」の二文字削除を巡る経緯が不明確なままであった。おそらく市民の多くが理解したコミュニティデザインの中身と、市当局の主導に基づく一連の観光デザインとの間に、抜き難い乖離・懸隔があり、双方の調和・融合が容易にはかれなかったと推測される。実は特別法制定当時でも両者の懸隔を心配する識者も存在した。懸賞論文の中で佐藤俊夫は「住民のすべてが観光に強い関心をもって…市民全部のもりあがる意欲にささえられた世論であるとき、観光芦屋の具体的な問題は…スムーズに運ばれる」のだから、「市民に対する観光観念の普及は必要欠くべからざる問題」(S25.9 あしや9号、p4)と主張する。佐藤の言わんとするところを著者なりに解すると、コミュニティデザインと観光デザインとの間の懸隔を埋める努力が必要ということであろう。佐藤は観光都市の伝統がなく「知識層が多いにもかかわらず、市政に無関心な市民の多い」芦屋では双方の融合はなかなか困難とみていた。(あしや9号、p4)そのための佐藤の諸提案のうち、「観光専門紙の発行」は30年1月芦屋市観光協会が『観光芦屋』を創刊したことで実現したが、その後の展開は不幸にも彼の心配が的中し、観光芦屋の具体的な問題はスムーズには行かなかった。

　また弱小・芦屋市の「国際文化住宅都市建設法」を恐らくや"小兵"の抜け駆けの功名の如く感じたに違いない"大兵"の隣接両市は出し抜かれた腹癒せかどうか、その後六甲山に芦有道路と直接競合するトンネルを相次いで開鑿し、芦有の存立基盤を結果として喪失せしめた。その意味では一連の観光デザインは、隣接地域のコミュニティデザインともしっくりいかない要素を含んでいた。

　このため「観光」を優先してコミュニティデザインを実践しようと種々画策した当時の市当局と、文字どおり「住宅」を優先してコミュニティデザインを

理解した相当数の市民層との間に横たわる深い溝は永遠に埋められることはなかった。このため市当局が主導しつつも、実際の経営を市策会社・市是会社・外部資本等に一任した観光デザインの相当部分（温泉、遊園地、別荘地開発等）が市民層の理解するコミュニティデザインとは体質的に相容れることなく、両者の不調和がうまく解消する機会はついに訪れないままに実現せず、あるいは実現しても成果を挙げ得ないままに市民の前から姿を消した。

1）明治39年時点の精道村には本店所在企業、郵便局、銀行支店等が存在しなかった（木内英雄『兵庫県管内紳士録』明治39年）。ようやく明治40年9月「土地発展ノ為料理店海水浴場経営」（諸M45上、p616）を目的とする芦屋遊園㈱が設立され、猿丸守男（精道村）が芦屋郵便局長（富谷益蔵編『兵庫県官民肖像録　附兵庫県名士列伝』博進社、大正7年、p147）となり、郡部銀行の高平銀行が「神戸と阪神間に鞏固な地盤を作らん」（大正11年12月16日大阪毎日新聞）と阪神沿線に進出して芦屋、打出等に支店を置くようになった。

2）昭和25〜26年に制定された個別の特別都市建設法により別府、伊東、熱海、松山（以上温泉）、奈良、京都、松江（以上観光）、軽井沢町（国際親善文化観光都市）と芦屋の9都市が指定された。憲法95条では「一の地方公共団体のみに適用される特別法」（地方自治特別法）を制定する場合にはその地方公共団体の住民投票で過半数の同意が要件とされる。制定された特別法の大半は別府、熱海などの温泉都市や、京都、奈良などの観光都市であるため、和田英夫氏は「地方自治体の一種の観光案内的PR価値をもつにすぎない」（和田英夫「憲法95条」の注釈（有倉遼吉・小林孝輔編『基本法コンメンタール憲法　第3版』『別冊法学セミナー』日本評論社、昭和61年、p320）と評した。27年4月15日には上記の9都市に政令指定の日光、鳥羽、長崎3市を加え11市1町の「加盟都市相互の友好を深め、自治の進展を図る」等を目的に国際特別都市建設連盟が結成された。こうした著名な観光都市群の中に、「芦屋国際文化住宅都市建設法」が適用される芦屋市がなぜか1市だけ単独の異分子として紛れ込んでいる。

3）本章では市長経験者の自伝等、新聞雑誌、頻出する基本資料等に以下の略号を用いた。［伝記］浮草…内海清『浮草の如く』（私家版）、昭和55年、続浮草…内海清『続　浮草の如く』（私家版）、昭和59年、公人…渡辺万太郎『公人生活五十六年』太陽出版編集センター、昭和52年、八十年…渡辺万太郎『雑草の道八十年』太陽出版編集センター、昭和53年、足跡…金井慶二『私の足跡』創元社、昭和55年／［市

史・団体史・社史]市史…武藤誠也編『新修芦屋市史本篇』芦屋市役所、昭和46年、市議…『市議会60年誌』芦屋市、社史…藤野昌也編『芦有ドライブウェイの歩み』朝日カルチャーセンター（制作）、芦有開発（発行）、平成7年6月、歩み…「芦有ドライブウェイ株式会社｜ドライブウェイの歩み」（www.royu.co.jp/chronological_history.html）／[頻出資料]魚谷…魚谷正弘「『国際文化住宅都市』芦屋市の進展」『新都市』昭和35年、p61～、温泉…「もめる芦屋の温泉会館」（34.12.12神戸⑧）、資料…『売春対策』第34号、売春対策国民協議会、昭和35年2月10日、p2（『性暴力問題資料集成』第23巻、不二出版、p142所収）、議事録…『第009回国会　衆議院建設委員会　審査報告書』昭和25年12月4日、会議録…『衆議院会議録情報　第048回国会建設委員会』第8号、昭和40年3月12日（kokkai.ndl.go.jp/SENTAKU/syugiin/048/0120/04803120120008a.html）。

芦屋市の図書館に長年勤務された郷土史家の故細川道草氏には相当以前に直接ご教示を受ける地縁に恵まれた。また芦屋市総務部の朝生充治氏には芦屋市公文書閲覧等でお世話になった。

4）　同様に湯布院町長が思い描いた観光デザインとコミュニティデザインとの関わりについては清成忠男『地域主義の時代』東洋経済新報社、昭和53年、p276参照。観光デザイナーは終章参照。

5）　高平銀行は本店有馬郡高平村、大正11年12月14日休業、「主として神戸と阪神間に鞏固な地盤を作らんとし灘商業銀行、武庫銀行、西宮銀行などと常に猛烈な競争を行い阪神電鉄芦屋停留所前に支店を設置するや直に土地の有力者猿丸吉左衛門氏他数氏を相談役に祭り上げ遂に同村の公金取扱銀行となり更に阪急の芦屋停留所前に支店を新設」（大正11年12月16日大阪毎日新聞）した。猿丸吉左衛門（明治36年12月～39年2月精道村長）が相談役となり、精道村の公金取扱銀行とした。猿丸久左衛門は破綻した高平銀行を「預金者が損をしないで預金額を完全に手に入れようとすれば自ら株主となって其の維持を図らねばならぬ」（T12.4.20神戸）と相互組織の銀行として経営して行こうとの新銀行の重役候補（T12.4.20神戸）に助野真治郎らと推された。なお武庫、西宮両行に続いて大正2年灘商業銀行芦屋支店、昭和2年三十四銀行西宮支店芦屋出張所、さらに昭和6年山口銀行御影支店芦屋川支所が設置された。（魚澄惣五郎『芦屋市史』本編、p49）。

6）　田住豊四郎編『現代兵庫県人物史』明治44年、p658。

7）　当時の市広報の紙面、『市議会50年史』にも「観光」の2文字削除についての記述は見当たらず、市民不在のまま猿丸市長と原健三郎代議士らの間で変更されたと推測した。

8）　①芦屋から六甲を経て有馬を結ぶ県道の改修、②「満々たる清水をたたえた池

のほとり」の模範的外人住宅地、③ラジウム炭酸温泉の源泉地、④ヨット・ハーバー建設、⑤公園墓地など。
9) 芦屋市は町を飛び越して精道村が一村だけで市に昇格、周辺からの吸収合併の誘いにも一切乗らなかった結果、御影、住吉、本庄などの周辺町村を次々に併呑して拡大し続ける両隣の神戸・西宮両市から挟み撃ち状態となった。特別法制定は芦屋市の自主独立路線・吸収合併拒絶の宣言でもあった。
10) 猿丸吉左衛門は明治36年生まれ、同志社大学で学生横綱、昭和23年10月〜27年9月芦屋市長、昭和58年1月4日死亡（社史、p114）。
11) 魚谷正弘〔24年8月ころ新設された芦屋市企画課長（24.8.20 あしや創刊号、p24）、26年秘書課長（浮草、p26）、その後芦屋山地開発事務局長、36年企画部長就任（36.9.5 広報142号①）、46年芦有取締役就任、57年6月17日死亡（社史、p114）〕は企画課長の職務として「総合的企画立案…観光に関する事務」（24.10.13 あしや2号、p28）を担当、市長から立案を命じられた「過去の住宅都市から観光都市に移行する傾向にある都市発展策」（24.12.5 あしや3号、p23）として、「裏山開発」を掲げ、国有林の無償払い下げ、国際的ヨットハーバー、臨海ホテル、遊園地、海浜のテニスコート、背山のゴルフコース、諸文化施設等に加え、「観光施設の圧巻としては裏山開発に伴ってドライブウェイの建設」（24.8.20 あしや創刊号、p24）を列挙した。
12) 猿丸吉左衛門市長が24年8月芦屋市の広報誌『あしや』（『芦屋市広報』と改称）を創刊した。
13) 猿丸吉左衛門（先代）は嘉永6年生まれ、昭和3〜5年の精道村長、昭和7年死亡。猿丸家は「あの辺での名家で…百人一首の猿丸大夫の後裔と伝へられ」（柳田國男『柳田國男全集　第三巻』筑摩書房、平成9年、p49）る。
14) 『行政事件裁判例集』第12巻第12号、昭和36年、p12。
15) 林利市は東京都課長時代の内海の部下から、松谷化学へ転じた内海副社長の部下、さらに芦屋市助役に転じた内海について芦屋市税務課長、助役（浮草、p27）となった内海直系の人物。内海の芦有退任理由は未詳。
16) 『運輸年鑑』昭和35年、p280。
17) 33年9月26日スイスのジュネーブを視察時に「この街から学んだ多くの収穫」として「まさに箱庭のように美しいうらやましい限りの国際観光都市…レマン湖のさざなみを眺め…以前にもましてわが芦屋市をこのような街に造り上げたいと思った。…規模は違うが、芦屋をめぐる風土は、開発次第でジュネーブのような美しい街にできる…奥池とその周辺を開発してレマン湖のような国際的仙境とすること等々、宿題は多いが努力さえたゆみなく続ければ、国際会議の一つや二つ

開ける東洋のジュネーブも夢ではない」(34.3.20広報112号②)と胸中を吐露した。

18) 占部都美編『経営学辞典』中央経済社、昭和55年では石狩開発、苫小牧東部開発、むつ小川原開発等とともに芦有を「第三セクター」の代表例にあげた(同書、p425)。

19) 芦屋国際文化都市建設株式会社への土地特売案を32年提案した市当局は「市と会社の関係」を「市勢発展を図らんとする為めに…利潤追及を目的としない所謂財団法人的組織を結成して、将来市の行政方針に順応して行く」(市議、p185)と説明した。市有地を大量に特売した芦有も同様な"市策会社"と言えよう。

20) 奥池「チンチン電車の由来」看板。奥池「遊園地に導入された旧京都市電のチンチン電車2両などは『東条湖ランド』に売却され」(社史、p75) N電が奥池の周囲を走る夢もはかなく消えた。

21) 柴田悦子執筆項目、平井都士夫編『都市交通問題』島恭彦編『講座現代日本の都市問題』昭和45年、p145。

22) 吉田利吉は芦屋市体育協会会長として31年完成した市営芦屋テニスコートの寄付金募集の際に内海市長と「たびたび大阪に足を運び、寄付をもらいに行った」(51.12.10『テニス芦屋』58号、続浮草、p14所収)緊密な仲。

23) 「芦山荘訴願関係資料」1.「訴願書」他3-(1)～(13)、2.「弁明書」兵庫県住宅局建築指導課、国立公文書館。

24) 兵庫県下で逸早く弘報担当組織を設け、24年8月「官報式の固いものでなしに、くだけた、肩のこらぬ読物」(24.8.20あしや創刊号、p28)として豪華な広報誌『あしや』を頒価10円で初創刊し、当時異例の「街頭弘報宣伝を実施」(24.12.5あしや3号、p2)した猿丸市長は革新的である反面、「筆頭名家の当主」らしく金銭面に疎く、やや浪費的でもあった。自ら発案した創刊号には早速「真夏の夜の夢」と題する随筆を寄せ、昭和40年に相当する「敗戦後二十年の四月」に海上ヨットハーバー、芦屋ストランドホテル、文化施設等が完備した理想的な国際観光都市の未来図を描き、それを一挙に可能にした外資導入のお礼に米国大統領を招待するという空想話を喜々として語る。この「市長の夢」を読んだPTA会長は市長の飛躍について行けず「とんだ夢」(24.10.13あしや2号、p13)と受け取った。遠くまで見通す観察力をもつ意味の「飛耳長目」を座右の銘とする猿丸は広告代理店のプロか小説家なみの創作能力、未来の予知能力を有し、大ボラを吹くことを喜びとする特異な性向がうかがえる。なお猿丸は当時兵庫県観光連盟の総会等で盛んに議論されていた「観光立国」(25.6.26あしや7号、p12)に強く共鳴していた。

25) 神戸市はミナト祭りの際にミス神戸を乗せた華やかな市電・花電車を市境を越

え芦屋市内にも我が物顔で走らせ、神戸文化の優位性を芦屋市民に誇示せんと意図したかのように、阪神国道線沿道で電飾に眩惑された著者は感じた。

26) 渡辺万太郎は明治32年4月3日生まれ、御影師範卒、川西小学校、宝塚小学校長、兵庫県視学、芦屋市山手尋常小学校長を経て昭和20年芦屋市主事兼視学、教育課長、総務局長を経て25年10月2日芦屋市助役（25.9.20広報10号、p27）、26年4月兵庫県議当選、副議長、芦屋市環境を守る会会長、芦有開発創立副委員長、39年9月16日芦屋市長就任。千恵子夫人は幼稚園長。

27) 内海清は兵庫県龍野市出身、大阪高校、昭和5年東大法学部卒、在学中に高文試験に合格し内務省に入省した生え抜きの内務官僚、10年7月現在熊本県警視警務課長、16年厚生書記官、19年現在石川県警察部長、大阪府土木部、兵庫県経済部長を歴任、22年10月兵庫県総務部長の時に公職追放、松谷化学副社長等をへて25年追放解除後に26年5月芦屋市助役、27年9月芦屋市長当選。「能吏的で市政にソツはない」（八十年、p151）との評（「時の人」38.5.22読売②）。その後富士伸銅常務、海技大学校理事、芦屋動物愛護協会長、谷崎潤一郎記念館長。

28) 農林開発興業は栗田勝広『共和製糖事件』東邦出版社、昭和42年、p126参照。

29) 30) 31) 34) 「精道村会議事録写」『打出剱谷官林書類』。

32) 昭和8年の記事でも紙谷文治精道村長を「何しろ住民が博士、お役人、なんと云ふインテリ諸氏から…村会で一席弁じないと気持の悪いと云ふ連中などが、凡そウルサキ事どもを談じ込む処の親方で小都市の市長そこのけの多忙さ」（8.3.29アサヒ、p4）と評する。

33) 「芦屋川改修契約書」『重要契約書綴』29。

35) 大正期では猿丸又左衛門安明「村長首め議員等は更に之に耳を借さず、全く村民の輿論に反して議を決した」（T1.11.1大朝）、昭和期では「一営利会社の代弁者を買って出る程までに肩を持つ態度」（資料）と非難された。精道村長を2回務めた安明は明治5年4月5日生まれ、大正9年4月4日病死、「官線芦屋駅の創設、芦屋川の改修及び耕地整理の如き公共事業を企て、率先努力」（「猿丸君彰功碑」）した。

36) 芦屋市と芦有の関係は当初の密着関係を脱し、44年11月渡辺市長は芦有に「奥池の使用契約を9月末で更新しない旨申入れ、45年3月までにボート等の撤去を要求」（市議、p193）、45年3月芦有は「地裁に異議申立て」（市議、p193）る対立関係へと変貌した。「内海派」の梁山泊とも見做された芦有の立場からは当時の市長の描いた観光デザインに乗って忠実に実行してきた長期継続事業を市長交代など市側の一方的な都合だけで破棄するなど許し難いとの心情からでもあろうか。

37) 本来一般向の「楽しい本」（社史、p120）を意図したはずの芦有社史の配付先が

極めて限定された背景も、阪神大震災の特殊事情を別にすればこのあたりの表現の温度差のためか。

第 7 章　観光デザインと地域コミュニティ

　本章では事例研究の第 1 〜 6 章で取り上げた個別的な観光デザインの中身や地域コミュニティとの関係をまとめて総括し、観光デザインと地域コミュニティとの間の複雑多様な関係を検討する。

I．「観光デザイン」の意義

　まず「観光デザイン」の用語について検討する。桑田政美氏（京都嵯峨芸術大学教授）らは観光デザインを書名に名乗った最初の著作としての『観光デザイン学の創造』[1]の中で「観光デザイン」とは「観光の分野に芸術的手法や美的感覚を取り入れて観光をめぐる諸問題の美的・質的解決を図ること」[2]、こうした発想、構想、計画する役割を担う者を「観光デザイナー」[3]とした。「地域の人々が自ら誇れるものを探り出し、それを自慢することが、旅行者を惹きつける魅力となる」[4]と自律的観光地づくりを強調した。しかしながら「自律的観光デザインといっても、その為の理論構築への考察や取り組み手法の蓄積は始まったばかり」[5]であり、「観光デザイン」の意味についても種々の考え方が混在している。現時点では「観光にまつわるいろんな『デザイン』があり…観光デザインとはなんたるか」[6]統一的な解釈の確立には至っていないように解される。デザインを最も狭義の①造形・図案等の意味に解した場合でさえも具体的な内容は多種多様に解されている。さらに②都市や地域のありようを創造する、③情報提供のあり方、④観光計画の策定、⑤観光創造、⑥観光ステークホルダー間の利害調整、⑦地域の総合的な取り組み、⑧環境を変更、⑨観光コンテンツ・イベントの作りあげ方、⑩シーズとニーズを結びつけるマーケテ

ィングや企画を含めてトータルで考えるなど、「観光デザイン」という用語は使用する論者によりその意味する内容は実に多種多様、各人各様、きわめて曖昧模糊とした概念である。先行する建築の世界でさえ、「デザイン」には各種の用法が併存し「これらの語の間には微妙な意味内容の違いがある。…芸術学部に置かれるデザイナーの教育は直観力、表現力の開発に、工学部に置かれるものは計画力や企画力の開発により重点が置かれている」[7]との温度差がある。

II．本書の個別事例の総括と展望

こうした観光デザインとコミュニティデザインとの間に横たわる諸課題を本書でとりあげた各章の「観光デザイン」の中身から検討し、順次展望して行きたい。第1章の仙台・松島では「回遊列車旅行の企画」と「松島遊覧に便利な交通機関の創立」、第2章の初瀬では「牡丹の夜間点灯、蒸気動車の運転」、第3章の松之山温泉では「温泉街全体の所有・賃貸・運営」、第4章の城崎では「温泉付別荘地・洋式ホテル・共同浴場等の建設」、第5章の嵯峨・嵐山では「温泉旅館、公園内の料亭賃貸、特産品開発」、第6章の芦屋では「温泉地への有料道路・遊園地・別荘地等の建設、温泉会館」等が登場人物らによる主な「観光デザイン」の内容である。一つの項目だけを見ると、単なる思い付きの域を出ない代物と思われるかもしれないが、第1章の大泉が「回遊列車旅行の企画」を実現するまでには、①中心街の老舗旅館経営、②駅前への支店設置、③駅構内食堂・駅弁、④列車食堂の受託経営、⑤探勝目的の旅行団体を明治34年から主催するなど、多方面の実績を積み重ね、日本鉄道当局や料飲大手企業からの信頼を得て、塩釜・松島地域の旅館主等との友好・連携関係を築いて初めて実現できた快挙であったと考えられる。

また、初瀬の「夜間点灯」も箕面公園など先行事例の単なるアイディアの模倣にすぎないようだが、市街地に近い観光地とは事情が異なり、初瀬ではまず水力発電を創始して初めて電灯線を長谷寺境内に引き込むことができる。特許は他社に奪われたとはいえ、この水力発電を活用した電気鉄道を敷設して観光

客を誘致する複合的計画でもあった。特許を得た外部資本の初瀬軌道が鳴り物入りで新規導入した「蒸気動車」が経済性を欠いていたこともあって経営破綻し、地元銀行が自己競落し経営を肩代わり、結局当初の目論見どおり地域コミュニティ主導の観光地経営が実現した。

このようにみると、松島、初瀬の初期事例も、のちの松之山、城崎、嵐山、芦屋等の多種多様な多角的観光デザイン事例と同様に、地域全体に関わる総合的な観光クランドデザインを前提とした、必須の構成要素としての個別観光デザインを形成していたものと考えられる。

つぎに各章の登場人物の共通点として、①コミュニティの名望家的人物（小林・風間、的場、田辺、大泉・大宮司、猿丸各家）が連携して、②町村の首長等の名誉職を兼ね（的場は長谷寺信徒総代）、③銀行を発起して頭取等を兼ね（嵯峨銀行、松代銀行）、④地域振興を目的に電灯・鉄道等の公益企業を発起し（清滝川水力電気、愛宕山鉄道、初瀬水力電気、松之山水力電気、松島電車・宮城電気鉄道）、⑤地域の資源を活かして公園・温泉・旅館・旅行会等の観光事業等にも関与する場合が多く見られた（嵐山温泉、嵯峨遊園、長谷寺の夜間点灯、田辺家の温泉所有・自邸庭園開放、仙松興隆会の回遊列車旅行主催、芦屋遊園）。

仙台・松島の事例は地域の旅館主が地域外の大企業（日本鉄道、札幌麦酒、宮城電気鉄道等）とも巧みに連携・協力したり、自ら先頭に立って各種交通機関の創業に関わる（大宮司）など広域的な地域振興に深く寄与した。嵯峨・嵐山の事例でも地域のリーダー達は地域外の大資産家の別荘建設・投資等を勧奨し、外部資本主導の京都鉄道、嵐山電車軌道等を当地に誘致し、愛宕山鉄道への反対運動を封じ込め、結果として地域の交通アクセス向上を実現した。上記のような地域のリーダー達が連携して地域振興策を立案する活動はコミュニティ主導型の観光デザインを生み出す基礎的な前提条件と考えられる。

これに対して、①地域外の資本家・企業等（赤羽家、嵐山三軒家、城崎温泉土地建物、雅叙園観光、農林開発興業等）がさまざまな動機から当該地域に進出して、②鉄道等の公益企業を経営（初瀬軌道）、③温泉等の観光資源を所有・

掘削・旅館等を経営（松之山、城崎、嵐山三軒家）ないし計画（芦屋）した。これらの中には比較的短期間に経営難に陥り、撤退・廃業等（松島電車、嵐山三軒家、初瀬軌道）を余儀なくされた例もある。

　このような外部資本主導型の観光デザインは、えてして地域住民の抱くコミュニティデザインとの間でなんらかの問題や軋轢を発生させるリスクが高くなると考えられる。その結果、①用地買収・建設時の非協力・拒絶・反対運動（初瀬軌道、愛宕山鉄道、雅叙園観光）、②便宜供与の拒絶、課徴金等の賦課（城崎）、③湯銭等の収益獲得方法の拒絶（松之山）、④地域コミュニティ等による域外企業の施設の買収・継承（初瀬軌道を八木銀行が自己競落、松之山町が温泉権を買収）などの負の反応が生じている。城崎や松之山など湯量そのものの制約条件が強い温泉地では、そもそも外部からの新規参入自体が泉源枯渇のリスクを生じさせる。第4章で紹介した城崎案内人の四角澄朗氏は「進取気鋭の町」城崎には、「無謀、横暴、独占を抑制し、温泉の恩恵を等しく受ける制度」として住民達が編み出した「城崎ルール」があると誇らしく語られて、「他所、大資本は我身を我会社を守り利益追求だけ。これは我町には受け入れられない」と断言された。城崎は四角氏の表現を借りると「社会主義の町」であったというから、資本主義の"権化"の如き「土地会社」の殴り込みが許容されるはずもなかったといえよう。もちろん地場資本主導型の松之山温泉でも湯主の田辺家の没落で、温泉権が一括して外部資本に譲渡されると同様な問題が生じる可能性があった。また嵯峨町でも地元銀行の嵯峨銀行の破綻という異常事態の発生で、地域との関係が比較的良好に推移してきた地場資本主導型の観光デザインの存続自体が大きく揺らぐこととなった。

　こうした純然たる域外企業・外部資本等との軋轢等を緩和する工夫として、観光デザインの経済主体・調整機構として新たな担い手を新設する場合が見られた。①仙台・松島地区の広域観光を推進する仙松興隆会、②公私の助成を受けつつ牡丹の夜間点灯等を実行する「特別会計」としての長谷寺保勝会、③市町村等の政策を忠実に実行する別働隊「町村是企業」（序章で詳述済）、④市町村等が出資した第三セクターの芦有開発などである。①の仙松興隆会自身が広

報宣伝以外にも直接営利事業分野に踏み込んだかどうかは未詳である。

　②の長谷寺保勝会の場合は施設所有者たる長谷寺自身で直接担い難い領域に関して、磯城郡長や郡幹部、信徒総代等を役員に加え寺・官・民の連携組織として立ち上げた長谷寺保勝会が、毎年数万円もの奈良県の保存費補助や、長谷鉄道からの数百円単位の寄付金など観光業界等からの寄付を受けつつ、牡丹の夜間点灯等に必要な経費を支払って、地域コミュニティによる観光デザインの運営・経理処理等に当たっていたと考えられる。

　これに対して嵯峨村長、嵯峨町長を務めた小林吉明が主導した③の別働隊に該当するのは嵯峨遊園、嵯峨銀行、嵐山温泉、清滝水力電気等の地域振興目的で地域資本家の共同出資により設立された、いわばコミュニティビジネスに相当する企業群である。特に嵯峨遊園は郡設国有ともいうべき嵐山公園の財源不足を克服する手段として郡や郡内各村の民間代行の役割を担っていたと考えられる。小林吉明らが中心的な役員として振興・育成に尽力した観光デザインの場合は、第5章で明らかにしたように、①小林自身が土着の名望家であり、内務官僚からの"天下り"的助役から市長に当選した第6章の内海とは土着性に格段の差がある。②文人である小林自身が刊行案内書多数を執筆・編纂・刊行。③自ら嵐山焼の工房・売店等を経営する観光業者の性格をも有するという点で、観光と地域とが混然一体となって文字どおり融合していたように思われる。この形態がさらに進化したものが④の第三セクターとなる。

Ⅲ．観光への寛容度に関する地域差

　序章で述べたようにニコスは地域に発生した観光活動と地域との融合が地域発展を規定する重要な指標であると捉え、地域で行われている観光そのものの特性と、地域における社会および環境特性との両方を把握することが重要であるとしている。ある地域ではさほど問題ないものとして許容された風紀・風俗・娯楽性・騒々しさ・色彩・意匠等が、そうしたものに過度に敏感な地域では一切許容されないなど、観光などの活動への住民の寛容度には地域差・個別

差が著しい。いくつかの例をあげると東京ディズニー・リゾート関連が市域の相当割合を占めるディズニー"城下町"の浦安市は新興埋立地だから、観光にも連日の花火にも比較的寛容なんだろうと考えられそうだが、事実はそんな単純な話ではない。江戸前の海産物を生業としてきた漁師町が昭和30年代ごろから工場の進出で次第に苦境に立たされ、最終的に33年6月11日製紙工場からの黒い廃液事件で漁業に見切りをつけ、35年5月3日地域コミュニティの主力産業を漁業から観光業に全面転換するコミュニティ・デザインを漁民・住民自身が貴い流血の犠牲を払いつつ全面的に受け入れたという公害反対の闘争史が背景にある。公害工場へ実力行使・殴り込みに代表される浦安漁民の徹底的な非寛容が、煙の出ない廃液を出さない「東洋一の遊園地」誘致運動への駆動力となったのであって、決して住民が寛容であったためではない8)。

いわば従前の石炭産業から観光業に転換した夕張市（北炭）、いわき市（常磐炭鉱）などと類似の軌跡を辿ったわけだが、夕張は転換に失敗し破綻、いわきもスパリゾートが東日本大震災で大きく被災し復興途上にある。浦安も同様に一部被災したとはいえ、東京ディズニー・リゾートがほぼ完全復調を果たした今日、観光転換が成功した希有な例といえよう。

一方、第6章の芦屋のような純然たる住宅地として明治以降に発展してきた地域では住宅地としての品等を低下させかねない非住宅セクター（とりわけ遊興施設や公害発生源など）の地域参入にはその都度強い拒絶反応を示した。芦屋の温泉会館反対運動や、西宮の石油精製工場反対運動などがその例である。外国人や資産家の別荘地として著名な軽井沢でも別荘主の作家・石坂洋次郎は「昔、アメリカの宣教師が開拓した土地」9)の伝統のせいか「ほこりっぽい娯楽や、商売などは紛れこんできても成り立たない…享楽的な企業は不思議とみな失敗している」10)と、軽井沢のコミュニティデザイン11)を冷徹に観察した。沖野岩三郎は昭和24年に拝金主義者による「軽井沢町を、酒色の歓楽郷と化し、私娼窟と化せしめんとする計画」12)に警告を発した。翌々年の昭和26年には「軽井沢町売春取締条例」、昭和33年には「軽井沢町の善良なる風俗維持に関する条例」が住民の声を背景に公布され、コミュニティデザインとしての「パチ

第 7 章　観光デザインと地域コミュニティ　233

写真-1　奈良ドリームランド（昭和62年、著者撮影）

ンコ、モーテルなどのない風俗を維持し…静かな保養地としての軽井沢を保持」[13]する役割を果たした。

　日本の中で京都・奈良・鎌倉のような古都など古来の伝統が確立した地域は概して孤高的であり、自己の文化への自信が格段に強く、非妥協的・排他的傾向を有する。著者も観光客ではなく外来者として京都府・奈良県等にも居住した体験を有するが、10弱の他都市での暮しに比べ京都独特の地域特性の強烈さ、シビックプライドの高さなど、京都人の受け継いできた伝統的キャラクターの底深さには隣県の江州生まれで江州に勤務していた者として終始圧倒され続けた。
　こうした感受性が高く、したがって許容度の低い、刺激に敏感な地域では観光活動と地域との融合にはさまざまな課題が発生する。過去には観光税問題や、地元有名ホテルの高層化にも京都五山が主導して激しい反対運動が生じた歴史がある。バブル期嵐山にも毒々しいタレントショップ[14]が進出した際には嵐山保勝会が王朝文化に彩られた地域の景観とそぐわないとして反対運動の先頭に立った。また奈良ドリームランド（写真-1）は奈良県知事のあっせんで嫌

悪施設ともいうべき黒髪山の米軍キャンプ地跡を再利用する形で用地を確保したとはいえ、昭和36年7月1日の開業当初から原色・米国調のケバケバしさに文化人からの悪評・酷評が絶えず、廃業後に廃墟と化した今日でも古都の恥のように忌避され続けている。奈良市内では環境保全をはじめさまざまな要因から老舗旅館等の廃業が相次ぎ、従前から指摘されてきた「大仏商法」の弊害なのか、消費単価の高い飲食・宿泊は京都辺りに流れる通過観光客の増加問題に歯止めがかかっていない。

　最近でも京都の都心部で「町内ともうけを分かち合う」（H25.10.26日経夕⑤）べき地元「老舗企業が歴史のある町家を取り壊し、ホテルに立て替えようとする例」（H25.10.26日経夕⑤）も報じられた。町内を説得して反対勢力の先頭に立った江戸期以来の染師・吉岡幸雄氏は「江戸時代には通りで家の軒の高さをそろえるとか、通り沿いには美観を損ねる蔵を建てない」（H25.10.26日経夕⑤）古来の伝統を挙げ、「町内で景観維持に取り組んだ歴史…景観に対する美意識」（H25.10.26日経夕⑤）こそが重要だと語っている。吉岡氏のいう「美意識」を共通にする「町内」が「コミュニティ」であり、「立派な町家」を取り壊そうとする老舗企業に対して彼が今なお守るべき規範として挙げた江戸期以来の不文律こそが著者の考える「コミュニティデザイン」そのものと考える。

　観光活動と地域との不調和の要因として考えられる一般的な要因として
　①観光デザインの個性が強烈で妥協的でない場合
　上記の古都の景観とそぐわない原色の遊園地建築や、文化都市の清潔感と相容れない不健全な遊興・享楽施設など
　②コミュニティデザインの個性が強烈
　乖離の度合いは数値基準等が法定されているような単純な例を除けば、専ら主観的かつ印象的な事柄に関わるため、当該地域コミュニティの住民等の個性により許容範囲にはかなりのバラツキがあると考えられる。

　逆に両者が比較的うまく調和する一般的な要因として、①観光デザインの個性が弱く妥協的な場合、②コミュニティデザインの個性が弱く妥協的な地域な

どが考えられる。

　上記の京都の町家などの場合とは異なり、異国人を受け入れるべく新たに開港されたミナト横浜・神戸や、新興地・埋立地など固有の文化が未成熟で確立途上にあり、新参者を排除せずむしろ歓迎するような風潮のある地域は一般に許容度が高く、外来・舶来の観光デザインにも概して妥協的であろう。今なおドリームランドの廃墟を万葉の故地を汚す「奈良の恥」として徹底して敵視する完全排除の風潮の奈良に比べ、同一資本の観光デザインに対して横浜では遺産としての残存施設へのまなざしも比較的寛容さが感じられる。

　ニコスのいう観光と地域との「融合」の意味を著者なりに解釈してみると、本来別々の目的や価値観を持つ二つ以上の異なった主体（この場合、観光の主体たる企業体とコミュニティ）が、根本理念や目的（営利追及と構成員厚生）においてお互いの間に存在することが不可避な矛盾・対立等を相互の対話・交流・親睦など、なんらかの相互理解を深める方法で克服ないし矛盾点を極力最小化して、まずは「同床異夢」の状態を脱する一方、共同行動の積み重ね、利益の共通化、相乗効果の享受、ベクトルの一致化など双方の融和努力の成果として、互いに信頼に足るパートナー同士として気持ちの上でもしっくりとなり、さらには互いに特別の便宜や恩恵を与えたり受けたりし合う互恵関係を次第に確立していき、貸借関係等においても一方に偏することなく釣り合いがとれて、共通の利益に向かって共同歩調をとる（協調・連携・提携）など、対外的にも対内的にも精神的にも一体性を増していく緊密な双方の間の相互関係の最高段階を意味するものと考えられる。企業同士であれば、こうした「融合」関係は、やがて企業統合・合併[15]へと到達する直前の蜜月段階を意味しよう。

　観光企業と地域との「融合」関係に当てはめると、ある地域に進出して新たに観光業を展開しようと観光デザインをあれこれ立案する企業と、当該観光産業を地域の構成員として受け入れる立場の地元自治体・地域社会の間にも上記のような相互関係にまで発展し、双方の親和性が高くなって、釣り合いが取れると、観光企業と地域との融和がうまくはかれることとなる。しかし一方的な

支援関係のみの場合、例えば過疎地の赤字事業所を存続する意義が薄れるならば、たとえ地元から強く存続を要望されても観光企業が当地から撤退することで関係が一挙に解消されてしまう。また進出した地域や住民の個別性によって区々であるが、地元に排他性が極端に高くて"異物"と見做す外部資本を排除しようとするアレルギー的な拒絶反応がある場合[16]や、企業側にも営利優先に走るあまり、地域貢献の意識が低く、とかく地域密着の姿勢に欠け、あるいは固有の地域性、地元の宗教・伝統行事や文化等を理解する努力が欠落し、地元の意向を軽視・無視する傾向があると受け取られると、双方の関係はギクシャクしがちとなる。当該地域の住民等が守るべき規範として優先度の高い禁令、ご禁制を踏みにじる者は"掟破り"の「破落戸」同然と扱われ、当然に処罰を受け、当該地域社会から放逐されても文句を言えないことにもなりかねない。

こうした双方の微妙な対立関係を巧みに調整し得る重要な立場の人物としては行政・首長等地域社会の指導者たちの果たすべき役割の問題である。首長等が中核となって、大正期の町村是を取り纏めたように、当該地域のコミュニティデザインをさまざまな形で可視化し、発信し、警告する役割がある。

また、観光企業のステークホルダーを兼ねる地域住民すなわち、①観光企業の株主として一定の発言力のある地域住民、②観光企業の役員となっている地域住民、③観光企業の幹部職員となっている地域住民、④観光企業に土地や権利等を貸す立場の地域住民、⑤観光企業に融資する立場の地域金融機関・銀行等が想定される。当該観光企業全体に占める①〜⑤の割合が高いほど、その企業は（仮に本社を地域外に置いていたとしても）地域密着姿勢の強い、地元企業ないし準地元企業として地域住民などに理解される確率が高くなろう。また観光企業の当該事業所で雇用される従業員の数が相当数になると、当然に地域住民の中での一定の発言力を有する結果、自治会組織、自治体の議会等のメンバーを輩出するなど、企業側の意志も次第に地域に反映されやすくなる。当該事業所の営業が順調に拡大し相応の利益をあげれば、当該企業の中での当該事業所の発言力も増し、当該事業所出身者が幹部に登用される割合も高まり、事業所所在地域の声が次第に企業内に浸透しやすくなる。こうして当該観光企

と所在地域との関係が次第に濃密なものへと変化していく。その最たるものが、いわゆる"企業城下町"と呼ばれるまでに、地域に根を下ろして実力を高めていった大企業側にむしろ地域の主導権が移ったような印象を少なくとも対外的には与える場合である。

地域との関係で著者が特に着目した観点は以下の諸点である。

①観光デザインの主体と地域との距離感の大小

企業自身の本社所在地により、当該地域との関係に濃淡が生ずる。企業が本社を当該地域に置く地元企業の場合、経営者・大株主など企業の実権者も地域住民である場合が多く、企業の在地性が高く、地域との関係は一般には、支店・事務所・事業所を置き、僅かな中堅職員が一時的に居住するだけの在地性が低い域外企業に比して濃密であると考えられる。戦前期の地主の場合も不在地主と在地地主の場合で、地域への貢献度に差異があるという見方が多い。明治中期以降地主制の発展とともに隣接村のみでなく遠隔の都市在住の不在地主が多くなった。大不在地主は小作料徴収・小作地管理のために各大字ごとに有力な上層農家を名代人に委嘱[17]していた。第二次農地改革では、この不在地主が小作人に貸し付けていた土地がすべて国に買収された。これに対して対象の農地村落に居住し、自らも働きつつ小作からの地代をも受け取る在地地主の場合、農具の貸し出しや農業法の指導、灌漑等の公共工事への出資・指導、農民子弟の教育等を兼ねながら農村のリーダーとして機能した点を評価する論者もある。企業の場合も在地企業は地域との接点が多く、各種の納税義務をも含め、地域への貢献度は高いと考えられる。

本社・主要事業所等の所在地によって企業を区分した場合、域内企業（地場資本）[18]の場合が地域との距離感が近く、自治体の別働隊たる出資割合の高い第三セクターなどの場合には模式的には地域との距離感が最も小さいこととなる。域外企業の場合でも一般的には県内資本・県外資本・中央資本・外国資本等の順に地域との距離感が遠く感じられる。

②観光デザインの主体に地域の声が届く仕組みの完備度

域外企業の場合でも役員、大株主、幹部、従業員、債権者、取引先等の中に

地域を代表する人物や構成員がどの程度含まれているか。観光業の場合、役員、大株主だけでなく敷地や権利等を賃貸する地主・湯主や設備資金を供給する金融機関等がある程度地域の利害を代表している場合もあろう。

　③観光デザインを総合的に立案し、実行する主要な人物（著者の考える「観光デザイナー」）の地域優先度

　「観光デザイナー」が地域に在住の住民でなくとも、佐伯宗義（終章参照）のように郷土出身の事業家で愛郷心が強い場合や、外来者であっても地域に根を下ろして活動をしている場合には当然に地域の利害を優先して発想する可能性が高い。これに対して地域に一時的に在住してはいても、全国展開する大企業の管理職（特に単身赴任者）等のように、本店のみに目を向け、腰掛け的に地域に接しているだけでは地域とは無縁の存在というほかはない。

　佐藤俊夫は芦屋市の懸賞論文で「理想としては市と市民の共同資本で市自体の施設として建設されることが望ましいが…現状では…外部資本によって行うことはやむを得ないとしても、あくまでも市から全く遊離した存在とならないよう注意すべき」（25．9．20広報9号、p12）とした。また篠原靖氏も観光デザインに関する近著の中で観光と地域との関係を①民間主導型、②行政主導型、③特定の個人等に依存するマンパワー型、④移住者が引っ張る外者〈よそもの〉主導型、⑤迷走型に分類し域外者の効用を説いている[19]。

　以上のような観光デザインと地域コミュニティについての検討を前提に、地域との融合の可能性の大小をこうした観点から、仮に単純な分類を試みるとすれば、次のような諸類型が現時点では一応想定可能であろう。観光デザイナーの果たすべき役割や具体的な人物像は終章で述べる。

　(1) 観光企業への地元金融機関等の関与・投融資の程度
①地銀主導型
　地銀等の地元金融機関が発起人[20]・大株主等として深く関与し・多額の投融資を実行。
②地銀参加型

地銀等が融資等である程度関わっている。

③不参加型

融資面で地銀等の地元の参加はほとんどない。当該企業の撤退・廃業等の場合、地元との接点がなく、競落人との協議も困難。

(2) 観光企業株主・役員とコミュニティとの関係

①自治体直営・第三セクター型

地元の自治体の直営ないし大株主・役員として経営に関与する第三セクター。

②地域主体型

自治体出資はないが、地元

写真-2　野沢組惣代事務所の看板（平成25年8月著者撮影）

の大株主・役員が中心で、地元資本が主導する集団（入会集団・財産区等）による自律的な観光経営。

③無関係型

地元の大株主・役員がほとんど存在せず、資本的に無関係。

(3) 観光デザインとコミュニティとの関係

①自律型

野沢温泉村[21]など地域主導の観光デザイン

城崎温泉（第4章）には「城崎ルール」と呼ばれるコミュニティデザインが存在するが、著名な野沢温泉村には写真-2の「野沢組」という地域主導の注目すべき推進団体事例が存在する。

②共存型

地域と観光企業が協力、共存し、地域のデザインと調和。

③不調和型

　地域と観光企業が対立、観光デザインがコミュニティと不調和。

　(4) 観光デザイナーの出自

　地元を愛する強い意志を持った地域リーダーが観光デザイナーとして回りの市民を巻き込み、観光デザインを拡大発展させていく。

①地域輩出型

　観光デザインを主導する観光デザイナーを地域が輩出。

②移住型

　他地域から移住した観光デザイナーが主導。

③無縁型

　地域とは全く無縁の観光デザイナーが主導。

　(5) 観光デザイン／観光デザイナーの組み合わせによる諸類型

①地銀主導型・地域主体型・共存型・地域輩出型…エイベックスリゾート洞爺（拓銀・カブトデコム・佐藤茂）

②地銀参加型・第三セクター型・自律型・地域輩出型…立山・黒部アルペンルート（佐伯宗義）、宮崎シーガイヤ（佐藤棟良）

③地域主体型・共存型・移住型…亀ノ井自動車（油屋熊八）

④地銀主導型・無関係型・不調和型・無縁型…城崎温泉土地建物

1）2）3）4）　桑田政美編『観光デザイン学の創造』世界思想社、平成18年、p169～172。

5）　大阪芸術大学松久喜樹「都市観光と都市デザイン　自律的観光デザインにおける風景」WEB『都市観光の新しい形』17（web.kyoto-inet.or.jp/org/gakugei/judi/forum/.../16k017.ht/：平成24年6月検索）。

6）　「日本観光ポスターコンクール」記念シンポジウム「観光におけるデザイン分野と役割」のパネルディスカッションでの真板昭夫氏総括。WEB『モジャニワールド』（akiomaita.exblog.jp/：平成24年6月検索）。

7）　『建築大辞典』第2版、彰国社、平成5年、p1124。

8）　浦安市と同様に大手私鉄資本の大型遊園地を受け入れた漁村の鵜方（現志摩市）にも昭和初期の観光鉄道敷設を巡って紛糾した歴史があり、今回現地調査した結

果は別の機会に譲りたい。
9）10）石坂洋次郎『光る海』新潮社、昭和41年、p235。
11）幅北光『軽井沢ものがたり』信濃路、昭和48年、p229。
12）星野嘉助（三代）『やまぼうし　星野温泉のあゆみ』星野温泉、昭和47年、p216所収。
13）『軽井沢町誌　歴史編（近・現代）』昭和63年、p446。
14）著者はタレントそのものを云々する意図はない。嵐山に登場したタレントの大先輩・大河内伝次郎の場合は景観に配慮した風雅な別邸・大河内山荘を建て、不況下で売りに出された周辺の別荘・山林等を根気よく買い増して、結果として乱開発を防ぎ、風致に大きく貢献したからである。
15）「融合」関係を経由せず軍部等の強権により無理強いをした戦時統合等では戦後の経営民主化の流れに乗って社内の不満分子が決起して、阪急から京阪、近鉄から南海が分離独立したごとく、相互の内部矛盾は解消しなかった（他に帝国銀行からの三井銀行、第一銀行分離など）。
16）昭和38年5月城崎観光株式会社による城崎温泉ロープウェイが開業したが、同社パンフレットには「郷土の輩出した偉人」である関西電力会長「太田垣士郎氏の発案により、建設」（「城崎温泉ロープウェイ」）された旨が強調され、地域と融合的な開発であることをことさらに示しており、案内頂いた四角氏も郷土の偉人の郷土愛の産物として評価されている。
17）松之山温泉（第3章）でも湯主の赤羽家は現地の旅館主に差配方を委嘱し、物件の管理や現地からの様々な要請、要望の窓口業務を代行してもらってきたという（松之山温泉千歳屋旅館主　柳清治氏よりの書簡）。
18）地場資本には①地域の産業経済の展開を、地域の主体性を担保にするが地域内外からの資本構成比は問わない捉え方と、②地域の結集によって糾合された資本にその本質を見出す考え方の二つがある。明治・大正期における和歌山電燈・和歌山水力電気を典型的地場資本として取り上げた高嶋雅明氏は、前者の観点から検討しており、「和歌山県下では…地場資本といっても、県外資本の参画を得て初めて存立が可能であった」（高嶋、p232）と述べている。
19）篠原靖『観光デザイン入門』日本経済評論社、平成25年、p22。
20）三陸汽船の場合、頭取を先頭に「気仙銀行員主働トナリテ」設立した（佐藤文吉「地場資本の機能と限界――明治期の三陸汽船会社を事例として――」『東北大学』ir.library.tohoku.ac.jp/re/bitstream/10097/.../1/AN0020090709005.pdf2009）。佐藤氏は「三陸汽船の地場資本は、①どのように形成され、②その重要な要素である共同性はどのような性質のものであり、③外的要因にどのように対処し、ど

のような限界を示したか、④岩手県地方の海運補助政策は地場資本の自立性にいかなる影響を与えたのかを検討した。
21) 野沢温泉村の「野沢組」という地域主導の興味深い事例は永年「野沢組惣代」等を歴任された富井盛雄氏のご教示によった。共通項の多い城崎温泉等との比較検討は今後の課題としたい。

終　章　観光デザイナー論

Ⅰ.「観光デザイナー」の役割

　明治35年の「意匠」に関する新聞論説で「由来意匠としいへば、世人は単に美術並に美術工芸に附帯したるものと思惟するの弊あるも、是世人の誤解なり」（M35.1.4 読売②）と狭義に解する弊を指摘するが、全く同様に日本語の「デザイナー」の語感として、ややもすればグラフィックなイメージが強い。このため「観光デザイナー」というと観光ポスター、ゆるきゅらからホテルまで観光に関わる図案・衣装・設計等を実践する職業的専門家に限定されがちだが、著者はそうは考えない。

　本章では広域観光の先駆の一つである立山黒部アルペンルートを例に「観光デザイナー」という役割の意味するところをまず考えてみたい。もとより「立山自然麗嶽殿（立山黒部アルペンルート）」と題する流麗な「観光勢力図」[1]を描いた画家も、室堂に建つ「ホテル立山」の設計図を作図した建築家も、立山開発鉄道等のケーブルカーの塗色や塗り分けを立案した図案家も間違いなく立山黒部アルペンルートに関わったパーシャルな意味における「観光デザイナー」であり、それぞれ専門の立場で相応の寄与があったと認められる。著者も建築学の立場で建築家の業績を、意匠学の立場で図案家の業績をそれぞれ顕彰する意義を否定するものでない。しかし著者の所属する観光学の立場から当該アルペンルート全体を俯瞰した時、単に部分的な設計段階だけに携わった者ではなく、より上位に位置する観光プロジェクトの主唱発起人やエグゼクティブ（執行役員等の経営幹部）すなわち当該プロジェクト全体の推進者、訴訟沙

汰にもなるなど複雑に絡まった各観光施設トータルの着想、計画、発起、目論見、設立、着工、竣工、開業、事後の長期的な運営・マネジメントのすべての段階に深く関わった中心人物こそを観光学では「観光デザイナー」と呼ぶべきものと考える。例えば、米国ディズニーランド創設期にはウォルト、ロイの兄弟が仲良くこの役割を果たした。すなわち個々のパーシャルデザインではなく、あくまで鳥瞰図的に全貌を高みから俯瞰したトータルデザインであり、単に受注した工賃やデザイン料を確実に受領するだけの一施工業者の立場からではなく、自ら巨額に上るハイリスクを一身に背負う込まねばならず、生きるか死ぬかの真剣勝負こそが観光資本家の構想すべき観光デザインのあるべき本源的領域であろう。極めて広範な「観光デザイン」活動の全領域をカバーするグランド・デザイナー、トータル・デザイナーから、上からの指示を受けて狭い領域のみを分担するパーシャル・デザイナーまでを包含する概念として著者は「観光デザイナー」を使用している。こうしたトータルデザイナー、クランドデザイナーともいうべき人物の卓越した「観光デザイン能力」、イノベーターとしての資質や先見性、革新性、総合調整能力、資金動員力、起業後の企業マネジメント能力如何を総合的に考察し、何を学び取るかを検討するほうが観光学全体としては学問的な実りがより大きいのではないかと思量する。

Ⅱ. 観光資本家の諸類型と観光デザイン能力の具備

　しかし現在活躍中の多くの観光資本家が密かに思い描いているであろう秘密のデザインの中味を外部から覗き見ることはできない。また従来から建築界でも「デザインは新しさ、異常さの意味でのオリジナルを連想させる傾向」[2] があるため、とかく「デザインはうまいが他は云々」[3] との奇抜なデザインへの根深い批判があるとされる。なにが真っ当な、持続可能な観光デザインなのかどうかという難問は、著者としては長い歳月の中で多くの観光客の来訪・利用・満足度というマーケットそのものが長期的に判断するしかないのではないかと考える。一見いかに斬新で革新的で、クリエーティブな観光デザインであ

るなどと当時のマスコミ等で絶賛され「建築界でも注目され」[4]たとしても、観光市場で評価されないものは早晩退出を余儀なくされ、当該観光企業は破綻するしかない。

これに反して歴史的に高く評価されるべき観光企業とは一時の流行に流されたような、あっと思わせる奇抜なデザインには依拠することなく、冷静かつ適正に計画され、地域と住民と環境にとっても実質的に価値のあるオーソドックスで実用的な観光デザインであると評価されてた結果といえよう。長い時間の経過、後世の評価、すなわち観光企業が風雪に耐えて歳月を積み重ねて、淘汰に耐え抜くなかで、勝ち得た歴史と永続性こそが長期的に観光デザインの適否・良否を決定するといってもよかろう。

歴史の審判を受けていない現代の事例だけでもって短期的に観光デザインの良し悪しを云々するのではなく、より長いスパンで過去の事例をも収集して長期的、長々期的に観光デザインの技量や良否をじっくり分析する必然性があろう。そこで著者としては歴史的アプローチにより、功罪相半ばするなど毀誉褒貶の定まらぬ過去の著名な観光資本家[5]を選び出した上で、いくつかの類型に分類することを試みたい（以下は順不同、カッコ内は関与先の例、Hはホテルの略）。

Ⅰの系譜は「別荘主・地主」的類型であり、原富太郎（三渓園）、川崎正蔵（嵐山）、森田庄兵衛（新和歌浦）、香野蔵治（香櫨園）、平沢嘉太郎（粟ヶ崎遊園）、和田ツネ（市岡パラダイス）、本庄京三郎（甲陽園）、三井徳宝（新那須占勝園）、平松甚四郎（箱根）、松谷元三郎（羽田）、鈴木久五郎（花月華壇）、丹沢善利（船橋）、堤康次郎（箱根・軽井沢）などが該当しよう。

Ⅱの系譜は「旅館主・楼主」的類型であり、油屋熊八（亀の井H）、平岡広高（花月）、太田小三郎（備前屋牛車楼）、西村仁兵衛（大日本H）、大宮司雅之輔（松島H）、木暮武太夫（伊香保）、黒岩忠四郎（望雲館）、中曾根治郎（よしのや）、草野丈吉（自由亭）、佐藤万平（万平H）、滝本金蔵（滝本館）、金井四郎兵衛（御所坊）、尾上勝蔵（九度山町椎出）、箭内源太郎（小松屋）、星野嘉助（星野鉱泉）、平井実（花屋）、石間金蔵（なかや）、加藤秋太郎（蛇の目

などが該当しよう。この系譜は対象者が無数に存在するため、本来は現代の「観光カリスマ」選定作業[6]のように、地域に居住し地域貢献する観光資本家としてより多く悉皆調査・収録すべきであるが、零細な家業のみに終始し残念ながら文献等で業績が捕捉できない場合が多く、今回はあくまで暫定的な選定でしかなく、より広範な悉皆調査の試行は著者としての今後の大きな課題である。

Ⅲの系譜は「観光鉄道経営者」的類型[7]であり、佐伯宗義（立山黒部）、大塚惟明（讃岐・南海）、小林一三（阪急）、雨宮敬次郎（熱海）、神津藤平（長野）、河村隆実（草津）、太田雪松（能勢電）、植竹龍三郎（日光・塩原）、杉本行雄（十和田）、川端浅吉（各鋼索鉄道）、小堀定信（金名鉄道）、薬師寺一馬（磐梯急行電鉄）、岩崎与八郎（南薩鉄道）、林田熊一（九州各地）、川本直水（京都）などがそれぞれこの系譜に属する。

Ⅰ〜Ⅲの系譜のほかにも、数寄者[8]の類型、銀行家類型、請負[9]・興業師類型など、多数の諸類型が想起されるが、今回は数寄者を除き割愛せざるを得なかった。このように本来は無数に存在する観光資本家の事例の中から、著者の全くの独断と偏見に準拠して抽出したごく少数のサンプルであるが、著者なりの「観光デザイナー」という役割を果たしたと思われる人物の典型的な例として、今回はⅠの系譜から①原富太郎、Ⅱの系譜から②油屋熊八、Ⅲの系譜から③佐伯宗義の計三人を試験的に挙げ、さらに数寄者の系譜から④田中善助[10]を加え、これら四人とは資質面で差異のある他の人物群との比較考量を試みたい。

なぜなら四人はそれぞれ横浜三渓園、別府・湯布院、立山黒部アルペンルート、三重県の長期的な視点からの総合的なグランドデザインの企画立案はもとより、各々特異な才能をフルに発揮して、個々の観光コンテンツの評価・配合・調整も巧みであり、正に「観光デザイナー」たる称号を贈るに相応しい資質を有する人物であると著者は考えるからである。

以下は彼らの資質がいかなるものかを主に伝記資料等に依りつつ分析し、「観光デザイン」の中味や「観光デザイナー」の果たすべき役割がいかなるものかを、本書のしめくくりとして仮説的に論じてみたい。

写真-1　三渓園臨春閣（平成24年6月、著者撮影）

1．原富太郎（三渓）

　谷口梨花は大正初期の観光案内書の中で「横浜は新しい港で名勝地は少ない。野毛山と三渓園位のものである。…三渓園は市電本牧の停留場から五町あまり、原氏の私園で公開して居る、山海の勝を兼ねた横浜第一の遊覧地である」[11]と紹介している。園主の原富太郎（三渓）・屋寿夫妻[12]は横浜市中に居ながらも、まるで京都か奈良といった古都の山寺にでも遊んでいるかのような錯覚すら覚える「古建築のテーマパーク」私設園「三渓園」の創設者である。

　三渓の本業は「彼の有名なる上州富岡製糸場、名古屋製糸場等は氏の経営する所」[13]の生糸売込・海外貿易商であり、三井物産の益田孝（鈍翁）は「原の仕事振りは実に立派…事業の手腕は確かに美術以上」[14]と評した。「東の桂離宮」とも称される私的な邸宅「三渓園」と、公的な活動の拠点「富岡製糸所」

とも史跡・産業遺産等として保存され、重要文化財に指定されたり、あるいは近い将来、国宝指定や世界遺産への登録も有力視されるという観光コンテンツに深く関わった観光史上も看過できない人物である。しかし三渓は有力な庭師や骨董商の勧めるままにすべてを全権委任して単に巨費を投じただけのお大尽様ではない。三渓の研究者・白崎秀雄氏によれば「自ら構想を練りに練り、庭園に配置すべき古建築を各地にたづね歩いてさがしもとめ、購って解体し移送…大和生駒の石などを自らさがして、えらんだ。…三渓は、言葉の全き意味において、三渓園を造った」[15] 園主と賞賛されている。また同じく新井恵美子氏も「まるで絵を描くように三渓園というキャンバスに納め…一木一草一石、すべてが三渓の持つ美意識によってその位置を定められた」[16] と評した。換言すれば三渓自身が金主・施主・園主と同時に造園家・美術商・コレクター等をも兼ねていたといって過言ではなかろう。すなわち①自身が若い時から書画骨董に親しみ絵筆をとる芸術愛好者で短歌は大和田建樹・佐佐木信綱に師事、②茶道に深く傾倒した茶人・数寄者であり、③古建築の趣味からその維持保全に私財を投じ、④自ら私邸の造園・建築・内装等を着想・図案化・指示し、椅子など調度品は自らデザインして制作、庭石、灯籠などの名石に至るまで、自ら京都奈良の現地で「直接選び」[17]、⑤正客を送り出す際に「送り鐘」[18] を打って松永安左エ門を感激させ、庭の滝の音まで各茶室により微妙に調整するなど、音のデザイナーであり、⑥客人をもてなすべく「三渓そば」[19] 等を考案し振舞うなど、食通・味のデザイナーでもあり、⑦三渓園をわたくしせず、明治39年という極めて早い時期に市民無料開放に踏み切り、正門に "The public is cordially invited to visit this garden" と英文標記[20] するなど、文化財・景観の保全公開、外国人誘致を実践した地域貢献型観光の先駆者である。悪名高い成金の元祖・鈴久（鈴木久五郎）が花月華壇[21] を鐘紡株買占めの「戦勝紀念の邸宅に購へ」（M40．2．2 読売②）た明治39年から40年初頭は日露戦後の企業熱が勃興し、「一夜造りの事業株も多額の打歩を以て各種階級の歓迎する所となり、世を挙げて投機熱の渦中に投ぜられ…所謂成金なる語を生じたるは実当に此時」[22] とされたバブル期であった。鈴久が日夜散財と奇行に明け暮れた揚げ句、

「元より茶屋の造りに過ぎぬ…富豪の棲むにも相応しからぬ」(M40.2.2 読売②)「向島の花月華壇を邸宅に買入るるやらの噂」(M40.2.2 読売②) と報じられた40年2月に三渓の友人の骨董商・野村洋三は「今や世間多数の実業家は其実業を擲うちて空漠たる株式熱に侵され夜風船に駕りたるが如き間に、原氏は毅然として実業の城郭を守り敢て他の蜃気楼を仰ぎ見ず、偶々娯楽を求むるにも自然の美と技芸の美とを探りて趣味特に清く、居を幽邃なる境にとめて平和なる家庭を貞淑なる夫人に任せ」[23] たと三渓園の市民への無料開放を称賛した。古くは1801年（享和元年）に白河藩主松平定信が南湖を築造して一般開放したり、1842年徳川斉昭が水戸偕楽園を公開した例が有名である。享和文化の頃開設された堀切菖蒲園、文政期に薬舗経営者が古梅を植えて茶店を開設した大森の蒲田梅屋敷、文化2年に骨董屋・北野屋平兵衛が開設した向島新梅屋敷（現百花園）、明治18年横浜の豪商茂木が開設した熱海梅園、28年の大崎妙華園、富豪亀善・野沢屋の庭園だった野毛山公園（震災後）、海舟の別荘だった亀戸木下川梅園、千秋社による清水公園等この系列に属する例は多い。

　一面で鈴木博之氏は三渓園を原合名会社本牧開発計画の「都市環境と土地の価値を高める…近代的都市公園としても位置付けられていた」[24] と見ている。すなわち三渓は横浜鉄道[25] の場合と同様に横浜電気鉄道の大株主となって本牧線開通に尽力して三渓園への交通を拓き、電車開通を機に周辺の広大な原合名会社の所有地の一部に「原地所部」の名義で貸家群を建て、「土地御使用者には横浜電気鉄道本年度全線無料乗車券を贈呈す」[26] るという巧妙なビジネスモデルを編み出し、本業以外からも三渓園整備に要するキャッシュフローを着実に確保するなど、マネジメント能力に長けた人物であった。

　三渓園のしつらい、細かい細部の意匠は原夫妻の共同作品の面もある。愛妻家の三渓は屋寿夫人の好みを随所に反映した「白雲邸」奥書院を桂離宮や修学院離宮の書院を見て考え出したという。特に部屋住みの見習い時代は屋寿が入婿の夫が高価で買いそびれた好きな骨董を「黙って買って倉に置いとく」[27] 内助の功でコレクションが充実していったという。「三渓園」こそが三渓が徹底的に自分の趣味の世界に没頭できる、彼にとっての自由の天地であったはずだ

写真-2　油屋熊八・ゆき夫妻の賀状(大正6年、著者所蔵)

から、ウォルト・ディズニー自身がディズニーランドの中の施設を早朝から一番楽しんだホスト兼ゲストであったのと同様に、彼の理想世界「三渓園」を、個々のコンテンツを積み木のように積み上げ作り上げていく過程を日夜楽しんでいたホストであったのであろう。そして今「三渓園」はゲストの中高年層が蛍さえも生息できる自然の中で名だたる古建築群を観賞・撮影・写生・吟行句作に熱中する一方で、ご高齢の観光ボランティア達も生き生きと案内するホスト役を楽しんでいるように拝見した。こうした中高年層のための「テーマパーク」の機能を果たすことまで三渓が夢想していたかどうかは別としても、茶人でもある彼が恐らくデザインしていたであろう「市中山居」の理想郷がここに万人に広く開放され続けていることは間違いない。

2．油屋熊八

　平成13年山崎一眞氏の主宰した「観光まちづくりフォーラム」[28]で湯布院の先覚者・中谷健太郎氏にお目にかかった際に、氏の祖父と「別府観光開発の父」油屋熊八とのご縁の深さを直接伺う機会があった。

　油屋熊八（別府市不老町）は別府商工会議所議員、別府旅館組合会長、亀の

井自動車社長、亀の井ホテル代表取締役のほか、出資先の熊本の九州中央自動車取締役などを兼務していた。「別府の外務大臣」を自任する油屋は別府を代表して全国に別府の名を広める宣伝活動を積極的に展開した。亀の井バスの開発したビジネスモデルは各地の同業者に刺激を与え、大阿蘇登山バス[29]など直接間接に模倣するものが現れた。また油屋は由布院温泉の良さとその将来性に着目して、大正末期には惚れ込んだ金鱗湖のほとりに1万坪もの広大な地所を取得し、ここに油屋熊八の個人別荘（「亀の井別荘」の前身）を造営した。

　油屋熊八に関する礼賛は無数に存在するが、松田法子氏は近著の中で彼の編み出した奇策の別の側面に焦点を当て、湯布院への「自動車交通さえ同時に整備し…一旅館主が別府という圏域を拡大」[30]する「道路整備と自動車交通普及にかんする一連の計画」[31]など「自動車を使った広域観光圏の構想を描いていた」[32]「熊八が状況の近未来を読むたぐいまれな能力をもっていた」[33]元相場師であり、「新しい物事の発案者というより、さまざまな人の注進や考案を実現に向けて動かす役割」[34]を果たしたとの新しい見立てを提起している。近未来の予知能力という点では熊八は自動車の発展を見越し大正14年には長者原にまずホテルを開設、現在の九州横断道路（やまなみハイウェイ）の原型でもある、別府〜湯布院〜久住高原〜阿蘇〜熊本〜雲仙〜長崎間という久住、阿蘇、雲仙を結ぶ観光自動車道という一大観光デザインを昭和2年頃から提唱した。熊八の豊富な人脈の一人に著名な吉田初三郎がいるが、大正14年久住高原を一緒に踏査した際の熊八・初三郎の写真も松田氏の著書に収録されている。

　ともあれ熊八は奥の院としての湯布院をも包含する大別府観光のグランドデザインを自ら描き、同志の初三郎にも盛んに大別府の鳥瞰図を描かせ、自らの肉体をも恰好の宣伝媒体として全国に情報発信して別府のブランド価値を高めるとともに、各種の新規プロジェクトを次々にプロモートする一方で、家業ともいうべき亀の井ホテル、亀の井自動車等の観光企業を維持・発展させた。なかでも全国の主要観光地に「別府亀の井ホテル建設予定地」[35]と大書した木製の標柱を打たせ同業者を畏怖・驚愕させた有名な奇行は、真に一大ホテルチェーン結成を夢想していたのか、相場師特有の「はったり」なのか、例によっ

て別府の名を宣伝するための話題づくりのお遊びなのか判然としないが、彼が本書主題の「観光デザイン」の典型的な実践者、典型的な「観光デザイナー」の一人であることにはかわりがない。

3．佐伯宗義

冒頭に述べたように、現代の代表的な山岳観光の一つとして、登山鉄道、トロリーバスなど数種類もの観光交通システムを連結した広域・長距離観光ルート（立山黒部アルペンルート）を完成させた。佐々成政の立山更紗峠越えのごときアルプスをトンネルで貫通させるという破天荒なアイディアを若年期から暖め、「みなれた古いものの中に新しい何かを発見できないか」[36]との姿勢で自然に対峙して構想を練り、「独創的な地域開発理念を持って」（佐伯、p97）、「監督官庁と再三衝突」[37]しつつ、社内・株主・地域・金融機関等のあらゆる利害関係者を説得して、苦心惨憺「立山のどてっ腹に穴を開け」（佐伯、p126）るという長年の夢を実現させた「立山黒部アルペンルートの創設者」であり、「雄大な構想と強靭な実行力…卓越した先見性」（佐伯、p90）とともに「綿密な調査研究、石橋をたたいて渡る経済計算」（佐伯、p131）能力をも併せ持つ佐伯宗義こそが真に「観光デザイナー」と呼ぶに相応しい功労者と思われる。佐伯は身内からも「近よりにくい、理解しにくい人物」（佐伯、p128）と思われ、時に「誇大妄想の徒」「鉄道気違い」（佐伯、p92）等との謗りもうけたが、日本興業銀行に在籍していた松根宗一は30歳代の若き佐伯について「地方鉄道に始めて海外の理論的計算方式を採り入れるなど、画期的な経営方針のもとに富山電鉄を創立、経営され、その傑出した手腕、力量は、つとに定評のあったところ」（佐伯、p97）と金融界での高い信用を証言している。

そもそも佐伯の立山開発の原点は幼少期にまで遡るという。明治元年の神仏分離令により立山信仰の拠点であった故郷の芦峅寺が寂れていくのを悲しんだ佐伯少年が地域コミュニティの再生のために交通事業・観光事業を興すことを決意したことに始まる（この点では廃仏毀釈による古建築の廃絶を憂えた三渓と一脈通ずる）。すでに戦前から『富山県一市街化』構想を想起して昭和6年

富山駅頭に富山電気鉄道の使命たる「高志の大観」の大看板を掲げて地域に自らのコミュニティデザインともいうべき大構想を大胆に発信（この点では熊八に類似)、構想を著書にまとめ『高志の国わざ』を昭和11年に発行した。昭和18年同社を母体として彼の宿願たる私鉄統合が実現した。昭和21年将来的な立山大連峰の観光開発をも視野に入れて富山駅前に『高志会館』（観光会館と改称）を建設し[38]、昭和27年立山々頂でアルペンルートの実現に向け「日本は必ず蘇る。私は立山を開発し登山鉄道を架け、大観光道路を作り室堂まで自動車を走らせる」（佐伯、p128）と高らかに宣言、「一同は唖然として半分は大ホラと聞き」（佐伯、p128）流したという。伝記に収録された現場視察の数多くの写真に見られるように、佐伯は何度も現地に足を運び、主峰雄山の直下を貫く立山トンネル工事で破砕帯に遭遇して危ぶむ意見の飛び交う中、陣頭指揮[39]して志気を鼓舞、ある部分のみ分担した建築家、図案家、画家、ライター等を含む配下の連中を絶えず叱咤激励するなど、強烈なリーダーシップを遺憾なく発揮する「本質においては孤高…いつも先頭を走るランナー」（佐伯、p131）の超ワンマンであった。

最高技術顧問だった野瀬正儀は索道駅の位置を巡り佐伯と「大声をはりあげて今にも掴みかからんばかりに大議論した」（佐伯、p98）と回顧する。佐伯は自らの大構想を画家に「立山自然麗嶽殿」と名付けた特大の鳥瞰図に描かせ（この点では熊八に類似）、「幾多の名山、高原、清流、息をのむ神秘と感動の大自然パノラマ…自然の美術館＝博物館とした鳥瞰図」[40]と解説するなど、個々の観光コンテンツの評価・配置・俯瞰には独自のこだわりをもっていたから、設計細部に至るまで担当技師とも大激論になったのであろう。昭和56年8月87歳で逝去した晩年の佐伯とは直接接する機会を得なかったが、著者自身が「立山黒部アルペンルート」が苦難のすえに全線開通して数年後の昭和50年7月富山地方鉄道本社と現地施設とを訪れ、晩年の佐伯の近況を幹部から種々伺ったところでも、80歳を超えて精力絶倫、意気軒昂、階段を何段もとばして駆け上がるほどの"勢い者"であった由である[41]。

立山研修会館（写真-3）の高木晴秀事務局長からご教示されたのは、長く

写真-3　佐伯宗義愛用の机（立山研修会館）

代議士を務めながらも大臣ポストには一切執着しなかった佐伯宗義が郷里の立山町から贈られた「名誉町民」の称号を痛く気に入って身辺に置いていた点である。大臣や勲章を見向きもしない佐伯がかたくなに反中央の強い意志を貫いたからこそ、狭いコミュニティでのステータスの「名誉町民」は限りなき名誉と心得たのであろう。佐伯がいかにコミュニティを大事に考えていたかを物語る逸話である。

4．田中善助

昭和12年田中善助80歳の時の人生最後の事業であり、戦前期の温泉会社[42]としてもおそらく最後の部類と思われる榊原温泉株式会社は昭和12年2月三重県一志郡榊原村に資本金20万円で設立された。榊原温泉は枕の草子にも七栗の湯として登場するほど古来著名な湯であったが、「交通路の変遷に伴っていつ

終　章　観光デザイナー論　255

写真-4　榊原温泉神湯館絵葉書（著者所蔵）

しか忘れられ」[43]衰微していた。地元では「榊原温泉の復興をこれ迄数回も計画しては…何時も竜頭蛇尾で失敗に終って」（鉄城、p93）いた。昭和8年すでに関係した諸事業を相次いで大手に譲渡するなど、事業界から引退の身になっていた田中はたまたま「一泊と思ふて…温泉土地を購ふなど考へてもゐなかった」（鉄城、p92）のに、湯治客の田中の郷土愛、地域再生への関心の強さを見込んで村長以下が打ち揃って「榊原村将来の盛衰興廃を考へ、大きな利害に想到しての懇願」（鉄城、p93）をした。最初は「老後隠棲の地として」（鉄城、p92）手頃な別荘購入程度のつもりで応じていた田中もこの殺し文句に「地方開発一村の福利増進を慮っての精神は実に見上げたもの」（鉄城、p93）と、「義人坂口紋次氏の熱涙一滴が思ひがけなくも私をして名湯榊原温泉の復興を為さしめ」（鉄城、p94）同地への本格進出を高齢ながら決断したのであった。社長田中善助、取締役村治圓次郎[44]、木津己之助［上野町、上野瓦斯監査役（要S16役下、p266）］、監査役杉森万之輔[45]、田中豊三（田中善助の三男）（要S16下、p11）と側近・一族で固めた。田中は「参急佐田駅から榊原への道路開

鑿を出願」（鉄城、p94）、同社で「乗合自動車を兼営」（鉄城、p108）した結果、「佐田駅より…バスが通って」[46]、『鉄城翁伝』は「京は洛北の、金閣寺を偲ばす大浴場」[47]など田中自身が腕を振るった自慢の豪華な建築と風雅な趣とを持つ神湯館の写真（写真-4）を掲げた。昭和16年刊行の『日本温泉大観』にも新築間もない榊原温泉旅館・神湯館（弱アルカリ泉33度）が記載されている[48]。

若い時は「風流三昧の若旦那」（鉄城、p119）然として「明治二十二年梅花山水の荒廃を慨し月瀬保勝会を起し…赤目香落の保勝に精魂を注ぎ」（鉄城、p116）という具合に、田中の最初の事業が損得抜きの保勝活動から始まり、終生の事業も地域コミュニティから懇願されての衰退した温泉の復興であった点で、田中善助をコミュニティデザインとの調和に格別に配慮した観光デザイナーの一人に加えておきたい。

田中の「事業界に於ける特長とする所は、如何なる事業に対しても自己の発意に係り、自己の計画の下に自己の責任に於て敢行した」（鉄城、p143）デザイン力にあった。「企画の着想俊敏にして、恒に常人の意表に出で」（鉄城、p113）「一般の人とは考へ方が一歩々々先に進んでゐた」（鉄城、p132）ため、「田中さん程変った特殊の面を持った人に接したことはない」（鉄城、p130）と評されたほど変人ぶりを随所に発揮した。「是れが為に独断専行の誹を免れぬ点もあった」（鉄城、p143）が、伊賀窯業が「私の手を染めた事業中唯一の失敗」（鉄城、p85）と断言するほど用心深く、リスクマネジメント能力にも秀でていた。田中は「胸中一点の私心なく只管『伸び行く伊賀』『輝きの伊賀』あるのみ」（鉄城、p128）との思いで「上野に生れ上野に終始し、三重県の範囲に限られた」（鉄城、p107）ことを自身は「自分は養子の身であり、其の上或る程度の財産のあったことが自分を郷土に縛り附けて終った」（鉄城、p123）と述懐した。人一倍愛郷心が強く、地域貢献を心掛けた結果であることは当然であろうが、彼がことさらに重視してきた地域の情報が入手し難く、地の利も得にくい県外への危険な進出など「金持ち喧嘩せず」の心境だった面もあろう。

一方「多趣味にして風流文雅、建築庭園の造詣深く、萬歳館の設計は斯家の

権威者をして驚かしめ」(鉄城、p137)、「山水を愛し和歌書画を好み、又造園の技に巧みで」(鉄城、p117)、「朝熊ケーブルカーの事業…榊原温泉の経営…に当れる傍ら…茶道に精進し…書画骨董の蒐集、鑑定に非凡なる看識を有し、余技として自ら画筆を執て毫を揮ひ…豊潤なる趣味の天地を開拓せる美的生活の一面を有した」(鉄城、p143)と、風流三昧の数寄者の一面を見せている。田中の生涯を概観すると月瀬保勝会など数寄者に始まり、榊原温泉など数寄者に終わったともいえよう。その間、「少々の資本も出来たから風雅の道を殖産工業に転向し」(鉄城、p18)、地域コミュニティの意向を汲んだ「郡是鉄道」(鉄城、p63)たる伊賀鉄道をはじめ、水電、瓦斯、銀行等の「伊賀という地域の所与の条件を生かして産業と文化を興隆するための」[49]公益企業のトップとして大活躍した壮年期にも39年ころ「香落渓の景勝を害してはならぬと思ひ、取入口を字『覗き』に設け、水路は…隧道を穿つ」(鉄城、p51)設計とし、明治「四十三年水電工事の為笠置山の一角を破壊せる罪を山霊に謝せんとて、桜樹を植え」(鉄城、p116)るなど、「到る処風致を破壊し俗化する状態を黙視するに忍びず」(鉄城、p8)、コミュニティの環境保護に傾注する社会事業家でもあった。

Ⅲ．「観光デザイナー」としての資質

前述したとおり、①原富太郎は観光コンテンツの発掘能力、目利き鑑定能力、②油屋熊八は観光客をもてなすホスピタリティ能力、新しいビジネスモデルを着想する観光デザイン能力、自らを一種の広告塔として世間の耳目を峙たせる目立つ行為を連発して結果的に別府の宣伝に仕上げてしまう巧みな情報発信能力、③佐伯宗義は観光施設のマネジメント能力、地域をまとめあげ、つなぐ能力、④田中善助は上記の各能力に加え数寄者として景観や郷土への愛着、コミュニティとの調和力などに、それぞれ天賦の才能があり、いずれも顕著な「観光デザイナー」としての資質を発揮したものと考えた。しかし人間である以上、万能であるはずもなく、なんらかの弱点、欠点を当然に有していた。しかし、お

そらく本人はその点を自覚して何らかの克服策、代替策を用意して、決定的な致命傷になることを防止していたものと考えられる。田中はかって知ったる三重県内に事業範囲をあえて限定して、いかに魅力的であっても県外への進出を自制し地の利を100％生かす安全策に徹していた。不幸にして高等教育を受ける機会を得られなかった山村生まれの佐伯は自らの学識の不十分な弱点を認識し、日頃から独学での調査研究と勉学・研鑽を怠らず、ついに努力の甲斐あって経済学博士の学位まで得るに至った。しかし勉学の機会を得られなかった電気もない山奥（芦峅寺集落）での生い立ちを、立山信仰の聖地であるの神官の血統という側面で、立山黒部アルペンルート貫通の突破口として有効に活用している。

　元来リスク管理を十分に意識すべき銀行家でもあった平松甚四郎[50]、森田庄兵衛[51]、金田一國士[52]など、観光分野でも新しいビジネスモデルを着想・創始して、優れて「観光デザイン」能力を発揮したと思ぼしき観光資本家の多くが、その後蹉跌・失脚・敗退を余儀なくされたという看過できぬ事実がある。すでに過去に発表した拙著・拙稿[53]の中でもある程度言及したが、彼らに共通する大規模な観光業績として、①開発する対象地域への関心・執着・こだわり・情熱の程度が尋常ではなく、②絶えず新規事業の立案などに傾注没頭する豊かな空想力・構想力に富み、③巨額の観光投資を支える資金を調達し得る資本動員力が存在し、④長距離の引湯、索道、自動車道[54]、遊覧バスなど新規のビジネスモデルを創始するような創意工夫と革新性に富み、⑤一部には北浜銀行の岩下清周の全面支援を受けた小林一三のように、極めてリスクマネジメント能力に長けた人物も見られるが、とかくハイリスクに果敢に挑戦するリスク・テーカーが多く、⑦観光・土地経営など資金が長期的に固定化しやすい業種の性格上、「虚業家」[55]に取り付く「扇動者」的人物が接近し、彼らの扇動に乗って手を広げすぎ過剰な負債を背負い込み、その結果リスクを増幅させられてしまう可能性を排除しがたい。⑧一部には功成り遂げた人物もあるが、とかく暴走の末に放漫経営に陥り、失脚・衰退の悲運に陥った人物も少なくない（後述の小堀定信など）などがあげられよう。

　このように観光産業は正にリスクの渦中にあって、リスクマネジメントがき

終　章　観光デザイナー論　259

わめて重要なのにもかかわらず不思議に金融機関などが安易に巨額の投融資を敢行することが古来、何度も繰り返され、虚業家が暗躍する格好の舞台ともなっている。この業界には著者の長年探求し続けてきたテーマの一つでもある「虚業家」的性向ないし発症蓋然性が高い「境界型」が疑われる者も少なくない。山師が活躍する鉱山投資[56]にみられた過度の期待感や、苦痛や恐怖を感じなくなってリスク感覚を麻痺させる高揚感[57]のようなものが一見光明に満ち溢れたパラダイスかと誤認されやすい観光分野にも随所に窺える。地中から金の鉱脈を掘り当てるという一攫千金の鉱山業の場合と同様に、爆発的な観光ブームに乗って豊富な温泉脈を掘り当て建設した観光施設で易々と大金を得てやろうなどと、ついつい甘い夢を見がちである。どうやら観光という分野は鉱山と同じく資本家に甘美な夢想を惹起させ、暴走を誘発させかねないハイリスクが不可避の一種の「伏魔殿」のようにさえ著者には思われる。とりわけ拝金思想が頂点に達したバブルに相当する時期には観光産業の光り輝く妖しい魅力に嵌ってしまった甘い観光資本家と脇の甘い共犯者たる金融機関は巨額投資のリスクに耐え切れず、多くは失脚・破綻を余儀なくされる愚を何度も繰り返した。著者の研究領域から何度も繰り返した反復破綻例を挙げると、箱根強羅開発[58]のような巨大プロジェクト級の観光デザインの例では一人の資本家だけではとても完成できず、順次数代にわたって後継資本家たちが次々と構想を積み重ね、部分的に観光施設を順次造営していったものの、長期間に及ぶ巨額投資の資本費負担に耐えきれず、いずれも例外なく返済に窮し敗退・失脚を繰り返し、「一将功成って万骨枯る」ような修羅場を重ねた。また観光資本家と銀行家の両方を一人で兼ねてハイリスクに挑戦した結果、盛岡銀行（盛銀）の金田一國士の事業は資金が固定化したため、昭和7年の盛銀を筆頭に多くは破綻した。実は盛銀の破綻事例に先行する大正4年に花巻銀行（花銀）取締役支配人・梅津友蔵は花巻電気社長を兼務し、花巻地方の温泉場や硫黄鉱山による地域振興策を推進したが、本拠たる花銀が取付け破綻となった。有名な宮沢賢治[59]は昭和8年の書簡で宮沢恒治に該当する「叔父が来て今日金田一さんの予審の証人に喚ばれたとのことで、何かに談して行きました。花巻では大正五

年にちやうど今度の小さいやうなものがあり、すっかり同じ情景をこれで二度見ます」[60]と盛銀、花銀両事件裁判を「すっかり同じ情景」と表現した。著者は賢治の書簡の存在には気付かぬまま拙著の中で花銀事件を盛銀事件の「先行・縮小版」[61]と見做したが、賢治も同じ観光地の花巻を舞台にした同じ過ちの繰り返し現象を当時すでに的確に指摘していた。

以下に近年の著名な破綻例を列挙してみると、観光・温泉事業に乗り出した十和田観光電鉄グループの古牧温泉は平成に入ってからも他社のホテルを次々と買収したり、巨大なホテルを新築し続け、「東北の観光王」杉本行雄[62]・正行父子は「バブルがはじけて不況が進む中、確固たる見通しのないままに設備投資を続け」[63]て巨額の負債を抱え込み、杉本行雄急死の翌年平成16年11月経営破綻した。破綻会見に同席した会計士は「10年以上前から債務超過状態だった」（H17.1.26河北）と秘めたる内実を告白した。著者が調査した経営難に喘ぐ新花屋敷温泉土地（日本無軌道電車と改称）[64]の場合も社長の鉄道自殺が判明後に会社の窮状が暴露され、実に悲惨な末路を遂げた戦前の観光企業の酷似例の一つである。

また第二地銀の新潟中央銀行[65]は「新潟ロシア村」「笹神ケイマンゴルフパーク」（北蒲笹神村）、柏崎トルコ文化村（柏崎市）「富士ガリバー大国」などのテーマパーク群に深く関わり、大森龍太郎頭取が観光資本家と銀行家の双方を兼ねた。このためバブル期、「頭取が主導し、県内外のゴルフ場やテーマパーク開発などに巨額の融資をしたが、バブル崩壊とともに、不良債権化して経営が悪化。多額の債務を抱えるこれらの融資先に、十分な担保を取らず、回収の見込みのないまま、融資した」（H13.1.18毎日）ため平成11年破綻した。元頭取の周辺にも「扇動者」と思しき札付きの取巻き連中の暗躍が指摘されている[66]。

これら破綻ないし失脚した数多くの人物に対し、上記の原富太郎、油屋熊八、佐伯宗義、田中善助の四人は各々特異な才能を有し、ビジネスとしても成功した個性的な経済人であるが、四人に共通する資質[67]として、次のような共通点をあげられる。①時流・ブーム等には流されず、幼児期からの初志や独自の

価値観・美意識をあくまで貫き通し、②一時の思いつきでなく、将来を見据え長期、長々期的な視線からのトータル・デザイン（全体構想）を樹立するとともに、③細部にまで目配りして、自らパーシャル・デザインに関して専門家と熱心に議論し、④豊富な人脈を生かし、世間や金融機関等から厚い信頼を勝ち得て、⑤事業がスタートしたのちも長期的な視点で着実に目標への階段を上り、関係事業を巧みにマネジメントし、⑥なによりも地域社会への深い愛情と地域貢献度の高さが群を抜き、⑦その結果今も地元で先覚者として高い評価を得、その偉業が多くの書物や記念施設等で長く語り継がれている。

　本書の主要課題でもあった地域と観光企業の対立、観光デザインとコミュニティデザインとの不調和を引き起こさぬために「観光デザイナー」の果たす役割如何が極めて重要となる。著者は「観光デザイナー」の果たす重要な機能の一つが、所在する地域コミュニティと、その中の構成員たる観光業者・観光主体との間を取り持ち、両者の絆を盤石なものとする接着剤・緩衝材・靱帯的役割といったものではなかろうかと考えている。地域に根ざした「コミュニティデザイン」を与件として、すなわち「コミュニティデザイン」の中で打ち出されている当該コミュニティの誇るべき地域資源を活かし、「コミュニティデザイン」の中に含まれる地域構成員の守るべき規範等を斟酌し、尊重しつつも、その時々に時代の要求に合致した最適かつ持続可能な「観光デザイン」を、当該コミュニティに基盤を有し、地域と共存・共生を志向する観光企業の立場で創造し、実践し、効率よく円滑に運営する活動をトータルに担うのが、あるべき「観光デザイナー」の理想型であると考えている。

　例えば本書にしばしば登場する佐伯宗義はなにより立山の開祖・佐伯有頼の血を引くと伝えられる立山信仰集落の神官の子に生まれ、誰より立山を強く信仰し、立山信仰を継承・発展させるべきカリスマ的立場に居た。しかも他国での鉄道事業等での成功実績を有して帰郷し、かつ富山県の陸上交通を現実に一元化した地元有力企業経営者でもあった。西欧でいうならキリスト教会の宗教的権威と、国王の世俗的権威とを二つながら合わせ持つような希有な存在であったればこそ、こうした「融合」機能を最大限に発揮できたのであろう。こん

な佐伯のデザインした立山黒部アルペンルート案に対してさえも「神聖な立山を冒涜する」との保守層の反対論が根強く出された。もし福島県における東京電力のごとき位置付けの関西電力あたりの県外大手資本主導の開発プランなら富山県の賛同も得られず、本書の冒頭に挙げた富士山の登山鉄道計画と同様に地域の反感が強く早々に挫折していたかもしれない。そんな佐伯の信仰心・愛郷心に深く根ざした地域振興策だからこそ、彼の粘り強い説得が最後に効を奏したものと思われる。

　このように観光デザインにおいて計画が着実で実現可能性、持続可能性ある堅実な構想、優れた着想と評価できるものと、結果として「空中楼閣」「砂上の楼閣」のように詰めが甘く、単なる夢想・妄想・幻想だけに終わったものとは、いかにして峻別可能[68]なのであろうか。佐伯と同じく北陸地方から異なる事例を挙げてみると、大正期に小堀定信が提唱した金沢・名古屋間を直結する勇壮な社名の金名鉄道[69]などは空中楼閣の典型例であって、当時の株主のみならずのちの世の人々にまで、今なおある種のロマンを感じさせるが、所詮は実現可能性が乏しく優れた着想とは評価できない。推測の域を出ないが、小堀には誇大妄想癖ある虚業家的要素も潜在するのではなかろうかと思量する。また金沢近郊の「北陸の宝塚」粟ケ崎遊園で少女歌劇を興業した材木王平沢嘉太郎も一種のロマンチストとして「平沢の早過ぎた挑戦、あるいは時代を先取りした精神に学ぶところは今日なお大きい」[70]と廃園を惜しむ地元の声もあるが、もともと「粟崎遊園そのものが当時の金沢のサイズに対して大き過ぎ」[71]た過大投資であり、本康宏史氏は「平沢には不動産に対する執着が足りなかった」[72]と大手に比してビジネスモデルの劣位性を指摘する。

　こうした分析を進めていくと必然的にある人物をどう評価すべきかという困難な問題に直面することになる。例えば後年の能勢電気軌道の社史で「救世主」[73]と絶賛されている太田雪松[74]という一人の人物をどのように価値判断するかということは実は決して容易なことではない。太田雪松は「早稲田大学評議員たる外、数会社に関係」[75]し、晩年は東京ベイ臨海型テーマパークの魁ともいうべき三田浜楽園[76]の設立にも関与した。太田雪松と直接面談した鉄

道官僚時代の五島慶太は当時の副命書の中で「太田ハ所謂口八丁手八丁ノ男ニシテ、事業ノ経営上相当ノ手腕ヲ認メザルヲ得ズ…鉄道『ゴロ』ノ為スヘキコトヲ易々トシテ断行スルノ能力ト度胸トヲ有スル者」[77]だと社史とは別の見立てをしていた。あるいは五島は太田の虚業家的性向を見抜いていたのではなかろうか。太田雪松も関与した亀能鉄道には「会社ゴロ」と同類の「会社屋」[78]と認定された田中胡四郎（第4章の城崎に登場）も発起人として関与した。彼らは役割分担しつつ鉄道敷設を渇望する沿線住民の弱みにつけ込み、誇大な構想で魅了する詐欺師的才覚の持ち主であった。太田は京都鉱泉や三田浜楽園等の設立に、田中兄弟は東大阪電気鉄道や城崎温泉土地建物等に才能を遺憾なく発揮した。

　観光領域においては業種柄巨額投資が不可避なために、空想力に任せていかに美辞麗句を書き連ねた一見もっともらしい目論見書ができ上ったとしても単なる「絵そらごと」だけでは所詮「絵に描いた餅」であって、利害関係者を説得して必要な資金を調達することは不可能に近い（第6章で猿丸芦屋市長が描いた巨額の外資導入による「コニーアイランド」計画の挫折などが該当する）。

　例えば昭和42年7月ころ日本硫黄の専用鉄道同然の軽便鉄道を1,067mm改軌・電化し「国鉄と…直通電車を走らせ」[79]てやると豪語し、「観光牧場、スキー場、ヘルスセンター、別荘地分譲」[80]など魅力的な観光デザインを携えた薬師寺一馬一派があたかも能勢電等での太田と同様に「救世主」然として「経営陣に乗りこんで」[81]非電化・超低速の同社を全く異次元の存在とも思える"磐梯急行電鉄"を僭称した。前述の「会社ゴロ」「会社屋」と区別し難い「広大な土地に目をつけた金融ブローカーたち」[82]が観光デザインを僭称して麗々しく発表した長期事業計画の多くはほどなく画餅に帰し、地域住民には理解できない不明朗極まる経緯で突然倒産・廃線に追い込まれた[83]。しかし磐急一派の生き残りは形を変えて各地で活動を継続した。

　こうした磐急、金名などのように大風呂敷を拡げたものの実現しなかったものや、たとえ実現しても極めて短命に終わった計画も少なくない。成功まで漕ぎ着けた優れた着想と、「虚業家」にありがちな夢想・妄想との区分は果たし

て「勝てば官軍、負ければ賊軍」なのであろうか。確かに一見紙一重にしか見えない両者の分かれ目は、当然ながら実現可能性・持続可能性の有無と、その背後にあるリスク管理を基軸とするマネジメント力の有無ではなかろうかと著者は考える。

例えば「生駒のどてっ腹をえぐるなどといふ大胆な芸当」[84]を敢行した岩下清周（北浜銀行頭取）の生駒トンネルの比ではない北アルプスの土手っ腹に穴を開けようと破天荒な観光デザインを推進しようとした佐伯の神をも畏れぬ言動は一部に誇大妄想とも悪口を言われたのだが、実は「綿密な調査研究、石橋をたたいて渡る経済計算」（佐伯、p131）能力をも併せ持ちリスク管理にも長けていたため、日本興業銀行等の協調融資団の厚い支援を受けて無事に難関を乗り越えた。また三渓の場合も関東大震災で本拠地の横浜が被災すると、自身の被害の程度に関係なく、あれほど入れ込んでいた骨董世界とはきっぱり縁を切り、メセナの先駆でもあった芸術家への助成も一切打ち切って、以後は横浜再生に全精力・財力を傾注した[85]。世間からの大ボラ、道楽との悪口とは全く逆に、本人は極めて冷静に自己の被るリスクを正確に把握し、適切に対策をとる能力を有していた。また田中は伊賀上野銀行の副頭取・頭取を歴任した銀行家でもあったが、「株式の時価を標準としての貸出は危険なるにより終始警戒を厳にし、株券荷為替の受入を拒絶したので一時は銀行の評判が悪くなる程に私が注意してゐた」（鉄城、p19）ため、大正バブルの崩壊でも「微動だもせず、其の災禍を免れ」（鉄城、p20）た堅実な銀行であった。

Ⅳ．理想型と考えられた類型で破綻した理由

「観光デザイン」の過程は当初の単なる願望・はかない夢にすぎない、実現性の乏しい夢想の段階から出発する。その後は専門的な立場から実現可能性をあれこれ検討する着想・構想段階へと進み、調整・企画・実行・建築・開業・運営へと順次進化する。最初の夢想段階は現実の諸制約条件を考慮外として自由気ままに発想できるので、しばしば非現実的な妄想に陥りやすい。観光業に

妖しい魅力を感じる投資家・投機家がえてして出没しやすい理由も、山吹色の妖しい光沢に取り付かれがちな金鉱発掘に代表される鉱山業と同様、実需が測定し難いため誇大妄想を生みやすい観光業の不確実性・浮沈性が一攫千金の過剰な期待を生みやすいからであろう。しかし、需要面、資金面、時間等の現実社会の制約条件を考慮せねばならない構想段階では、夢想家による非現実的な妄想は修正され、ヨリ現実的な実施計画に近付く。その調整役を担うのが株主・金融機関、そして観光業を受け入れる地域社会である。ステークホルダーからの意見・圧力・反対運動等が無謀かつ非現実的な観光デザインに抑制的に働き、株式募集の失敗等の形で淘汰させるのが平時の金融システムの本来あるべき自浄作用の機能する資本主義の姿であった。

　当時の夕張市長のリーダーシップの下、石炭産業に代る主力産業を目指して展開された一連の観光デザインも表面的には地域コミュニティ主導型プロジェクトの外観を呈していたが、完全に失敗し夕張市自体も財政破綻し、地域コミュニティそのものの存続が危機的状況に陥っている。こうした一連の夕張市の観光デザインを観光学の立場から評価した森重昌之氏は、「自治体主導の観光政策を推進しているように見えたが…地域外関係者が地域運営を主導し、市民の主体性が形成されなかった…から、夕張市の観光政策は地域主導型観光とはいえない」[86] と結論づけている。

　また第7章で検討したいわば地域との融合において理想的形態と考えられた拓銀エイベックスなど地銀主導型プロジェクト、宮崎シーガイヤなど第三セクター型プロジェクトにおいても、観光デザイン過程で、企画立案を担当する組織や人物等に実質的な権力・信用力が過度に集中し、期待されたステークホルダーのチェック機能・抑制機能がほとんど働かなかった。この結果、需要面、資金面等を一切考慮しない夢想段階の非現実的な構想が修正されず、白紙委任のような形で原案どおりそのまま機関決定、意思決定され、実行されてしまった。

　まず、南の宮崎シーガイヤでは名誉ある地位に酔った佐藤棟良社長が愛する郷土の繁栄のために良かれと思って「未来永劫宮崎県が造り得ないほどの破天

荒な観光施設」を採算を度外視して夢想した。また北のエイベックスでもカブトデコムの現実的な当初構想を、拓銀（事業開発部）が金に糸目をつけず非現実的な夢想に逆戻りさせてしまった。

　シーガイヤの観光デザインを担当した佐藤社長に権力・信用力が過度に集中した理由としては、①宮崎県、宮崎市が半額出資した第三セクターとしての抜群の信用度。②松形祐堯宮崎県知事が佐藤社長の経営手腕に全幅の信頼を寄せた。③資産力を誇る佐藤社長が宮崎県でのホテル事業でも相応の実績を挙げていた。④総合保養地域整備法（リゾート法）認定第一号の巨大プロジェクトで、無利子資金の供与・国有地払下げ等の公的支援を受けた。⑤メイン銀行が宮崎県に支店を有する唯一の都市銀行で地縁関係は大。⑥佐藤社長が宮崎県財界人のトップで県民の知名度も高い。⑦地元銀行も財界トップの佐藤のホテル事業等に深く関わっていた。⑧現地を実査した関係者は一ツ葉地区の素晴らしい環境に感銘を受け、惚れ込んだ。⑨第３セクターの専務に就任した中村は佐藤の忠実な腹心として信頼が厚く、商社時代から片腕として活躍したが、佐藤と同じく宮崎県出身で佐藤の独走を阻止できるような強い立場にはなかった。⑩佐藤個人の愛郷心は極めて強く、かつフェニックス国際観光の成功で自信過剰気味であったといった良好な材料ばかりが多く、佐藤の非現実的な夢想にブレーキを掛けられる抑制要因がほとんど存在しなかった。宮崎にはかって宮崎交通岩切章太郎[87]による輝かしい成功体験があり、英雄の再来を期待する内外の声も強かった。

　かくして愛郷心溢れる佐藤の推進するシーガイヤの観光デザインは１年年下の佐藤を「人生の友」とする県政のトップをはじめ政・官・財のオール与党・大政翼賛会的体制で全面サポートされた。表立った反対勢力は国有林伐採に異を唱えた環境保護派を除けば、佐藤の歌う演歌を国歌の代用に流す地元TV局などの報道機関を含め県内に皆無といった状況であった。したがって佐藤個人の立案した観光デザインは、刎頸の友・松形知事をはじめ宮崎県側の希望に100％そった豊富な内容にまで無限に拡張されて、民間企業としての節度を大きく逸脱していったものと考える。サミット開催可能な国際会議場まで設置し

た観光デザインは宮崎県側の夢にまで見た願望に沿ったものであり、コミュニティデザインとの間は稀に見るほど、理想的な融合・調和関係であったといえよう。しかもバブルの絶頂期にあって、銀行等が融資面で抑制的に動く要素も皆無であり、審査部等のチェックも全く機能不全に陥っていた。このため企業採算を完全に度外視した過剰・過大な佐藤の観光デザインは誰一人反対、削減、修正、諫言する者とて現れないままに、そっくりそのまま通過したことがシーガイヤの最大の不幸であった。

一方、カブトデコムの洞爺湖ホテル計画も現地を実査して惚れ込んだ拓銀の直轄プロジェクトに昇格されたため、メンツや外観にこだわる名門銀行・拓銀の内部で次々と華美な装飾が付加されるなど拡大・増殖し続け、極限まで過剰・過大な観光デザインにまでに変貌した。かくして九州のシーガイヤ、北海道のエイベックスはともにバブル期を象徴する巨大リゾート開発として南北で実現を見たものの、バブル崩壊とともに極めて短期間に経営破綻し、無制限に巨額の資金を供給したメイン・バンクにもそれぞれ甚大な打撃を与えた。この不振ホテルも原因の一つとして経営破綻した拓銀が北海道経済そのものを根底から揺るがしたことはいうまでもない。一見、コミュニティデザインにも調和し、地域振興策の中核となるかのように錯覚されもてはやされた企業の観光デザインが、内在していた修復不可能な欠点としての持続可能性の欠落から経営破綻し、まわりまわって地域コミュニティにまで決定的なダメージをもたらす、真逆の不調和の結果を招いてしまった。

本書の副題に掲げた「地域融合型観光ビジネスモデルの創造者〈観光デザイナー〉」について、著者の私見を述べて本書の結びとしたい。本書では「観光デザイン」と「コミュニティデザイン」という二つの相対立し、理念においても矛盾するシステムを融合させる役割が「観光デザイナー」であると述べてきた。しかし、地元の期待を一心に背負ったシーガイヤの佐藤社長が結局のところ宮崎県のサミットの夢をかなえるサンタにはなりえなかったように、「観光デザイナー」は地域コミュニティの非現実的な願望までを100％かなえてくれ

る並外れた天才か魔法使いのような存在ではない。企業の立案する「観光デザイン」はまずなによりも実現可能で持続可能な「ビジネスモデル」であることが大前提である。あくまで私企業・営利企業としての採算を考慮しつつ、「コミュニティデザイン」を斟酌して地域コミュニティも受け入れ可能な「地域融合型観光ビジネスモデル」をあれこれ工夫し、苦心して練り上げ、見事に「解」を見出だして、実現させていく創造者の機能こそが現実の「観光デザイナー」に求められる役割であろう。ここでの「ビジネスモデル」の意味するところは、確実に利益を生み出す商売のスキーム（scheme）を新たに組み立てることをいう。スキームには仕組み・枠組み・悪だくみ・たくらみ等の意味もあるので、他人の思い付かないような悪知恵をも含め、儲けるためのありとあらゆる創意工夫をこらすことである。

　仮に本人の「観光デザイナー」能力がこれほど万全ではなくとも、身近に本人の欠点を補佐し得る人物がいれば好都合である。北軽井沢でのリゾート開発の先駆者となった松本隆治の場合、次々と新しい観光デザインを着想する能力には優れていたが、主力の吾妻牧場を解散に追い込むなどの失策もみられた。松本の良きパートナーに加わった水野豊は常識ある趣味人で、手を広げがちな松本の戦線を制御しつつ兵站を確保するマネジメント能力に優れていた。松本の死亡直後の関東大震災の危機も沈着冷静な水野が司令官として乗り切っている[88]。

　よく知られている米国の例であるが、とかく才気に走り過ぎて数度も倒産の憂き目を見た才気煥発型のウォルト・ディズニーの場合も、「頑固で締まり屋で保守的な…財務家」[89]と評された慎重派の銀行員出身の兄ロイからの親身の助言が特に財務面で疑り深い金融筋の信用を勝ち得る上で極めて有益であった。テーマパーク創設時にニューヨークの投資家を説得して回る兄ロイのために、ウォルトが自らたった2日間で描いた「完成予想図」の素晴らしさ（本職は漫画家・アニメーターだから当然とはいえるが）が資金調達上に絶妙の効果を発揮した。米国ディズニーランドを創設し、観光企業としても大成功し、その卓越したビジネスモデルを世界に拡散させたディズニー兄弟は世界的にも希有の

絶妙の組み合わせであった。初三郎と熊八とを合わせた以上のたぐい稀なる「観光デザイナー」能力を一人で兼ね備えた天才と、その足りない部分をそっくり補うかのように、暴走を巧みに制御できる賢兄とを数十年間にわたり仲良くコンビを組ませたのだから。

また前述の油屋熊八の場合も「観光デザイナー」としての十全の機能を発揮するためには、彼の片腕となった中谷巳次郎の献策や亀の井自動車取締役の薬師寺知朧、曽根末松、杉原時雄[90]らの有能な部下や仲間が、計数面には弱く「どんぶり勘定の傾向があった」[91]熊八の欠点を上手にカバーしたという。熊八自身も「オレには金はないが、曽根や杉原のようないい児分がいてくれるので安心じゃョ」[92]と「熊八をとり巻く親衛隊」[93]に全幅の信頼を寄せていたとされる。

1) 佐伯宗義『日本鋳直しの生いたち』佐伯研究所、昭和47年、p43所収。
2) 3) 河合正一「建築批評論」『建築学大系7　建築計画・設計論』彰国社、昭和34年、p66。
4) 「有名建築その後　ホテル川久時流に見捨てられた高級路線」『日経アーキテクチュア』696号、平成13年7月9日、p92。施主の弁は堀資永「ホテル川久を建てて」『建築雑誌』108（1349）、平成5年10月、p55参照。
5) 観光資本家に関する一連の拙稿群「近江商人系資本家と不動産・観光開発――御影土地を中心として――」『彦根論叢』第375号、平成20年11月、「海と山のリゾート開発並進と観光資本家の興亡――大正期の別府土地信託、別府観海寺土地を中心に――」『彦根論叢』第381号、平成21年11月、「温泉会社の源泉リスクと観光資本家――遠距離引湯の廃絶例を中心に――」『彦根論叢』第386号、平成22年12月など参照。
6) 古賀学『観光カリスマ』学芸出版社、平成17年、p5-6。著者も石間金蔵らに関して別稿を予定している。
7) 鉄道史学会編『鉄道史人物事典』日本経済評論社、平成25年。
8) 数寄者とは本来は好き者の意であったが、風流人とくに本業とは別に茶の湯を趣味とする人を指す。
9) 請負師類型は拙稿「伝記と鉄道資本家」『評論』、第88号、日本経済評論社、平成6年9月参照。

10) 田中善助は朝熊山、榊原温泉等に別荘を構える点ではⅠの系譜、榊原温泉の旅館主である点ではⅡの系譜、伊賀鉄道、朝熊登山鉄道等の社長である点ではⅢの系譜といった多面的な要素を持つが、田中を知る田畑彦右衛門氏は「横浜の豪商原三渓を思わせる」(『田中善助伝記』前田教育会、平成10年、p 2)と評しており、「鉄城という号をもつ趣味人」(同書、pxvii)として加えた。

11) 谷口梨花『汽車の窓から』大正7年、博文館、p384。

12) 三渓は「跡見女学校に助教師の職を求め…教鞭を執」(藤本實也『原三渓翁伝』思文閣出版、平成21年、p35)った縁で原家に婿入り、明治41年5月15日女学校最初の遠足で東京から歩いて目的地の三渓園を訪れた教え子・同窓の跡見女学校の生徒らを「御もてなし、なかなかに」(川幡留司「三渓園開園の頃の状況を『跡見花蹊日記』にて探る」『にいくら』第14号、跡見学園女子大学花蹊記念資料館、平成21年3月、p 7)暖かく歓待するなど、ホスピタリティ溢れる夫妻であった。

13) 「時事新報社第三回調査全国五拾万円以上資産家」『時事新報』大正5年。

14) 三渓園保勝会編『三渓園100周年 原三渓の描いた風景』神奈川新聞社、平成18年、p126所収。

15) 白崎秀雄『三渓 原富太郎』昭和63年、新潮社、p14-15。

16) 19) 新井恵美子『原三渓物語』平成15年、神奈川新聞社、p110、p207、p243。

17) 18) 20) 26) 前掲『三渓園100周年』p166、p128所収、p62、p65。

21) 花月華壇は拙稿「明治期近郊リバーサイドリゾート経営のリスクと観光資本家——墨東・向島の鉱泉宿・有馬温泉と遊園・花月華壇の興亡を中心に——」『跡見学園女子大学マネジメント学部紀要』第12号、平成23年9月参照。

22) 小沢福三郎『株界五十年史』春陽堂、昭和8年、p74。

23) 明治40年2月8日『横浜貿易新報』(前掲三渓園、p93所収)。

24) 鈴木博之「三渓園と原富太郎」(前掲三渓園、p140)。

25) 横浜開港資料館編『資料集横浜鉄道一九〇八～一九一七』横浜開港資料普及協会、平成6年。

27) 新井恵美子講演「横浜と原三渓」『三渓園戦後あるばむ』平成15年、財団法人三渓園保勝会、p69。

28) 平成13年度滋賀大学産業共同研究センター「観光まちづくりフォーラム」。なお『観光まちづくりフォーラム講演録 由布院のまちづくりに学ぶ』滋賀大学産業共同研究センター、平成14年、中谷健太郎「特別寄稿お愉しみは、それからです」『滋賀大学産業共同研究センター』第2号、p106-112、中谷健太郎『湯布院幻灯譜』平成7年、海鳥社、p58-59。

29) 大阿蘇登山バスは「展望式二十人乗りの軽快なバス…ほがらかなバスガールの

解説」(『日本都市大観』毎日新聞社、昭和8年、p491)を売り物とし、「乗組の女車掌をして、バスの走行中、遠近の景勝と阿蘇の地歴を解説」(『案内解説　大阿蘇登山』昭和8年、凡例)する亜流者であったが、『案内解説』の編者不老暢人の本名は亀の井の取締役薬師寺知朧その人であった。

30) 31) 32) 33) 34)　松田法子『絵はがきの別府』左右社、平成24年、p133、p184、p291、p186。

35)　兼子鎮雄『観光別府の先覚者』別府市立図書館、昭和25年。

36)　佐伯宗義記念誌刊行委員会編『佐伯宗義』同委員会、昭和58年、p92、以下は単に佐伯と略記し本文中に示した。

37)　和久田康雄『人物と事件でつづる私鉄百年史』平成3年、鉄道図書刊行会、p215。

38)　立山研修会館の展示・映像資料(平成25年8月27日訪問)。

39)　同様に神津藤平(長野電鉄)も仕事師を自称する超ワンマンで「腰がまがっても電車の席に腰を下ろさずに、運転手の後ろに立って」(宮沢憲衛編『神津藤平の横顔』長野電鉄、昭和36年、p118)一人で線路を視察、「歩いて見なければ細かい所は判らん」(同書、p27)と現場で細部まで陣頭指揮、部下が献策したバーデンまがいの岩風呂を勝手に自分の発案と称して上林に建造させるなど独裁ぶりが過ぎ「道楽的建設」と大株主から文句が出た。

40)　佐伯宗義『日本鋳直しの生いたち』p43所収。

41)　佐伯宗義につきご教示賜った立山研修会館高木晴秀氏をはじめ、立山博物館、佐伯宗義記念室、富山地方鉄道、立山黒部貫光、株式会社たてやま、立山町役場の関係各位に深謝する。

42)　温泉会社は拙稿「温泉会社の源泉リスクと観光資本家——遠距離引湯の廃絶例を中心に——」『彦根論叢』第386号、平成22年12月参照。

43) 46) 47)　『湯の山榊原温泉』近畿交通社、昭和25年、p28、p29、巻末広告、p28。福島県岳温泉でも台湾在住の木村泰治が一度は断ったものの地元の熱意に負け、失火で全焼し大正12年経営不振で倒産した岳温泉株式合資会社の負債を肩代り、土地と温泉権一切を6万円で買収、新たな観光デザインの下に岳温泉を再建した(『岳温泉復興100周年記念誌　天翔ける風の光に』平成18年、p44)。

44)　村治圓次郎は伊賀軌道発起人以来の部下(鉄城、p146)で『鉄城翁伝』編纂代表。

45)　杉森万之輔は「私が頭取時代の伊賀上野銀行の行員」(鉄城、p88)を上野町長の時に助役に起用した。

48)　『日本温泉大観』昭和16年、p1181。

49)　前掲『田中善助伝記』p362。

50)　平松甚四郎は拙稿「地勢難克服手段としての遊園・旅館による観光鉄道兼営

──箱根松ケ岡遊園・対星館の資料紹介を中心に──」『跡見学園女子大学観光マネジメント学科紀要』創刊号、平成23年3月、「リゾート開発に狂奔した"投資銀行"のリスク増幅的行動──平松銀行頭取平松甚四郎のリスク選好を中心に──」『彦根論叢』第390号、平成23年12月。

51) 森田庄兵衛は田中修司「森田庄兵衛による新和歌浦観光開発について」『日本建築学会計画系論文集』635号、社団法人日本建築学会、平成21年1月、p291-297。

52) 金田一國士は拙著『破綻銀行経営者の行動と責任──岩手金融恐慌を中心に──』滋賀大学経済学部研究叢書第34号、平成13年。

53) 拙著『企業破綻と金融破綻──負の連鎖とリスク増幅のメカニズム──』九州大学出版会、平成14年、p523-546参照。

54) 九度山の椎出で高野登山客相手の観光旅館を営んでいた尾上勝蔵は地域発展を期して新たに高野索道・高野登山自動車、高野電気鉄道等の発起・設立に深く関与した（WEB『高野索道　森林軌道・山林・索道』平成24年6月検索）。

55) 「虚業家」は拙稿「企業家と虚業家」『企業家研究』第2号、企業家研究フォーラム、有斐閣、平成17年6月、「買占め・乗取りを多用する資本家の虚像と実像──企業家と対立する『非企業家』概念の構築のための問題提起──」『企業家研究』第4号、企業家研究フォーラム、平成19年6月、参照。たとえば新和歌浦土地を創立して遊園地を経営した開拓者の森田庄兵衛の場合は「新和歌浦経営資金の調達に就て奔走」（T10.4.1 大毎⑦）中に別の粉河屋詐欺事件の主犯Ｉが「森田氏に近付き金策をするからとて…巧みに欺いて手形を乱発せしめ、遂に同家の財産を滅茶々々にして仕舞った」（前掲毎日）と報じられた。平松憲夫（阪和電気鉄道取締役）は森田家の末路について「時利あらず、人に運なしか、忽ち大蹉跌を来してしまったが、時を経、日を過ぎて遂に今日の殷賑新和歌が出来上った。…ここに哀れを止めたのは独り森田家である。近く同家を知るもの、此の開拓者のため像を永久に記念せんと議しつつある」（昭和12年2月28日月刊誌『阪和ニュース』、平松憲夫『阪和百景』昭和14年、p23所収）と森田の開拓者としての功績を称えている。

56) 拙稿「鉱業投資とリスク管理（序説）──鉱業リスクの諸態様を中心として──」『彦根論叢』第355号、平成17年9月、「証券業者による鉱山経営とリスク管理──八溝金山事件を中心として──」『彦根論叢』第354号、平成17年5月参照。

57) 比叡山の千日回報の荒行やヒマラヤ登山家などの陥るクライマーズ・ハイ（climber's high）のごときものか。

58) 具体的には①明治21年ハイリスクを選好する銀行家の平松甚四郎が箱根強羅の約87町歩もの山林を買収し、最初の温泉開発に着手、②24年末京橋の酒問屋山脇

善助が継承して道路を開き、源泉から引湯、③その後を継承者した小石川の不動産業香川泰一が旅館を開業し宣伝、④建築家の清水仁三郎が香川の銀行借入を肩代わりして、⑤40年20余名の財界人の共同出資による組合形態の"不動産ファンド"が用地を買収し、登山鉄道を含む強羅の本格的な観光デザインに着手し、⑥44年ファンドから実働部隊として託された小田原電気鉄道が用地を買収し観光デザインを最終的に完成させた。しかしこの間の20数年間に、①の平松の銀行は破綻し、②の山脇も破産、③の香川は資金難で④の清水に泣き付き、肩代わりした清水も返済できず、⑤の資金力豊富な財界人団体が組合形態で買収してようやく、⑥の小田電が完成させるが、①～④の開発者はいずれも資金負担に耐えられず破綻ないし挫折を余儀なくされた（拙稿「箱根の遊園地・観光鉄道創設を誘発した観光特化型"不動産ファンド"——福原有信・帝国生命による小田原電気鉄道支援策を中心に——」『彦根論叢』第387号、平成23年3月参照）。

59) 宮沢賢治は花巻温泉遊園地の花壇造営の設計を担当（『宮沢賢治全集9』筑摩書房、平成7年、p314以下）した狭義の「観光デザイナー」でもあるが、彼は花銀常務から盛銀取締役花巻支店長となった宮沢恒治の甥にあたり、「私の町は汚ない町であります。私の家も亦その中の一分子」（高橋秀松あて大正4年8月14日付賢治書簡［9］前掲『宮沢賢治全集9』p27）のため、奇しくも観光振興に関わって被告人となった両行疑獄事件の裁判をともに近親者として間近で見聞した貴重な証言者でもあった。賢治はまず大正4年花銀に「x、yと云ふやうな問題が起って私の周囲は…眼が充血してゐます」（前掲書簡）と隠語まで用いて行内の混迷ぶりを伝え、この汚ない事件の脚本化までも構想していた。

60) 岩手日報記者・森佐一あて昭和8年3月31日付賢治書簡［467］前掲『宮沢賢治全集9』p571。

61) 前掲『破綻銀行経営者の行動と責任』p135。岩手県花巻温泉は盛岡の金田一國士が引湯により新しく観光デザインした花巻温泉を総合経営した。

62) 稲垣真美『観光巨人伝　杉本行雄物語』旅行読売出版社、平成8年、笹本一夫、小笠原カオル『挑戦　55歳からの出発・古牧温泉杉本行雄物語』実業之日本社、平成5年など礼賛記事が多いが、平成15年9月12日深夜に貨物列車に接触し即死、三沢署は「事故と自殺の両面で調べ」（H15.9.13読売）たという。

63) WEB『デーリー東北新聞社』「古小牧温泉破たん　民事再生の衝撃」（www.daily-tohoku.co.jp：平成24年6月検索）

64) 拙著『虚構ビジネス・モデル——観光・鉱業・金融の大正バブル史——』日本経済評論社、平成21年、p24-32。

65) 『新潟中央銀行50年史』新潟中央銀行、平成7年参照。

66) 中村一夫『銀行破たん　新潟中央銀行はこうして消えた』考古堂書店、平成13年、中村一夫『銀行はこうしてつぶされた：大蔵省の不作為責任を告発する』ぱる出版、平成13年。

67) 現今の地域に根差した総合プロデューサー・「観光カリスマ」にも「自分の好きなことを貫き通し…地域の内外に実にさまざまなネットワークを持って…真似をしない…常に次の事業の素材を見出そうとしている」（古賀学『観光カリスマ』学芸出版社、平成17年、p7-9）といった共通点があるとされる。

68) 日本における著名テーマパーク創設時の投資判断に金融界の末席を汚した著者自身のささやかな実体験でも、「海のものとも山のものとも」判別しがたい"夢想"に乗るか、乗らぬかのギリギリの判断の境界は、提出された空想図を観てあのキャラクターの魔力を深く信じるか否かの微妙な辺りにあったようにも感じている。

69) 金名鉄道は『北陸鉄道50年史』北陸鉄道、昭和49年、p80-、『北陸の産業と温泉』北日本社、昭和7年、p169、新本欣吾「白山麓開発にかけた夢——小堀定信と金名鉄道——」『はくさん』35巻4号、p6-12（https://www.pref.ishikawa.jp/hakusan/publish/hakusan/：平成24年6月検索）。

70) 71) 72)　WEB『金沢学序説』（www.kanazawagaku.com/josetsu/56.html：平成24年6月検索）。昭和7年平沢嘉太郎死亡後に遊園は競売に付された。

73)「太田雪松が専務取締役として、敢然と紊乱、貧窮の能勢電鉄に乗り込み、渾身の勇気と熱意とをもって、まさに危殆に瀕せる当社に起死回生の努力を傾注した。実に救世主の出現というべきであった」（岩下正忠『風雪六十年』能勢電気軌道、昭和45年、p13）と高く評価された。

74) 太田雪松は「早稲田大学評議員たる外、数会社に関係」（『現代人名辞典』大正元年、中央通信社、ヲp64）し、摂丹鉄道発起人総代、妙見鉄道取締役、能勢電辞任後も八幡電気軌道専務、京都鉱泉相談役、養老鉄道相談役、三田浜楽園取締役など甚だ癖のある企業群に関与したが、鉄道と観光を基軸とするとはいえ、彼の関与企業の間には何らの連関も脈絡も感じられず、太田という人物が発散一方で、どこに収斂するのかが皆目見当が付かず、「手腕アリト雖モ果シテ会社ノ事業ヲ遂行スルノ誠意アリヤ否ニ至リテハ実ニ疑ナキ能ハサルナリ」（「亀岡町吉川村間軽便鉄道敷設免許ノ件」鉄道省文書『妙見鉄道（元摂丹鉄道）大正二年～大正八年』3 A13-11、327、国立公文書館蔵）と疑問視された。新聞記者出身の筆力で自らを英雄化した『能勢電気軌道株式会社の真相』を公表し、当時「其手腕に依り内外の整理遂行、事業の進行を図る事となり、〈太田〉氏は専務の地位に就き爾来鋭意努力しつつあり」（T6.8.17内報③）とも報じられた。妙見鉄道の結末は工事を請負った間組から破産を申し立てられるなど詐欺まがい鉄道計画と見做されて

終　章　観光デザイナー論　275

　　　いる（田中真人・宇田正・西藤二郎『京都滋賀・鉄道の歴史』京都新聞社、平成
　　　10年、p309-310参照）。
75）　『現代人名辞典』大正元年、中央通信社、ヲp64。
76）　拙稿「海浜リゾートの創設と観光資本家――東京ベイ臨海型テーマパークの魁・
　　　三田浜楽園を中心に――」『跡見学園女子大学マネジメント学部紀要』第7号、平
　　　成21年3月参照。
77）　「副命書」鉄道省文書『妙見鉄道（元摂丹鉄道）大正二年～大正八年』3A13-
　　　11、327、国立公文書館蔵。
78）　鉄道省文書『妙見鉄道（元摂丹鉄道）大正二年～大正八年』。「会社屋」は拙稿「企
　　　業家と虚業家」『企業家研究』第2号、企業家研究フォーラム、平成17年6月参照。
79）80）81）82）　昭和58年4月29日『アサヒグラフ』No. 3138号、p102。後日談と
　　　して福島県で別荘地開発を展開した磐急の分派・磐梯電鉄不動産が和歌山県へ
　　　"ワープ"して、紀州鉄道不動産に変身した飛躍ぶりは拙稿「北軽井沢の観光デザ
　　　イナー」『跡見学園女子大学観光マネジメント学科紀要』第4号、平成26年3月参照。
83）　小林武彦『現代の倒産　競争に敗れた50社の教訓』日経新書148、日本経済新聞社、
　　　昭和46年、p157。磐急の往時の姿は『写真でつづる懐かしの沼尻軽便鉄道』同刊
　　　行委員会、歴史春秋社、平成12年、『続・懐かしの沼尻軽便鉄道』歴史春秋社、平
　　　成13年参照。
84）　『岩下清周伝』故岩下清周君伝記編纂会、昭和6年、p233。
85）　前掲『原三渓物語』p239。城崎では北但大地震の際に横浜からの支援物資が実
　　　用的で復興に役立ったと語り継がれている（四角）。
86）　森重昌之「観光を通じた地域コミュニティの活性化の可能性――地域主導型観
　　　光の視点から見た夕張市の観光政策の評価――」『観光創造研究』5号、北海道大
　　　学観光学高等研究センター、平成21年5月、p16。
87）　『宮崎交通70年史』宮崎交通、平成9年、p 211-215。
88）　拙稿「第二の軽井沢を夢想した"観光デザイナー"松本隆治と宮崎寛愛――観
　　　光リスクマネジメントの観点から――」『彦根論叢』第399号、平成26年3月参照。
89）　ボブ・トーマス『ディズニー伝説　天才と賢兄の企業創造物語』山岡洋一・田
　　　中志ほり訳、日経BP社、平成10年、p363。
90）　杉原時雄は亀の井バス専務、「昭和三年亀の井自動車が創立され厳として泉都の
　　　交通界をリードした。生みの親は油屋翁であったが、自動車という特殊技能を要
　　　する者でその衝に当ったのは氏である。爾来三十年、油屋翁既になく今日の亀の
　　　井バスあるは正に氏の奮闘三十年史ともいえよう。泉都の自動車王でもある」（大
　　　分県観光協会創立十周年記念、昭和32年）。

91) 93)　佐賀忠男「湯けむり太平記」昭和59年1月25日～6月14日『西日本新聞』大分県版連載、81回、75回。
92)　「油屋熊八翁をしのぶ座談会」『二豊の文化』昭和25年9月、p8。

あとがき

　著者は当初の研究領域である経営史、企業者史あるいは金融史の視点から不動産・開発業をも包含する広義の観光産業の展開過程を歴史的に解明してみたいと考えた。解明していく過程において、すこし方向を修正し近年は観光と地域コミュニティに関わる古くからのテーマを、観光デザインとコミュニティデザインという新しい皮袋に容れて、果たして賞味にたえるものに熟成できるかどうか試飲してみようと考えた背景には以下に述べるような著者なりの個人的な諸事情が存在する。
　そもそも著者と観光との直接の深い接触は中学・高校時代のクラブとしてのワンダーフォーゲル活動に胚胎する。目的地が自ら定まっている山岳部やハイキング部ではなく、霊山、高原、温泉から下界の街歩きまでなんでも見てやろう主義の旅行企画を自ら立て、徒歩、自炊、車中泊等の極端なローコストで全国各地を訪ね歩いた昭和30年代の自律的旅行体験は、振り返って見ると一種の"自律的観光"の実践といえなくもない。第6章に掲げた芦有開発への住民の反応や芦山荘問題などは当該校に通学したり、従来から奥池で幾度もキャンプを楽しんできた著者らが遊園地開設によって排除された原体験でもある。著者が直接に見聞きして記憶に残る第6章の多くの登場人物には資料の裏付けのない辛口の評価をしたが、分別もない幼少者の独断とご寛容いただきたい。
　昭和40年代後半からバブル期に至る時期は金融資本の"走狗"として金融機関に勤務し、審査担当者として広く全国の私鉄・バス・ホテル・遊園地・リゾート・不動産・諸サービスなど広く観光企業等の幹部・関係者多数から直接に経営に関する情報をお聞きし、現地・現場を拝見する機会を得た。もし地域金融機関に勤務していたら、せいぜい当該都府県内の観光産業に限定されていたであろうが、幸いに全国規模しかも全国市町村に営業拠点を網羅し、全国から集積した巨額資

金を可能な限り当該地方に還元して地域振興に貢献すべく観光を含む地域密着・貢献型産業に重点配分していた勤務先の特性のおかげであった。著者は昭和40年代から退職するまで、全国各地に出張しておそらく数百冊にも及ぶ「審査報告書」類を書き上げたが、いずれも経営内部の秘密文書であり、一時期執筆した公開目的の調査報告書を除けば公刊・公表できない性格の地味な裏方の仕事であった。

　主に長期資金を供給する際の回収可能性を判断する職責を背負って新規事業の立ち上げ（著者の考える観光デザイン）など経営内容の機微に亘る機密事項を聴取した著者の当時の関心事は、必然的に観光産業等が相当規模の資金を調達して新たな設備投資を敢行することに伴う当該経営リスクがいかほどのもので、当社は想定される最大リスクにも耐えられるかどうかという一点にあったといってよい。昭和40年代から列島改造ブーム・バブル期にかけてのホテル・レジャー・リゾート・不動産等の幾度もの熱狂的なブームの最中でのこうした投融資の可否判断（観光デザインそのものの価値判断）は、今考えてもぞっとするほど困難で責任重大な仕事であった。甘い信用調査でお茶を濁した同業・隣接の'先端的'金融機関の多くは経営破綻し、従業員は路頭に迷う結果となった。投融資先にあっても幸いにして最有力テーマパークのように、審査担当者の堅目の試算を物の見事に超過達成した成功例も若干数あったが、当然ながら全く逆の裏目が出た不幸な例にも多く遭遇したことは保守的・伝統的姿勢を堅持してきた著者としても自戒・自責の念を禁じ得ない。

　退職後であっても金融人には生涯課せられるべき守秘義務上、著者は直接見聞した時期の論議にはあえて立ち入ることを避け、主に戦前期の観光問題を中心に研究してきた。著者は正当派の歴史研究者ではない。自身が直接見聞した現代の事象にも相応の関心と知識を有するが、金融人の矜恃として禁欲的に研究時期を明確に限定してきた。

　著者の当時の視点は明確に観光資本の分析であり、広域営業を行う金融資本の立場から日本全域の観光活動全体を俯瞰していた。したがって著者には特定地域の事象を深く掘り下げるべきフィールドという認識は残念ながら存在しなかった。同じ金融人でも地域金融機関では地域コミュニティとの関わりを絶え

ず意識していたのだが、著者の視野からは長らく従事した観光施設財団等の不動産鑑定評価業務における「地域分析」[1)] 以上の認識は残念ながら欠落していたことを告白せねばならない。

　こうした経緯を経て、観光業等に多額の投融資を行う一方、自らホテル等を全国に建設して専門業者に一括長期不動産賃貸するという"観光投資ファンド"的色彩をも有していた金融機関の調査部門から学界に移り、当初の金融リスク研究から次第に観光リスク研究へと比重が変化していった。外部からは別の領域への移動かと思われるであろうが、観光業等のハイリスク領域に踏み込んで蹉跌・破綻した盛岡銀行・拓銀など幾多の金融機関の事例から考え、両者は同一事象の表裏にすぎないと著者は考えている。

　観光と地域とに関心が向いた契機は前任校の同僚で「地域デザイナー」を任ずる山崎一眞氏が主宰する「滋賀大学まちづくりフォーラム」（平成14年）で宮本憲一学長の対談相手に由布院・中谷健太郎氏をお願いしたことであった。多忙な知事も駆け付けた両氏の対談は観光リーダーの果たす役割を著者に気付かせた。山崎氏のお引き合わせで由布院の米田誠司氏などをはじめ数多くの実務家・専門家のお話を聞く機会に恵まれたほか、相前後して地方金融史研究会など地域史関係の学会や、古地図研究会、地域史編纂等にも参加させていただき、地域の視点からの論考や地域を意識された多くの優れた研究者に直接接する機会を得て多くのご示唆を得ることができた。

　今、現在の勤務先で観光学を学ぶ学徒の立場で数多くの女子学生に話を聞く機会を得て、同一テーマパークに年間数十回以上、平均して週に1回を遥かに超える過激なリピーター層の実態を深く認識することができた。四半世紀以上前の、自らの審査担当者としての読みの浅さ、判断ミスを日々痛感させられている。この自らの幾多の失敗体験が示すように、わが国に例がない全く新しい種類のテーマパーク等を計画し、造営し、運営する「観光デザイン」という仕事の奥深さを実感させられた。

　同時に当該テーマパークを運営する土地会社自身が計画し、造成し、卸売りした海浜都市に開業以前から長らく居住する一住民の立場からも当該観光施設

の賑わいと観光都市での暮らしを日々実感して今日に至っている。こうした著者自身が得てきた体験を見直しつつあった折に、今一つの海浜都市の「観光デザイン」の幼児体験を想起しなおす契機が著者に訪れた。その具体的中身は第6章で述べたとおりであるが、著者自身が最も早くに直接見聞し得た観光産業の一つとして、また地域を代表する企業として仰ぎ見て来た芦有開発が、近年になって外資への売却話が出た揚げ句、幼かった著者の目からは周囲に偉容を誇っていたように見えた芦有開発本社ビルがすっかり姿を消したりして、少なくとも住民の視野から見えなくなったことである。

　生駒・彦根・京都などの盆地居住体験の前後に大阪湾と東京湾との二つの面積狭小の独立海浜都市に住んだ経験を持つ著者として、今次の大震災をも乗り越えて栄華を誇る著名土地会社と比較するにはやや気が引けるものの、僅か数年で遊園地の廃業を余儀なくされた薄命の無名開発会社とのあまりの落差を解明するために「観光デザインとコミュニティデザイン」という新たな視点から取り纏めたいと思い至った次第である。一般的に多忙な実務家は歴史を軽視しがちで、著者も「前だけ向いて走れ！」[2]という雰囲気の中で仕事をしてきた。幸いに社史編纂室長を命ぜられ実務家でありながら社業を振り返るという得難い機会を頂き、かつバブル崩壊を金融機関内部で実感できた。平成バブルに酷似する大正バブルの実態を十分認識してさえいたら…違った対応もできたのにと悔んでいる。こうした切実な自己批判に基づいて、以後著者は金融でも観光でも徹頭徹尾歴史にこだわり、かつ意思決定・デザイン等を担った重要人物の資質・性向に絞り込んで研究を進めてきた。こうした結果、近年に至って「観光デザイン」と「コミュニティデザイン」という本質的には当然に相容れない要素を持つ二つの異分子同士のとんがった部分を巧みに調整し、調和させ、親和をはかり、双方の融合可能なビジネスモデルを創案して、良好な協調・連携・提携関係にまで持ち込む、智恵者・仕掛人こそが真に「観光デザイナー」と呼ぶに値する人物ではないかと思い至った。著者の視点からいえば、気を衒った奇抜な造形を弄んで顰蹙を買うような行為は、いかに斬新で創造性に富む優れた芸術作品であったとしても、観光学の立場からは評価すべき対象にはならないと考える。

このように著者の経歴・視点等は観光学徒としてはおそらく異端であり、学界主流とは無縁な存在であることを十分自覚している。さりながら本来個人の趣味嗜好の範疇に属し、従って流行に翻弄され易く、浮沈や栄枯盛衰が不可避な観光という一見「とらえどころのない」奇妙にして妖しく光輝く不可思議な存在を学問対象とする観光学は、元来学際的であり、多種多様な見解にも比較的寛容な分野と思う故、あえて著者の現在立脚している独自の立場から観光経営と地域社会の相互関係を独断と偏見をもって取り纏めようと試みたのが本書である。調査で訪れた城崎では「コミュニティデザイナー」とでも称すべき四角澄朗氏より、著名建築家の共同浴場建築プランにさえも景観にそぐわぬとウルサく注文をつけた話など、当地住民の意識の高さを再認識させて頂く機会を得た。ご案内された温泉寺の本尊が第2章の長谷寺と同木との興味深い伝承も伺い、本書の章と章との奇縁に驚かされた。

 本書が上梓されるまでには実に数多くの方々のご教導とご厚意を頂戴した。まず元となった初出各論文執筆に際して種々ご教示を賜るなど、お世話になった各地の関係機関・関係各位[3]に厚く御礼申し上げたい。特に本書の研究領域では数多くの先行研究を公刊されている奈良大学三木理史氏には日頃から多くのご示唆を頂いている上に、大浦治雄氏への聴取の際にご同席のうえ、貴重な大浦家文書等の閲覧にも便宜をはかっていただいたことを特記しておきたい。

 また学生達とともに現地を訪問した際に、多忙な中にもかかわらず親しく地域振興の構想を熱心にお話し下さった会津若松市の室井照平市長、立山町の舟橋貴之町長ら各地の自治体首長・幹部職員各位の地域への熱い姿勢にも大いに啓発された。現在の勤務先・跡見学園女子大学に着任後、学長の山田徹雄教授より本書の主題となるべきテーマへ取り組む契機を頂戴するとともに、談論風発の学風のなかで論客で鳴る種田明教授など同僚各位より、著者の観光学への認識の甘さなどに関し、その都度的を得た鋭いご高見を矢つぎ早に頂戴する度に、絶えず学問的な刺激を受け続けた。どうにかして新たな構想を構築できないものかと日夜もがき苦しんだことが、本書が成る大きな要因の一つでもあった。なお本書の出版に際して跡見学園女子大学の学術図書出版助成金の交付を受けたこと、ならびに日本経済評論社の栗原哲也社長、谷口京延取締役に絶大

なるご支援、ご協力を頂いたことを付記する。

1) 近隣地域、類似地域等の職域階層を精査し、地域の標準的使用を確定するなどがルール化されている。
2) 日経編集委員の井上亮氏は「イケイケどんどんのムードのなかでは反対意見をいえなかった」との銀行関係者の反省の弁を引用して、彼らには「無謀な不動産投機が何をもたらすかについて将来を予想する能力が決定的に欠如していた」(H26.3.16日経⑮)と結論づけた。著者は金融機関に予知能力などそもそも期待すべきでなく、バブルの歴史を風化させず、自らの共犯の歴史に学ばせるべきだと考えている。
3) 赤羽孝一郎、朝生充治、井口衡、伊藤正、井藤千秋、伊勢戸佐一郎、今井壽子、大浦治雄、太田稔、大塚融、大原皓二、岡藤政子、風間純子、菅野正道、木村邦男、紺木久弘、四角澄朗、下間一久、白井昭、大宮司裕子、高木晴秀、田守信子、千葉千恵、徳永慶太郎、富井盛雄、中谷健太郎、中路裕、萩原芳樹、藤井建、藤城城一、藤間秀之、堀野宗俊、三木理史、村椿明、師橋辰夫、柳清治、山崎一眞、山下和正、山田勲、山田公一、山田伸一、山田俊明、山田充郎、山本直子、米田誠司、廊坊篤、和田浩明の各氏

　会津若松市、赤羽産業、芦屋市総務部、芦屋市立図書館、熱海市立図書館、岩手銀行、岩手県、浦安市立図書館、大阪企業家ミュージアム、小田原市立図書館、柏崎市立図書館、金沢市立石川図書館、軽井沢町立図書館、城崎温泉観光協会、城崎温泉・町並みの会、九州大学石炭研究資料センター、京都府総合資料館、京都府立図書館、近鉄資料室、頸城自動車、頸城のお宝を残す会、神戸大学経済経営研究所、国立公文書館、国立国会図書館、埼玉県立文書館、桜井市観光協会、財団法人三渓園保勝会、塩尻市立図書館、滋賀大学史料館、証券図書館、新聞博物館、瑞巌寺宝物館、仙台市史編さん室、大和証券、立山黒部貫光株式会社・立山研修会館、立山町、立山博物館、株式会社たてやま、地方銀行協会、十日町市立情報館、同志社大学人文研究所、富山地方鉄道株式会社・佐伯宗義記念室、奈良県立奈良情報図書館、奈良大学、奈良女子大学図書館、奈良ホテル、南都銀行、新潟県公文書館、新潟県立図書館、日本銀行金融研究所、長谷寺、株式会社花巻温泉、阪急学園池田文庫、一橋大学図書館、日野町史編さん室、福岡県地域史研究所、富士急行、船橋市立西船橋図書館、別府市観光協会、別府市立図書館、北海道開拓記念館、北海道立文書館、松之山温泉観光協会、美里町図書館、宮城県公文書館、向日市立図書館、明治大学図書館、横浜開港資料館、由布院観光総合事務所、龍谷大学図書館・長尾文庫、芦有開発株式会社、芦有ドライブウェイ株式会社などの各機関（順不同、訪問時の名称）

掲載図表一覧

カバーカラー写真 「芦屋奥池ハワイまつり」（チラシ、著者所蔵）
カバー裏カラー写真 芦屋奥池の京都市電（昭和42年著者撮影）

序章
写真-1 松山城下の伊予鉄道（昭和42年著者撮影） 18

第1章
写真-1 松島パークホテル英文案内（跡見観光コレクション） 32
写真-2 京都鉄道の嵐峡納涼観月列車のスタンプ付絵葉書（著者所蔵） 34
写真-3 大泉本店（明治30年代後半）と大泉家当主（著者所蔵） 40

第2章
写真-1 『長谷鉄道沿線案内』部分（大正末期、著者所蔵） 68
写真-2 穂波僧正の牡丹園『大和長谷寺牡丹』絵葉書（著者所蔵） 71
写真-3 『大和初瀬長谷寺案内記』表紙（大正6年、著者所蔵） 76
表-1 長谷寺や牡丹等に関する長谷鉄道側の記録（抄） 79

第3章
写真-1 戦前期の松之山温泉街絵葉書（著者所蔵） 106
写真-2 初代赤羽茂一郎（『私の半生』、著者所蔵） 115
表-1 戦前期の松之山温泉各旅館の概要 107
表-2 松代銀行役員（大正8年時点） 111
表-3 大正8年度の温泉土地会社等一覧 119
表-4 中央土地信託の設立時役員 121

第4章
写真-1 城崎温泉土地建物「当社経営地図」 135
写真-2 城崎ホテルと月の湯温泉（町温泉課資料） 137
写真-3 城崎温泉土地建物（『株式年鑑 大正十四年度』、著者所蔵） 142

写真-4　月の湯温泉と城崎ホテル（震災後）143
表-1　城崎温泉土地建物の主要役員（大正10年）134
表-2　城崎温泉土地建物の主要役員（大正11年）139
表-3　城崎温泉土地建物の財務諸表（大正12〜15年）148

第5章
写真-1　「温泉創業拾周年紀念　嵐山・嵐峡館1907」絵葉書（著者所蔵）164
写真-2　「嵐山電車軌道　沿道名所案内」（著者所蔵）168
表-1　嵐山三軒家株式会社発起人と属性　175

第6章
写真-1　戦前の芦屋川遊園地絵葉書（著者所蔵）198
写真-2　昭和35年ころの芦屋奥池（著者撮影）204

第7章
写真-1　奈良ドリームランド（昭和62年著者撮影）233
写真-2　野沢組惣代事務所の看板（平成25年8月著者撮影）239

終章
写真-1　三渓園臨春閣（平成24年6月著者撮影）247
写真-2　油屋熊八・ゆき夫妻の賀状（大正6年、著者所蔵）250
写真-3　佐伯宗義愛用の机（立山研修会館、平成25年8月著者撮影）254
写真-4　榊原温泉神湯館絵葉書（著者所蔵）255

索　引

人　名

〈あ行〉

青木栄一　　4
青木槐三　　81, 98
青木助三郎　　58
赤羽運吉　　115, 121, 122
赤羽孝一郎　　118, 120, 123, 127
赤羽太郎　　105, 116, 117, 121, 124
赤羽年重郎　　120, 121
赤羽豊治郎　　115, 120, 121
赤羽茂一郎（初代）　　115, 120, 121, 124
赤羽茂十郎　　115, 121
赤堀自助　　69, 83, 95, 98
麻島昭一　　118, 126
芦高伊三郎　　95
芦高順三郎　　69
芦田喜三郎　　81, 82, 91, 92, 98
油屋熊八　　49, 240, 245, 250, 251, 257, 269
天宅くに　　155
雨宮敬次郎　　245
荒川宗助　　172, 174, 175, 187
荒木三郎　　81
荒津長七　　155
有城豊七　　64, 65
安藤　　42
安藤利兵衛　　39
今井専次郎　　175
生田達治　　144
池上和夫　　22, 30
池田六衛　　120-122
池俊介　　13, 26
池ノ上真一　　16, 27, 28
石井定七　　113
石角喜三郎　　175
石田松太郎　　137, 143
石間金蔵　　245, 269
石森秀三　　15, 26, 27
伊勢久治郎　　48, 49
井田建次郎　　211

逸見弥太郎　　151
伊藤英一　　89
伊藤喜十郎　　193
井上馨　　161
井上喜太郎　　175
猪野久米治　　151
井上千吉　　119
井上庄吉　　111
井上竹蔵　　153
井上萬吉　　175
井上与一郎　　161, 162, 184, 189
井上与四郎　　169, 191
今村譲　　204
岩井音五郎　　175, 177
岩井重太郎　　178
岩切章太郎　　266
岩崎与八郎　　245
岩下清周　　2, 24, 193, 258, 264
岩堀智道　　64
植木米蔵　　132, 133
ウォルト・ディズニー　　244, 250, 268
魚谷正弘　　199, 203, 223
植竹龍三郎　　245
上田信太郎　　73, 74
植田元助　　156
植松徳治郎　　90, 101
宇田正　　24, 25
内海清　　201, 214, 225
宇八・宇助　　160
梅津友蔵　　259
梅村惣五郎　　39
海老藤蔵　　55, 57
浦達雄　　153
江森碌郎　　82, 97, 98
老川慶喜　　4, 24, 34, 56, 57, 192
大泉イネ　　39, 42
大泉梅治〈次〉郎　　31, 32, 36, 38-42, 49, 54
大泉来治　　39
大泉ノブ　　39

大泉はつ　42
大泉林之丞　32, 39, 40, 42-44
大浦家　77
大浦佐太郎　80, 89-93, 97, 101, 102
大浦治平　101
大浦治雄　93, 97, 101, 281
大江理三郎　166, 190
大河内伝次郎　241
太田小三郎　245
太田垣士郎　241
太田垣隆準　153
大谷吟右衛門　146
太田保太郎　179
太田雪松　245, 262, 263, 274
太田与八郎（太田屋、仙松興隆会）　37, 42, 43, 55, 57
大塚惟明　245
大庭竹四郎　134, 138
大原春次郎　87, 88, 91, 92, 102
大森龍太郎　260
大八木良民　162
大和田建樹　248
岡橋明二　90, 101
岡本隆一　205
荻原井泉水　34
奥田　42
長田桃蔵　156
尾上勝蔵　245, 272
小野塚栄五郎　106
小野彦左衛門　48
小野塚三栄　106
小野塚与七　106

〈か行〉

風間嘉一　180
風間嘉平〈治〉　162, 194
風間八左衛門　160, 164, 169, 180
風間嘉雄　182, 194
片岡平八郎　129
片岡郁三　129
加藤秋太郎　245
加藤譲三郎　169
加藤房五郎　45
金井慶二　200
金井四郎兵衛　245

金森輝夫　75
河合源七郎　90, 91, 100
河合庄九郎　90, 91, 100
河合庄司　90, 91, 100
川北栄夫　65
川崎正蔵　98, 165, 170, 179, 190, 245
川島孝造　175, 177
川島武宜　129
河瀬勘兵衛　174
川端浅吉　245
河村隆実　245
川本直水　245
菊平　42
喜多勘司　73, 74
北村佐一　169
北村重昌　48
木南重孝　115
木原吉太郎　92, 97, 102
木原鹿太郎　102
木原善七郎　101
紀の国屋万助　84, 85
木村準治　134
木村泰治　271
錦光山宗兵衛　174, 175
金田一國士　258, 259, 272
日下部大助　162, 164, 189
草野丈吉　245
熊谷少間　180
栗林五朔　123, 125, 127
栗原祐熊　172, 175, 180
黒岩忠四郎　245
九郎兵衛家　106
桑田政美　227, 240
神津藤平　245, 271
香野蔵治　245
鴻池善右衛門　171
木暮武太夫　245
児島定七　172
五島慶太　263
小西喜一郎　58
小西源治　149-152, 155, 156
小西聖夫　150-152, 155, 156
小林一三　245, 258
小林太一郎　171
小林多三郎　169, 170, 192

小林房太郎　47
小林友次郎　159
小林美樹雄　171
小林吉明　160, 164, 169, 182
小堀定信　245, 258, 262
小牧仁兵衛　175
小松喜平治　179
小松土岐四郎　146
小松美一郎　169, 185, 191
権田雷斧　65, 71

〈さ行〉

斉江竹蔵　140
斉藤かつ　106
西藤二郎　4, 24, 275
斉藤物三郎　144, 154
斎藤民治　37, 42, 55, 57
佐伯宗義　238, 252-254, 261, 262, 271
坂口安吾　105, 106, 125
坂本誠一　139
佐川福太郎　73-75, 95
佐藤熙治　49
佐藤茂　240
佐藤徳二郎　112
佐藤俊夫　12, 26, 238
佐藤文吉　241
佐藤巻三　112
佐藤万平　245
佐藤棟良　240, 265-267
猿丸吉左衛門（先代）　222, 223
猿丸吉左衛門　199, 200
猿丸大夫　223
猿丸又左衛門安明　224
猿丸守男　221
沢田文二（沢文）　172, 178, 185
塩崎貞佐久　114, 125
四角澄朗　153, 155, 230, 241, 275
敷田麻美　16, 28
志手康二　17
斯波宗務局長　64
柴田悦子　205
柴田権右衛門　73, 74
柴田末松　48
柴田弥兵衛　172, 175
志野きく　46, 49

篠原靖　24, 238, 241
渋谷隆一　113, 126
島崎源平　90, 91, 100
島谷浅之助　153
下條直幹　88
志茂　42
下村彰男　137
白井昭　35, 57
白江重知　178, 193
白江蕃　22, 30
白土貞夫　67, 95
進藤寛　22
菅原通済　210
杉原時雄　269, 275
杉本行雄　245, 260, 273
杉山和雄　22
鈴木久五郎　245, 248
鈴木剛　210
角倉了以　160, 161, 184
寸田喜兵衛　169, 191
関一馬　162
関谷延八郎　111, 125
関根音次郎　151
瀬戸　42
象佐太郎　134, 138
双湖庵桂陰　183

〈た行〉

大宮司勝五郎　49
大宮司きく　59
大宮司善五郎　46, 49
大宮司善治　54
大宮司雅之輔　31, 40, 43, 44, 46, 49-52, 60, 62, 245
高木晴秀　253, 271
高城義海　64
高沢篤　111, 112, 125
高沢量夫　106
高嶋雅明　241
高橋栄治　111
高橋健三　88, 89
高橋直吉　71
高橋真澄　79, 81, 82, 88, 91, 92
高見種吉　177, 193
滝本金蔵　245

竹内新三　169, 192
武田五一　168
武知京三　4
辰馬家　203
田中海応　76
田中勝道　76
田中胡四郎　133, 139, 140, 145, 263
田中重策　38
田中善助　6, 7, 21, 30, 254-257, 270
田中又二郎　65, 73, 74
田中真人　4, 24
田中元七　133, 139
田辺卯八郎　106
田辺家　106
田辺貞治　111
田辺実三　113
田辺正胤　106, 108-112
谷崎美郷　37
田守金司　85, 98
田守家　85
田守佼　85
田守登美恵　85, 98
田守信子　67, 78, 85
田守芳松　85, 86
田山花袋　130, 154, 166
丹沢善利　245
丹治直治郎　178, 193
丹原実　206, 213
丹六　42
長耕作　138
堤康次郎　245
TK生　8, 9, 129, 131
寺島光法　74
寺田知事　52
寺村助右衛門　174, 177
富井盛雄　30, 242
富沢虎次　111, 125
富沢昌次　111
富沢和長治　111
富田春之進　49
豊川善曄　9
豊田善次郎　138
虎川忠之助　52

〈な行〉

内藤友次郎　174
内藤嘉昭　viii, 13, 25, 26
中川浩一　4
中曾根治郎　245
中野貫一　109
中野忠八　172, 174, 175
中路重之　165, 190
中路関之助　162, 164, 190
中村喜太郎　45, 59
中谷巳次郎　269
中谷健太郎　17, 28, 250, 279
ニコス　14, 15, 20, 26, 27, 231, 235
西尾頬蔵　131
西村佐兵衛　129, 130, 154
西村作兵衛　131, 153
西村庄五郎　172, 175, 178, 185, 186
西村仁兵衛　174-176, 193, 245
西村六左衛門　129, 134, 153
西本信良　175, 177
西山卯三　13,
西山徳明　15, 16, 26, 27
新田佐平　145-147
二宮秀　179
野口遵　65
野崎左文（城雄）　69, 95, 160, 189
野本和藤治　106

〈は行〉

八田一精　177
馬場得技　52, 61, 62
林恕之　140
林清市　134, 136, 138, 145
林田熊一　245
林長次郎　172, 174, 175, 179
林原一郎　171
林利市　201, 223
原健三郎　27, 198
原富太郎　245-250, 257, 270
原屋寿　249, 270
針生久助　42
久堀（市議）　199
平井実　245
平岡全教　73, 74

平岡広高	245	松村善兵衛	90, 102
平沢嘉太郎	245, 262, 274	三木理史	4, 97, 281
平瀬三七雄	87, 88	水野豊	268
平塚延治郎	62	溝口薫平	17
平野斉一郎	201	三井徳宝	245
平松甚四郎	25, 245, 271-273	湊伊兵衛	175, 177
蛭間幸成	134	南新助	39
藤井建	35, 57	三幣保	180
藤田幸太郎	174, 175	美馬儀平	133, 134, 138, 154
藤縄信次	116	宮崎寛愛	275
藤野権七郎	90, 101	宮沢賢治	259, 273
古川嘉多治	151	向井浅吉	145-147
古川浩	156	武者円蔵	46, 49
古塚久松	88	武者武	59
紅野家	203	務台久吉	120
北条浩	129, 153	村岡浅右衛門	162, 164, 190
保坂万蔵	111	村上雅巳	24
星野嘉助（三代）	241	村串仁三郎	i, ii
星野嘉助	245	村戸賢徳	86, 99
星野準一郎	88	村山総賢	106
細沼	114	村山恒二	106
穂波（快念）僧正	70, 71	村山悌蔵	111
堀昌雄	204	村山政栄	110, 125
本庄京三郎	245	村山真雄	110
本多静六	134	村山義輝	111
		本山才太郎	108, 125
〈ま行〉		本山彦吉郎	109, 125
		森恵範	74
真板昭夫	27, 240	森川清太郎	84, 85
前田トミ	131	森重昌之	x, 4, 16, 17, 24, 28, 265, 275
槙村知事	160	森猛熊	91, 92, 102
正城全鏡	64	森田庄兵衛	245, 258, 272
増本光蔵	147	森永規六	67, 68, 81, 95
松井伊助	139		
松井憲三	139	〈や行〉	
松居庄七	174, 175, 187		
松尾國三	206	薬師寺一馬	245, 263
松方正義	170	薬師寺知朧	269, 271
松島肇	119, 125, 133, 154	安田多助	90, 101
松谷元三郎	245	箭内源太郎	245
松田治右衛門	159, 162	柳健一郎	106
松田法子	251, 271	柳広蔵	119, 133
松久喜樹	240	柳俊作	111
松本隆治	268, 275	柳為吉	106
的場順一郎	63-65, 72, 77-79	矢橋亮吉	87, 88
的場弥三郎	65-67, 94	山川吉太郎	138

山岸正信　106
山口敬太　188, 195
山口玄洞　171
山崎彦市郎　106
山崎一真　250, 279
山下米次郎　169
山田久右衛門　48
大和藤兵衛　119, 138
山中光次郎　62
山中静逸　5, 160, 163, 189
山中遊可　160
山村順次　13, 26
山本宇一　139, 145
山本實彦　166
山本辰六郎　88, 89
山本寅之助　208
山脇延吉　155
山脇春樹　9
結城寬　153
湯木貞一　161
湯口徹　97
横尾義周　114
吉岡好太郎　65, 73, 74, 83
吉岡四郎平　85
吉岡幸雄　234
好川　80
好川源一　89, 90

好川忠一　90, 91, 100
好川忠之助　90, 100
吉田敬徳　131
吉田利吉　207, 224
吉田初三郎　251, 269
吉田春生　4, 24
吉原治良　208
吉村伊助　181
米田　80
米田甚治郎　89-91, 93, 101

〈ら行〉

ロイ・ディズニー　244, 268
廊坊篤　67, 69, 74
廊坊勇　67, 68, 73, 74, 95
廊坊逞　69, 95

〈わ行〉

若江音次郎　155
若山佳也　66, 94
和田ツネ　245
渡辺昭義　136
渡辺鹿之助　169, 170, 192
渡辺万次郎　47
渡辺万太郎　200, 213, 214, 225
藁谷鶴蔵　74, 75

事　項

〈あ行〉

相川銀行　111
愛国生命　180
愛知電気鉄道　86
青葉銀行　47, 49
青葉農林　48
赤石屋旅館　139
赤坂銀行　87
赤羽商店　115〜
旭陶器　180
浅間温泉鷹之湯　116
朝熊ケーブルカー　257, 270
浅屋　82

芦屋川遊園地　198
芦屋カンツリー倶楽部　199
芦屋市営霊園　212
芦屋市観光協会　220
芦屋国際文化都市建設株式会社　201
芦屋ストランドホテル　224
芦屋遊園　192, 221
芦屋ユースホステル　203
芦屋ユネスコ会館　217
安治川土地　119
愛宕銀行　195
愛宕山鉄道　181
愛宕神社団参会　184
熱海人車鉄道　246

索　引　291

熱海宝塚土地　119, 120
跡見　194, 270
あふきや　70
油屋　251
尼崎城内土地　119, 132
嵐山温泉㈱　159, 161, 162, 180, 186, 231
嵐山三軒家㈱　6, 159, 162, 163, 165, 170, 171, 178, 185
嵐山洗心亭　162
嵐山電車軌道　168, 182
嵐山保勝会　185, 233
嵐山焼　183, 184, 194, 231
有馬温泉土地　119
有馬瑞宝寺土地　119
有馬土地信託　117, 119
有馬パラダイス土地　119
有馬霊泉土地建物　119
粟ヶ崎遊園　245, 262
伊賀上野銀行　264
伊賀鉄道　21
池田屋　45
生駒土地　119
石井製糸所　121, 122
石狩開発　224
石橋土地建物　119
意匠懸賞募集　172
和泉屋　105, 123
和泉舎酒造　108
いせ尾　154
伊勢参宮回遊列車　35
井谷屋　75, 83, 86
井谷屋合資会社　85, 98
市岡パラダイス　245
一川酒造　108
伊藤喜商店　173, 175, 177
伊那電車軌道　86
伊予鉄道　18
イロハ自動車　150
磐城信用組合　102
岩手県是製糸　21
上田屋　82
上野梅川楼　45
宇治川電気　11, 66
打出浜ヨットハーバー　199
内湯派　140

梅惣冷蔵製氷　40
梅鉢車両　93
浦安　17, 28, 232
運輸公論　83
エイベックスリゾート洞爺　240
荏原土地　119
恵比寿麦酒　38
海老屋　31, 37, 55, 57
大洗遊覧会　45
大泉屋　39
大泉支店　41
大泉本店　39
大分セメント　181
大浦材木店　93, 103
扇子屋　82, 83
大阪銀行　139
大阪倶楽部　193
大阪郊外住宅　119, 133
大阪証券取引株式会社　133
大阪千日前土地建物　138
大阪貯蓄銀行　87
大阪電気軌道　2
大阪野江土地建物　119, 139
大阪ホテル　193
大阪屋商店　142
太田屋　31, 37, 42, 57
鴨東銀行　173-176, 179
大野屋　75, 82, 83
大庭商会　134
大林組　2
近江水力電気　66, 79
近江鉄道　66
小川温泉　105
奥池住宅地　205
奥池ハイランド　217
奥池遊園地　202, 277
オリエンタルランド　29
温城館　129, 153

〈か行〉

会社屋　263
回遊列車　33-35, 39, 46
花月　245
花月華壇　245, 248, 270
柏崎銀行　112, 114

雅叙園観光　207
廊公　170
活惚踊　37
加藤支店　42
河南鉄道　93
カバヤ食品　171
株式会社赤羽商店　115, 117
株式会社嵐山温泉嵐峡館　164, 165
株式会社城崎劇場　136
カブトデコム　240, 266, 267
亀岡銀行　177
亀の井自動車　49, 240, 251
亀の井別荘　251
亀の井ホテル　245, 251
亀山公園　167
加茂実業銀行　111
軽井沢　232
川北電気企業社　65
観月列車　33, 165
観月楼　31, 37, 46, 58
観光カリスマ　23, 246, 274
観光資本家　245
観光デザイナー　227, 238, 243-273, 280
観光デザイン　1-3, 227-241, 279
観光と地域との融合　235
関西銀行　177
関西信託　117
関西水力電気　65, 78
関西鉄道　33
関西電力　241
関東商業銀行　48
観福寺　71
観瀾亭　54
紀伊保勝会　10
企業城下町　237
菊屋　159, 188
枳殻邸　161
疑似温泉　81, 96, 97
汽車会社　88
紀州鉄道不動産　275
北浜銀行　2, 12, 25, 161, 173, 177, 258, 264
北浜信託　139
吉兆　161
亀能鉄道　139, 154, 263
紀ノ国屋　75, 82-84, 86

城崎温泉　129-154, 281
城崎温泉土地建物　119, 132, 133, 138, 140, 141, 240, 263
城崎温泉ロープウェイ　241
城崎観光　241
城崎銀行　129, 153
城崎倶楽部　133
城崎劇場　133
城崎自動車　133
城崎ホテル　131, 136, 143, 147
城崎町温泉組合・脩進社　129
城崎ルール　230, 239
吉備興業株式会社　151
吉備乃家旅館　151
金辺鉄道　176
キャバレー・ヅパノン　139
九州新天地土地建物　139
共益炭業　154
京都銀行　174
京都絹糸紡績　174
京都鉱泉　263, 274
京都交通　246
京都商工銀行　176, 177
郷土史談会（仙台）　47
京都信託　182
京都人造肥料　180, 182
京都ステーションホテル　171
京都鉄道　20, 33, 161, 162, 165, 171, 175, 183, 190
京都電灯　187
京都常盤座演劇　174
京都農商銀行　173, 175, 176
京都府乗合自動車組合　181
京都貿易銀行　175, 177
京都ホテル　175
京都名所遊覧乗合自動車　181
京都養兎場　175
清滝川水力電気　180, 182, 231
虚業家　259, 263, 272
許容度　235
共楽館　172
共立商工銀行　139, 145
共和製糖　217
キングタクシー　181
近鉄　241

索引 293

銀バス　49
金名鉄道　246, 262, 274
草津軽便鉄道　246
草津鉱泉　81
九度山町椎出　245
国東鉄道　181
頸城鉄道　116
鞍馬電気鉄道　181
栗太銀行　181, 194
黒髪山米軍キャンプ地　233
郡是　29
郡是鉄道　21, 257
京亀鉄道　139
京津自動車　181
京阪電気鉄道　181, 186, 241
京阪土地　119
月球殿　152
剣谷国有林　215
玄武洞土地建物　133
健民道場　152
小出温泉　127
合資会社赤羽商店　115, 117
合資会社きのくに旅館　85
気仙銀行　241
江州紡績　146
合同電気　181
江南商事　181
神戸市電延伸　213
合名会社嵐山温泉嵐峡館　165
高野索道　272
高野鉄道　175
高野登山自動車　272
甲陽園　245
甲陽土地　149
香里遊園地　186
香櫨園　245
木暮武太夫旅館　245
五城銀行　48
御所坊　23, 245
湖東汽船　181
琴平参宮電鉄　102
湖南汽船　181
コニーアイランド　200, 202, 203, 215, 216, 263
小西商事　149, 150, 155

小西旅館　45
小西旅館別荘　35, 45, 46, 59
小松屋　245
胡摩屋　70, 82, 83
コミュニティデザイン　i, 8, 13, 16-21, 23, 230, 232, 234, 239, 256, 261
コミュニティビジネス　231
米屋　106
金光温泉　138, 139, 149, 150, 155
金光温泉旅館　149, 151, 152, 155
金光倶楽部劇場　151, 156
金光鉱泉　151, 156
金光病院　152

〈さ行〉

財団法人松尾育英会　207
さいとふ支店　42
堺屋　82
榊原温泉　254-257
嵯峨銀行　171, 180, 182, 231
嵯峨焼　171, 231
嵯峨遊園　159, 169, 180, 182, 184, 231
桜亭　45
さこや　83, 98
貞光電力　181
札幌麦酒　38
讃岐鉄道　246
沢田文精社　69
澤文　174, 185
山陰起業　180
山陰商事　134
参宮急行電鉄（参急）　11, 68
三渓園　245-250
三治楼　159, 162
三十二銀行　138, 139
三頭銀行　173, 176
三友楼　159, 170, 183
山陽炭礦　133
山陽鉄道　33
三楽舎　183
三陸汽船　241
三和製氷　40
三和電気土木工事　181
塩釜機帆船　49
塩釜銀行　48

塩釜甚句ハットセ踊り 37, 58	精養軒 48
塩釜文化住宅 46	是心会 47
塩釜ホテル 31, 37, 42, 55, 57	雪、月、花の三楼 159, 171
塩釜遊覧株式会社 48	銭屋商会 182
塩原電車 246	仙松興隆会 7, 31, 37, 43, 44, 46, 230
四海亭 83, 98, 99	仙台魚市場 48
信貴土地建物 139	仙台座 40
四国水力電気 181	仙台市営バス 49
自己競落 229	仙台市街自動車 40, 49
市策会社 202	仙台市博物館 47
静岡民友新聞 35	仙台商品陳列所 40
市是会社 202	仙台常設家畜市場 48
史蹟勝地調査会 75	仙台染織製綿 40, 48, 49
自動客車 88	仙台電力 39, 48
信濃銀行 117	仙台平機業 40, 48
シビックプライド 233	仙台米穀取引所 61
市民憲章・住民憲章 19, 24, 29, 30	仙台物産陳列所 43
蛇の目 245	仙台ホテル 37-45, 58, 59
ジャパンフーズシステム 58	仙台旅館 42
自由亭（大阪）193, 245	川東貯金銀行 175
上越石油 108	川東播州興業無尽 150, 155, 156
蒸気動車 iv, 229	千土地興行 209
食券取扱 178	仙北鉄道 48
商事信託 153	桑船銀行 180
城東土地 133	外湯派 140
常磐炭鉱 232	曽根銀行 111
昭和土地 46	園部銀行 177
順天堂薬舗 45	村是 19, 29
白川屋 106, 123	〈た行〉
白菊会 207	
自律的観光 15	大生駒土地 119
神宮奉斎会 84	第一銀行 241
神国採炭 155	第一信託 48
神湯館 255, 256	大軌土地 119
新那須占勝園 245	大宮司コレクション 47
新花屋敷温泉土地 260	太湖汽船 181, 182
新和歌浦遊園 245	第三セクター 231, 239, 266
瑞巌寺博物館 47	第四銀行 114
水明館 173, 177	大正信託 48, 60
数寄者 246, 269	大正メリケン粉製造 154
鈴木屋 31, 58	大成石油 108, 113, 125
砂川温泉土地 134	第八銀行 40, 48
スパリゾート 232	大悲閣 160, 164
住吉温泉土地 138	第百十一銀行 174
酢屋（峠長平）83	第百三十九銀行 112

大仏商法　234
大平生命保険　108
大日本興業　134
大日本鉱泉　40
大日本ホテル　245
大日本旅館改良組　37, 42, 58
第二松本信託　118
対嵐房　161
対嵐山房　159, 160, 170
大和紡績　146
台湾合同電気　181
高平銀行　221
滝本館（登別）　245
拓銀　240, 265-267
岳温泉　105, 271
田沢炭礦　109, 113
多治見鉱泉土地　119
立山開発鉄道　243
立山・黒部アルペンルート　240, 243, 246, 252, 253, 258, 262
立山研修会館　253, 254, 271
立山自然麗嶽殿　243, 253
田中屋　78
田辺合資会社　108, 120
玉川織布　182
玉城屋　106, 123
千歳屋　106, 123, 241
地場資本　237, 241
地方自治特別法　221
中央土地信託　106, 114, 115, 117～
中央別府温泉土地　119
丁字屋　82
町是　19, 24, 29
町村是　7, 21, 230
朝鮮三和電気土木工事　181
月ヶ瀬保勝会　21, 77, 256
月ノ湯温泉　136, 143, 147
つたや旅館　153
帝キネ　139
垂水住宅土地　119, 132
垂水土地　155
タレントショップ　233
地域同化容力　14
地域分析　279, 282
筑豊炭礦　181

帝国銀行　241
帝国工業　180
帝国石油　180
帝国電灯　181
鉄道院西部鉄道管理局　81
鉄道工務所　2
鉄道同志会　93
東海生命　180
十日町銀行　112
東京ディズニー・リゾート　232
東讃電気軌道　180
東条湖ランド　224
東北印刷　40
東北商工　46
東北製麦倉庫　48
東北無尽　46
東洋自動車製造　154
東洋羊毛　150
東洋ホテル　31
渡月亭　183
土地会社　119, 120, 230
戸畑土地建物信託　120
徒歩会　25
苫小牧東部開発　224
冨田屋　82
富山地方鉄道　253
富山電気鉄道　252, 253
十和田観光電鉄　246, 260

〈な行〉

長門起業炭礦　180
中ノ島ホテル　173, 177, 193
長野信託　118
長野電鉄　246, 271
灘商業銀行　222
中屋　106
浪速信託　146
浪速信託土地　89, 100
生瀬別荘土地　134
奈良住宅土地　119
奈良新聞社　69
奈良鉄道　33
奈良ドリームランド　211, 233, 235
奈良ホテル　20
奈良遊園㈱　162, 192

索　引　295

南海信託土地　120	白鴎楼　31, 62
南海鉄道　241, 246	伯養閣　58
南薩鉄道　246	伯養軒　58
南都銀行　92	箱根土地　21
新潟中央銀行　260, 273, 274	パサデナ　199
西宮銀行　222	初瀬川発電所　72
西宮苦楽園土地　146	初瀬軌道　63, 66-68, 72, 73, 81, 95
西宮土地　119, 132	初瀬軽便軌道　63, 66, 95
西村屋　129, 153	初瀬水力電気　63, 65, 72, 77-79
日活地下ホール　210	初瀬鉄道　63, 73, 79, 80, 82, 86-88, 90-92, 102
日光回遊列車　34,36	初瀬電気鉄道　65, 66, 94
日光登山鉄道　246	長谷鉄道　66, 67, 69, 70, 75, 79, 80, 82, 86, 89-92, 100-102
日光ホテル　59	長谷寺　63-95
日新電機　180	長谷寺温泉　81
日本アルプス商会　121	長谷寺保勝会　67, 73, 77, 80, 95, 230, 231
日本硫黄　263	八賞軒　159, 165, 168, 170
日本海航空株式会社　130, 154	八新　186
日本活動写真　181	花の湯　159, 160, 163
日本カルシウム泉　119, 150, 155	花巻温泉　105
日本勧業　138, 155	花巻銀行　259, 260, 273
日本勧業融通　154	花巻電気　259
日本共立生命　181	花屋（塩江）　245
日本興業銀行　252, 264	花屋敷温泉土地　119
日本産業銀行　173, 176, 177	林田バス　246
日本人造石　154	針久支店　42
日本信託銀行　139	針久本店　38, 42
日本水力電気　81, 82, 97, 98	ハワイまつり　203
日本生命　193	阪鶴鉄道　33
日本大正炭　154	阪急　241, 246
日本鉄道　33, 34, 54	阪急バス　217
日本農具製造合資会社　134, 154	播州鉄道　89, 100
日本薬産　150	阪神電気鉄道　215
日本旅行会　39	阪神土地信託　120
ねずみ屋　82	磐梯急行電鉄　246, 263, 275
農林開発興業　214	播但鉄道　33
野沢組　22, 30, 239, 242	阪東土地　150
野沢組惣代事務所　239, 242	柊屋　174, 186
能勢電気軌道　246, 262, 263, 274	東大阪電気鉄道　133, 263
登別温泉　105	備前屋牛車楼　245
登別温泉軌道　125	檜皮屋　82
野本屋　106, 123	兵庫県建築審査委員会　207
〈は行〉	兵庫県農工銀行　145, 146, 149, 152, 154, 155
売春対策国民協議会　209	瓢山土地建物　119
バグナル　180	平井土地　119

索　引　297

枚岡土地	119, 154	松代信託	118
平野温泉土地	119	松代製糸	111, 113
平野鉱泉㈱	162	松代電気	109
広島瓦斯	180	松谷化学	223
広島瓦斯電軌	181	松島海岸定期乗合自動車	54
広島電気軌道	180	松島回遊列車	33, 36, 45
琵琶湖鉄道汽船	181	松島金華山遊覧船	57
福嶋屋	106	松島研究会	47
福住屋	106	松島公園保勝会	47
不在地主	237	松島塩釜遊覧会	37, 45
富士急行	i, ii	松島電気鉄道	49, 54
富士山麓電気鉄道	viii	松島電車	42, 53, 54, 62
富士伸銅	225	松島パークホテル	31, 44, 48, 54, 55, 62
富士登山鉄道	i, ii	松島ホテル	31, 37, 46, 58, 245
藤田屋	106	松島遊覧合資会社	48, 60
富士身延鉄道	86	松島遊覧会	38
再度山電鉄	11	松島湾汽船	39, 40, 46-49, 54
船橋ヘルスセンター	245	松島湾観光汽船	49
古川旅館	151	松之山温泉	105-125
平安紡績	174-176	松之山温泉組合	110
別荘延命閣	171	松之山温泉事務所	120
別働隊	202	松之山温泉ホテル（凌雲閣ホテル）	106
別府観海寺土地	119	松之山酒造	108
別府土地	119	松之山水力電気	108
別府土地信託	120, 122	松之山石油	108, 110, 112
芳雲館第二支店	83	松本自動車	121, 122
望雲館（草津）	245	松本信託	118, 121, 122
宝甲土地	119, 132	松本電灯	121, 122
北越銀行	110	摩耶鋼索鉄道	246
北炭	232	丸亀瓦斯	180
北丹鉄道	88, 100	丸島土地	155
星野鉱泉（軽井沢）	245	円山鉱泉	159
保勝会	24	萬亀	186
ホテル川久	269	まんだらや	143
ホテル立山	243	万平ホテル（軽井沢）	245
ホテルプラザ	210	御影土地	119
ホテル嵐亭	171	三木屋	129, 153
本州製紙	17, 28, 232	三国紡績	180

〈ま行〉

		三田浜楽園	263, 275
		御津干拓	155
増田ビルブローカー	119, 154	水戸寒梅列車	36
松井商店	139	水戸鉄道	36
松江炭礦	150, 155	三井銀行	241
松阪延長線	91	三井信託銀行	211
松代銀行	108, 111-114	箕面公園	72

宮城漁業　40
宮城貯蓄銀行　48
宮城電気鉄道　46, 54
都ホテル　162, 193
宮崎シーガイヤ　240, 265-267
三好屋商店　182
妙見鉄道　274, 275
武庫銀行　222
むつ小川原開発　224
陸奥ホテル　41, 42, 58
メトロポールホテル　53, 62
モーター商会　45, 46, 59
最上温泉土地　119
盛岡銀行　259, 273, 279

〈や行〉

也阿弥ホテル　175
八木銀行　65, 66, 79, 85, 87, 89-93, 100-102
安塚銀行　111, 114
柳屋　82
山口銀行　222
山三カーバイト　40, 48
山師　259
山城屋支店　37, 42, 45, 58
山城屋弥市　42
山梨軽便鉄道　23
山梨殖産銀行　22
八幡電気軌道　274
有価証券割賦販売業者　12, 26
結城蕃堂　129
油筒屋　129, 153

湯布院　222
横浜電気鉄道　249
吉野鉄道　86
よしのや（山中）　245
吉野屋　82, 83
吉水温泉　159
吉隠屋　82, 83

〈ら行〉

洛西開発合資　182, 192
嵐峡館　159, 164, 165
了以会　184
凌雲閣　123
両国川開遊覧会　58
旅館千鳥（現嵐山祐斎亭）　171
ローカルアジェンダ　19, 30
六十九銀行　110
芦山荘　206, 277
六甲横断道路（計画）　199
六甲土地　119, 139, 150, 152, 156
芦有開発　200-225, 277, 280
芦有道路　220
芦有タクシー　217
芦有バス　205

〈わ行〉

若桜木材乾餾　180
和歌山信託　139
和歌山水力電気　241
和歌山電燈　241
和歌山紡織　139

【著者略歴】

小川　功（おがわ・いさお）

　1945年　疎開先・滋賀県五個荘に生まれ、兵庫県出身
　1968年　神戸大学経営学部経営学科卒業
　1990年　九州大学経済学部客員教授
　1992年　ニッセイ基礎研究所産業調査部長
　1993年　滋賀大学経済学部ファイナンス学科教授
　2007年　跡見学園女子大学マネジメント学部教授

〔著書〕
　『民間活力による社会資本整備』（鹿島出版会、1987年）
　『地方企業集団の財務破綻と投機的経営者』（滋賀大学研究叢書、2000年）
　『破綻銀行経営者の行動と責任』（滋賀大学研究叢書、2001年）
　『企業破綻と金融破綻——負の連鎖とリスク増幅のメカニズム——』（九州大学出版会、2002年）
　『「虚業家」による泡沫会社乱造・自己破綻と株主リスク』（滋賀大学研究叢書、2006年）
　『虚構ビジネス・モデル——観光・鉱業・金融の大正バブル史——』（日本経済評論社、2009年）

観光デザインとコミュニティデザイン
　　地域融合型観光ビジネスモデルの創造者〈観光デザイナー〉

2014年4月30日　第1刷発行	定価（本体5200円＋税）

　　　　　著　者　小　川　　　功
　　　　　発行者　栗　原　哲　也
　　　　　発行所　株式会社　日本経済評論社
　　　　〒101-0051　東京都千代田区神田神保町3-2
　　　　　電話　03-3230-1661　FAX　03-3265-2993
　　　　　　　info8188@nikkeihyo.co.jp
　　　　　　URL：http://www.nikkeihyo.co.jp

装幀＊渡辺美知子　　　　　印刷＊文昇堂・製本＊誠製本

乱丁・落丁本はお取替えいたします。　　　Printed in Japan
Ⓒ OGAWA Isao 2014　　　　　ISBN978-4-8188-2332-7

・本書の複製権・翻訳権・上映権・譲渡権・公衆送信権（送信可能化権を含む）は、㈱日本経済評論社が保有します。
・JCOPY〈㈳出版者著作権管理機構　委託出版物〉
　本書の無断複写は著作権法上での例外を除き禁じられています。複写される場合は、そのつど事前に、㈳出版者著作権管理機構（電話03-3513-6969、FAX03-3513-6979、e-mail: info@jcopy.or.jp）の許諾を得てください。

虚構ビジネス・モデル
――観光・鉱業・金融の大正バブル史

小川功著

A5判　五六〇〇円

粕谷誠・伊藤正直・齋藤憲編

金融ビジネスモデルの変遷

A5判　八〇〇〇円

山田徹雄著

ドイツ資本主義と鉄道

A5判　四二〇〇円

山田徹雄著

ドイツ資本主義と空港

A5判　六〇〇〇円

篠原靖著

観光デザイン
――21世紀は観光創造時代！

A5判　七〇〇円

ハイリスクを選好する虚業家はいつの世にも存在した。本書は大正バブル期の泡沫会社の典型的事例を収録する。現下の金融危機での虚構とのあまりの酷似に驚かされよう。

戦前の地方所在の銀行は、戦後の規制体制に束縛された地方銀行とは異なり多様性があったことを都市銀行や不動産銀行、あるいはアメリカの事例と対比して明らかにする。

ドイツ資本主義の発展構造を解明するためには鉄道を抜きには語れない。私有鉄道から国有鉄道への移行過程、商品流通市場、資本調達の問題など様々な角度から検討する。

都市、地域と空港を媒介とする空間的輸送関係および空港への投資を通じた連邦政府、州政府、自治体の空間的資本関係を本格的に分析する。『ドイツ資本主義と鉄道』の続編。

旅の形態は着実に成熟し、団体型から個人型へ、周遊型から体験・交流・滞在型へと進化している。旅先の生活文化を五感で楽しむ時代においていかに地域をデザインしていくか。

（価格は税抜）　日本経済評論社